Schatten über Galtür?

Waxmann Verlag GmbH
Steinfurter Straße 555, 48159 Münster
info@waxmann.com

Bernd Rieken

Schatten über Galtür?

Gespräche mit Einheimischen über die Lawine von 1999.
Ein Beitrag zur Katastrophenforschung

Waxmann 2010
Münster / New York / München / Berlin

Bibliografische Informationen der Deutschen Nationalbibliothek
Die Deutsche Nationalbibliothek verzeichnet diese Publikation in
der Deutschen Nationalbibliografie; detaillierte bibliografische
Daten sind im Internet über http://dnb.d-nb.de abrufbar.

Gedruckt mit freundlicher Unterstützung der Gemeinde Galtür.

ISBN 978-3-8309-2336-7

© Waxmann Verlag GmbH, Münster 2010

www.waxmann.com
info@waxmann.com

Umschlaggestaltung: Christian Averbeck, Münster
Umschlagfoto: © Sindy; fotolia.de

Gedruckt auf alterungsbeständigem Papier,
säurefrei gemäß ISO 9706

Vorwort

Es hat Tage, ja Wochen gedauert, bis wir Galtürer einen Weg fanden, mit Dritten über die Lawine zu sprechen. Mit jedem Erzählen wurden die Gespräche leichter, der Inhalt persönlicher, frei von Schnörkeln und den von den Medien permanent kommunizierten Floskeln und Standardformulierungen.

Wiederum sind Monate vergangen, bis wir realisierten, dass jeder von uns, seine eigenen ganz spezifischen, durchaus unterschiedlichen Schreckensmomente mit dem Geschehenen verband. Dazu kam, dass die Sprache untereinander eine andere war als die gegenüber „Fremden". Beim ortsinternen Gespräch war ein gewisses Grundverständnis vorhanden und es musste, der Redensart der Einheimischen typisch, nicht alles gesagt werden, was gemeint war. Ein Gespräch mit „Fremden" jedoch verlangte zuerst Abklären von Grundsätzlichem und gelegentlich das Überwinden von vorgefassten Meinungen.

Eines hatten alle Gespräche gemeinsam. Sie waren frei von beraterhaften Wiederholungen, waren sehr herzlich und gekennzeichnet von besonderer Offenheit. Diese Offenheit hat es den Einheimischen ermöglicht, ihr Herz auszuschütten, Ballast abzuladen und zu verarbeiten. Selbstverständlich wurde in diesen Tagen mehr gebetet als sonst. Der Glaube und die Gespräche mit Gott haben nicht nur Trost gespendet, Halt und Kraft gegeben, sondern auch geholfen, die immer wiederkehrenden Frage des *Warum*, zu überwinden. Dies besonders deshalb, weil Galtür an einer Stelle, welche bis dahin als frei vor Naturgefahren gegolten hatte, getroffen wurde.

Das Besondere an Galtür ist nicht der schnelle Wiederaufbau und die rasche Umsetzung der Schutzmaßnahmen, sondern die Fähigkeit des Händereichens. Obwohl die ersten Worte und Zeilen an die Hinterbliebenen von großer Unsicherheit geprägt waren, öffneten diese Kontaktaufnahmen doch die Tore zu neuen Freundschaften. Das Gefühl, Teil einer Schicksalsfamilie zu sein, machte das Ertragen der eigenen Sorgen und Probleme leichter.

Der Lawinenwinter 1999, aber auch viele nachfolgende Ereignisse haben ganz klar die Verwundbarkeit der Menschheit und die Grenzen des technisch Machbaren gezeigt.

Bleibt der Wunsch, dass wir aus derartigen Ereignissen lernen und mit geeigneten Maßnahmen dem Vergessen entgegenwirken.

Anton Mattle

Inhalt

Einleitung

Wenn man über Extremlandschaften spricht, denkt man als Mitteleuropäer wohl eher an Wüsten oder Polargebiete denn an heimische Gefilde. Dabei wird leicht übersehen, dass es auch in unseren gemäßigten Breiten Gegenden gibt, die den Rahmen des Üblichen sprengen. Der Geograph Dirk Meier behandelt in seinem Buch „Siedeln und Leben am Rande der Welt" eben nicht jene extremen Gegenden außerhalb Europas, sondern unter anderem die südliche Nordseeküste und den Naturraum der Alpen.[1] Dort erfordern klimatische und geographische Gegebenheiten nicht nur besondere Anstrengungen, um einigermaßen sicher leben zu können, es kann auch immer wieder zu extremen Katastrophen kommen. Erinnert sei an den Lawinenabgang von Blons im Großen Walsertal anno 1954 mit 57 Opfern und an die Katastrophe von Garmisch-Partenkirchen, bei der 1965 100 Hotelgäste von einer Staublawine verschüttet wurden. Erinnert sei auch an die Hollandflut von 1953, bei der ein Großteil der Provinz Zeeland überschwemmt wurde und mehr als 1800 Menschen starben, oder an die Februarflut von 1962, die in Deutschland weite Küstengebiete unter Wasser setzte und der in Hamburg mehr als 300 Menschen zum Opfer fielen.

Ähnlich war es auch in Galtür, als am 23. Februar 1999 eine Lawine um 16 Uhr vom Sonnberg, nördlich des Ortes, ins Tal stürzte und sich wie ein „Oktopus mit mehreren Armen"[2] in Ortsteile hineinfraß, die jahrhundertelang als sicher gegolten hatten. Neben zahlreichen Verletzten forderte die Lawine 31 Menschenleben, davon 25 Urlaubsgäste und sechs Einheimische. Nicht allein wegen des Ausmaßes der Katastrophe, sondern auch aufgrund des außergewöhnlichen Medieninteresses ist Galtür seither in aller Munde, wenn es um extreme Lawinenereignisse in den Alpen geht.

Ein solches Geschehen muss Spuren in den Einheimischen hinterlassen haben. Im Folgenden soll es daher um die Frage gehen, wie die Dorfbewohner die Katastrophe erlebt, inwieweit sie sie verarbeitet und vor allem, *wie* sie sie verarbeitet haben.

Die Idee zu dem Projekt wurde im Jahre 2006 auf einer Tagung im Universitätszentrum Obergurgl (Ötztal) geboren, welche von der Nationalagentur für das Immaterielle Kulturerbe der österreichischen UNESCO-Kommission organisiert wurde und sich mit der Bewältigung von so genannten Naturkatastrophen befasste.

---

1 Meier 2003.

2 Louis Maria Attems-Heiligenkreuz, I, S. 80. Die römische Ziffer markiert die Interviewtranskripte, die arabische zeigt die jeweilige Seite an. Wenn im Folgenden auf Gesprächsnotizen ohne Tonbandaufzeichnung (Feldforschungsaufzeichnungen) zurückgegriffen wird, sind diese durch eine der Seitenangabe vorangestellte römische „II" kenntlich gemacht. – Die Interviews wurden wörtlich transkribiert. Auffällig ist die oftmals nahezu druckreife Sprache der Informanten, die nicht auf „Verschönerungen" von meiner Seite zurückzuführen sind.

Dort hielt auch der Bürgermeister von Galtür, Anton Mattle, ein Referat über die Folgen der Lawine von 1999, das allgemeines Interesse hervorrief und spannende Fragen eröffnete.[3] Darum baten mich die Veranstalter der Tagung, in einer Feldforschung mit Einheimischen Gespräche zu führen, zumal ich mich mit einer Arbeit zur Katastrophenforschung habilitiert hatte, genauer mit Sturmflutkatastrophen und ihrer Bedeutung für die Mentalitätsgeschichte der Friesen.[4] Da ich, ähnlich wie der oben zitierte Dirk Meier, markante Ähnlichkeiten zwischen den Küstenanrainern der Nordseemarschen und den Bewohnern in den Hochalpen sehe,[5] empfand ich das Galtür-Projekt als eine logische Fortsetzung meiner bisherigen Arbeiten. Im Juni 2008 war es dann so weit, und ich fuhr für eine Woche nach Galtür, um mit Einheimischen Gespräche über die Lawine von 1999 und ihre mentalen bzw. psychischen Folgen zu führen. Die Ergebnisse haben mich überrascht, von ihnen soll in den folgenden Kapiteln die Rede sein.

Danken möchte ich all jenen, die bereit waren, mit mir ein Interview zu führen, sowie der Gemeinde Galtür für die Unterstützung bei der Drucklegung. Danken möchte ich darüber hinaus jenen Studierenden, die mir durch ihre Beiträge im Rahmen des Doktorandenseminars für Psychotherapiewissenschaft an der Sigmund-Freud-Privatuniversität Wien wertvolle Anregungen gaben.

---

3   Die meisten Vorträge – aber leider nicht der von Anton Mattle – sind publiziert in: Psenner u.a. 2008.
4   Rieken 2005.
5   Rieken 2008a.

I   Wissenschaftliche Ausgangspunkte

1   Vorgehensweise

Es war rasch klar, dass man behutsam vorgehen muss, wenn man in Galtür Interviews mit den Einheimischen über die Lawine von 1999 führen möchte. Die Einwohner hatten schlechte Erfahrungen mit Journalisten gemacht, weil sie vor allem vonseiten der deutschen Presse mit massiven Schuldzuweisungen konfrontiert waren. So wurde ihnen vorgeworfen, dass die örtliche Lawinenkommission schlampig gearbeitet hätte, man den Lawinenabgang hätte vorhersehen müssen, dass man für längere Zeit die Straße nur deswegen gesperrt hätte, damit die Gäste länger im Ort bleiben müssen, statt sie rechtzeitig zu evakuieren, usw. „Es hat geradezu einen Krieg mit der Presse gegeben. Sehr viele Journalisten haben sich in Galtür äußerst aggressiv verhalten, ihnen ging es nur um die Touristen, nicht um die Einheimischen", meint Prof. Barbara Juen, Psychologin an der Universität Innsbruck.[6] Daher hätten sich, so der Bürgermeister, die Leute zurückgezogen, weil sie, abgesehen von den österreichischen Medien, ausnahmslos „geprügelt" worden seien. „Und dann haben die Leute einfach gesagt: Wir wollen von niemandem etwas, und wir igeln uns ein, und haben nur *miteinander* gesprochen, nach außen hat keiner mehr kommuniziert".[7]

Der zweite Grund dafür, wieso ich befürchtete, nicht unbedingt mit offenen Armen empfangen zu werden, war, dass mir von verschiedenen Personen mitgeteilt wurde, die Tiroler Oberländer im Allgemeinen und die Galtürer im Besonderen seien ein verschlossenes Völkchen, das einem Fremden kaum Einblick in seine persönlichen Befindlichkeiten erlaube. Daher war ich froh, in Anton Mattle, dem Bürgermeister, jemanden gefunden zu haben, der sehr daran interessiert war, dass ich mit den Leuten in Kontakt trete. Wie bereits erwähnt, hatten wir einander in Obergurgl kennen und schätzen gelernt. Daher war er sogleich bereit, für mich Kontakte mit potentiellen Interviewpartnern[8] herzustellen. Zwar ist der Rückgriff auf lokale Autoritäten nicht unproblematisch, wenn man mit „normalen" Leuten ins Gespräch kommen möchte,[9] doch handelt es sich bei Anton Mattle um eine angesehene, integere Persönlichkeit, die von den Menschen geschätzt und respektiert wird. So öffnete er mir Tür und Tor, indem er telefonisch mögliche Gesprächspartner mit meinem Anliegen vertraut machte. Und nachdem ich die ersten Interviews geführt hatte, sprach es sich rasch herum, dass ich nicht zu jener problematischen

---

6   Barbara Juen, I, S. 90.
7   Anton Mattle, I, S. 6 (eigene Hervorhebung, B.R.).
8   Bei Verwendung der männlichen Form sind in der Regel beide Geschlechter gemeint.
9   Vgl. Rieken 2000, S. 18.

Sorte Journalisten gehöre, die tendenziös berichtet, sondern, zumal als Angehöriger einer Universität, die Leute ernst nehme und eine seriöse Arbeit schreiben möchte.

Ein weiterer Grund, behutsam vorzugehen, war, dass die Frage nach der persönlichen Verarbeitung der Katastrophe möglicherweise sensible Schichten im Innenleben der Gesprächspartner berührte. Daher konnte keine quantitative Erhebung infrage kommen, sondern nur eine qualitative Untersuchung. Mithilfe eines Experimentes oder Fragebogens lassen sich Probleme, die Grundfragen der menschlichen Existenz berühren, in befriedigender Weise kaum erfassen. Das gibt auch einer der prominentesten Vertreter der empirisch-quantitativen Psychologie, Jürgen Bortz, zu, wenn er schreibt, dass „Untersuchungsideen mit [...] philosophischen Inhalten", etwa Fragen nach dem „Sinn des Lebens", mithilfe klassisch-empirischer Vorgehensweisen nicht erforscht werden können.[10] Doch genau um diese und ähnliche Themen geht es, wenn man wissen möchte, wie eine lebensbedrohliche Katastrophe verarbeitet worden ist. Dazu eignen sich am ehesten qualitative Interviews, wobei ich eine Mischung aus narrativem Interview, Leitfaden- und Tiefeninterview gewählt habe.[11]

Das ist ein gänzlich anderer Zugang als der quantitative, welcher Hypothesen aufstellt, um diese dann zu testen. Das ist auch sinnvoll, aber es besteht dabei die Gefahr, Wissenschaft autoritär zu betreiben, denn Hypothesenbildung setzt implizit voraus, zu wissen, was von Bedeutung ist und was nicht. Unvorhergesehene Einsichten und überraschende Wendungen, wie sie in Interviews vorkommen, sind kaum möglich. Darüber hinaus setzt Hypothesenbildung eindeutige Kausalbeziehungen voraus, das heißt Wenn-Dann-Regeln, die einen determinierten Zusammenhang beobachtbarer Tatsachen ermitteln wollen. Das allerdings ist problematisch, wie Gerhard Vinnai, Professor an der Universität Bremen und einer der prominentesten Kritiker der akademischen Psychologie, feststellt:

„Für ein Theorieverständnis, das sich auf derartige Kausalitätsverhältnisse bezieht, haben menschliche Freiheitsgrade keinen Sinn: Sie müssen als Störungen bei der Theoriebildung auftreten. Menschliche Subjektivität, zu der selbständiges, spontanes Handeln gehört, lässt sich mit einem strengen naturwissenschaftlichen Gesetzesbegriff nicht fassen und muss deshalb aus dem Wissenschaftsprozess ausgeschieden werden. Die menschliche Freiheit [...] darf es in der positivistischen Psychologie nicht geben".[12]

Darüber hinaus ruft die Begegnung mit der freien Äußerung im Interview unter Umständen Ängste im Forscher hervor. Das ist spätestens seit George Devereuxs ethnopsychoanalytischem Klassiker „Angst und Methode in den Verhaltenswissenschaften" bekannt.[13] Im Experiment oder im Fragebogen ist der Kontakt mit dem „Untersuchungsobjekt" demgegenüber auf ein Minimum reduziert, und man trachtet danach, so genannte „Störfaktoren", etwa spontane Verhaltensweisen der

---

10 Bortz 1984, S. 15.
11 Vgl. Lamnek 2005, S. 357–361; S. 371f.; S. 696.
12 Vinnai 1993, S. 48.
13 Devereux 1992.

Versuchspersonen, weitgehend unter Kontrolle zu halten. Eine derartige Distanz zum „Objekt" wirkt zwar entängstigend, weist aber darauf hin, dass ein Zusammenhang zwischen gebieterischer Hypothesensetzung und dem unbewussten Wunsch nach Distanz zum untersuchten „Gegenstand" existiert, der mit Angst zu tun hat. Denn diese tendiert, wie aus der Individualpsychologie bekannt ist, zu kompensatorischem Machtverhalten[14] oder führt dazu, den angsterregenden Gegenstand zu meiden.[15] Das ist problematisch, und daher ist es weiterhin sinnvoll, an der Forderung Sigmund Freuds festzuhalten, Praxis und Theorie, „Heilen und Forschen" miteinander zu verbinden, das heißt den direkten Kontakt mit jenen zu suchen, über die man etwas wissen möchte.[16]

Aus all dem folgt, dass sich qualitative Wissenschaft nicht allein in Forschungslabors und Universitätsinstituten abspielen kann, sondern Lebensnähe aufweisen sollte. Alltagssprachlich ausgedrückt heißt das: Wenn man etwas über mentale und psychische Befindlichkeiten erfahren möchte, sollte man mit den Leuten reden, die man untersuchen will. Das hat mit Abstraktionsfähigkeit, Lebenserfahrung und Intuition zu tun, aber es sind gleichzeitig Forderungen, mit denen zum Beispiel jeder Ethnologie-Student bereits in den ersten Semestern bekannt gemacht wird.

Die Informanten wurden gebeten, den Ablauf und das Erleben der Katastrophe aus ihrer Sicht zu schildern. Es sollte darüber hinaus eingehend die Frage nach der Verarbeitung und dem möglichen Sinn des Geschehens zur Sprache kommen, und es wurden zusätzlich einige Fragen gestellt, welche spezifische Themen berühren, zum Beispiel ob es charakteristische mentale Merkmale der Galtürer gebe, ob das Walsertum für einen selber von Bedeutung sei,[17] ob man den Klimawandel als persönliche Bedrohung betrachte etc.

Ich habe Anton Mattle selbst sowie zehn weitere Personen interviewt, zu denen er den Kontakt ermöglicht hat. Der Bürgermeister war bemüht, sowohl junge und alte, vermögende und weniger vermögende, weibliche und männliche, weniger und stärker betroffene Einwohner zu einem Gespräch zu bewegen – und vor allem auch jene, die selber Angehörige verloren hatten. Das sind in Galtür drei Familien, doch habe ich nur mit zweien Gespräche führen können, weil die dritte mit mir über das Geschehen nicht sprechen wollte. Darüber hinaus habe ich aus eigenem Antrieb zwei weitere Personen interviewt, stand mit einer dritten in E-Mail-Verbindung, die zwar selbstständig zu mir den Kontakt gesucht hatte, aber leider erst, nachdem ich wieder daheim war. Außerdem habe ich ein Gespräch mit Prof. Barbara Juen geführt, die als Spezialistin für Notfallpsychologie direkt in das Geschehen involviert war. Und ich hatte mich bereits vor meiner Fahrt nach Galtür mit einem ehemaligen Studienkollegen, Mag. Matthias Beitl vom Volkskunde-Museum in Wien, getroffen, weil er zur Zeit des Lawinenabgangs auf der Jamtalhütte eingeschlossen

---

14 Vgl. Adler 2007b, S. 73–79.
15 Vgl. Horney 1979, S. 42.
16 Freud 1975, Ergänzungsband, S. 347; vgl. Bareuther 1989.
17 Siehe Kapitel II 1 und IV 6.2.

war und später bei den Aufräumarbeiten mithalf. Darüber hinaus gibt es ein anonymisiertes Gespräch mit einer weiteren Person aus dem Dorf. Insgesamt sind es 16 persönliche und ein E-Mail-Interview. Das Gespräch mit Anton Mattle fand am 18. Juni 2008 im Gemeindeamt statt, die anderen Personen besuchte ich zwischen dem 19. und 24. Juni in ihren Häusern, während die Interviews mit Matthias Beitl (29.5.2008) und Barbara Juen (5.8.2008) in meinem Büro an der Sigmund-Freud-Privatuniversität in Wien stattfanden.

Als der Bürgermeister mir Vorschläge unterbreitete, wer als potentieller Interviewpartner infrage kommen könnte, war er, wie bereits erwähnt, darum bemüht, ein möglichst breites Spektrum an unterschiedlichen Personen zu berücksichtigen. Alter, Beruf und Geschlecht waren wichtige Kategorien, aber auch und insbesondere die Frage nach dem Grad der Betroffenheit durch die Katastrophe, ob also jemand Angehörige verloren hatte, unter der Lawine begraben wurde, als Helfer tätig oder selber überhaupt nicht betroffen war. Anton Mattle hat damit bewusst oder intuitiv einer zentralen Forderung an qualitative Interviews Rechnung getragen, die in wissenschaftlicher Sprache folgendermaßen lautet:

> *„Die Stichprobenziehung, also die Auswahl der für die Untersuchung zu erhebenden Fälle, strebt bei qualitativer Forschung nicht nach verteilsgemäßer, sondern nach theoretischer Repräsentativität, das heißt hier soll die Stichprobe ein Abbild der theoretisch relevanten Kategorien darstellen".*[18]

Anders formuliert: Bevor man Interviews macht, sollte man sich überlegen, wer als Gesprächspartner infrage kommen kann, um ein möglichst breites Spektrum an unterschiedlichen Sichtweisen zu erfassen, wobei diese nicht nur für sich stehen, sondern bis zu einem gewissen Grad auch Bedeutung für andere haben sollen. Denn, so der Soziologe Heinz Bude,

> *„Wissenschaft beschäftigt sich nicht nur mit der bloßen Einzigartigkeit von Individuen und Ereignissen, sondern mit dem, was an ihnen gleichzeitig allgemein und besonders ist".*[19]

Diese Begriffsbestimmung stimmt weitgehend mit einer verbreiteten Definition des Symbols in der Literaturwissenschaft überein, wie sie auf eingängige Weise bereits von Goethe in seinen „Maximen und Reflexionen" formuliert worden ist, wenn er schreibt, es gelte „im Besondern das Allgemeine" zu schauen.[20] Daher ist es völlig unverständlich, wenn Bude behauptet, die literarische Darstellung wolle im Gegensatz zur soziologischen (bzw. wissenschaftlichen) ausschließlich „das Singuläre einer Person oder einer Begebenheit zum Ausdruck bringen".[21] Vielmehr geht es der Dichtung darum, im Singulären und Besonderen auch etwas Allgemeines durchschimmern zu lassen, was bereits die ursprüngliche Bedeutung des Wortes „Symbol" anklingen lässt. Griechisch „symbállein" meint nämlich in wörtlicher

---

18 Küsters 2006, S. 48.
19 Bude 2008, S. 577.
20 Maximen und Reflexionen, 751 (Goethe 1994, Bd. 12 [HA], S. 471).
21 Bude 2008, S. 578.

Übersetzung „zusammenfügen" und bezeichnete zunächst die zusammenpassenden Hälften eines Ringes oder Ähnlichem, „die im griechischen Brauch der Gastfreundschaft dem Überbringer der einen Hälfte jeweils die Gewährung des Gastrechtes durch den Besitzer der anderen garantierten".[22] Wahrscheinlich umschreibt in Anspielung darauf Platon den Symbolbegriff als jenen Teil, der ein halbiertes Ganzes ergänzt – und zwar in seiner berühmten Formulierung, dass die Liebe der Versuch sei, die ursprüngliche Einheit zweier getrennter Hälften wiederherzustellen.[23]

Symbole haben daher zu tun mit der Verbindung zu einem Ganzen bzw. zu etwas Übergeordneten. Das ist in unserem Fall die „theoretische Repräsentativität" der Interviewpartner, also zunächst die Frage, inwieweit sie von der Katastrophe betroffen waren, sowie Alter, Geschlecht oder Beruf. Darüber hinaus kann – und wird in der vorliegenden Arbeit – Bezug genommen auf eine weitere Frage, die sehr stark in die qualitative Richtung geht, nämlich ob sich Verbindungen herstellen lassen zu bestimmten Grundproblemen menschlicher Existenz, etwa zum Spannungsverhältnis zwischen Angst und Sicherheit, zwischen Trieb und Moral, zwischen Individuum und Gesellschaft/Gemeinschaft oder zur Frage nach dem Sinn des Lebens.

Zunächst ist allerdings noch auf eine mögliche Problematik hinzuweisen, die sich aus Goethes Begriffsbestimmung des Symbols ergibt. Er spricht davon, dass der Dichter „im Besondern das Allgemeine *schaut*".[24] „Schauen" bedeutet nicht ein reflektiertes Analysieren, sondern mehr ein Ahnen, was in einem der folgenden Sätze aus den „Maximen und Reflexionen" noch deutlicher ausgedrückt wird: „Wer nun dieses Besondere lebendig fasst, erhält zugleich das Allgemeine mit, *ohne es gewahr zu werden, oder erst spät*".[25] Das scheint auf den ersten Blick eine anti-wissenschaftliche Einstellung zu sein, denn Wissenschaft hat zu tun mit nüchterner Analyse, mit Distanz zum Forschungsobjekt und mit klaren Gedanken, nicht aber mit einem nur ungefähren und kaum ausformulierten „Ahnen". Doch das ist nur die eine Seite, denn Wissenschaft beruht auch darauf, dass man oftmals zunächst nur vage Vorstellungen hat von dem, was man untersucht, und intuitiv spürt, dass man möglicherweise etwas Bedeutendem auf der Spur ist, indem es uns berührt. In diesem Sinn hat der Zürcher Germanist Emil Staiger in einem berühmten Aufsatz mit dem Titel „Die Kunst der Interpretation"[26] die Überzeugung vertreten,

---

22 Ritter, Gründer, Gabriel 1998, Bd. 10, Sp. 710.

23 „Von so langem her also ist die Liebe zu einander den Menschen angeboren, um die ursprüngliche Natur wiederherzustellen, und versucht aus zweien eins zu machen und die menschliche Natur zu heilen. Jeder von uns ist also ein Stück von einem Menschen, da wir ja zerschnitten, wie die Schollen, aus einem zwei geworden sind. Also sucht nun immer jedes sein anderes Stück" (Platon 2004, Symposion, 191 d).

24 Maximen und Reflexionen, 751 (Goethe 1994, Bd. 12 [HA], S. 471); eigene Hervorhebung, B.R.).

25 Ebd. (eigene Hervorhebung, B.R.).

26 Den gleichen Titel trägt der Beitrag von Heinz Bude, doch wird Staiger mit keiner Silbe erwähnt, obwohl er über die Fachgrenzen der Germanistik hinaus bekannt geworden ist.

dass subjektive Gefühle eine Grundlage für wissenschaftliches Arbeiten sein können:

> *„Wir lesen Verse; sie sprechen uns an. Der Wortlaut mag uns fasslich scheinen.*
> *Verstanden haben wir ihn noch nicht. Wir wissen noch kaum, was eigentlich da-*
> *steht und wie das Ganze zusammenhängt. Aber die Verse sprechen uns an; wir*
> *sind geneigt, sie wieder zu lesen, uns ihren Zauber, ihren dunkel gefühlten Gehalt*
> *zu eigen zu machen [...]. Zuerst verstehen wir eigentlich nicht. Wir sind nur be-*
> *rührt; aber diese Berührung entscheidet darüber, was uns der Dichter in Zukunft*
> *bedeuten soll“.*[27]

Staigers Ausführungen gelten in der qualitativen Forschung, sofern sie überhaupt
Erwähnung finden, als Rückschritt einmal erreichter Standards, weil er als Vertreter „der hochsubjektiv angelegten traditionellen Hermeneutik [gilt], bei welcher es
letztlich nur der Interpret selbst war, dessen ‚Kunst der Interpretation‘ [...] die
Gültigkeit der Interpretation verbürgte“. Demgegenüber sei es ein Fortschritt, dass
„die qualitative Forschung aus der Kunst stärker eine regelgeleitete Methodologie
entwickelt hat“.[28] Selbstverständlich ist Letzteres eine berechtigte und sinnvolle
Forderung, vor allem für Einsteiger, allerdings wird oftmals aus der „regelgeleitete[n] Methodologie“ ein starres Korsett, das nicht nur das Potential beeinträchtigt,
welches qualitative Methoden ermöglichen, sondern auch die Freude und Kreativi-
tät am Forschungsprozess untergräbt.[29] Außerdem ist es wenig zielführend, das

---

27 Staiger 1963, S. 12.
28 Moser 2001, S. 16; zur Stellung Staigers in der gegenwärtigen Germanistik siehe Rickes u.a.
  2007.
29 Um es mit Gerhard Vinnai zu formulieren: „Auch Wissenschaftler, die vom quantifizierenden
  Wissenschaftsideal des Positivismus abweichen und qualitatives Denken durchsetzen wollen,
  sind sofort bestrebt, dieses methodisch sauber abzusichern. Mit Hilfe von methodischer Be-
  triebsamkeit wird versucht, Ergebnisse zu produzieren, die gegen die schonungslose Kritik im
  Wissenschaftsbetrieb immun machen sollen. Der Methodenzwang bzw. die Angst, aus dem
  Rahmen zu fallen, ist so stark, dass die Frage erstickt wird, ob qualitatives Denken und Methodologie nicht in prinzipiellem Widerspruch zueinander stehen“ (Vinnai 1982). – Letzteres
  mag pointiert zugespitzt und in dieser Form nicht ganz haltbar sein, weist aber darauf hin, dass
  die Offenheit des Zugangs, welche für qualitative Forschungen konstitutiv ist, durch methodische Zwänge beeinträchtigt werden kann. Dass man, um ein Beispiel zu nennen, Kategorien
  bildet, um Texte zu strukturieren, ist ein sinnvolles Unterfangen, aber ob man dabei soweit gehen muss wie Mayring in der Qualitativen Inhaltsanalyse mit seiner peniblen Kategorienbil-
  dung (Mayring 2008), kann mit einem Fragezeichen versehen werden. Ähnliches gilt für die
  sequentielle Analyse in der Objektiven Hermeneutik (Wernet 2009), indem minutiös Satz für
  Satz nach möglichen Lesarten durchforstet wird. Dass man Texte genau lesen soll und dass
  man darüber hinaus latente Sinnstrukturen ermitteln kann, indem man sie wörtlich liest, lernt
  jeder Germanistik-Student im ersten Semester, nur muss dieser daraus keinen Schematismus
  machen. Dem naturwissenschaftlichen Ideal der Objektivität werden indes weder Qualitative
  Inhaltsanalyse noch Objektive Hermeneutik gerecht; bei jener müssen die Texte paraphrasiert,
  generalisiert und reduziert werden, während bei dieser nur *Textausschnitte* näher interpretiert
  werden. Man kann es daher drehen und wenden, wie man will: Der Perspektivität entkommt
  man nicht. Und umgekehrt: Was die angeblich „hochsubjektiv“ angelegte traditionelle Hermeneutik angeht, lassen sich ihre Ergebnisse durchaus objektivieren, indem man die Interpretation hinsichtlich ihrer Plausibilität und Nachvollziehbarkeit befragt.

Eine gegen das andere ausspielen zu wollen. Denn Staigers Darlegungen sind kein Plädoyer für Irrationalismus oder übersteigerten Subjektivismus, sondern ein Hinweis darauf, dass am Beginn der wissenschaftlichen Analyse und Interpretation eine Ahnung, ein subjektives Gefühl stehen kann, ein Berührt-Werden. Das ist aus Staigers Sicht eine Basis für Wissenschaft, aber eben noch nicht wissenschaftliche Interpretation. Vielmehr ist im weiteren Verlauf das intuitiv Erahnte zu analysieren, um die Frage zu beantworten, ob es sich nur um ein Spezifikum des Interpreten handelt oder ob es auf ein Allgemeines verweist, wobei Letzteres dann die eigentliche wissenschaftliche Arbeit darstellt. Ähnlich sieht es auch Gerhard Schulze, ein „unverdächtiger" Gelehrter, da Professor für Methoden der empirischen Sozialforschung, der durch sein Buch „Die Erlebnisgesellschaft" weit über die Fachgrenzen hinaus bekannt geworden ist. Er spricht nämlich von Intuition und Lebenserfahrung als wichtigen Bausteinen für die theoretische Analyse empirischen Materials.[30]

Die Art der wissenschaftlichen Arbeit, wie sie hier skizziert ist, findet ihre Entsprechung im weiten Feld der Psychoanalyse. Das gilt für ethnopsychoanalytisch inspirierte Feldforschungen, bei denen nicht nur der Interviewte, sondern auch die Gefühle des Interviewers Aufmerksamkeit erfahren, welche mit dem Forschungsprozess zu tun haben und die mit einem unglücklichen Wort als „Gegenübertragung" bezeichnet werden.[31] Diese gilt auch in der psychoanalytischen Psychotherapie als wichtiger Indikator für die Beschaffenheit des therapeutischen Prozesses, und sie ist oftmals zunächst nur vage spürbar. Auf unklare Verhältnisse, die zunächst lediglich von einer Ahnung bestimmt sind, stößt man auch im Bereich der Traumdeutung. Die Symbolsprache ist nicht von vornherein eindeutig, Patient wie Analytiker gehen oftmals tastend vor, dabei zunächst bestimmte Zusammenhänge nur erahnend, um erst später zu größerer Klarheit zu gelangen. Bereits Freud hat darauf hingewiesen, dass es

> „wirklich nicht leicht [ist], sich von dem Reichtum an unbewussten, nach Ausdruck ringenden Gedankengängen in unserem Denken eine Vorstellung zu machen und an die Geschicklichkeit der Traumarbeit zu glauben, durch mehrdeutige Ausdrucksweise jedesmal gleichsam sieben Fliegen mit einem Schlag zu treffen, wie der Schneidergeselle im Märchen".[32]

Der Vergleich zwischen Emil Staigers „Kunst der Interpretation" und psychoanalytischer Tätigkeit ist nicht willkürlich gewählt, denn beide Male geht es um die Arbeit mit Texten und das Anliegen, sie zu interpretieren und einen Sinn zu erschließen. Das gilt für dichterische Werke ebenso wie für die Äußerungen des Patienten auf der Couch – und selbstverständlich auch für die in dieser Arbeit verwendeten Interviews.[33]

---

30 Schulze 1996, S. 25.
31 Vgl. Devereux 1992; Reichmayr 1995, S. 186–203; Rieken 2003b.
32 Freud 1972, Bd. 2: Die Traumdeutung, S. 501.
33 Emil Staiger begrenzt seine Ausführungen zur Interpretation zwar auf dichterische Werke, aber als Rezipient darf es erlaubt sein, sie auf nicht-literarische Texte zu übertragen, da die

Nachdem nun der methodische Zugang skizziert ist, muss noch die Frage beantwortet werden, welcher Fachrichtung man die Arbeit zuordnen kann. Das ist zunächst nicht eindeutig zu beantworten, denn sie ist interdisziplinär orientiert, weil sie ethnologische, tiefenpsychologische und psychotherapiewissenschaftliche Fragestellungen gleichermaßen berührt. Man kann das Buch der Erzählforschung zurechnen, aber auch der volkskundlichen Gemeindeforschung, indem man es als Arbeit über mentale Strukturen in einem Dorf und darüber hinaus einer ethnischen Minderheit liest.[34] Doch genauso ist die Arbeit als ein Beitrag zur individuellen Bewältigung traumatischer Ereignisse und zur Salutogenese zu verstehen, das heißt zur Frage, wie seelische Krankheit vermieden und wodurch seelische Gesundheit ermöglicht werden kann. Da das übergeordnete Thema das desaströse Geschehen ist, kann man das Buch am ehesten der psychoanalytisch-ethnologischen Katastrophenforschung zuordnen, wie sie vom Autor dieser Arbeit in seiner Habilitationsschrift angewendet worden ist.[35]

Während die Kulturwissenschaften das Individuum primär als Teil eines Ganzen betrachten, lenken Psychoanalyse und Psychotherapiewissenschaft ihr Augenmerk in erster Linie auf das Individuum. Beides sind mögliche Perspektiven, aber sie sind aus meiner Sicht einseitig. Man neigt als Wissenschaftler allzu leicht dazu, das Eigene zum Eigentlichen zu erklären und das andere zu übersehen. Gerade am Beispiel Galtür lässt sich jedoch zeigen, dass eine interdisziplinäre Perspektive angemessener ist. Denn die Frage nach der individuellen Bewältigung hängt dort aufs engste mit kulturellen und mentalen Faktoren zusammen, die Ressourcen bereithalten und das Dorfleben prägen. Umgekehrt haben mir die meisten Gesprächspartner mitgeteilt, dass trotz der gemeinsamen Erfahrung der Katastrophe jeder einzelne sie anders erlebt hat. Das hat einerseits vordergründige Ursachen, nämlich wo man sich zum Zeitpunkt des Geschehens gerade aufgehalten hat und welche Funktion man im Ort bekleidet, ob man zum Beispiel Arzt, Diakon, Mitglied der Feuerwehr, der Berg-

---

Basis der Interpretation, das „Schauen" im Sinn Goethes, nicht auf Dichtung beschränkt bleien muss.

34 Die Literatur dazu ist umfangreich, hier seine nur einführende Beiträge aus einem volkskundlichen Grundlagenwerk (Brednich 2001) genannt: Hugger 2001, Röhrich 2001, Schenk 2001.

35 Rieken 2005. Dort spreche ich zwar von „psychologisch-ethnologischer Katastrophenforschung", doch war der Zugang primär ein tiefenpsychologischer. Ich hatte den Begriff „psychologisch" zunächst als einen übergeordneten verstanden, aber da er im wissenschaftlichen Mainstream für die akademisch-empirische Psychologie reserviert ist, könnte das zu Missverständnissen führen. Zwar ist „psychoanalytisch" ebenfalls nicht ganz eindeutig, weil man ihn auf die Freudsche Triebtheorie reduzieren könnte, doch wird er auch, weiter gefasst, als Synonym für psychodynamische Prozesse verwendet, womit der Gesamtbereich der Tiefenpsychologie abgedeckt ist. In diesem Sinn wird der Begriff hier verstanden. – Für die skizzierten Überlegungen danke ich Alfred Pritz (Wien). Ergänzend sei hinzugefügt, dass ich nicht von Ethnopsychoanalyse spreche, da diese bedeutet, Kulturen mithilfe der Psychoanalyse zu untersuchen, wobei dem ethnologischen Instrumentarium nicht immer hinreichende Aufmerksamkeit gewidmet wird. Mir geht es demgegenüber darum, möglichst gleichwertig ethnologische und psychoanalytische Gesichtspunkte zu berücksichtigen. Daher bevorzuge ich die Bindestrich-Verbindung „psychoanalytisch-ethnologisch".

rettung usw. ist. Andererseits hat die Erfahrung der Katastrophe auch mit der individuellen Lebensgeschichte zu tun und insbesondere damit, inwieweit man betroffen war, ob man zum Beispiel verschüttet war oder gar Angehörige verloren hat.

Ich wollte ein Buch schreiben, das allgemein verständlich und nicht allein für Spezialisten von Interesse ist. Wissenschaft sollte sich nicht ausschließlich im Elfenbeinturm abspielen, sondern auch für eine breitere Leserschaft von Interesse sein, zumal es aus meiner Sicht kein Gütekriterium ist, wenn man sich möglichst kompliziert und unverständlich ausdrückt. Fachleute mögen es daher entschuldigen, wenn bestimmte Phänomene erklärt werden, die ihnen vollkommen geläufig sind. Umgekehrt mögen es aber auch die Nicht-Fachleute entschuldigen, wenn sie mitunter auf für sie wenig interessante methodische oder theoretische Überlegungen stoßen, die im wissenschaftlichen Kontext jedoch notwendig sind.

Jedenfalls verstehe ich das Buch auch als einen Beitrag zur volkskundlichen Gemeindeforschung, von der Paul Hugger sagt, dass sie nicht nur dem fachinternen Diskurs und eigenen wissenschaftlichen Ambitionen, sondern auch jenen dienen soll, über die man schreibt.[36] Dabei habe ich ferner zu berücksichtigen versucht, was für Feldforschungen im Allgemeinen und für Ortsmonografien im Besonderen gilt:

> *„Sie müssen vom Respekt gegenüber der Explorationsgruppe getragen werden. Die Forschenden bleiben sich bewusst, dass es neben der Wahrheit des Forschers auch die Wahrheit der Erforschten gibt. Im Wissen darum werden sie ihre Wertungen vorsichtig anbringen".*[37]

Das ist ein schmaler Grad, mit dem es sich ähnlich verhält wie in einer Psychotherapie, bei der man als Therapeut eine Mischung aus Empathie und Distanz benötigt, um professionell zu handeln. Einerseits bedarf es der Einfühlung und einer gewissen Identifikation, andererseits einer kritischen Perspektive, die „objektiv" in der ursprünglichen Wortbedeutung sein sollte, nämlich im Sinn von „entgegenstellen", „entgegentreten". Das Buch sollte keine idealisierende Darstellung werden, zumal Einheimische sich in der Regel darüber im Klaren sind, wo es Probleme gibt. Idealisierende Arbeiten würden daher auch nicht ernst genommen werden – außer in autokratischen Regierungssystemen, und selbst dort nur in der offiziellen Diskussion. Andererseits muss man mit kritischen Äußerungen Vorsicht walten lassen, und das vor allem dann, wenn es um tiefenpsychologische Interpretationen geht, denn die sind teilweise für Außenstehende nicht nachvollziehbar (und auch für manche Wissenschaftler nicht). Da aber die Existenz des Unbewussten Teil meines wissenschaftlichen Selbstverständnisses ist, wäre es mir schwergefallen, diesbezügliche Äußerungen gänzlich zu vermeiden. Auf der anderen Seite habe ich mitunter gewisse Gedankengänge abgebrochen, weil das Zu-Ende-Denken derselben mir zu brisant erschienen wäre. Und vereinzelt habe ich manches, was mir persönlich mitgeteilt wurde, nur in allgemeiner Form niedergeschrieben, ohne Namen zu nennen. Darüber hinaus wurde ein Interview in Absprache mit dem Informanten komplett

---

36 Hugger 2001, S. 304f.; vgl. auch Schmidt-Lauber 2001, S. 170.
37 Hugger 2001, S. 304.

anonymisiert. Insgesamt hoffe ich, damit einen Kompromiss gefunden zu haben, und dass ich nicht zu sehr vom schmalen Grad zwischen Einfühlung und Distanz abgewichen bin.

2   Wissenschaft ohne Methodenzwang oder: Essentialismus und Konstruktivismus

Paul Feyerabend hat in seiner Schrift „Wider den Methodenzwang" darauf hingewiesen, dass ein Blick in die Geschichte der Wissenschaften lehre, wie sehr diese von Komplexität, Chaos und Fehlern geprägt seien.[38] Doch die wissenschaftliche Ausbildung verflache ihren Gegenstand, indem sie ihn „einförmiger, ‚objektiver' und strengen, unveränderlichen Regeln zugänglicher" mache.[39] Das zeitige zwar einen gewissen Erfolg, führe aber nicht nur zu einseitigen Perspektiven, sondern auch zu Alleinvertretungsrechten auf dem Gebiet der Erkenntnis im jeweiligen Fach. Diese seien jedoch in einem hohen Maße fragwürdig, weil erstens die Welt, welche man erforsche, hochgradig komplex und vielfach unbekannt sei, und weil zweitens eine solche Form der Ausbildung die Förderung von Individualität behindere. Mit dem letzten Kritikpunkt hat sich vor allem Wolf Wagner in seinem Buch „Uni-Angst und Uni-Bluff" beschäftigt und dabei auf die subtilen Anpassungsmechanismen aufmerksam gemacht, die notwendig seien, um im Wissenschaftssystem Karriere zu machen: Zum Beispiel werde die Tendenz gefördert, sich möglichst kompliziert auszudrücken oder sich mit möglichst vielen Fremdwörtern zu schmücken, um andere einzuschüchtern.[40] Oder es würden jene Nachwuchswissenschaftler gefördert, die es verstünden, sich bei jenen Professoren beliebt zu machen, welche besonders eitel seien, denn diese umgäben sich am liebsten mit Ihresgleichen.[41]

Daher neigt man dazu, sich an den gegenwärtigen Mainstream in den Wissenschaften anzupassen; man hofft auf große Akzeptanz und darauf, nicht mit allzu vielen Widersprüchen rechnen zu müssen, welche die eigene Karriere behindern könnten. Im Sinne „selbsterfüllender Prophezeiungen"[42] kann es dann sein, dass man im Laufe der Zeit mehr und mehr von den „Glaubenssätzen" der eigenen Disziplin überzeugt ist und so Gräben zwischen den Fächern aufgeschüttet werden, die kaum noch zu überbrücken sind. Einer jener Gräben ist der Gegensatz zwischen „Essentialisten" und „Konstruktivisten", der mit der Einteilung in Natur- und Geisteswissenschaften zu tun hat.[43]

---

38 Feyerabend 2003, S. 16.
39 Ebd.
40 Wagner 1992, S. 14–17.
41 Ebd., S. 52ff.
42 Watzlawick, Beavin, Jackson 1985, S. 95f.
43 Ich wähle den traditionellen Begriff „Geisteswissenschaften", weil alternative Formulierungen wie „Kulturwissenschaften" oder „Sozialwissenschaften" den Blick zu sehr auf bestimmte Aspekte zentrieren.

Trotz der viel beschworenen Interdisziplinarität ist die Zusammenarbeit zwischen diesen Disziplinen eher die Ausnahme als die Regel, und selbst gemeinsame Fachtagungen zeichnen sich oftmals tendenziell stärker durch ein Nebeneinander als ein Miteinander aus. Die Naturwissenschaften basieren auf dem mechanistischen Denken der Physik, das in seiner Erfolgsgeschichte seit der Frühen Neuzeit nachhaltig das Bild von der Natur geprägt hat.[44] Zwar liegen den Gesetzen der Mechanik keine objektiven Wahrheiten zugrunde, aber für die Bearbeitung bestimmter Probleme sind sie hilfreich. Beispielsweise eignet sich das Newton'sche Trägheitsprinzip[45] zur Berechnung der voraussichtlichen Bahn fester Gegenstände, einer Rakete etwa oder eines Wurfgeschosses. Aber es ist eine reduktionistische Welt, welche die Mechanik entwirft, weil in dem Beispiel die Masse, um Berechnungen anzustellen, punktförmig zentriert gedacht wird und man darüber hinaus von Störfaktoren wie dem Luftwiderstand bzw. Windverhältnissen absehen muss, welche bei anderen Phänomenen, etwa dem freien Fall einer Gänsefeder, zu Hauptfaktoren werden.[46] Hinzukommt, dass neuere Theorien wie Quantenphysik, Fuzzy Logic oder Systemtheorie das einfache kausalanalytische Weltbild der Mechanik relativiert haben.[47] Daher hält zwar heutzutage in den theoretischen Naturwissenschaften niemand mehr die auf ihr fußenden Naturgesetze für das wirkliche Wesen der Natur, sondern nur noch für ein Denkmodell. Doch spielt dessen ungeachtet die überholte Vorstellung weiterhin eine große Rolle in der Alltagsdiskussion, im Physikunterricht der Schule, aber auch in verschiedenen Wissenschaften, welche den mechanistischen Entwurf zum Vorbild haben, etwa schulmedizinische Modelle[48] oder die naturwissenschaftlich orientierte Psychologie. So behaupten etwa Bortz und Döring, dass

> *„es kein prinzipieller, sondern lediglich ein gradueller Unterschied [ist], wenn neue physikalische Phänomene durch (vermutlich) wahre physikalische Gesetze und neue psychologische Phänomene durch [...] psychologische Theorien erklärt werden".*[49]

Die Autoren versuchen diese Behauptung mithilfe zweier Wenn-dann-Beziehungen zu begründen. Aus der Physik wählen sie den Lehrsatz „Wenn Metall erwärmt wird, dann dehnt es sich aus"[50] und aus der psychologischen Ästhetikforschung ein

---

44 Vgl. Bammé u.a. 1983, S. 108–134; Dijksterhuis 2002, S. 248–557; Giedion 1987.

45 „Jeder Körper verharrt im Zustand der Ruhe oder der gleichförmigen geraden Bewegung, wenn er nicht durch eine Kraft gezwungen wird, diesen Zustand zu ändern".

46 Vgl. Bammé u.a. 1983, S. 126–134.

47 Die Quantenphysik hat den Beobachter als Einflussgröße wieder eingeführt, weil dieser im Mikrobereich das Beobachtete durch die Beobachtung verändert (Heisenberg'sche Unschärferelation). Fuzzy Logic ist eine Theorie, die mit Unschärfen operiert, den klassisch-kausalanalytischen Modellen im Anwendungsbereich aber mindestens ebenbürtig ist. Die Systemtheorie hat die lineare Vorstellung eindeutiger Ursachen und Wirkungen relativiert durch den Nachweis der Bedeutung von Wechselwirkungen.

48 Rothschuh 1978, S. 417–447.

49 Bortz und Döring 2006, S. 17.

50 Ebd., S. 16.

Phänomen aus dem Bereich der populären Musik, nämlich dass sich unter den beliebtesten Hits häufig Songs mit einer besonderen Harmoniefolge befinden, und zwar solche, die ein mittleres Erregungsniveau aufweisen. Daraus leiten sie die folgende Hypothese ab: „Wenn Popmusik einem Harmonieschema mittlerer Schwierigkeit folgt, dann wird sie positiv bewertet".[51] Nach dem Vorbild der klassischen Physik wird eine kausale Beziehung („Wenn-dann") für ein psychologisches Phänomen behauptet, weil es aus naturwissenschaftlich-essentialistischer Perspektive anscheinend darum geht, „objektive" Aussagen über „den" Menschen zu machen. Das ist ein verwegener, um nicht zu sagen, vermessener Anspruch, da die Welt zu komplex ist, um sie durch einfache Kausalgesetze zu erklären. Genauso könnte man eine Schneise in den Wald schlagen, um dann zu behaupten, man hätte diesen in seiner Gesamtheit erkannt.

Denn: *Jedes* Metall dehnt sich bei Erwärmung aus, aber längst nicht jeder Mensch delektiert sich an den beliebtesten Popsongs, weil manche Volksmusik bevorzugen, andere New-Orleans-Jazz und wieder andere klassische Musik etc. Das heißt es sind bestenfalls Aussagen über eine bestimmte Anzahl von Personen möglich, aber nicht über die Menschheit insgesamt. Und selbst bei einem einzelnen Individuum können sich die Vorlieben je nach Stimmung verändern. Mal möchte man die „Nocturnes" von Frédéric Chopin hören, dann Glenn Miller und ein anderes Mal die „Rocky Horror Picture Show". Es mag schon sein, dass eine Mehrzahl von Menschen ein „Harmonieschema mittlerer Schwierigkeit" bevorzugt, nur sollte eine derartige Aussage nicht in den Status eines physik-analogen Gesetzes erhoben werden, denn das ist objektivistische Überheblichkeit und erklärbar nur aus jener unseligen Ideologie heraus, dass „richtige" Wissenschaft „harte" Wissenschaft sein muss, die unumstößliche Gesetze aufstellt, welche universellen und immerwährenden Anspruch haben. Gleichzeitig ist das ein Ausdruck patriarchalischen Denkens, zumal es vor allem Männer sind, die sich zur Naturwissenschaft hingezogen fühlen. Vergessen wird dabei überdies, wie bereits erwähnt, dass die theoretische Physik den Anspruch auf universelle Gültigkeit längst aufgegeben hat.

Außer dem wissenschaftsgeschichtlichen Aspekt, das heißt der Erfolgsgeschichte des mechanistischen Denkens, gibt es einen weiteren Grund dafür, weswegen essentialistische Vorstellungen in den Naturwissenschaften am Leben erhalten werden, nämlich das praktische Anliegen als angewandte Wissenschaften. Die Risikoanalyse von Naturgefahren müsse „mit wissenschaftlichen Methoden [...] zu objektiv richtigen Aussagen führen", heißt es beispielsweise vollmundig in einem Beitrag über das natürliche Bedrohungspotential in den Alpen.[52] Erkenntnistheoretisch ist das zwar spätestens seit Kants „Kritik der reinen Vernunft" fragwürdig,[53] doch benötigen Forschungsergebnisse, die unmittelbaren Einfluss auf die

---

51 Ebd., S. 17.
52 Kienholz 2004, S. 50.
53 Kant 2005. Kant hat schlüssig nachgewiesen, dass bereits aufgrund der Anschauungsformen Raum und Zeit sowie der Kategorien ausschließlich perspektivische, aber keine objektive Erkenntnis möglich ist; vgl. als neuere und ausführliche Darstellung der Gesamtthematik Köller 2004.

Praxis haben sollen, ein vermeintlich sicheres Fundament, weil der Praktiker Verantwortung gegenüber der Öffentlichkeit bzw. seinen Klienten hat. Ähnlich ist es in den Heilberufen, sei es als Arzt, Psychotherapeut oder Physiotherapeut: Man muss an das „glauben", was man tut; anderenfalls beunruhigt man die Patienten, und es fällt ein wichtiger Faktor weg, der Heilung ermöglicht, nämlich Zuversicht.

Demgegenüber ist man in den Geisteswissenschaften in der komfortablen Situation, aus sicherer Entfernung seinen Gegenstand untersuchen zu können, ohne für Fehlurteile zur Verantwortung gezogen zu werden. Der Vorteil ist, dass dadurch ein kritischer Blick ermöglicht wird, der das Unhinterfragte relativiert. Zum Beispiel können so Urteile, die man über andere fällt, in ihrer mentalen oder schichtenspezifischen Begrenztheit erkannt und als Konstrukte analysiert werden, etwa Voreingenommenheit gegenüber bestimmten Minoritäten, oder Arten der Selbstinszenierung, wie sie etwa Pierre Bourdieu in seiner subtilen Untersuchung „Die feinen Unterschiede" herausgearbeitet hat,[54] oder auch das „Tempo-Virus", mit dem die westlichen Gesellschaften „infiziert" sind.[55] Kurzum: Durch die Geistes- und Kulturwissenschaften können, weil sie Distanz gegenüber ihrem Gegenstand halten, scheinbar objektive Wahrheiten als Konstrukte erkannt werden, die spezifischen Interessen dienen.

Aber ähnlich wie in den Naturwissenschaften der Bogen in Richtung Essentialismus und Objektivität überdehnt wird, tendieren Geisteswissenschaften dazu, den Bogen in Richtung Konstruktivismus und Relativismus zu überdehnen, um sich radikal von den „harten" Wissenschaften abzugrenzen. Dazu einige Beispiele: Der 32. Kongress der Deutschen Gesellschaft für Volkskunde im Jahre 1999 war dem Verhältnis von Natur und Kultur gewidmet,[56] ein Thema, das eigentlich geeignet ist für interdisziplinäre Fragestellungen. Als jedoch Andreas Hartmann einen Vortrag über die „Biologie der Kultur" hielt und unter anderem die These aufstellte, dass „die Sphäre des Biotischen als die ‚Unterwelt' der Kultur" zu betrachten sei und „dass uns diese Sphäre schon deswegen nicht gleichgültig sein kann, weil sie als ein machtvolles Unbewusstes in der Kultur zugegen ist",[57] stieß er auf ein höchst geteiltes Echo, das neben einiger Zustimmung „Kritik bis hin zu wütender Anfeindung" enthielt.[58] Offensichtlich hat Hartmann Thesen vertreten, die Angst und Aggression auslösen, weil sie den Dogmatismus der eigenen Disziplin relativieren und dadurch verunsichernd wirken. Demgegenüber befand sich Helge Gerndt vollständig im Mainstream der Volkskunde, als er sich in seinem Vortrag auf derselben Tagung zu der Behauptung verstieg, dass „alles, was als Natur vorgestellt oder bezeichnet wird", Kultur wäre. „Noch schärfer gesagt: Eine eigenständige Natur jen-

---

54 Bourdieu, Pierre 1982: Die feinen Unterschiede. Kritik der gesellschaftlichen Urteilskraft. Frankfurt am Main: Suhrkamp.
55 Borscheid, Peter 2004: Das Tempo-Virus. Eine Kulturgeschichte der Beschleunigung. Frankfurt am Main: Campus.
56 Brednich, Schneider, Werner 2001.
57 Hartmann 2001, S. 27.
58 Ebd., S. 21, Fußnote 1.

seits des menschlichen Bewusstseins gibt es gar nicht".[59] Es ist zwar richtig, dass Wahrnehmung immer perspektivisch bedingt ist und damit auch aus der Sicht der jeweiligen Kultur erfolgt, aber in Gerndts Beitrag geht es nicht um philosophisch-erkenntnistheoretische Fragen, sondern um das Postulat, Natur wäre jenseits des menschlichen Bewusstseins gar nicht vorhanden. Über eine solche Aussage wird sich jeder Evolutionsbiologe wundern, der Zeiträume von Milliarden Jahren betrachtet, in denen es eine Natur gegeben hat, die ohne den Menschen und seine Kultur auskam.

Ein anderes Beispiel: In dem kulturwissenschaftlich orientierten Sammelband „Inszenierungen der Küste"[60] wird, wie der Titel bereits andeutet, die Küstenlandschaft, in dem Fall die südliche Nordsee, als mentales Konstrukt interpretiert. Es ist nichts dagegen einzuwenden, wenn man darauf hinweist, dass sich kulturelle Wahrnehmungen, die im naiven Bewusstsein als „objektiv" und immerwährend gelten, im Laufe der Zeit verändern. Der Blick gottesfürchtiger Pietisten aufs Meer war ein anderer als jener der Romantiker oder der Aufklärer. Aber die relativistische Perspektive wird radikalisiert, wenn etwa Norbert Fischer behauptet, die Vorstellung „des bedrohlichen Meeres" wäre nichts anderes als ein „Mythos",[61] also eine Erfindung, um die Küstenlandschaft für Touristen interessanter zu machen oder um sich von anderen Regionen zu unterscheiden. Denn das Meer *ist* in diesen Breiten *wirklich* bedrohlich, und es mutet schon kurios an, dass Fischer seine These ausgerechnet am Beispiel des Jadebusens entwickelt – jener großflächigen Bucht am östlichen Rand der ostfriesischen Halbinsel, die vor 1000 Jahren noch festes Land war und erst durch die spätmittelalterlichen Sturmfluten ein Raub des Meeres geworden ist!

Nicht alles lässt sich daher in konstruktivistischer Beliebigkeit auflösen, mitunter existieren auch harte Fakten, und das vor allem dann, wenn man am Rande der Welt siedelt. Das gilt für die friesische Küste genauso wie für Galtür oder andere Orte in den Hochalpen: Wer dort ansässig ist, muss mit Ungemach vonseiten der Natur rechnen, seien es Orkane und Sturmfluten oder Muren und Lawinen. Doch wenn wir uns fragen, was eine *Natur*katastrophe *mental* bewirkt und wie sie bewältigt wird, dann befinden wir uns sogleich zwischen der einseitigen Dichotomie von Konstruktivismus und Essentialismus, denn es geht dabei um etwas *Materielles*, das auf *Geist, Psyche und Kultur* Einfluss ausübt und umgekehrt auch von diesen Faktoren beeinflusst wird. Daher ist es sinnvoll, „harte" und „weiche" Fakten nicht gegeneinander auszuspielen, sondern zu akzeptieren, dass natur- *und* geisteswissenschaftliche Fragestellungen ihre perspektivische Berechtigung haben.

---

59 Gerndt 2001, S. 58.
60 Fischer, Müller-Wusterwitz, Schmidt-Lauber 2007.
61 Fischer 2007, S. 170.

3 Katastrophenforschung in der Überflussgesellschaft

Beschleunigung und Wachstum haben nicht nur Gesellschaft und Wirtschaft ergriffen, sondern auch die Wissenschaft. Derek de Solla Price hat errechnet, dass 80 bis 90 Prozent aller jemals tätigen Forscher in der Gegenwart leben und nur 10 bis 20 Prozent in früheren Zeiten.[62] Das bedeutet eine *exponentielle* Zunahme an wissenschaftlicher Arbeit und Publikationstätigkeit, seien es Zeitschriften, Sammelbände oder Monografien. Der einzelne kann das, auch in den engen Grenzen seines Faches, kaum noch überblicken. Willy Hellpach hat bereits 1953 im Vorwort eines seiner Bücher geschrieben, dass man „nach dem Urteil eines unserer führenden Historiker [nur noch] etwa bis zu knapp einem Zehntel dessen [lesen kann], was man ‚eigentlich' gelesen haben ‚müsste'".[63] Diese Einschätzung wurde vor mehr als 55 Jahren vorgenommen, und erst seitdem hat das so richtig begonnen, was Price den Übergang von der „Little Science" zur „Big Science" nennt, den Übergang von der Studierstube des einzelnen Gelehrten hin zu den Großprojekten und Forschungsverbünden der Gegenwart. Ob und inwieweit das sinnvoll ist, mag jeder für sich entscheiden, ich persönlich sehe einen Wert darin, als einzelner eine Monografie zu verfassen, weil dann aus einer bestimmten Perspektive ein einzelnes Thema relativ umfassend bearbeitet werden kann. Doch auch Kooperationen haben natürlich ihren Sinn, denn viele Augen sehen mehr als nur ein Paar. Problematisch an der Wissenschaftsexplosion sind aus meiner Sicht allerdings die Redundanzen, die sich zwangsläufig ergeben. Benachbarte Forscher arbeiten oftmals am gleichen Thema, ohne voneinander zu wissen. Das ist schade, denn es könnten sich durch Interdisziplinarität gute Synergieeffekte ergeben.

Ein Beispiel, das für Hunderte andere steht und der Erzählforschung entnommen ist, weil diese eine implizite[64] Grundlage der vorliegenden Arbeit ist, indem mit qualitativen Interviews gearbeitet wurde: In der psychotherapiewissenschaftlichen Erzählforschung versteht man unter „narrativem Modellieren" eine „elementare Kommunikationsform, die Aufgehobensein in der sozialen Gemeinschaft herstellt und zugleich persönliche Individualität sichtbar macht und bestätigt".[65] In der volkskundlichen Erzählforschung spricht man in ähnlicher Weise von der individualisierenden, solidarisierenden und sedativen Funktion des alltäglichen Erzählens.[66] Mit beidem ist in etwa das gleiche gemeint, nur zielt das eine auf den Patienten in der Psychotherapie und das andere auf das Erzählen in alltäglichen Situationen, und daher wird voneinander nicht Kenntnis genommen.

---

62 Price 1974, S. 13.

63 Hellpach 1953, S. VI.

64 Explizit wird die Erzählforschung nicht thematisiert, denn die Arbeit ist vorrangig ein Beitrag zur Katastrophenforschung, das heißt der Schwerpunkt ist anders gewählt als in der Erzählforschung. Außerdem habe ich mich mit ihr bereits in anderen Publikationen ausführlicher befasst (z.B. Rieken 2000; Rieken 2003a; Rieken 2005, S. 33–43).

65 Boothe 2004, S. 53. Über narrative Zugänge in der Psychotherapie vgl. auch die ersten beiden Abschnitte in Luif, Thoma, Boothe 2006.

66 Lehmann 1978, S. 206–215.

Damit sind nur zwei Disziplinen genannt, die sich mit dem Erzählen beschäftigen. Selbstverständlich könnte man sich auch in der Geschichtswissenschaft über Oral-History-Forschung informieren[67] oder die Beiträge aus Literaturwissenschaft[68] und Soziologie[69] zur Erzähltheorie einer genaueren Betrachtung unterziehen. Irgendwann stößt man dann allerdings an seine Grenzen, und in unserem Fall wären wir ja noch nicht einmal bei der „eigentlichen" Wissenschaft, der Katastrophenforschung, angelangt. Es ist daher an der Zeit, sich nun ihr zuzuwenden.

Sie ist ein Kind der jüngeren Vergangenheit und hat sich mittlerweile in diversen Wissenschaften etabliert.[70] Die Beschäftigung mit Katastrophen ist natürlich viel älter und bereits in verschiedenen Schöpfungsberichten der Menschheitsgeschichte enthalten. Weit verbreitet sind Flutmythen, die auf allen Kontinenten zu finden sind. Zu den bekanntesten zählen die Sintflut-Erzählungen aus dem altorientalischen Gilgameš-Epos, dem Alten Testament (Noah) und der klassischen Antike (Deukalion).[71] Im Mittelalter finden sich zumeist nur knappe Hinweise in erzählenden Quellen,[72] eine große Ausnahme ist allerdings der Bericht des friesischen Prämonstratensermönchs Emo van Wittewierum, der die erste Marcellusflut vom 16. Januar 1219 auf knapp 20 lateinischen Druckseiten beschreibt und mit den Mitteln der damaligen Wissenschaft und Naturphilosophie ausführlich analysiert.[73] Abgesehen von wenigen Ausnahmen findet eine akademische Beschäftigung mit Katastrophen aber erst seit dem Siegeszug der modernen Naturwissenschaften statt, indem, angetrieben vom Machbarkeitsglauben der Mechanisierung und dem Vernunftglauben der Aufklärungsphilosophie, die Beherrschung der Natur zu einem „technischen" Problem wurde. Es braucht daher nicht zu überraschen, dass die Katastrophenforschung zunächst von den Natur- und Ingenieurwissenschaften forciert wurde. Liest man allerdings die entsprechende zeitgenössische Literatur, so bekommt man den Eindruck, dass erst seit dem 20. Jahrhundert „richtige" Wissenschaft betrieben wird. So werden naturwissenschaftliche Ansätze frühestens in den 1920 Jahren verortet,[74] und Hazardforschung (Hazard = Gefahr, Risiko) gebe es erst seit den 1950er Jahren[75] – um nur zwei Beispiele aus der Literatur zu nennen. Das ist eine naive Vorstellung, die dem Fortschrittsglauben verpflichtet ist, aber auch der Selbststilisierung dient, indem man auf frühere Forscher mitleidig herabblicken kann, weil sie sich noch nicht „auf der Höhe der Zeit" befunden haben. Darüber hinaus ist eine solche Sicht aber auch der Notwendigkeit geschuldet, sich in einer anwendungsorientierten Wissenschaft auf vermeintlich sicherem Boden zu

---

67 Z.B. Niethammer 1985; Plato 1991.
68 Z.B. Martinez und Scheffel 1999.
69 Z.B. Stehr 1998.
70 Im Folgenden kann es nur darum gehen, einige wenige Beispiele aus den jeweiligen Disziplinen paradigmatisch anzuführen, denn die Literatur ist unüberschaubar.
71 Vgl. Anderson 1937; Röllig 2007.
72 Vgl. Jankrift 2003.
73 Emo und Menko van Wittewierum 1991, S. 110–143; vgl. dazu Rieken 2005, S. 126–169; Rieken 2008b.
74 Elverfeldt, Glade, Dikau 2008, S. 32.
75 Pohl 2008, S. 48.

bewegen, wovon bereits im letzten Kapitel die Rede war. Übersehen wird dabei, dass sich selbstverständlich bereits in früheren Jahrhunderten die Gelehrten den Kopf darüber zerbrochen haben, wie man sich vor Katastrophen besser schützen kann, und das zum Teil mit großem Erfolg. Beispielsweise wurden schon im 17. Jahrhundert die senkrechten Stackdeiche an der Nordseeküste allmählich durch Deiche mit geringerer Neigung ersetzt, um den auflaufenden Wellen über eine größere Strecke die Kraft zu nehmen.[76] Und bereits im Jahre 1767 konnte man eine ausführliche Monografie über moderne Deichbautechnik zu Rate ziehen,[77] verfasst von einem Spezialisten, um nur zwei Beispiele zu nennen, die beliebig vermehrt werden könnten.

Erst seit den 1980er Jahren hat die Katastrophenforschung Eingang in die Geisteswissenschaften gefunden. Die Gründe dafür sind mannigfacher Natur und können hier nicht erschöpfend ausgelotet werden. Einige knappe Hinweise mögen daher genügen: Ein Motiv mag das Unbehagen an den „harten" Naturwissenschaften sein, die sich zu wenig mit den mentalen Auswirkungen befassen. Ein anderer Grund dürfte sein, dass die Geisteswissenschaften seit geraumer Zeit begonnen haben, sich verstärkt „materiellen" Phänomenen zuzuwenden. Das mag mit dem Einfluss der marxistischen Philosophie Ende der 1960er Jahre zu tun haben („Das Sein bestimmt das Bewusstsein") oder auch, wie in jüngerer Zeit, mit der verstärkten Wahrnehmung des Raumes („spatial turn").[78] Drittens haben die konkreten Schäden durch Naturkatastrophen in den letzten vier Jahrzehnten zugenommen. „Als Hauptursachen sind die zunehmende Verstädterung, die Besiedelung und Industrialisierung hoch exponierter Regionen, die Verwundbarkeit moderner Technologien und auch anthropogene Umweltveränderungen anzusehen", so Gerhard Berz in einem Beitrag über Naturkatastrophen an der Wende zum 21. Jahrhundert.[79] Viertens und damit zusammenhängend dürfte eine gewisse „Krisenstimmung" mitschwingen, die zu tun hat mit dem aufkeimenden Umweltbewusstsein Ende der 1960er Jahre, den Problemen um die „Grenzen des Wachstums" sowie der Relativierung der technizistischen Fortschritts- und Machbarkeitsphilosophie. Vor allem aber ist in dem Zusammenhang auch die Diskussion um den seit den 1980er Jahren spürbaren Klimawandel zu erwähnen, der die brisante Frage eröffnet hat, inwieweit er vom Menschen beeinflusst ist. Unbewusst mag dabei die Vorstellung eine Rolle spielen, dass die Natur sich am Menschen rächt, weswegen aus einer verdrängten Angst heraus Naturkatastrophen eine gewisse Faszination auf die Wissenschaft ausüben.

An der Schnittstelle zwischen Natur- und Geisteswissenschaften befindet sich die *Klimageschichte*, da sie sich einerseits mit klimatologischen, andererseits mit historischen Fragestellungen beschäftigt, indem sie das Wetter in früheren Zeiten rekonstruiert und seinem Einfluss auf Kultur und Geschichte nachgeht, wobei sie

---

76 Böhme und Böhme 2004, S. 276; Riecken 1991, S. 26f.
77 Brahms 1767.
78 Vgl. Bachmann-Medick 2009.
79 Berz 2001, S. 4.

neuerdings verstärkt den Blick auf Katastrophen richtet.[80] Eine spezifische Sicht vermittelt Wolfgang Behringer in seiner „Kulturgeschichte des Klimas", denn er plädiert dafür, die Schreckensszenarios der Naturwissenschaftler zu relativieren, weil das Klima sich seit jeher wandele und es eine Frage der Kultur sei, wie der Mensch darauf reagiere. Daher müsse man jene Daten ernst nehmen, „die nicht aus Eis und Schlamm, sondern aus den Archiven der Gesellschaft gewonnen werden",[81] denn diese zeigten deutlich, dass „seit dem Aufstieg der alten Hochkulturen [...] die Menschheit immer von Warmzeiten profitiert" habe.[82] An dieser Stelle wird einmal mehr der alte Gegensatz zwischen Natur- und Geisteswissenschaften deutlich: Die vermeintlich harten Daten aus „Eis und Schlamm" werden als Konstrukte betrachtet und stattdessen eine kulturgeschichtliche Perspektive empfohlen. Allerdings müsste sich Behringer die Frage gefallen lassen, ob er beim Blick in die Geschichte nicht gegenwärtige Entwicklungen zu wenig beachtet, denn da im Gegensatz zu früher heute viel mehr Menschen in Küstennähe leben, könnten die Folgen des prognostizierten Meeresspiegelanstiegs dramatisch ausfallen.[83] Außerdem macht das Beispiel der im Holozän fruchtbaren Sahara – die auch Behringer erwähnt[84] – deutlich, dass es durchaus große Gebiete geben kann, die nicht von Warmzeiten profitieren.

In der *Historiografie* selbst gibt es bereits relativ früh einige Arbeiten zu Naturkatastrophen, etwa zum verheerenden Erdbeben in Kärnten anno 1348[85] oder zum berühmten Erdbeben von Lissabon im Jahre 1755.[86] Über die Weihnachtsflut von 1717, die breite Küstenstreifen an der südlichen Nordsee heimsuchte, hat sich Manfred Jakubowski-Tiessen habilitiert[87] und damit die historische Forschung über Sturmfluten begründet. Über Naturkatastrophen in den Ostalpen zwischen Spätmittelalter und Früher Neuzeit hat Christian Rohr eine Monografie verfasst, ebenfalls eine Habilitationsschrift.[88] Zu einem speziellen Aspekt, nämlich zur Rolle der Religion, existiert ein lesenswerter Sammelband,[89] um nur wenige Beispiele zu nennen

Historische Arbeiten haben hohen Erkenntniswert, weil sie uns zeigen, wie sich Katastrophen auf die Gesellschaft ausgewirkt haben, wie die Menschen damit umgegangen sind, was sie daraus gelernt haben und inwieweit Kontinuitäten bzw. Diskontinuitäten bestehen. Insofern können sie auch Impulse für die Gegenwart geben. Allerdings stützen sich Historiker oftmals eher auf Quellen der Eliten und weniger auf Zeugnisse aus breiteren Bevölkerungsschichten, weswegen man Verallgemeinerungen mit einer gewissen Vorsicht beurteilen sollte. Problematisch wird es vor allem dann, wenn behauptet wird, dass sich im 18. Jahrhundert ein

---

80 Glaser 2001; Pfister 1999; Pfister 2001; ältere Arbeit: Lamb 1989.
81 Behringer 2007, S. 288.
82 Ebd., S. 8.
83 IPCC 2007, Kap. 6: Coastal Systems and Low-Lying Areas (S. 317–356); Sterr 2007, S. 93f.
84 Behringer 2007, S. 66.
85 Borst 1990, S. 528–563.
86 Kendrick 1956.
87 Jakubowski-Tiessen 1992.
88 Rohr 2007.
89 Jakubowski-Tiessen und Lehmann 2003.

grundlegender Wandel in den Erklärungsmustern zu Katastrophen vollzogen hätte, indem die theologische Sichtweise, nach der es sich dabei um eine Strafe Gottes handele, durch rationale Begründungen abgelöst worden wäre.[90] Das lässt sich nämlich nur dann aufrechterhalten, wenn man sich ausschließlich auf Dokumente der vom Denken der Aufklärung erfassten Eliten beschränkt und nicht auch populäre Quellen berücksichtigt.[91] Diese Problematik hat der Historiker François Walter zwar erkannt, und er kritisiert Autoren – allerdings weniger aus seiner eigenen Zunft –, für welche das Vorhandensein oder Fehlen religiöser Bezüge die Trennlinie zur wissenschaftlichen Bewältigung von Katastrophen darstelle.[92] Doch wenn er vollmundig die bisherige Literatur kritisiert und für sich die These reklamiert, „dass religiöse und symbolische Erklärungsschemata global und langlebig sind und dass ihr Wirkungsfeld weit über das Zeitalter der so genannten Aufklärung hinausreicht",[93] dann unterschlägt er die Arbeiten des Autors der vorliegenden Studie, vor allem seine Habilitationsschrift, geflissentlich.[94]

Die Katastrophenforschung innerhalb der *Soziologie* wurde vor allem von Lars Clausen und Wolf Dombrowsky vorangetrieben.[95] Sie befasst sich mit den gesellschaftlichen Auswirkungen von Desastern und wurde jahrzehntelang von der Risikoforschung dominiert. Diese setzt einen spezifischen Akzent, indem sie dem potentiell Unbestimmten, Nicht-Kontrollierbaren und Gefährlichen eine scheinbar objektivierbare Risikoeinschätzung entgegenstellt (vgl. dazu Kap. IV 7.1). Es braucht nicht zu überraschen, dass dieser Zugang innerhalb der konstruktivistisch ausgerichteten Disziplin kritisiert und der Frage nachgegangen wurde, inwieweit die Beschäftigung mit dem Thema nicht erst das Risiko erzeugt. Insofern ist es treffend, wenn Martin Voss in seiner tiefschürfenden Dissertation feststellt, dass der Risikosoziologie „gewissermaßen ihr Objekt abhanden" gekommen ist.[96]

Die *Geografie* nimmt eine Sonderstellung ein, weil sie Themenbereiche abdeckt, die natur- und gesellschaftswissenschaftliche Fragestellungen berühren. Sie befasst sich mit der räumlichen Entwicklung und Struktur der Erdoberfläche, aber als Sozialgeografie auch mit der Bedeutung der räumlichen Dimension für das gesellschaftliche Zusammenleben, und genau in der Berücksichtigung des räumlichen

---

90 Jakubowski-Tiessen 1997, S. 133; N. Fischer 2003, S. 14f.
91 Rieken 2005, S. 273–286.
92 Walter 2010.
93 Ebd., S. 12.
94 Rieken 2005; vgl. ders. 2007a; ders. 2007b; ders. 2008c; ders. 2010a. – Konsequenterweise werden meine Arbeiten von Walter in keiner Weise erwähnt, obgleich er in sein umfangreiches Literaturverzeichnis auch die ethnologische Literatur zur Katastrophenforschung aufgenommen hat. – Interessant ist das Buch unter anderem deswegen, weil der Autor sich kritisch mit dem Risiko-Begriff auseinandersetzt und dabei zu ähnlichen Ergebnissen kommt, wie es in der vorliegenden Untersuchung der Fall ist (vgl. Kap. IV 7.1). Allerdings konnten seine diesbezüglichen Ergebnisse nicht mehr in die Arbeit aufgenommen werden, weil das Buch nur wenige Tage vor Abgabe des Manuskripts erschienen ist.
95 Clausen und Dombrowsky 1983; Clausen, Geenen, Macamo 2003.
96 Voss 2006, S. 47.

Aspekts unterscheidet sie sich von der Soziologie.[97] So lautet der Titel eines Standardwerks zur geografischen Katastrophenforschung *„Regions* of Risk",[98] womit angedeutet ist, dass der Raumdimension große Beachtung geschenkt wird. Und wenn ein neueres Standardwerk „Naturrisiken und Sozialkatastrophen" heißt,[99] so wird bereits im Titel dem natur- *und* gesellschaftswissenschaftlichen Interesse des Faches Rechnung getragen. Dementsprechend stehen sich, wie die Herausgeber in ihrem Vorwort anmerken, auch hier „‚sozialkonstruktivistische' und ‚objektivistische' Ansätze gegenüber".[100] Auf den naturwissenschaftlichen Einfluss ist wohl zurückzuführen, dass es in der wissenschaftlichen Debatte kaum um die schwer definierbare Angst geht, aber, ähnlich wie in der Soziologie, um Risiko.[101] Breiten Raum nimmt dabei die Frage nach Vulnerabilität[102] und Resilienz[103] ein, nach Verwundbarkeit und Widerstandsfähigkeit von Gruppen und Gesellschaften.

Die *Volkskunde* oder *Europäische Ethnologie* könnte eine ähnliche Rolle spielen wie die Geografie, denn in verflossenen Zeiten gehörten zu ihren Methoden neben historischen, soziologischen und psychologischen auch geografische Zugänge.[104] Das nationalsozialistische Erbe und der „Cultural Turn" haben indes bewirkt, dass sie zu einer relativ unspezifischen Kulturwissenschaft mit konstruktivistischem Impetus mutiert ist. Daher überrascht es, wenn Gunther Hirschfelder eine „geistes- und naturwissenschaftlich[e]" Auswertung von Quellenmaterial fordert, um „eine multidisziplinäre historisch argumentierende Basis für die Erforschung des gegenwärtigen und künftigen Beziehungsgeflechtes zwischen Kultur- und Klimageschichte zu schaffen".[105] Das ist ein sinnvolles Anliegen, zumal von einer Forschungstradition noch keine Rede sein kann, da die Katastrophenforschung bisher ein randständiges Dasein in der Volkskunde fristet. Neben einzelnen Aufsätzen[106] und einem kürzerem Sammelband[107] existieren bis dato nur zwei Monografien, beides Habilitationsschriften: zum einen die Arbeit von Andreas Schmidt über die kulturelle Vermittlung von Naturkatastrophen im 18. und 19. Jahrhundert,[108] in der es um die wechselseitigen Einflüsse zwischen Elitenkultur und populärer Kul-

---

97 Werlen 2000, S. 12.
98 Hewitt 1997a; vgl. ders. 1997b.
99 Felgentreff und Glade 2008.
100 Ebd., S. XVII.
101 Vgl. Ammann 2004; Kienholz 2004; vgl. auch Kap. II.7.1. In Bachers Diplomarbeit „Risiko Berg" geht es neben den Felsstürzen am Eiblschrofen (1999–2000) auch um die Lawine von Galtür (Bacher 2004).
102 Bohle, Glade 2008.
103 Bohle 2008.
104 Vgl. Bach 1960, S. 239–532.
105 Hirschfelder 2009, S. 14.
106 Vgl. die Übersicht in Schmidt 1999, S. 22–28.
107 Volkskunde in Rheinland-Pfalz 22, 2007 zum Schwerpunktthema Katastrophenforschung, darin die Beiträge Fechtner 2007; Rieken 2007a; Schmidt 2007; Simon 2007; Steinhardt 2007. – Mit dem Hochwasser in Lech am Arlberg (2005) hat sich Insa Gebbeken in ihrer Diplomarbeit beschäftigt (Gebbeken 2009). Sie kam zu ganz anderen Ergebnissen als ich in Galtür (s.u. Kap. VI 2).
108 Schmidt 1999.

tur geht, zum anderen mein eigenes Buch über Sturmfluten und ihre mentale Verarbeitung durch die Friesen, in dem ich mich um eine Verbindung mit psychoanalytischen Fragestellungen bemüht habe.[109] – Schließlich soll nicht unerwähnt bleiben, dass mittlerweile auch von der Ethnologie, der früheren Völkerkunde,[110] Beiträge zur Katastrophenforschung existieren.[111]

In Anbetracht der disparaten Forschungslage gibt es seit einiger Zeit Bemühungen, *interdisziplinäre Projekte* zu verwirklichen. Dazu einige Beispiele: Geistes- und Naturwissenschaftler gehen gemeinsam der Frage nach, wie Katastrophen bewältigt werden.[112] Naturkatastrophen von der Antike bis ins 20. Jahrhundert werden aus dem Blickwinkel verschiedener Geisteswissenschaften analysiert,[113] aus der Perspektive verschiedener Disziplinen wird die Frage erörtert, ob Katastrophen als Trauma oder als Erneuerung aufzufassen sind,[114] es werden Katastrophen in der Schweiz zwischen 1500 und 2000 von unterschiedlichen Standpunkten aus beleuchtet[115] oder der Umgang mit alpinen Gefahren aus der Sicht von Wissenschaftlern und Praktikern thematisiert.[116] Letzteres ist in der Katastrophenforschung besonders sinnvoll, weil es sich um ein so komplexes Feld handelt, dass es nicht nur interdisziplinär, sondern auch transdisziplinär behandelt werden, das heißt über die Grenzen der Wissenschaft hinausgehen und Fachleute aus dem Alltag mit einbeziehen sollte.

Man sieht: Eine Vielzahl an akademischen Disziplinen beschäftigt sich mit Katastrophen, teils aus ähnlichen, teils aus unterschiedlichen Perspektiven. Damit ist die Palette aber noch nicht abgedeckt, denn auch die „Psy-Wissenschaften" befassen sich damit. Als erstes ist die *Umweltpsychologie* zu nennen, die sich als inter-

---

109 Rieken 2005.

110 Für einen Außenstehenden erscheint die Abgrenzung zwischen den ethnologischen Disziplinen undurchschaubar. Früher hat man einfach von Volkskunde und Völkerkunde gesprochen; erstere befasste sich mit der heimischen, letztere mit der außereuropäischen Volkskultur. Gegenwärtig sind die Verhältnisse ungleich komplizierter, denn die Volkskunde heißt heute vielerorts Europäische Ethnologie oder Kulturanthropologie, während die Völkerkunde als Ethnologie, Sozialanthropologie und ebenfalls als Kulturanthropologie bezeichnet wird. Außerdem haben sich die Themenbereiche vermischt: Völkerkundler forschen mittlerweile auch in Europa, während Volkskundler in vergleichenden Studien gelegentlich außereuropäische Kulturen mit einbeziehen. In der volkskundlichen Erzählforschung ist es darüber hinaus seit jeher gang und gäbe, sich mit Mythen und Volkserzählungen außereuropäischer Kulturen zu befassen, den so genannten Naturvölkermärchen. – Trotz der fachlichen Nähe zueinander und teilweiser Namensidentität handelt es sich um zwei verschiedene akademische Fächer mit eigener Geschichte, eigenen Methoden und eigener Forschung, die völlig unabhängig voneinander stattfindet. Um die Verwirrung für Außenstehende komplett zu machen, lauten die Abkürzungen der deutschsprachigen Dachorganisationen „DGV" für „Deutsche Gesellschaft für Völkerkunde" und „dgv" für „Deutsche Gesellschaft für Volkskunde". Nur anhand der Groß- bzw. Kleinschreibung lässt sich erkennen, welche der beiden Organisationen gemeint ist.

111 Frömming 2005.

112 Pfister und Summermatter 2004.

113 Groh, Kempe, Mauelshagen 2003.

114 Becker, Domres, von Finck 2001.

115 Pfister 2002.

116 Psenner, Lackner, Walcher 2008.

disziplinäre Forschungsrichtung versteht, indem sie eine Brücke schlägt „zwischen Psychologie und Sozialwissenschaften einerseits und den naturwissenschaftlichen Disziplinen unter den Umweltwissenschaften andererseits".[117] Kritisch wird von ihr betrachtet, dass „nach einer Naturkatastrophe nahezu ausschließlich Natur- und Ingenieurwissenschaften bei der [...] öffentlichen Suche nach Ursache-Wirkungs-Relationen gefragt werden".[118] Demgegenüber könne die sozialwissenschaftliche Perspektive „die vielfältigen Wechselwirkungen oder Interdependenzen [...] zwischen der Dynamik sozioökonomischer Systeme, umweltrelevanter Risiken und Extremereignisse" begreifbar machen und zeigen, dass die Wahrnehmung als Katastrophe nicht allein von der Heftigkeit eines solchen Ereignisses abhänge, „sondern auch und möglicherweise primär von der Vulnerabilität des betroffenen sozio-ökonomischen Systems, den vorherrschenden Mentalitäten oder der gesellschaftlichen Verteilung von Verantwortlichkeiten".[119] Ähnliche Überlegungen sind zwar aus der Soziologie und Sozialgeografie bekannt, aber die Umweltpsychologie setzt doch einen etwas anderen Akzent, da sie nicht nur daran interessiert ist, wie soziale Systeme mit Katastrophen umgehen, sondern auch, wie das Individuum sich im Katastrophenfall verhält.[120]

Letzteres ist die Nahtstelle zu den klassischen „Psy-Wissenschaften", die sich mit den seelischen Folgen von Desastern befassen. Dazu zählt die *Notfallpsychologie*, die sich, wie der Name bereits sagt, um rasche Hilfe bei Notfällen bemüht. Dazu sind „klare, einfache Konzepte [notwendig], die schnell angewandt werden können und keine langwierige, differenzierte Voranalyse erfordern".[121] Zielgruppen sind neben den Opfern auch Helfer und ihre Institutionen, wobei es ein Anliegen ist, die Zusammenarbeit innerhalb des Rettungsteams und mit anderen Organisationen (Leitstellen, Polizei, Feuerwehr etc.) möglichst effizient und spannungsfrei zu gestalten.[122] Die Notfallpsychologie steht in unmittelbarer Nähe zur *Krisenintervention*, welche Personen betreut, die mit plötzlichen, einschneidenden negativen Veränderungen konfrontiert sind, etwa Naturereignissen, einer schweren Erkrankung, Unfall, Tod naher Angehöriger.[123]

Längst nicht jeder Notfall ruft eine Traumatisierung hervor, doch kann er heftige seelische Verletzungen zur Folge haben. Das ist die Domäne der *Psychotraumatologie*, die sich zwar auch, wie Notfallpsychologie und Krisenintervention, mit der akuten Situation befasst, aber darüber hinaus mit den weiteren Folgen und deren Behandlung.[124] Damit wird das „weite Feld" der psychischen Krankheiten und ihrer Behandlung durch Psychotherapie, klinische Psychologie und Psychiatrie betreten,

---

117 Hellbrück und Fischer 1999, S. 7; das Kapitel über Katastrophen findet sich auf den Seiten 495–512.
118 Linneweber und Lantermann 2006, S. 5.
119 Ebd., S. 6.
120 Ebd., S. 8.
121 Lasogga und Gasch 2002, S. 10.
122 Ebd., S. 88–96.
123 Aquilera 2000.
124 Fischer und Riedesser 2009; Hausmann 2006.

das wir hier nicht weiter zu vertiefen brauchen. Gemäß den Interessen der Disziplin wird der Prozentsatz all jener, die psychiatrischer oder psychotherapeutischer Maßnahmen bedürfen, vonseiten der Psychotraumatologie relativ hoch veranschlagt, auf circa 25 bis 50 Prozent aller Beteiligten. Wir werden uns damit an anderer Stelle auseinandersetzen.[125]

Gewisse Schnittmengen existieren, auch wenn es ungewöhnlich klingen mag, mit Soziologie und Geografie, und zwar hinsichtlich der Frage nach Vulnerabilität und Resilienz, die unter den Stichworten „Risikofaktoren" und „Schutzfaktoren" abgehandelt wird.[126] Natürlich ist die Sichtweise eine andere, denn hier geht es um die individuelle Perspektive, dort ist der Blick auf Gruppen oder Regionen zentriert. Die *Resilienzforschung* ist entstanden aus Überlegungen, wieso einige psychisch belastete Kinder im späteren Leben relativ resistent sind, andere hingegen nicht,[127] was freilich nicht bedeuten sollte, den Einfluss krank machender Umstände in der Kindheit zu bagatellisieren.[128] Dessen ungeachtet lässt sich die Frage nach den Bedingungen von Resilienz mit einer neueren, höchst originellen Theorie aus der Medizinsoziologie verknüpfen, dem Salutogenese-Konzept von Aaron Antonovsky.[129] Der medizinische und psychotherapeutische Blick auf den Menschen geht der Frage nach, wie man Krankheiten heilen kann, während Antonovsky sich überlegt hat, worin die Voraussetzungen dafür bestehen, dass der Mensch möglichst nicht krank wird, sondern gesund bleibt.

Belassen wir es mit diesem Überblick. Bei der Vielzahl an Wissenschaften, die sich aus den verschiedensten Blickwinkeln mit Katastrophen beschäftigen, konnten weder ein tieferer Einblick gewährt noch ausführliche bibliografische Hinweise gegeben werden. Doch wurde die Literatur so ausgewählt, dass man sich anhand derselben mit dem einen oder anderen Gebiet näher beschäftigen kann. Darüber hinaus sollte deutlich werden, dass Katastrophen mittlerweile zu einem Forschungsgebiet mit nahezu magnetischer Anziehungskraft geworden sind. Das böte vielfältige Chancen zu interdisziplinärer Tätigkeit mit wechselseitigen Synergieeffekten. Leider stehen dem praktische Erwägungen entgegen, denn es ist wegen der Überfülle an Literatur kaum möglich, einen hinreichenden Überblick im eigenen Fach zu wahren. Wie soll man sich dann in anderen Disziplinen auskennen, und das noch bei der allseits herrschenden Zeitnot? Vermutlich können aber auch psychische Widerstände hemmend wirken, die mit dem aus der Vergleichenden Verhaltensforschung bekannten Phänomen der Territorialität zu tun haben[130] und mit dem, was Freud „Narzissmus der kleinen Differenz" nennt:

„Ich habe mich einmal mit dem Phänomen beschäftigt, dass gerade benachbarte und einander auch sonst nahestehende Gemeinschaften sich gegenseitig befehden

---

125 Kap. III 5.
126 Hausmann 2006, S. 77–85.
127 Fooken und Zinnecker 2007; Welter-Enderlin und Hildenbrand 2008.
128 Vgl. Fischer und Riedesser 2009, S. 161.
129 Antonovsky 1997.
130 Eibl-Eibesfeldt 1995, S. 455–481.

und verspotten, so Spanier und Portugiesen, Nord- und Süddeutsche, Engländer und Schotten usw. [...]. Man erkennt nun darin eine bequeme und relativ harmlose Befriedigung der Aggressionsneigung, durch die den Mitgliedern der Gemeinschaft das Zusammenhalten erleichtert wird".[131]

4 Objektivität, Dichtung und Wahrheit

Goethes Autobiografie über die Zeit von 1749 bis 1775 trägt den Titel „Aus meinem Leben. Dichtung und Wahrheit".[132] Das ist eine aufschlussreiche Überschrift, trägt sie doch dem Umstand Rechnung, dass Erinnerung nur perspektivisch erfolgen kann und dass durchs Aufschreiben die Vergangenheit nicht allein gefunden, sondern auch erfunden wird. Zwar ist zeitlicher Abstand vorhanden, der ein distanzierteres Reflektieren ermöglicht, doch ist dieser erkauft mit einer Einbuße an Unmittelbarkeit der Erlebnisinhalte, ganz abgesehen von unbewussten oder bewussten Verzerrungen, die man vornimmt, um unliebsame Erinnerungen zu beschönigen oder zu verschleiern. Insofern sind schriftlich niedergelegte oder mündlich vorgetragene Lebenserinnerungen stets eine Mischung aus „Kunstwerk" und „Geschichtswerk", aus „Dichtung" und „Wahrheit". Das gilt aber auch für die Wissenschaft, weil sie nicht anders als perspektivisch vorgehen kann und entsprechende Sozialisationsformen vorsieht sowie bestimmte Methoden einfordert, um von der forschenden Gemeinschaft akzeptiert zu werden. Und selbst Disziplinen, die am Vorbild der Physik orientiert sind und sich selbst als „objektiv" verstehen, sind eine Mischung aus Dichtung und Wahrheit, weil sie ihren Gegenstand vereinfachen müssen, um „Störfaktoren" zu beseitigen und zu „eindeutigen" Kausalaussagen zu gelangen. Das ist bereits am einfachen Beispiel des freien Falls deutlich geworden, dessen Gesetze nur dann gelten, wenn man vom Luftwiderstand absieht, weswegen er ausschließlich auf Sonderfälle zutrifft, nämlich im Vakuum und im Weltall, jedoch nicht in der „normalen" Welt.

Es gilt aber auch das Umgekehrte: Es ist nicht nur in der wissenschaftlichen „Wahrheit" „Dichtung" enthalten, sondern auch in der „Dichtung" „Wahrheit" vorhanden. Ein Beispiel: Wenn man sich mit der Frage beschäftigt, ob man das eigene Verhalten eher durch innere oder eher durch äußere Einflüsse bestimmt sieht, wird man in der psychologischen Literatur unter dem Stichwort „Kausalattribuierung" fündig. Damit hat sich zum Beispiel Bernard Weiner ausführlich befasst, der in seiner Attributionstheorie unter anderem zwischen internalen und externalen Dimensionen der Attribution unterscheidet, das heißt zwischen inneren und äußeren Einflüssen.[133] Im alltäglichen Denken neigt man diesbezüglich gern zu eindeutigen Stellungnahmen: Für Misserfolge oder mit Schuldgefühlen verbundene Handlungen werden oftmals äußere Einflüsse verantwortlich gemacht, für Erfolge hingegen innere. Erst eine differenziertere Sicht ist imstande, den eigenen Anteil genauer zu

---

131 Freud 1974, Bd. IX, S. 243 („Das Unbehagen in der Kultur").
132 Goethe 1989/1994.
133 Weiner 2009, S. 257–315.

bestimmen. In der alltäglichen Sprache würde man zum Beispiel sagen: „Wer etwas Schlechtes tut, ist selber Schuld!" Das ist eine recht platte und undifferenzierte Formulierung, die aber durch die Sprache der Dichtung einen tieferen Gehalt bekommen kann, wenn man etwa das folgende Zitat aus Heinrich von Kleists Drama „Der zerbrochne Krug" betrachtet:

> *„Zum Straucheln braucht's doch nichts als Füße. // Auf diesem glatten Boden, ist ein Strauch hier? // Gestrauchelt bin ich hier; denn jeder trägt // den leid'gen Stein zum Anstoß in sich selbst".*[134]

Diese Worte spricht der Dorfrichter Adam zu Beginn des Lustspiels, und sie sind eine halb geahnte oder unbewusste Äußerung dessen, was er angerichtet hat: Beim Versuch, ein Mädchen aus dem Dorf namens Eve in der Kammer ihres Elternhauses zum Geschlechtsverkehr zu nötigen, hat er einen wertvollen Krug entzweigebrochen.

Einen tieferen Gehalt erhält das Zitat durch das Spielen mit der wörtlichen und übertragenen Bedeutung bestimmter Begriffe. Das Substantiv „Strauch" bezeichnet zunächst eine Pflanze mit mehreren holzigen Zweigen, aber bereits das Verb „straucheln" wird vorrangig metaphorisch verwendet: Ursprünglich bedeutete es wohl das Fallen über einen Strauch oder dessen Wurzeln, und daran anknüpfend ist in einem übertragenen Sinn gemeint, dass man scheitert oder auf die schiefe Bahn gerät, worauf auch das Substantiv „Strauchdieb" hindeutet.

Weil der Dorfrichter Adam auf einem glatten Boden „gestrauchelt" ist, auf dem sich kein „Strauch" befindet, muss die Ursache, der „leid'ge Stein zum Anstoß", in ihm selber liegen. Er ist irgendwo angestoßen, hat sich anstößig verhalten, und das geschieht relativ rasch, denn „zum Straucheln braucht's doch nichts als Füße". Durch diesen Satz erhält das Zitat eine allgemeinmenschliche Dimension, der Strauch im engeren Sinn wird zu einem Gegenstand im allgemeinen Sinn, der den Menschen nicht allein auf Waldwegen im wörtlichen Sinn Widerstand entgegensetzt, sondern Gefährdungen markiert, denen er auf seinem *Lebens*weg begegnet. Insofern ist der „glatte Boden", von dem Adam spricht, auch als schlüpfriges Terrain im allgemeinen Sinn zu verstehen, auf das man sich mitunter begibt.

Das Zitat von Kleist wird nicht die wissenschaftliche Erkenntnis zur persönlichen Gewichtung innerer und äußerer Einflussfaktorenfaktoren fördern; das bleibt zum Beispiel Weiners Attributionstheorie überlassen. Aber es spricht uns an, weil es tiefere Ebenen berührt, die Allgemeinmenschliches betreffen, und insofern könnte man sagen, dass es der „Wahrheit" dienlich ist, verstanden in dem Sinn, dass wir solche und ähnliche Zitate aus Werken der Dichtkunst als „richtig" und „treffend" bezeichnen. Das steht im Gegensatz zum Objektivitätsverständnis der Wissenschaft, das allerdings sehr auf die Gegenwart zentriert ist und kaum historische Dimensionen umfasst. Denn bis weit in die Neuzeit hinein galt die Suche nach „Wahrheit" als Ziel wissenschaftlichen Bemühens. Erst im 19. Jahrhundert taucht der Begriff „Objektivität" im wissenschaftlichen Vokabular auf und hat seither den

---

134 Kleist 1972, S. 156 (Erster Auftritt).

der „Wahrheit" verdrängt, wie Lorraine Gaston und Peter Galison in ihrer ausgezeichneten Geschichte des Objektivitätsbegriff nachgewiesen haben.[135] Wenn man darüber hinaus mit Ernst Cassirer der Auffassung ist, dass der Mensch danach strebt, den Dingen dieser Welt und sich selbst mithilfe von Bildern bzw. Symbolen Bedeutung zu verleihen, dann wird der Gegensatz zwischen Objektivität und Wahrheit noch etwas geringer. Denn für Cassirer zählen zu den „symbolischen Formen" gleichermaßen Wissenschaft, Religion, Kunst – womit auch Dichtung gemeint ist – und Mythos.[136] Zwar lassen sie sich nicht aufeinander reduzieren, aber mit Martin Voss bin ich der Ansicht, dass „alle Formen auf einen gemeinsamen Horizont ausgerichtet sind" und „untereinander in einem systemischen Zusammenhang stehen".[137] Die prinzipiellen Grenzen zwischen Wissenschaft und Kunst sollen zwar nicht verwischt werden, doch gilt es festzuhalten, dass Wissenschaft im heutigen Sinn nicht die einzige symbolische Form ist, um zu relevanten Aussagen zu gelangen. Insofern haben Beispiele aus der Dichtung, welche im Rahmen dieses Buches Erwähnung finden, nicht rein illustrierenden Charakter; sie sollen auch zu einem tieferen Verständnis der wissenschaftlichen Erkenntnisse beitragen.

Das kann auch noch von einer anderen Richtung her begründet werden. Ein weiterer Aspekt ist nämlich der Reichtum an sprachlichen Bildern bzw. Metaphern, durch den sich sowohl die Dichtung als auch Fach- und Alltagssprache auszeichnen. Begriffe wie Motor*haube*, Stuhl*bein* oder Fluss*arm* werden von Metaphern getragen, und ebenso verhält es sich mit wissenschaftlichen Begriffen wie Atom*kern* oder *Schwarzes Loch*. In der neueren wissenschaftlichen Literatur kritisiert man die Metapher daher nicht mehr, wie es früher der Fall war, als uneigentlich und undeutlich, sondern ihr wird vielmehr hoher Erkenntniswert zugesprochen. „An die Stelle des rationalistisch motivierten Strebens nach Bestimmung von Identischem tritt die Operation mit ‚Familienähnlichkeiten' auch und gerade im Prozess des Erkennens", schreibt die Literaturwissenschaftlerin Monika Schmitz-Emans.[138]

5 Gegenübertragungsanalyse

Mit dem Objektivitätspostulat verhält es sich ähnlich wie mit dem Polarstern, an dem sich Seefahrer in verflossenen Zeiten orientierten, um ihren Kurs zu bestimmen: Man kann ihn anpeilen, erreichen wird man ihn indes nicht. Das hängt in grundlegender Sicht mit der Perspektivität der menschlichen Erkenntnis zusammen[139] und darüber hinaus mit wissenschaftlichen Sozialisationsprozessen, von denen im Zusammenhang mit Paul Feyerabend bereits die Rede war. Außerdem sind jene subjektiven Faktoren zu veranschlagen, die mit der Existenz des Unbe-

---

135 Daston und Galison 2007.
136 Cassirer 1994.
137 Voss 2006, S. 151.
138 Schmitz-Emans o.J.; vgl. Kohl 2007, S. 129–156; Rieken 2010b.
139 Köller 2004.

wussten zu tun haben und die unsere Wahrnehmung zwangsläufig einfärben. Devereux führt dazu das folgende Beispiel an:

> *„Ein Graduate Student erfuhr auf seiner ersten Feldexkursion, dass er nach seiner Rückkehr nicht zum Dozenten ernannt werden würde, da sich durch den Tod seines Professors Veränderungen in der Machtstruktur seiner Fakultät ergeben hatten. Das bewirkte, dass er den Problemen von Waisen und anderen ‚verlassenen‘ Personen in dem Stamm, den er gerade untersuchte, mit außergewöhnlicher Sorgfalt nachging".*[140]

Das Beispiel steht für viele andere, welche deutlich machen, dass es sinnvoll ist, sich als Autor nicht nur mit den Gefühlen der Informanten, sondern auch mit den eigenen Gefühlen auseinanderzusetzen, soweit sie mit der Feldforschung zu tun haben. In der Ethnopsychoanalyse ist das gang und gäbe,[141] doch auch in der Ethnologie gibt es Stimmen, die das für sinnvoll halten, das gilt für die Volkskunde[142] genauso wie für die Völkerkunde[143].

Daher ist es vielleicht nicht unwichtig mitzuteilen, worin der zunächst untergründige Anteil bestanden hat, in Galtür eine Feldforschung zu machen. Das mag ein Auszug aus den Forschungsnotizen illustrieren, die ich im Anschluss an das Gespräch mit Anton Mattle aufgezeichnet habe:

> *„Ich habe ihn dann noch darauf aufmerksam gemacht, dass einige Teilnehmer auf der Tagung in Obergurgl [die der Katastrophenforschung gewidmet war] im Jahre 2006 eine gewisse Diskrepanz in seinen Ausführungen bemerkt zu haben glaubten, nämlich dass er einerseits betont habe, dass die Galtürer es aus eigener Kraft geschafft hätten, mit ihren seelischen Problemen fertig zu werden, er aber auf der anderen Seite emotional sehr bewegt gewesen sei, nachdem er seinen Vortrag gehalten habe. Daraufhin sei an mich die Bitte herangetragen worden, in Galtür eine Feldforschung zu machen, um in Erfahrung zu bringen, inwieweit die Katastrophe tatsächlich aus eigener Kraft verarbeitet worden sei. Als ich nach Galtür gefahren sei, sei ich allerdings nicht mit einer vorgefassten Hypothese dorthin gefahren, sondern hätte mir ein Bild machen wollen aufgrund der Gespräche, welche ich mit den Einheimischen zu führen gedachte [...].*
>
> *Zur Erklärung, warum er emotional so bewegt gewesen sei, nachdem er seinen Vortrag gehalten habe, sagt er, dass er seit der Katastrophe vor allem für jene Touristen, welche Angehörige verloren hätten, die primäre Ansprechperson sei und daher immer wieder mit dem leidvollen Geschehen von damals konfrontiert werde. Er schreibe die persönlichen Einladungen zur Jahresfeier der Katastrophe, und er schreibe den Angehörigen zu Weihnachten, und da müsse er sich schon konzentrieren, um die jeweils passenden Worte zu finden [...].*
>
> *Anschließend frage ich ihn, ob er meinem Aufenthalt hier mit einer gewissen Skepsis entgegengesehen habe. Das verneint er, denn er habe mich ja in*

---

140 Devereux 1984, S. 68.

141 Z.B. Devereux 1992, Nadig 1992, S. 36–46; Reichmayr 1995, S. 186–203.

142 Z.B. Jeggle 1984; Rieken 2000, S. 30ff.; S. 42f.; Rieken 2003b.

143 Z.B. Bonz 2008, S. 137–146; Kutzschenbach 1982; Pfleiderer und Drescher 1986; vgl. dort insbesondere das Vorwort.

*Obergurgl bereits kennen gelernt und sich ein Bild von mir gemacht [...].
Außerdem habe er sich im Internet über mich informiert. Daher habe er der Feldforschung mit Wohlwollen entgegengesehen".*[144]

Den Aufzeichnungen ist zu entnehmen, dass einige Teilnehmer der Tagung in
Obergurgl glaubten, eine gewisse Diskrepanz zwischen den Aussagen und dem
Verhalten von Anton Mattle bemerkt zu haben, woraufhin der Vorschlag an mich
erging, dort eine Feldforschung zu machen. Mich selber beeinflusste diese vermeintliche oder tatsächliche Diskrepanz nur teilweise, da ich lieber erst mit den
Leuten rede, bevor ich mir ein genaueres Urteil erlaube. Aber es gab auch noch
andere Stimmen – einige Tiroler und Wiener, mit denen ich sprach –, die meinten,
dass ich in Galtür wohl auf Widerstand stoßen werde, wenn ich persönliche Interviews machen möchte, weil es sich um sehr verschlossene Menschen handele. So
hatte ich zwar keine vorgefasste Meinung im Kopf, kalkulierte aber ein, dass es
möglicherweise Probleme geben könne. Andererseits hatte ich die Erfahrung gemacht, dass ich recht gut mit Menschen reden und einen persönlichen Kontakt herstellen kann. Also fuhr ich, soweit mir das möglich war, ohne vorgefasste Meinung
– oder in Wissenschaftsdeutsch: ohne Hypothesenbildung – dorthin. Das war angemessen, denn Anton Mattle empfing mich freundlich und öffnete mir die Türen
zu den Einheimischen, wovon bereits die Rede war.

Nach den ersten Gesprächen war klar, dass die Informanten offen über die Lawine und ihre damit zusammenhängenden Befindlichkeiten sprachen, und sehr bald
wurde mir deutlich, dass es sich anscheinend um ein besonderes Dorf handelt. Ich
fühlte mich fast wie daheim in Friesland, und das ist der Punkt, an dem wahrscheinlich meine persönliche Perspektive den Forschungsprozess mit beeinflusst
hat: *aufgewachsen in einer Minderheitenkultur mit eigenständigem Profil, die von
der deutschen Mehrheit ein wenig herablassend betrachtet wird, hat sich in mir die
subjektive Überzeugung eingenistet, dass Minderheiten etwas Gutes sind und dass
man Mehrheiten mit einer gewissen Skepsis gegenübertreten sollte.* Diese Haltung
zieht sich durch meine Lebensgeschichte genauso wie durch meine wissenschaftlichen Veröffentlichungen. Ich weiß nicht, ob das unbedingt ein Problem ist, denn
man kann die Welt gar nicht anders als aus einer bestimmten Perspektive betrachten. Wichtig ist nur, dass man darum weiß, denn dann lassen sich solche emotional
verankerten Sichtweisen bis zu einem gewissen Grad relativieren, indem man sie
reflektiert; dafür bildet die Lehranalyse eine geeignete Basis. Darüber hinaus können lebensgeschichtlich fundierte Perspektiven an Brisanz verlieren, wenn man
bereit ist, sie anderen mitzuteilen. Das Spannungsverhältnis zwischen der Subjektivität der Forschungssituation und der Forderung nach intersubjektiver Überprüf-
barkeit kann somit dadurch gemildert werden, dass in einer Art Selbstobjektivie-
rung der perspektivische Standpunkt für andere transparent gemacht wird.[145]

Ähnlich wie in den empirischen Wissenschaften wird die individuelle Sichtweise zwar als mögliche Fehlerquelle betrachtet, doch wird anders damit umge-

---

144 Anton Mattle, II, S. 7f.
145 Siehe Kutzschenbach 1982, S. 168f.

38

gangen, indem man nicht bestrebt ist, sie auszulöschen, sondern konstruktiv mit ihr umzugehen. Das lässt sich auch entwicklungspsychologisch und kulturgeschichtlich gut begründen. Während Jean Piaget nachgewiesen hat, dass mit zunehmendem Alter dem Kinde die Perspektivität seines Standpunktes allmählich bewusster wird und es dadurch zu einer realistischeren Wahrnehmung der Welt gelangt, hat Jakob Burckhardt auf die wechselseitige Verflechtung von Individualität und Objektivität hingewiesen, die konstitutiv ist für die Kultur der Renaissance.[146]

Mit Blick auf Galtür heißt das, dass ich gegenüber dem Ort und seinen Bewohnern bzw. den Informanten im Laufe der Feldforschung eine gewisse Sympathie entwickelt habe, bei der die Gefahr bestehen kann, problematische Sachverhalte zu übersehen. Dennoch hoffe ich, die Phänomene, welchen ich begegnet bin, nicht zu sehr idealisiert, sondern sie durch Gegenübertragungsanalyse mit einem gewissen Abstand betrachtet zu haben, zumal auch kritische Überlegungen mit eingeflossen sind.[147]

---

146 Piaget und Inhelder 1999, S. 251–254; Burckhardt 1976, S. 123–127; vgl. dazu Rieken 2010a, S. 301ff.

147 Z.B. in den Kapiteln IV 2.2; IV 4; IV 6.4; IV 7.2. Bemerkenswert ist, dass ich das Kapitel zur Gegenübertragungsanalyse (I 5) erst in die Letztfassung eingearbeitet habe. Bis dahin hatte ich das nur erwogen – im Graubereich zwischen Vorbewusstem und Bewusstem – bzw. das unbestimmte Gefühl, dass im Methodenteil noch etwas fehlt. Das heißt es bedurfte eines nicht geringen Energieaufwandes, um den Widerstand gegen die kritische Selbstreflexion zu überwinden.

II Geschichtliche Ausgangspunkte

1 Notizen zur Geschichte Galtürs

Wer heute nach Galtür reist, fährt in der Regel über Tirol. Westlich von Landeck biegt man ins Paznauntal ab, dabei die berühmte Trisannabrücke der Arlbergbahn unterquerend, und kommt zunächst durch die Gföllschlucht, welche recht abweisend wirkt und jahrhundertelang den Zugang behinderte. Sie bewirkte, dass die Besiedlung des Paznauntals ursprünglich nicht, wie man heute vermuten könnte, von Tirol aus erfolgte, sondern zunächst über Hochgebirgspässe von Süden aus dem schweizerischen Engadin und später von Westen aus dem Vorarlberger Montafon – und erst danach von Tirol aus dem Osten. Die ersten Siedler in Galtür waren also Rätoromanen.

Abb. 1: Trisannabrücke[148]

Darüber hinaus kamen zu Beginn des 14. Jahrhunderts aus den westlichen Zentralalpen Walser, eine ethnische Minderheit, die aus dem oberen Wallis stammt und sich im Hochmittelalter primär in den obersten Talregionen ansiedelte: zunächst an

---

148   Alle Fotos stammen von Bernd Rieken.

der Südflanke des Monte-Rosa-Massivs und im Formazzatal, später in Graubünden und vor allem ab der Mitte des 14. Jahrhunderts in Vorarlberg sowie in Galtür, der östlichsten und einzigen Walsersiedlung auf Tiroler Boden und von der ursprünglichen Heimat im Rhonetal am weitesten entfernt.[149] Begünstigt wurde ihre Wanderungsbewegung wahrscheinlich durch das mittelalterliche Wärmeoptimum, das Ansiedlungen in höheren Lagen erlaubte.

In Galtür kommen daher Einflüsse aus unterschiedlichen Kulturen zusammen, die sich auch in der Sprache niedergeschlagen haben. Romanisch ist zum Beispiel der Ortsname, denn „Galtür" leitet sich aus lateinisch „cultura" ab, zu verstehen wohl im Sinne von Land, das „kultiviert" worden ist.[150] Bekannte Walser-Wörter sind dagegen „Guxa" für „Schneesturm" bzw. „guxna" für „stürmen und schneien".[151] Und alemannischer Herkunft sind zum Beispiel die Kurzformen „gseet" für „gesagt" und „kett" für „gehabt".[152]

Besonders eng waren die Verbindungen zum rätoromanischen Engadin, denn Galtür gehörte früher zur Diözese Chur, und Bauern aus dem Engadin besaßen das Land rund um das Dorf, wobei die letzten Weidegründe erst vor gut 100 Jahren in den Besitz der Galtürer übergegangen sind. Für die zunehmende Entfremdung sind, abgesehen von der räumlichen Entfernung und der schwierigen Erreichbarkeit über hohe Bergpässe, religiöse, politische und kulturelle Gegensätze verantwortlich, die im Laufe der Neuzeit brisant wurden: Katholizismus, Habsburgischer Absolutismus und deutsche Kultur in Galtür gegenüber Protestantismus, unabhängigen Landgemeinden und romanischer Kultur im Engadin.[153] Vermutlich haben auch klimatische Veränderungen in der Frühen Neuzeit mit dazu beigetragen, dass sich die Verbindungen gelockert haben. Während der so genannten Kleinen Eiszeit des 16. und 17. Jahrhunderts sowie des Gletscherhöchststandes um 1850 war es immer schwieriger geworden, die hohen Pässe aus dem Süden zu überqueren.

Während die Walser zwischen 1310 und 1315 in Galtür eingetroffen sind,[154] wurde die erste Kirche nebst einem Friedhof erst 1383 durch den Bischof von Chur geweiht. So steht es in der ältesten Chronik, den „Denckwürdige[n] Begebenheiten alda zu Galthüren" aus dem Jahre 1774.[155] Das ist historisch gesichert, weil die Weiheurkunde erhalten geblieben ist.[156] Bis 1383 sollen die Bewohner im Engadin begraben worden sein, wohin man sie über den knapp 2800 Meter hohen Futschölpass getragen hat.[157] Im Winter war dieser allerdings unpassierbar, weswegen man die Leichen auf einer provisorischen Ruhestätte inmitten der Berge zwischenzeitlich aufgebahrt haben soll.[158] Dieser Umstand gab und gibt allerhand An-

---

149 Vgl. Waibel 2003; Zinsli 2002.
150 Vgl. Huhn 1999b, S. 21.
151 Vogt 1999, S. 50.
152 Ebd., S. 49.
153 Huhn 1999a, S.7.
154 Huhn 1999b, S. 22.
155 Cimarolli 1992, 4. Blatt.
156 siehe Huhn 1999d, S. 64f., dort auch der Text der Urkunde im Original und in Übersetzung.
157 Cimarolli 1992, 4. Blatt.
158 Huhn 1999a, S. 76f.; ders. 1999b, S. 18f.

lass zu Sagenbildungen und soll an anderer Stelle ausführlicher behandelt werden.[159]

Aus dem nächsten Blatt der Chronik erfahren wir, dass es sich bei den ersten Personen, die in Galtür begraben wurden, um drei Männer handelte, die beim Heuziehen von einer Lawine getötet worden waren.[160] Das hat durchaus symbolischen Wert, denn „Naturgewalten und Seuchen haben das Leben der Menschen in Galtür seit jeher geprägt".[161] Der Ort befindet sich „am Rande der Welt" auf 1600 Meter Seehöhe, und fast sechs Monate im Jahr liegt dort Schnee. Das Dorf ist beiderseits von 2500 bis 3000 Meter hohen Gebirgskämmen umgeben, die stellenweise nur viereinhalb Kilometer voneinander entfernt sind.[162] Die Chronik von Galtür berichtet zwar, wie alle anderen Aufzeichnungen dieser Art auch, über politische Ereignisse, aber breiten Raum nehmen darüber hinaus Berichte über Zerstörungen durch Hochwasser, Muren und insbesondere Lawinen ein. Das unterscheidet sie von vielen anderen Chroniken aus weniger exponierten Regionen, aber sie teilt es zum Beispiel mit den friesischen Chroniken, in denen Sturmflutkatastrophen mehr Brisanz haben als die „große Geschichte"[163] – weil Naturereignisse die Menschen aus diesen Gebieten in der Regel stärker und oftmals elementarer treffen, als es die Politik tut.

Ein Beispiel, das für viele stehen mag und von einer Lawine handelt, die wie jene aus dem Jahre 1999 vom Sonnberg abgegangen ist:

> *„Im Jahre 1689 gab es abermals einen überaus schweren Winter. Es begann schon früh im Herbst und setzte sich so fort. In der Nacht vor dem Lichtmesstag [= 2. Februar] machte es abermals viel Schnee, und dieses Wetter währte bis zum 4. Februar, wodurch dann zu Tschafein [= Ortsteil von Galtür] endlich die Nörderberg-Lawine abbrach [...]; die Sonnenberg-Lawine ging über die erste Lawine darüber und zerstörte vier Häuser und Ställe und Städel. In dieser Lawine kamen – außer einigen, die noch lebend geborgen worden sind – 29 Personen samt Vieh und Rössern um."*[164]

29 Tote sind ungefähr zehn Prozent der Bevölkerung jener Zeit,[165] wobei nicht nur die menschlichen Tragödien Pein bereiten, sondern auch die Verluste an Häusern und Vieh. Über existentielle Not und Trauer erfahren wir aus der Chronik nichts; sie listet nüchtern die Geschehnisse auf, und was sich dahinter an Leid und Emotionen verbirgt, kann man bestenfalls erahnen. Das hat zum einen gattungsimmanente Gründe, denn Chroniken berichten darüber, *was* geschehen ist, nicht mehr. Zum anderen sind es prinzipielle Gründe, welche die Not der Menschen nicht recht plastisch werden lässt. Es gibt elementare Phänomene, die man nur unzulänglich

---

159 In Kap. IV 6.2.
160 Cimarolli 1992, 5. Blatt.
161 Huhn 1999c, S. 166.
162 Huhn 1999a, S. 19f.
163 Vgl. Rieken 2005 passim; Rieken 2007, S. 27–31.
164 Cimarolli 1992, 30. Blatt.
165 Huhn und Walser 1999, S. 14.

erfassen kann, wenn man sie nicht selber erlebt hat. Das gilt zum Beispiel für die verzaubernde Kraft der Liebe, für den Prozess des Trauerns nach dem Verlust eines lieben Angehörigen, für die Erfahrung der bestimmenden Kraft des Unbewussten in einer Psychoanalyse – oder für lebensbedrohliche Situationen wie eine Naturkatastrophe. „Ich kann Ihnen nicht mehr sagen, das muss man erlebt haben", meinte daher eine Interviewpartnerin lapidar zu mir.[166] Um dennoch Emotionen zu vermitteln, greift man oftmals auf bildliche Vergleiche zurück und anthropomorphisiert das Geschehen, das heißt man haucht den Naturgewalten gewissermaßen Leben ein. So liest man in den Aufzeichnungen des Pfarrers Mattle über eine Unwetterkatastrophe vom 8. bis 11. Juli 1762, dass „Himmel, Winde und Stürme *brüllten*". Der Geistliche spricht von den „*sich balgenden* Wolkenmassen" und den „*anstürmenden Ungeheuern* der Flüsse".[167]

In diesen Zitaten werden meteorologischen Phänomenen Eigenschaften zugeschrieben, die normalerweise Mensch und Tier vorbehalten sind und gleichzeitig Emotionen hervorrufen. Dadurch werden sie der Lebenswelt des Lesers näher gebracht. Er bekommt eine Ahnung von dem, was sich während einer Katastrophe abgespielt hat und wie sie erlebt worden ist. Damit können wir nun zu den Ereignissen im Februar 1999 übergehen.

2 Chronologie der Lawinenkatastrophe vom 23. Februar 1999

Von Ende Jänner bis Ende Februar 1999 führten Niederschlagsfronten, die vom Nordatlantik kamen, zu außergewöhnlich ergiebigen Schneefällen an der Nordseite der Alpen. Heftige Stürme bewirkten, dass sich hohe Schneewächten aufbauten. Im Februar 1999 fiel binnen zehn Tagen eine Schneemenge, wie sie statistisch betrachtet nur alle 300 Jahre vorkommt. Verantwortlich war eine Nordwestwetterlage, nämlich ein Tief über Skandinavien und ein Hoch über dem Ostatlantik. Zwischenzeitlich gab es eine intensive Strömung mit Warm- und Kaltfronten sowie großer Feuchtigkeit. Die Folge waren ergiebige Schneefälle in Form von Pulverschnee, der eine nur geringe Bindungsfähigkeit aufweist.[168] Im Jahrbuch der „Zentralanstalt für Meteorologie und Geodynamik" in Wien wird chronikalisch aufgelistet, was dann geschah:

„Mit den Neuschneemengen sind besonders in Tirol und in Vorarlberg mehrere Wintersportregionen nicht mehr auf der Straße erreichbar. Der gleichzeitige ,Urlauberschichtwechsel' bewirkt eine chaotische Situation. Touristen können ihre Quartiere nicht verlassen, anfahrende Urlauber müssen in Landeck in Kasernen notdürftig untergebracht werden. Der Neuschneezuwachs (im Hochgebirge ein bis zwei Meter innerhalb von 2 bis 3 Tagen, bei einer Gesamtschneehöhe von über

---

166 Maria Pfeifer, I, S. 14.

167 Pfarrarchiv Galtür F 6, zitiert nach Huhn 1999c, S. 168 (kursiv: eigene Hervorhebungen, B.R.).

168 Alpinarium Galtür 2004, S. 17f; Arens, Peick, Srowik, 2006, S. 164; Zentralanstalt für Meteorologie und Geodynamik 2008.

vier Meter) und gleichzeitige Lawinenabgänge blockieren alle Zufahrtsstraßen. Ab dem 9. setzt das Bundesheer Hubschrauber für Versorgungsflüge zu den Arlberggemeinden Lech, Zürs, Stuben und St. Anton, sowie nach Ischgl, Galtür und Kappl im Paznauntal ein. Alle Straßenverbindungen zwischen Tirol und Vorarlberg sind gesperrt [...]. An die 5000 Touristen müssen Quartiere in Bludenz beziehen. Auf den noch freien Zufahrtsstraßen bilden sich kilometerlange Staus (alleine zwischen München und Salzburg auf einer Länge von über 40 Kilometern). Gleichzeitig warten im Paznauntal 3000 Feriengäste auf eine Ausreisemöglichkeit.
Die Zwangslagen in den eingeschneiten Regionen lösen sich nur langsam mit den zeitweiligen Freigaben der Verbindungswege und mit Hubschraubereinsätzen. Zahlreiche Notarztflüge können weitere menschliche Verluste verhindern [...].
Nach weiteren ergiebigen Schneefällen zwischen dem 19. und 22. kommt es am 23.2. zur Lawinenkatastrophe von Galtür: Kurz nach 16 Uhr zerstört die vom Grieskogl abgehende Sonnenberg-Lawine zwölf Häuser südlich der Pfarrkirche auf einer Breite von 800 Meter; zwei Ortsteile sind über fünf Meter hoch vom gepressten Schnee verschüttet. Rettungsmannschaften aus Landeck können Galtür wegen des anhaltenden Schneefalls und Sturms erst am Morgen des 24. erreichen. Helfer vor Ort graben nach Vermissten; bis zum Abend können 40 Personen noch lebend geborgen werden, und die ersten acht Todesopfer werden gefunden.
Allein in Ischgl sind rund 13.000 Menschen auf sich selbst angewiesen, Stromausfälle verschärfen die Lage. Der psychische Druck auf Tausende Touristen – sie wollen die Aufhebung der Straßensperre zur sofortigen Ausreise erzwingen – macht die Katastrophenlage zeitweise extrem chaotisch. Am 24. zerstört eine weitere Lawine im nahe gelegenen Weiler Mathon vier Häuser und begräbt neun Menschen. Sieben Verschüttete sterben, eine Frau kann schwer verletzt, ein Kleinkind unverletzt geborgen werden. Von Landeck aus wird eine Luftbrücke eingerichtet. 400 Helfer werden mit 42 Hubschraubern eingeflogen, in der Folge Tausende Touristen evakuiert. Bis zum Abend des 25. sind 33 Tote geborgen, fünf Personen weiter vermisst. Die bisher größte eingerichtete Luftbrücke mit Helikoptern, darunter auch Helfer der US-Armee, aus Deutschland und aus der Schweiz, fliegt alleine am 25. mehr als 3000 Personen nach Landeck und Imst. Am 27. wird die letzte Vermisste tot geborgen – Gesamtbilanz: 38 Lawinentote. Damit ist es die folgenschwerste Lawinenkatastrophe seit dem 10./11. Jänner 1954, damals mit 122 Toten im Großen Walsertal (Vorarlberg), alleine in Blons starben 57 Menschen".[169]

Soweit der Bericht der Zentralanstalt für Meteorologie und Geodynamik in Wien. Die darin erwähnten Straßensperren sind im Paznaun nichts Ungewöhnliches, weil fast jedes Jahr die Zufahrtsstraßen für einen oder mehrere Tage gesperrt werden müssen. Doch das Jahre 1999 wich auch in dieser Hinsicht von der Norm ab, weil die Straße mehr als den halben Monat gesperrt war, nämlich zwischen dem 06. und 12. sowie zwischen dem 17. und 27. Februar. Auf den Lawinenkommissionen lastete großer Druck, zumal ungeduldige Touristen die Aufhebung der Straßensperre forderten. Ein Gast aus Ischgl meinte etwa, wenn man 13.000 Urlauber einladen

---

169 Zentralanstalt für Meteorologie und Geodynamik 2008.

44

könne, müsse man auch dafür sorgen, sie wieder hinauszubringen.[170] Dahinter steht ein Machbarkeitsglaube, der auf vollständige Beherrschung der Natur setzt. Dem kann man nüchtern entgegenhalten, was der Bürgermeister von Helgoland jenen nervösen Gästen entgegnete, die zum Jahreswechsel 2006/2007 wegen eines schweren Orkans auf der einzigen deutschen Hochseeinsel festsaßen: „Wer in die Berge fährt, muss damit rechnen, einzuschneien. Wer auf eine Hochseeinsel reist, muss stürmisches Wetter einkalkulieren".[171]

Die Situation war in Galtür aber nicht nur deswegen angespannt, weil viele Touristen den Ort nicht verlassen konnten, sondern auch, weil die Gemeindeverwaltung aufgrund der Lawinengefahr die Bewegungsfreiheit innerhalb des Ortes einschränken musste. So waren tagelang die Skilifte vom Dorfzentrum aus nicht mehr erreichbar, einige Weiler außerhalb des Ortes waren isoliert, und selbst im Dorfzentrum war die Bewegungsfreiheit eingeschränkt. Denn rund um Galtür waren bereits mehrere Lawinen abgegangen, und am 20. Februar wurde für das Silvretta-Gebiet sowie andere Teile Tirols die Gefahrenstufe 5 festgelegt, also der höchste Wert, eine „sehr große" Lawinengefahr.[172]

Am Montag, dem 22. Februar, begann ein heftiger Schneesturm zu toben, der, von kurzen Unterbrechungen abgesehen, bis zum folgenden Dienstag anhielt. Wie es dann weiterging, überlassen wir der Schilderung des ehemaligen Gemeindearztes von Galtür, Walter Köck:

> *„Die Nervosität in Galtür steigt, das Tal ist gesperrt, Gäste werden in die Häuser verbannt, ihr Aktionsradius auf das Dorfzentrum eingeschränkt, das viele gar nicht erreichen können. Um abzulenken, veranstalten die Jungen ein Fassdaubenrennen vom Widum [= Wohngebäude einer katholischen Pfarre] herunter auf den [Dorf-]Platz. Große Beteiligung mit vielen Zuschauern, es schneit und schneit, die Fahrer sind fast nicht zu erkennen, trotzdem allgemeine Heiterkeit. Um ca. 16.00 Uhr ist die Belustigung zu Ende, die Leute gehen heimzu, zerstreuen sich, da – ein dumpfer Knall –, es wird noch dunkler, als es schon ist, in Umrissen sieht man eine große Staubwolke über den Häusern, die sich bald verliert: ‚Dös ischt a Lahna!‘, sagen wir in der Sicherheit unseres Hauses und denken uns nichts Schlimmes dabei, sahen wir doch eine solche schon öfter. Wir haben uns getäuscht. So etwas sah noch niemand: Wir sollten ein Drama erleben, wie es in der Geschichte Galtürs noch keines gab, ein Drama, das nur einen Akt hatte, der insgesamt vielleicht eine Minute – für die Betroffenen Bruchteile einer Sekunde – dauerte, aber ein Drama mit vielen Schauplätzen werden sollte".*[173]

Die geschilderten Ereignisse haben fast archaische Qualitäten: Einer Lustbarkeit – dem Fassdaubenrennen vom Pfarrhaus zum Dorfplatz hinab – folgt unmittelbar ein tragisches Geschehen. „Archaische Qualitäten" deswegen, weil diese Begebenheit

---

170 Zehn Jahre Galtür – Die Chronik einer Katastrophe. Film von Claudia Ernstreiter, Gerhard Jelinek und Peter Liska. Erstausstrahlung: ORF 1, 08.02.2009.
171 Rieken 2007a, S. 24.
172 Alpinarium Galtür 2004, S. 18f.
173 Köck 1999, S. 170.

Ähnlichkeiten hat mit dem schicksalsträchtigen Weltbild im germanischen Altertum, heißt es doch im „Nibelungenlied", das „ja immer Freude am Ende mit Leid bezahlt wird".[174] Dabei hatten die Betroffenen noch Glück im Unglück, weil der Hauptast der Lawine nur wenige 100 Meter entfernt im Bereich des Frühmessgutes eindrang. Immerhin bewirkte die Druckwelle, dass im Pfarrgebäude die Haushälterin zu Boden geschleudert und verletzt wurde. Wäre die Lawine allerdings ins Ortszentrum gestürzt, wären wohl noch mehr Menschen umgekommen, als es tatsächlich der Fall war.

Das Frühmessgut hat seinen Namen vom „Frühmessner"; das war derjenige, welcher anstelle des Pfarrers in der Früh die Messe las. Dieses Gebiet galt als absolut sicher, war doch seit Jahrhunderten keine Lawine dorthin gelangt, weil die umliegenden Berge extrem steil sind und sich dort Lawinen normalerweise schon bei einer geringen Schneehöhe lösen und zu klein bleiben, um im Dorf Schaden anzurichten. Doch wegen der extremen Witterungsbedingungen hatte sich im oberen Teil weitaus mehr Schnee als gewöhnlich angesammelt.[175] Unterhalb des Gipfels befindet sich eine Mulde, die in normaler Zeit als Schutz gegen Lawinen dient, indem dort den abgehenden Schneebrettern Einhalt geboten wird. Nun hatte es aber in den Tagen vor der Katastrophe überreichlich geschneit und sich in der Mulde so viel Schnee gesammelt, dass die von oben kommende Lawine praktisch über die Mulde hinwegging und mit geballter Kraft ins Tal hinab donnerte.[176]

Ihre Fallhöhe betrug 1150 Meter, und sie erreichte eine Geschwindigkeit von über 300 Stundenkilometern. Als sie die ersten Häuser im Ortsgebiet erfasste, betrug ihr Druck ungefähr sechs bis zehn Tonnen pro Quadratmeter, ein Wert, dem Hauswände kaum Einhalt zu bieten vermögen. Nachdem die Lawine im Talboden angekommen war, zerteilte sie sich in mehrere Ausläufer. Ein Ast zweigte nach Westen ab und erfasste landwirtschaftliche Gebäude. Wahrscheinlich erzeugte ihre Zerstörung jenen Knall, den einige Personen hörten, kurz bevor sie den Luftdruck der Lawine bemerkten. Ein weiterer Ausläufer, dessen Druckwelle das Pfarrgebäude erreichte und die Haushälterin zu Boden warf, drang in Richtung Sportplatz vor, wo verschiedene Einrichtungen sowie ungefähr 100 Kraftfahrzeuge zerstört wurden. Den größten Schaden hatte indes, wie zuvor bereits erwähnt, das Frühmessgut zu beklagen. Dorthin war der Hauptteil der Lawine gerast, und dort gab es auch die meisten Toten und Verletzten.[177]

Es sprach sich rasch im Ort herum, dass etwas ganz Schreckliches passiert sein musste. Das Bundesheer in Landeck wurde informiert, doch war es infolge des Schneesturms nicht möglich, eine Luftbrücke aufzubauen und Hilfskräfte einzufliegen. Die Galtürer waren daher auf sich allein gestellt und organisierten in Eigenregie Rettungsmaßnahmen, indem sie bereits kurze Zeit nach der Katastrophe mit Sondier- und Sucharbeiten begannen. Durch den raschen Einsatz konnten von

---

174 Brackert 1976, Teil 2, Strophe 2378.
175 Alpinarium Galtür 2004, S. 32.
176 Franz Lorenz, II, S. 3.
177 Alpinarium Galtür 2004, S. 32f.

den 53 Verschütteten 22 Personen lebend geborgen und ärztlich betreut werden. Nahe dem Lawinenkegel wurden zwei Räume für die Erstversorgung hergerichtet sowie ein Notlazarett im Sportzentrum, in das die Verletzten mit Pistenräumgeräten gefahren wurden. Dem Gemeindearzt und seinem Vorgänger standen weitere Ärzte zur Verfügung, die als Gäste in Galtür weilten.[178]

Am anderen Morgen hatte sich das Wetter soweit beruhigt, dass die Hubschrauber gegen 6.45 Uhr starten konnten. Sie brachten Hilfsmannschaften und dringend benötigte Medikamente. Die erschöpften Helfer konnten abgelöst und die Verletzten ins Krankenhaus Zams ausgeflogen werden.

„Nun begannen Hunde und Menschen systematisch nach den Vermissten zu suchen. Maschinen beseitigten Hindernisse (Bäume, Ziegel, Autowracks, ...) und Schneemassen. Jeder Winkel wurde aussondiert, die ganze Lawine mehrmals umgedreht und von Wehrmännern die Schneemassen aus Häusern und Ruinen geschaufelt. Es konnten nur mehr Tote geborgen werden".[179]

Abb. 2: Lawinenschutzzäune unterhalb des Gipfels

---

178 Ebd., S. 36f.; ausführlicher vgl. Juen 2008; Köck 1999, S. 170–173, sowie die entsprechenden Kapitel in Köck 2000.
179 Juen 2000, S. 224.

Als sich die Witterungsbedingungen am Nachmittag des 24. Februar gegen 16 Uhr wieder verschlechterten, mussten die Flüge eingestellt werden, und Hunderte Urlauber warteten vergeblich auf eine Transportmöglichkeit nach Landeck. Kurz darauf ging im benachbarten Valzur eine weitere Lawine nieder, die ebenfalls einige Menschenleben forderte.[180] Valzur gehört allerdings schon zum Gemeindegebiet von Ischgl, wurde aber in den Medien Galtür zugeschlagen – nicht zuletzt auf Empfehlung eines geschickten Medienberaters, den die Ischgler angeheuert hatten.[181]

Da das Wetter in den folgenden Tagen besser war, konnten die weiteren Hilfsmaßnahmen nun zügig durchgeführt werden. Nachdem am Samstag, dem 27. Februar, die letzte Vermisste gefunden worden war, endete an diesem Tag der Rettungseinsatz.[182]

In der Folgezeit wurden die zerstörten oder beschädigten Häuser bis auf eines wieder aufgebaut. „Die Häuser mussten in Betonbauweise errichtet, Fenster klein dimensioniert und Kellerschächte abgedeckt werden. Eine Tischlerei präsentiert sich jetzt mit Scheiben aus Panzerglas. Das alles, damit die Staub- und Luftdruckwolke einer Lawine nicht in die Gebäude eindringen kann".[183]

Abb. 3: Lawinenschutzmauer mit Alpinarium

---

180 Nach Köck 2000, S. 116, sechs Todesopfer, nach Heumader 2000, S. 402, sieben Todesopfer.
181 Anton Mattle, I, S. 11. – Man habe verstanden zu sagen, „,Ischgl ist sicher, Ischgl war sicher, und das Lawinenereignis von Valzur war in Galtür'. Punkt. Da muss jeder dann selber wissen wie er damit umgeht. Wirtschaftlich war es wahrscheinlich gescheit, menschlich hat es natürlich im Paznaun und im Obertal schon zu heftigen Diskussionen geführt" (Anton Mattle im Interview mit Eva Maria Hofstetter [Hofstetter 2009, S. 145]).
182 Juen 2008, S. 7.
183 Mrasek 2000.

Abb. 4: Alpinarium mit Blick auf die Ballunspitze

Zur Verbesserung des Lawinenschutzes wurden neben Stützwerken unterhalb des Gipfelbereiches im Tal zwei massive Schutzmauern errichtet, „archaisch anmutende Bauwerke",[184] hinter denen sich Galtür gewissermaßen verschanzt. Die eine befindet sich im Bereich Egge und ist 129 Meter lang, während die andere im Bereich Winkl steht und 300 Meter misst. Diese ist im westlichen Teil als Gebäude ausgebildet und beherbergt unter anderem das Alpinarium – Museum und Gedenkstätte für die Katastrophenopfer.[185]

Darüber hinaus war das Desaster von Galtür der Anlass, die psychosoziale Hilfe in Tirol zu verbessern. Um Opfer, Hinterbliebene und Einsatzkräfte professioneller zu betreuen, wurde das SvE-KIT-Team des Roten Kreuzes gegründet. „SvE" steht für Stressverarbeitung nach belastenden Einsätzen und dient den Helfern, während „KIT" die Abkürzung für „Kriseninterventionsteam" ist und auf psychologische Hilfe für Hinterbliebene und Angehörige abzielt. Es handelt sich dabei um multiprofessionelle Gruppen, die aus Sanitätern, Exekutivbeamten, Einsatzkräften der Feuerwehr, Psychologen, Pädagogen, Sozialarbeitern und Theologen bestehen.[186]

---

184 Ebd.
185 Vgl. Heller und Erhard 2005, S. 89f.
186 <http://www.uibk.ac.at/ipoint/news/uni_und_tirol/index.ptlt?id=248291> (25.11.2008).

III   Chronologie und Erleben aus Sicht der Einheimischen

1   Vor der Katastrophe: Gefühl der Bedrohung

Wie bereits erwähnt war die Straße nach Galtür vom 06. bis 12. und vom 17. bis 27. Februar 1999 gesperrt. Der 20. Februar war ein Samstag, also eigentlich Urlauberwechsel, doch die Touristen konnten nicht hinaus. „Wenn man durch das Dorf gegangen ist, da hat man gespürt, da ist etwas zum Zerreißen, etwas stimmt nicht". Das habe daran gelegen, dass Gäste wie Einheimische zu wenige Informationen über die Gesamtlage gehabt hätten, meint der Bürgermeister. Daher habe man in der Zeit vor der Katastrophe Informationsabende veranstaltet, um die Touristen zu beruhigen. Doch am 23. Februar, dem Tag der Katastrophe, müsse etwas in der Luft gelegen sein, denn „zuhause beim Mittagessen, da habe ich zu meiner Frau gesagt: ‚Ich weiß nicht, es passt mir nicht so gut, und ich weiß nicht, was heute los ist'".[187] Am Nachmittag war dann das Fassdaubenrennen, eine Juxveranstaltung, bei der die Touristen auf Fassdauben statt auf Schiern die Straße vom Pfarrhaus zum Dorfplatz hinabglitten. Anton Mattle konnte das Geschehen genau beobachten, da sich sein Büro in unmittelbarer Nähe der Veranstaltung befand, und vor allem konnte er es hören, weil die Musik so laut war. Einerseits war die Stimmung ausgelassen, andererseits war die Situation angespannt, weil die Gäste in Galtür eingesperrt waren und die Bewegungsfreiheit innerhalb des Dorfes massiven Einschränkungen unterlag. Es wurden sogar Wachposten aufgestellt, weil „die Leute nach diesen sechs Tagen des Eingesperrt-Seins die Sperren missachtet haben, weil sie geglaubt haben, es passiert ohnehin nichts".[188]

Das war vor allem aus Sicht der Einheimischen eine fragile Konstellation, die noch durch die momentanen Witterungsbedingungen angeheizt wurde. Es schneite ununterbrochen, und Dorfbewohner meinten, es wäre nun wirklich an der Zeit, dass sich das Wetter bessert. Wegen der eingeschränkten Sicht war es nämlich nicht möglich, sich ein Bild von den potentiellen Gefahren zu machen, „weil man schon lange nicht mehr auf den Berg hinauf gesehen hat, wie viel Schnee tatsächlich oben liegt. Man konnte die allgemeine Situation nicht mehr so richtig einschätzen".[189] Das sind die Worte eines erfahrenen Schilehrers, und es ist klar, dass dieses Informationsdefizit die Verantwortlichen dazu veranlasste, die Bewegungsfreiheit massiv einzuschränken, um auf Nummer sicher zu gehen. Gleichzeitig war eine große Verunsicherung vorhanden, da man wegen der enormen Neuschneemengen und in Anbetracht der zahlreichen Lawinenabgänge in der näheren Umgebung nicht wusste, was noch geschehen könnte.

---

187 Anton Mattle, I, S. 1.
188 Ebd., I, S. 3.
189 Werner Jehle, I, S. 55.

Ein Gefühl der Bedrohung hatte sich breitgemacht – nicht nur unter den Gästen, sondern auch und vor allem unter den Einheimischen, für die massive Schneemengen und Lawinenabgänge eigentlich nichts Außergewöhnliches sind. Aber dieser Februar war anders: Der Ort war seit Tagen von der Umwelt abgeschnitten, Wege wurden gesperrt,

> *„man war halt schon längere Zeit eingeschlossen, es hat immer geschneit und geschneit und geschneit, es war halt sehr bedrückend. Und irgendwann kommt dann [...] die Ahnung dazu, dass das sehr, sehr, sehr, sehr viel Schnee hat, ja, es ist dann logisch, dass [...] irgendwo etwas kommt",*

meint Karoline Hussein.[190] Auch ihre Arbeitskollegen hätten diese Befürchtungen geteilt und gehofft, dass nichts passiert. Karl Gatt, der Diakon, hatte ebenfalls ein „komisches" Gefühl, „wenn es solange schneit, wenn solange die Straße gesperrt ist. Ich meine, wenn man solange in einem Ort wohnt, dann weiß man ganz genau, da ist viel Schnee, hoffentlich passiert nichts".[191]

In Kapitel IV 4.2 werden wir versuchen, das durch die Überfülle erzeugte Gefühl der Bedrohung etwas tiefgehender zu verstehen, indem wir es in Beziehung setzen zum Begriff des Unheimlichen. In diesem ist nämlich die Wortwurzel „Heim" enthalten, die etwas Gegensätzliches beinhaltet, zugleich das „Heimelige" und das „Heimliche", wobei Letzteres recht bald „unheimlich" werden kann.

Nachdem sich eine Katastrophe ereignet hat, erscheinen die Abläufe *vor* dem Geschehen oftmals in einem anderen Licht. In Chroniken aus vergangenen Jahrhunderten ist immer wieder von Vorzeichen oder Prophezeiungen die Rede, aus denen man hätte schließen können, dass etwas Schreckliches bevorsteht. Im Hintergrund solcher Vorstellungen steht ein traditionelles christliches Weltbild, das Katastrophen in Zusammenhang mit göttlichem Wirken betrachtet. Gott straft die Menschen für ihre Sünden, doch geht er nicht willkürlich vor, da er Unbescholtene warnt, indem er zu ihnen spricht, ihnen Vorzeichen schickt oder jemanden Prophezeiungen aussprechen lässt.[192] Das ist eine Auffassung, die in modernen Gesellschaften nur noch von wenigen nachvollzogen werden kann. Heute betrachtet man es pragmatischer, wie das folgende Zitat von Walter Köck deutlich macht:

> *„So geht es halt mit Prophezeiungen! Ausgerechnet im Katastrophenjahr 1999, wo die Voraussagen von Lawinen im Paznaun wirklich keine Kunst gewesen ist, hörte man: Die Diasbachlawine in Kappl wird heuer so groß wie nie herunterkommen und furchtbaren Schaden anrichten. Nicht nur die Kappler, das ganze Tal hat nach den schweren Schneefällen im Februar mit Bangen auf ihren Abgang gewartet ... umsonst! Praktisch ohne Verbauung mit Schneebrücken blieb sie die einzige prominente Lawine im Tal, die nicht herunterkam. Ich habe in meinem Leben nie ein*

---

190 Karoline Hussein, I, S. 47.
191 Karl Gatt, I, S. 63.
192 siehe Rieken 2005, S. 244ff.; 259–265.

wichtiges Ereignis erlebt oder von ihm gehört, das, vorher prophezeit, wirklich eingetroffen ist, hinterher gibt es immer viele Hellseher".[193]

Im Nachhinein ist man immer klüger, und dann ist es auch keine Kunst, bestimmte Geschehnisse oder Stimmungen, die man zuvor bemerkt hat, mit einem besonderen Bedeutungsgehalt aufzuladen. Aber in diesem Fall dürften die Verhältnisse anders liegen, da die Einheimischen bereits vor der Katastrophe ein mulmiges Gefühl und offensichtlich Angst gehabt haben dürften. Es schneite ununterbrochen, man konnte die Verhältnisse im Gipfelbereich der Berge mangels Sicht nicht einschätzen, und man fürchtete, dass die seit Tagen eingesperrten Gäste unruhig werden. Daher ist es nicht wahrscheinlich, dass die angespannte Situation, von denen in mehreren Interviews die Rede ist, eine Konstruktion aus nachträglicher Sicht ist, sondern tatsächliche Gefühle aus der Zeit unmittelbar vor dem Lawinenabgang widerspiegelt.

Etwas war dann aber doch auffällig, eine Begebenheit, auf die im Nachhinein ein ganz anderes Licht fällt. Als der ehemalige Schuldirektor und Ortschronist Georg Juen sen. am Freitag, dem 27. Februar, die Särge der Verstorbenen in der Kriegergedächtniskapelle fotografieren ging, schaute er auch in der Schule vorbei. Im Raum der dritten Klasse fiel ihm ein Text auf, den die Religionslehrerin in der letzten Unterrichtsstunde vor der Katastrophe an die Tafel geschrieben hatte. Er lautet folgendermaßen: „Fastenzeit beginnt und dauert 40 Tage. ‚Bedenke Mensch, dass du Staub bist und wieder zum Staub zurückkehren wirst'".[194]

Im Gespräch mit mir meinte Georg Juen, dass ihm dieser Spruch zu denken gegeben habe. Auf die Tafel wurde er am letzten Unterrichtstag *vor* dem Lawinenabgang geschrieben, und er stand noch da, als der ehemalige Volksschuldirektor das Klassenzimmer *nach* der Katastrophe betrat. Dadurch habe der Satz für ihn einen ganz anderen Sinn bekommen: „War das Zufall, das kann man auch nicht sagen. Geplant war es einmal nicht in dieser Art, weil sie [= die Religionslehrerin] es ja nicht wissen hat können – aber [...] das ist eine sonderbare Fügung".[195]

Der biblische Ausspruch, „Bedenke Mensch, dass du Staub bist und wieder zum Staub zurückkehren wirst",[196] gehört zur Liturgie der katholischen Aschermittwochs-Gottesdienste. Der Priester besprengt die Asche verbrannter Palmzweige mit Weihwasser und zeichnet den Gottesdienstbesuchern ein Aschekreuz auf die Stirn. Dazu spricht er die nämlichen Worte. Die Asche gemahnt an die Vergänglichkeit des Menschen und macht darauf aufmerksam, dass Altes vergehen muss, damit Neues entstehen kann.

Rational betrachtet ist es nicht ungewöhnlich, wenn am Ende des Faschings im Religionsunterricht die 40-tägige Fastenzeit besprochen wird, welche für Katholiken einen hohen Stellenwert hat.[197] Da aber das Bibelzitat am letzten Schultag vor der Lawine auf die Tafel geschrieben wurde und solange stehen blieb, bis die Kata-

---

193 Köck 2000, S. 367.
194 Juen 2008, S. 7.
195 Georg Juen sen., I, S. 27.
196 1. Mose 3, 19.
197 Karsamstag 1999 fiel auf den 3. April.

strophe vorbei und der Großteil der Rettungsmaßnahmen beendet waren, war es möglich, ihr einen zusätzlichen Bedeutungsgehalt zu geben. Denn eine Gemeinsamkeit zwischen dem geistigen Gehalt der Fastenzeit und dem katastrophalen Geschehen besteht in der Vergänglichkeit des Menschen, das heißt darin, dass man jederzeit aus dem Leben gerissen werden kann.

2 Selbsthilfe der Einwohner nach der Katastrophe

2.1 „Als hätte eine Bombe eingeschlagen"

Die Galtürer sind es gewohnt, selbstständig zu handeln. Das hat mit mentalen Strukturen zu tun, die das Leben „am Rande der Welt" mit sich bringt. Im Winter sind die Verkehrsverbindungen zu Lande und in der Luft zeitweise unterbrochen, und auch wenn sie es nicht sind, kann wertvolle Zeit verstreichen, bis Hilfe von außen kommt. Bei manchen Einheimischen spielt darüber hinaus das Walsertum eine Rolle, genauer das Bewusstsein, einer Minorität anzugehören, die es seit jeher gewohnt ist, auf eigenen Füßen zu stehen, weil sie sich hoch oben im Gebirge und weit entfernt von den Zentren der politischen Macht niedergelassen hat. Außerdem ist ein Großteil der Bevölkerung in das Vereinsleben integriert, „entweder als Skilehrer, Bergführer oder [...] bei der Feuerwehr [...] – und das sind fast alle", sagt der Gemeindearzt Fritz Treidl. Mit Blick auf die Katastrophe fügt er kurz und bündig hinzu: „Die haben gewusst, was sie zu tun haben".[198] Sie seien vertraut mit Lawinenunglücken und wüssten zum Beispiel, wie man eine Sondierkette aufstellt.[199] Daher war es für die Einheimischen klar, dass sie selbstständig Hilfe organisieren, und das möglichst rasch, weil die Chance, aus einer Lawine lebend herauszukommen, natürlich umso größer ist, je eher man gerettet wird.

Zu handeln hat in einer solchen Situation außerdem eine psychohygienische Funktion: Das Ausmaß des Desasters ist derart überwältigend, dass es besser ist, tätig zu sein, als durch die Reflexion des Erfahrenen überwältigt zu werden. Eine Katastrophe kann für Unbeteiligte nicht eigentlich nachvollziehbar gemacht werden, das wurde bereits erwähnt. Man greift auf bildliche Ausdrücke zurück, um dem Erleben Gestalt zu verleihen, und dazu eignen sich neben anthropomorphisierenden Bezeichnungen auch Vergleiche mit kriegerischem Geschehen. Bis zur Pfarrkirche sei es „eine heile Welt" gewesen, doch „dahinter hat es wirklich ausgeschaut, als hätte eine Bombe eingeschlagen".[200] Der Kontrast zwischen zerstörten und verschont gebliebenen Ortsteilen kommt auch in dem folgenden Zitat zum Ausdruck:

> *„Blauer Himmel, tief verschneite Berge – ein Wintermärchen. Und 500 Meter weiter ein Szenario, wo man nicht weiß: Hat da eine Bombe eingeschlagen, oder ist*

---

198 Fritz Treidl, I, S. 85f.
199 Bei der Sondierkette handelt es sich um eine eng nebeneinandergehende Gruppe, die mithilfe von Sonden nach Verschütteten sucht.
200 Anton Mattle, I, S. 7.

*man da im falschen Film, oder warum ist das gerade da passiert? – Fassungslo-
sigkeit!",*

schreibt Nikolaus Raggl in einem E-Mail an mich.[201] Die Folgen der Lawine hätten
ein Ausmaß gehabt wie ein „Bombenanschlag", der Luftdruck habe „alles zerrissen".[202] Es war wie der „Weltuntergang [...], man kann es sich nicht vorstellen".[203]
Werner Jehle, der als letzter Überlebender aus der Lawine geborgen wurde und erst
in der provisorischen Unfallstation wieder erwachte, meinte:

> *„Viel schlimmer kann es wahrscheinlich im Krieg irgendwo in einem Lazarett
> oder so auch nicht gewesen sein. Das war richtig schlimm, da haben viele geweint,
> und Mütter und Väter haben die Kinder verloren oder Frauen die Männer, das
> war richtige Krisenstimmung".*[204]

Ähnlich sieht es der Gemeindearzt:

> *„Ich habe mir das nicht erwartet, und ich meine, ich habe viele Sachen erwartet,
> dass irgendwo einer sich verletzt, aber das dann auf einmal von mir aus 50 oder
> noch mehr verschüttet sind und in einer Nacht 31 Menschen sterben und ich das
> sozusagen miterleben muss, das, das ist mir vorgekommen eher wie ein Kriegssze-
> nario als wie sonst etwas".*[205]

Im Anschluss an diese Sätze vergleicht Fritz Treidl das, was er am 23. Februar erlebt hat, mit der „wilden Natur". Es ist ein eindrucksvoller, bewegender Vergleich,
und er soll in seiner ganzen Länge zitiert werden, auch mit den sprachlichen Unzu-
länglichkeiten, welche das mündliche Erzählen im Allgemeinen und emotional bewegende Erinnerungen im Besonderen mit sich bringen:

> *„Ich kenne so etwas aus der Natur sehr wohl, ich meine, manchmal, wenn ich im
> Fernsehen geschaut hab, wie, wie eine, ja, wie irgendwo am Meer eine Ente
> schwimmt, und, und drei, vier so junge Küken neben sich hat, und oben sind von
> mir aus Seemöwen oder irgendwelche Vögel, die der Reihe nach der [Ente] die
> Kinder wegnehmen, bis sie dann schlussendlich alleine schwimmt, und die ganzen
> Kinder sind weg, so hilflos kommt man sich da vor. Und ich habe das auch in der
> Natur erlebt beim Wandern, dass da plötzlich irgendwie, ja, da, da, da fliegen vier,
> fünf Dohlen herum, oder, oder sind es mehr? Und auf einmal kommt irgendein
> Raubvogel und pickt aus der Runde da jemanden raus, und die anderen können da
> nur schimpfen, und dann löst sich's auf, und irgendwann ist wieder Ruhe, und der
> Vogel kehrt mit seiner Beute zurück. Das ist mir eher so, das hat mich eher so an
> das, an so [Pause] wilde Natur erinnert als an alles, was ich bisher vorher gese-
> hen habe".*[206]

---

201 Nikolaus Raggl, I, S. 96.
202 Maria Pfeifer, I, S. 13.
203 Benjamin Kathrein, I, S. 29.
204 Werner Jehle, I, S. 55.
205 Fritz Treidl, I, S. 87.
206 Ebd.

Treidl vergleicht die Katastrophe mit einem darwinistisch geprägten Bild von der Natur, in der es friedliche neben aggressiven Tieren gibt und die Stärkeren auf Kosten der Schwächeren überleben. Eine Ente schwimmt mit ihren Küken auf dem Wasser, doch Seemöwen tragen diese der Reihe nach fort, wobei jene dem ganzen Treiben hilflos zuschauen und am Ende alleine weiterschwimmen muss. Aus einer Reihe von Dohlen pickt sich ein Raubvogel eine heraus, doch die Übriggebliebenen können nur hilflos schimpfen und zusehen, bis sich alles wieder aufgelöst hat.

Das ist ein erschreckender und zugleich passender Vergleich. Erschreckend ist er deswegen, weil das tragische Geschehen gewissermaßen entmenschlicht wird, indem eine blinde Naturgewalt wütend um sich schlägt und wahllos Opfer niederstreckt. Das erinnert an Alfred Hitchcocks Film „Die Vögel" (USA 1962), der auf eine Kurzgeschichte der britischen Schriftstellerin Daphne du Maurier aus dem Jahr 1952 zurückgeht.[207] Während man du Mauriers Erzählung als Symbol für den Luftkrieg der Nationalsozialisten gegen England verstehen kann, gibt Hitchcocks Verfilmung einige Rätsel hinsichtlich der Interpretation auf, was auch vom Regisseur so intendiert war.[208] Es geht, mit anderen Worten, in dem Film um absurde, sinnlose und unverständliche Aggressivität, mit der die Menschen konfrontiert und der sie hilflos ausgeliefert sind.

Bedenkt man dies, dann ist der Vergleich zwischen der Katastrophe und der „wilden Natur" nicht nur erschreckend, sondern auch passend. Denn es ist ein Geschehen, das mit seiner blind um sich schlagenden Vernichtungskraft sinnlos und unverständlich erscheint. Gleichzeitig erweckt es, wie die Angriffe der Vögel bei Daphne du Maurier, Erinnerungen an kriegerische Handlungen, die von Betroffenen oftmals als völlig absurd erlebt werden. Es handelt sich dabei um ein verbreitetes Vergleichsmuster bei Katastrophen, das sich auch in einer Vielzahl historischer Quellen nachweisen lässt.[209] Als zum Beispiel durch die verheerende Sturmflut vom 17. Februar 1962 große Teile der Hansestadt Hamburg in Mitleidenschaft gezogen wurden, sprachen die Zeitungen von „Tod und Zerstörung wie in den Bombennächten"[210] und davon, dass Erinnerungen an jene verhängnisvollen Tage des Zweiten Weltkriegs aufflammen, „in denen Bomben und Feuer unsere Stadt heimsuchten. Auf trocknen Straßen muss man durch Krater wie Bombentrichter klettern".[211]

Es gibt aber noch einen weiteren Aspekt, der den Vergleich mit der „wilden Natur" treffend erscheinen lässt. Der Kulturwissenschaftler Hartmut Böhme spricht davon, dass Elementarkatastrophen „mit einer energetischen Wucht eintreten, die alle gesellschaftlichen Abgrenzungssysteme durchschlagen und darum den ganzen Leib mitreißen".[212] Daher sind nicht nur die Körper der Opfer bedroht oder werden geschädigt, sondern auch Einrichtungen der uns gewohnten Zivilisation, wie das

---

207 Du Maurier 1989.
208 Truffaut 1989, S. 278.
209 Vgl. am Beispiel Sturmflutkatastrophen Rieken 2005, S. 146f.; 244ff.; 305.
210 Die Welt, 19.02.1962, S. 6.
211 Schütte 1962, S. 7.
212 Böhme 2000, S. 34.

Dorf oder das Haus. Sie bilden in einem weiteren Sinn, ähnlich der Kleidung, eine leibliche Abgrenzung gegenüber der Umwelt. All das ist infrage gestellt, und darum ist die Verunsicherung der Betroffenen in einer solchen Situation von existentieller und elementarer Natur.

Der Begriff „elementare Natur" weist darauf hin, dass eine „Elementarkatastrophe" mit den vier Elementen Feuer, Wasser, Erde und Luft zu tun hat.[213] Bei der Katastrophe von Galtür war es das Wasser, welches in gefrorener Form Teile des Ortes verwüstet hat. Es hat aber auch in seiner gewöhnlichen Form, zumindest in übertragener Bedeutung, mit unserem Thema zu tun, wie das folgende Zitat des Hoteliers Luggi Salner deutlich macht.

> *„Meine Frau und ich sind im Eingangsbereich unseres Hotels gestanden, als die Lawine kam. Ich habe zur Straße hinausgeschaut und habe dort plötzlich eine riesige Welle auf mich zuschießen gesehen. Das war, wie man es in so Hawaii-Filmen sieht. Diese Welle war 30 bis 40 Meter hoch und dunkel. Ich habe gedacht, das gibt es nicht, ich bin im falschen Film".*[214]

Salner vergleicht die auf ihn zukommende Lawine mit einer Welle, wie man sie aus Filmen über Hawaii kennt. Und diese Welle ist ein so gewaltiges Etwas, dass sie jede Vorstellungskraft sprengt, denn Salner glaubt, er wäre „im falschen Film". Vom „falschen Film" war bereits im E-Mail von Nikolaus Raggl die Rede – in Anbetracht seiner Fassungslosigkeit über den zerstörten Teil des Dorfes. Das ist ein berechtigter Vergleich, denn derartige Vorkommnisse werden uns in der Regel nur über das Fernsehen ins Haus gebracht. Selber erleben wir sie normalerweise nicht, betroffen sind zumeist die „Anderen". Das aber waren in dem Fall die Einwohner Galtürs und ihre Gäste.

2.2   „Jeder hat seine eigene Geschichte"

2.2.1   Der Bürgermeister

Als es gegen 16 Uhr mit einem Schlag finster wurde, verließ Anton Mattle sogleich sein Büro im Gemeindeamt und lief hinauf zur Kirche. Mehrere Leute kamen ihm entgegen und teilten ihm mit, dass eine besonders große Lawine abgegangen sei. Er löste daraufhin den alpinen Notruf aus, doch Einheimische hatten sich bereits auf den Weg gemacht, um Menschenleben zu retten.[215] Die Galtürer wissen aus langjähriger Erfahrung, was in einem solchen Fall zu tun und dass Eile geboten ist. Der Bürgermeister kehrte in sein Büro zurück, weil ihm klar war, dass er dort gebraucht wurde.

> *„Oft habe ich mir dann überlegt, jetzt würde ich gescheiter hinausgehen und eine Sonde nehmen, weil ich das als Bergrettungsmann gelernt habe, und helfe denen*

---

213 Vgl. Böhme und Böhme 2004.
214 Alpinarium Galtür 2004, S. 28.
215 Anton Mattle, I, S. 2.

*draußen suchen. Aber natürlich habe ich gleichzeitig festgestellt: Wenn nicht einer
da ist, der versucht, die Dinge zu koordinieren, dann funktioniert das nicht, und
irgendwie mussten wir ja die Hilfe nach außen aufbauen. So war ich halt da und
habe mich tatsächlich unheimlich alleine gefühlt".*[216]

Als der Bürgermeister etwas später hörte, dass Menschen ums Leben gekommen
waren, war „das erste Mal dieser Tod so unheimlich nahe, weil man bis dahin ja
noch gehofft hat".[217] Im selben Augenblick erinnerte er sich an das Lawinenunglück von Blons im Großen Walsertal anno 1954, und er spürte Angst, denn dort
kam es zu einem zweiten Lawinenabgang mit Todesfolge, nachdem bereits die erste Lawine verheerend gewirkt hatte.[218] Mattle überlegte: Was ist, wenn sich in Galtür das gleiche wiederholt, wenn eine zweite Lawine ins Tal stürzt? 300 bis 400
Menschen im Rettungseinsatz, ein bitterkalter Schneesturm mit Spitzengeschwin-
digkeiten von 120 Kilometern in der Stunde und völlige Dunkelheit.

*„Die Hilfsmannschaften hat man mit Funk nicht erreicht, weil man den Funk ein-
fach nicht gehört hat, so hat es gestürmt [...]. Und dann habe ich entschieden, ich
brauche zwei, drei gute Leute, die müssen mir jetzt in der Entscheidung helfen:
Können wir weitersuchen, oder ist das zu gefährlich?"*[219]

Er holte dann einige kompetente Personen zu sich, unter anderem Hugo Walter,
einen erfahrenen Bergführer und Mitglied der Lawinenkommission. Dieser habe
gemeint: „Da oben ist kein Taschentuch voll Schnee mehr",[220] weil die Lawine alles mit hinuntergerissen habe. Das habe dann allgemeiner Einschätzung entspro-
chen, und daher sei weitergearbeitet worden, um nach den Verschütteten zu suchen.
Mattle und seine Kollegen bemühten sich darum, eine Struktur in die chaotischen
Zustände zu bringen, indem sie sich einen Überblick darüber verschafften, wer
vermisst wird. Sie forschten nach, welche Häuser zerstört sind und wo Leute fehlen, um diese Informationen mit den Meldeblöcken der Vermieter abzugleichen.

*„Das hat dann gut funktioniert, und dann habe ich gebeten, es möge mein Vize-
bürgermeister, der Lorenz Martin, bei mir bleiben, weil es für mich alleine nicht
mehr zu ertragen war. 1000 Anrufe, die Medien, die Behörden, jeder wollte wissen, wie und was, und es war dann einfach für mich alleine zu viel. Und so sind
der Martin Lorenz und ich, wir waren die ganze Nacht da im Gemeindeamt und
haben versucht zu koordinieren".*[221]

Als am nächsten Morgen die ersten Hilfsmannschaften von auswärts kamen, war
der Bürgermeister zwar teils entlastet, doch zeichneten sich weitere seelische Belastungen ab. Nicht wegen etwaiger Schuldgefühle, *weil* eine Lawine in einem bis

---

216 Ebd., I, S. 3.
217 Ebd. 3.
218 Nesensohn-Vallaster 2004, S. 74; vgl. ausführlich zu Blons: Dobler 1982, S. 36–109; Haid
    2007, S. 113–136; Wechsberg 1959.
219 Anton Mattle, I, S. 3.
220 Ebd., I, S. 4.
221 Ebd.

dahin als sicher geltenden Ortsteil Tod und Verwüstung gebracht hatte – das war
für niemanden vorhersehbar. Aber *dass* eine Lawine kam, obwohl den Gästen während der Informationsabende mitgeteilt worden war,

> *„ja, wir bemühen uns, ja es wird nichts passieren – und dann passiert so etwas.*
> *Und wir mussten uns wieder vor dieselben Gäste hinstellen und ihnen sagen: Wir*
> *organisieren jetzt eine Evakuierung [...]. Das war unheimlich schwierig dieser*
> *Schritt, wieder vor die Gäste zu gehen und ihnen das mitzuteilen".*[222]

Daher war es für Mattle auch eine Bürde, zu den Hinterbliebenen zu gehen und ihnen die traurigen Botschaften zu übermitteln. Am Donnerstag oder Freitag wollten zwei niederländische Frauen mit ihm sprechen, die ihren Mann und ihre Kinder verloren hatten. „Und vor diesem Gespräch habe ich unendlich viel Angst gehabt, weil da habe ich das Gefühl gehabt, da kommst du jetzt runter, und dann bekommst du Vorwürfe, Vorwürfe, Vorwürfe". Stattdessen bedankten sie sich jedoch bei den Galtürern dafür, „dass man ja wirklich rund um die Uhr immer gearbeitet hat, um eben ihre vermissten Kinder und die Männer noch zu finden".[223]

Mit Sorge wurde auch die Ankunft der Journalisten erwartet, die am Samstag hineingeflogen wurden.

> *„Da hatten wir unheimlich großer Angst vor den Fragen und haben dann richtig*
> *offiziell irgendwie eine Pressekonferenz organisiert, und wir haben halt von dem*
> *gesprochen, was wir gewusst haben. Die Journalisten, zumindest die Anwesenden,*
> *waren dann auch nicht so schwierig in ihren Fragestellungen".*[224]

Die „zweite Lawine", nämlich die „Medienlawine", wurde dann allerdings doch noch zu einer Belastung – wegen der massiven Vorwürfe vor allem aufseiten der deutschen Presse, aber davon soll an anderer Stelle die Rede sein.[225] Nachdem alle Vermissten geborgen waren, zogen auswärtige Helfer und Medien wieder ab, „und dann waren wir alleine für eine Woche, zehn Tage",[226] wobei es der bewusste Wunsch der Galtürer war, in aller Ruhe zu trauern und die Einheimischen zu begraben.

2.2.2 Der Gemeindearzt

Für Dr. Fritz Treidl, den Gemeindearzt, war die Situation bereits einige Zeit vor der Katastrophe angespannter als gewöhnlich. Die Straße war seit mehreren Tagen gesperrt, sodass Verletzte, die eigentlich ins Spital gehört hätten, von ihm betreut werden mussten. Außerdem waren sehr viele Leute im Ort, die ärztlicher Hilfe bedurften, neben Einheimischen vor allem Gäste und zusätzliches Personal. Dennoch wurde er vom Ausmaß der Katastrophe völlig überrascht, und das, obwohl er mit

---

222 Ebd.
223 Ebd., I, S. 5.
224 Ebd., I, S. 5f.
225 Kap. III 6.
226 Anton Mattle, I, S. 6.

58

Verschütteten früher schon zu tun gehabt hatte, nämlich als Arzt in den Tiroler Orten Schwaz und Obergurgl.

Zunächst wurden die Kranken in seine Ordination nahe dem Dorfplatz gebracht, wobei es sich zumeist um Leichtverletzte handelte. Doch dann wurde er vom Vizebürgermeister ins Frühmessgut geholt, „wo einfach die meisten Häuser verschüttet gewesen sind, und (Pause) was mich dort erwartet, das habe ich natürlich nicht gewusst".[227] Glücklicherweise sei es so gewesen,

> *„dass die ersten, mit denen ich konfrontiert war, eigentlich Leute waren, die ab dem Moment, wo man sie aus dem Schnee rausgeholt hat, wieder geschnauft haben und schnell wieder zu sich gekommen sind. Und im Laufe der Zeit ist dann eigentlich die Struktur schon bestanden, da hat man dann schon gewusst, wo der Platz sein wird, wo man die Verletzten hinbringt".[228]*

All diejenigen, welche noch Lebenszeichen von sich gaben, nachdem man sie ausgegraben hatte, überstanden die Nacht, auch wenn sie schwer verletzt waren. Die Hilfe war durch einheimische Bergretter und Schilehrer gut organisiert. Außerdem gab es unter den Gästen, die Unterstützung leisteten, Psychologen, Krankenschwestern und Ärzte, darunter einige Anästhesisten, die mit Bewusstlosen umzugehen wissen. Je mehr die Zeit aber voranschritt, desto geringer wurde die Wahrscheinlichkeit, Opfer lebend zu bergen. Der nächste Satz im Anschluss an das obige Zitat lautet folgendermaßen:

> *„Und äh [Pause] im Laufe [Pause] der Zeit ist das natürlich schlimmer geworden [schnell gesprochen]. Da waren dann Leute, die äh entweder schon tot gewesen sind oder die, ja, eigentlich nur, also, die, die lebend ausgegraben worden sind, haben alle überlebt".[229]*

Den Lesern wird auffallen, dass der Satz grammatikalisch wie stilistisch nicht korrekt ist und dass Ergänzungen von mir in eckiger Klammer eingefügt worden sind. Die Ergänzungen „Pause" und „schnell gesprochen" sowie das „äh" und die einzelnen, durch Kommata abgetrennten Wörter im zweiten Teil des Zitats geben einen Hinweis auf die seelische Belastung, der Fritz Treidl ausgesetzt war. Als Arzt ist es seine Aufgabe, Menschenleben zu retten, und umso schmerzlicher ist es für ihn, wenn er erkennen muss, dass sein Streben in längst nicht allen Fällen von Erfolg gekrönt ist. Es ist auch bemerkenswert, dass obiger Satz in diesem Teil des Interviews der einzige Hinweis auf die Toten bleibt. Doch schon am Ende des Zitats wird gleich wieder auf jene hingewiesen, welche überlebt haben – naturgemäß diejenigen, welche der ärztlichen Tätigkeit ihren Sinn verleihen.

In einem späteren Teil des Gesprächs, als von mir gezielte Fragen gestellt wurden, kommt Fritz Treidl aber doch noch einmal auf eine tragische Situation zu sprechen. Es geht um einen Vater, der die ganze Nacht über von einer Psychologin

---

227 Fritz Treidl, I, S. 86.
228 Ebd.
229 Ebd.

betreut werden musste, weil er durch die Lawine zwei Kinder verloren hatte. Für Treidl sei dies das Schwierigste gewesen,

> *„was ich mir je habe vorstellen können: Ein Vater, der zwei Kinder verliert, der irgendwie die Hoffnung hat, weil ein Kind über Stunden wiederbelebt worden ist, und die Entscheidung, dann nicht mehr wiederzubeleben – ich meine, die ist eigentlich dann erst gefallen, nachdem der Vater gesagt hat: ‚Bitte, hört nicht auf, macht noch weiter!‘ Und erst wie er gesehen hat, dass wir noch eine Stunde weitermachen und versuchen, das Kind wiederzubeleben, und das ist aber nicht von Erfolg, da hat er es dann akzeptiert“.*[230]

Wenn man den Text genau liest, sollte es in der zweiten Zeile eigentlich nicht heißen, „weil ein Kind über Stunden wiederbelebt worden ist“, sondern: „weil versucht wurde, ein Kind wiederzubeleben“. Und die Entscheidung, die Wiederbelebung einzustellen, ist auch nicht gefallen, nachdem der Vater gesagt hat, „Bitte hört nicht auf, macht noch weiter“, sondern nachdem er akzeptiert hatte, das trotz stundenlanger Reanimierungsbemühungen keine Hoffnung auf Rettung mehr bestand. Es soll keine Wortklauberei betrieben werden, aber ich denke, im Kontext des zuvor Gesagten kommt auch hier zum Ausdruck, dass durch die Gestaltung der mündlichen Rede die Wiederbelebung das zentrale Element für den Arzt ist – und nicht der Tod.

Neben all dem Leid wurden die Rettungsmaßnahmen auch durch die Witterungsverhältnisse erschwert, weil sie die Arbeit im Freien stark behinderten:

> *„Natürlich war es schwierig zu wissen, wie viele Leute vermutlich noch verschüttet sind, und die Wetterbedingungen sind immer schlechter geworden. Das heißt, es war wirklich so, dass [...] dermaßen ein wilder Sturm gewesen ist und, und so schwierige Arbeitsbedingungen, dass wir dann um Mitternacht nur noch die Leute gesucht haben, wo wir gewusst haben, die werden im Haus verschüttet sein. Aber im freien Gelände haben wir zu Mitternacht dann aufgrund des Sturmes und der schlechten Bedingungen nicht mehr gesucht [Pause]. In der Nacht haben wir dann mehr oder weniger nur die Aufgabe gehabt, die Verletzten, die lebend geborgen worden sind, zu betreuen und zu schauen, dass niemand sich verschlechtert. Und in der Früh sind die dann abgeholt worden [...], da ist schon ein Hubschrauber nach dem anderen gekommen“.*[231]

Auch in dem Zitat bemerkt man eine gewisse Scheu, von den Toten zu sprechen. Diese sind gewissermaßen in dem Zusatz „Pause“ verborgen, welcher der Bemerkung folgt, dass um Mitternacht die Arbeit im freien Gelände aufgrund der Witterungsverhältnisse eingestellt werden musste. Treidl spricht zuvor von dem „wilden Sturm“, und diesen Hinweis können wir im Zusammenhang mit seinen Bemerkungen über die „wilde Natur“ betrachten, von denen im vorletzten Kapitel die Rede war. Die „wilde Natur“ können wir nicht nur unter dem Aspekt der blind um sich schlagenden Elementargewalt betrachten, sondern auch unter dem der Hilflosigkeit,

---

230 Ebd., I, S. 89.
231 Ebd., I, S. 86.

mit der die Menschen ihr gegenüberstehen. Treidl sagt, er sei plötzlich mit einer Situation konfrontiert worden,

> *„wo sämtliche bisherigen Erfahrungswerte nicht mehr zutreffen, wo man einfach irgendwie äh merkt [Pause], dass man am Anfang sehr hilflos ist [...]. Man ist nicht oder nur im minimalsten Bereich darauf vorbereitet, oder, vorbereitet bin ich schon gewesen, ich meine, ich habe einen Notarztkurs gemacht, wo, wo Katastrophen thematisiert worden sind, nur man kann es sich nicht vorstellen, man kann sich's nicht vorstellen, dass man selber jemals in eine Situation kommt, wo man wirklich dann irgendwie äh so etwas erlebt und so etwas zu entscheiden hat".*[232]

2.2.3 Der Diakon

Als Karl Gatt, gelernter Bäcker und Diakon, von dem Unglück hörte, fragte ihn der Pfarrer, was er nun tun wolle. „Ich gehe jetzt zu den Menschen", antwortete er.[233] Er ging von einem Haus zum anderen und zum Lawinenkegel, dem Brennpunkt des Geschehens. Dann war er am Dorfplatz und später, gemeinsam mit dem Pfarrer, wieder beim Frühmessgut, wo die Verletzten provisorisch versorgt wurden.

> *„Und dann hat man schon gesehen, dass da wahrscheinlich einige nicht mehr leben. Ich kann mich gut erinnern, wie dieser Herr gesagt hat zu mir: ‚Schauen Sie, und beten Sie, dass diese zwei Kinder leben [Pause], weil einer kommt zur Erstkommunion [Pause]‘. Ja, aber es war dann nicht so [Pause]. Und dann sind wir wieder hinunter, man hat schon gesehen, es sind schon einige gestorben. Da haben wir gebetet, sind dann auch ins Nachbarhaus, dort hat man dann gesehen, was mir auch heute noch sehr stark in der Erinnerung ist, am Nachbarhaus, wie die Jungen dann, wie die beim Hauseingang rauf gestanden sind, ratlos eigentlich. Ja, und so hat man das erlebt, man hat nicht gewusst, wie spät es ist. Irgendwann bin ich dann nach Hause, mich ausgeruht, weil in der Früh war ich wieder in der Backstube zuerst, und dann wieder beim Pfarrer. Da sind wir wieder schauen gegangen, was passiert ist, und so weiter. Ja, man war immer unterwegs im Dorf, man hat Menschen getroffen, hat sie besucht. "*[234]

Karl Gatt unterscheidet in Hinblick auf seine Funktion in der Katastrophe drei Zeitabschnitte. Der erste Teil war die Ausbildung zum Diakon, verbunden mit der Reflexion darüber, welche Aufgaben nun in der Gemeinde auf ihn zukommen und dass dazu auch der Umgang mit Tod und Leid gehören. Der zweite Teil war für ihn die Katastrophe als solche, und der dritte die Frage:

> *„Wie bewältigen wir das, von was redet man, wie geht es einem selber [Pause]? Und da, glaube ich, muss man sich sehr, sehr beschäftigen, also man muss sehr auch von dem überzeugt sein, was man sagt, sonst geht das nicht".*[235]

---

232 Ebd., I, S. 87.
233 Karl Gatt, I, S. 63.
234 Ebd., I, S. 64.
235 Ebd., I, S. 63.

Als er im Dorf unterwegs war, besuchte er die Menschen, sprach mit ihnen, doch habe er „selber nicht genau gewusst, bin ich am rechten Weg, passt das so? Man möchte ja auch als Seelsorger wirklich tätig sein, dass das auch, so gut es geht, fruchtet".[236] Im Gegensatz zur Feuerwehr oder zur Rettung war er nämlich immer allein unterwegs, allein als Seelsorger und ohne Möglichkeit, sich während seines Einsatzes mit einem Fachkollegen auszutauschen. Daher braucht es nicht zu überraschen, dass auch Zweifel darüber aufkamen, ob er sich richtig verhält, angemessene Worte findet usw. Dennoch zieht er eine positive Bilanz und fasst die Quintessenz aus seiner Tätigkeit mit den folgenden Worten zusammen:

„Ich habe noch nie so wenig gesprochen wie in der Zeit der Katastrophe, und ich habe noch nie sooft und so viel die Hände, ja, vielleicht die Hände ausgestreckt, die Hände gereicht wie in Zeiten der Lawine. Und ich glaube, da ist mir das erste Mal bewusst geworden, was das Symbol Kreuz ist, das Hände-Ausbreiten, dass man, wie Christus es auch sagt, alle umarmt, ich glaube, das war da sehr, sehr markant".[237]

Daher kam in ihm der Gedanke auf, die Opferfamilien in Deutschland anzurufen, was zunächst einiger Überwindung bedurfte, denn

„man musste natürlich auch überlegen: Was sagt man? Ich kann doch nicht sagen: ‚Wie geht's Dir'? Es ist ganz klar, dass es diesem nicht gut geht – aber was sage ich dann? Man könnte vielleicht sagen: ‚Wie geht's Dir momentan, wie geht's Dir jetzt, wie geht's Dir heute, haben Sie etwas Schönes erlebt heute'? So, und dann ist man sehr ins Gespräch gekommen".[238]

Karl Gatt organisierte nicht, wie der Bürgermeister, den Katastropheneinsatz, er versorgte auch nicht die Betroffenen medizinisch, aber er war einfach anwesend, wenn das Bedürfnis nach Seelsorge bestand. Diese bedeutet für ihn weitaus mehr als nur psychosoziale Hilfe, denn sie umfasst auch eine spirituelle Dimension. Der Begriff „Spiritualität" bezeichnet die geistige Dimension in der traditionellen Dreiteilung Körper – Seele – Geist. Bereits das Neue Testament nennt die Stufenfolge carnales – animales – spirituales, also fleischlich – psychisch – geistig.[239] „Spiritualität" steht der „Materialität" gegenüber und bezeichnet eine vom Glauben getragene „geistige" Orientierung, welche die gesamte menschliche Existenz und ihre konkreten Lebensbedingungen aus und im „Geist" Gottes umfasst. Diese „spiritualitas" besteht aus neuerer Sicht „in der Vergeistlichung des alltäglichen Lebens bei gleichzeitiger Hinwendung zur Welt".[240] Das beherzigte auch Karl Gatt, indem er zu den Menschen ging und einfach seine Hände ausstreckte, wie er es formuliert. Während andere Helfer sich um „materielle" Belange kümmerten, in-

---

236 Ebd., I, S. 64.
237 Ebd., I, S. 63.
238 Ebd., I, S. 65.
239 1. Kor. 2, 14-3, 3.
240 Ritter, Gründer, Gabriel 1995, Bd. 9, Sp. 1420f.

62

dem sie Menschen bargen, Erste Hilfe leisteten oder sie auch psychologisch betreuten, umfasste seine Aufgabe die „spirituelle" Dimension.

2.2.4 Anwohner im Bereich der Lawine

Georg Juen senior wohnt zwar im Gebiet des Frühmessgutes, kam aber mit dem Schrecken davon und hatte Glück, weil Nachbarhäuser in unmittelbarer Nähe betroffen waren, seines hingegen verschont wurde. Als Ortschronist machte er vor dem Lawinenabgang Fotos vom Fassdaubenrennen und begab sich dann heim. Kurze Zeit später habe er

> *„nur noch ein tiefes Donnern gehört, so ein schwerer Abbruch. Denke mir, [...] es ist eine Lawine, hat man sofort gemerkt [...]. Und dann ist es da auch schon ziemlich finster geworden, und ich habe die Haustür eigentlich nicht aufgesperrt. Weiß nicht, ist man da so irgendwie steif, oder? Auf jeden Fall bin ich dann noch stehen geblieben, und dann ist Schnee da drüber, und es ist toll finster geworden, und der Schnee war irgendwie dreckig fast. Und dann habe ich mir gedacht, jetzt ist die Lawine toll tief abgegangen, dass sie sogar Gras mitgenommen hat".*[241]

Dann wagte er einen Blick hinaus und war vollends verwirrt, weil im Schnee Hölzer und Bretter steckten. Damit erübrigte sich die Annahme einer Lawine, die besonders tief gegangen war und dabei ausschließlich Gras oder Staub vom Boden mitgerissen hatte – es mussten größere Zerstörungen an Häusern aufgetreten sein! Da er allein daheim war, begann er sich Sorgen um seinen Sohn und seine Frau zu machen. Diese stand zu dem Zeitpunkt vorm „Rössle" am Dorfplatz gemeinsam mit Frau Türtscher, der Seniorchefin des Hotels,

> *„und wir haben da halt ein bisschen getratscht. Und plötzlich ist alles schwarz geworden. Und wir sind gelaufen, ins Rössle hinein. Äh, mich nimmt heute noch wunder, wie man überhaupt die Treppen da erwischt hat, dass da niemand gestolpert ist. Alles ist ins Rössle hinein. Und drinnen sage ich dann zu der Frau Türtscher, ob ich nach Hause telefonieren und dem Georg sagen kann, dass ich im Rössle bin".*[242]

Da sie ihn nicht erreichte, wollte sie heimgehen, doch ein Gendarm fragte sie, wohin sie unterwegs sei. „Ins Frühmessgut",[243] antwortete sie, aber er entgegnete, dort sei alles verlahnt, es herrsche ein großes Chaos. Sie war völlig verwirrt, weil das Frühmessgut bis dahin als „hundertprozentig sicher" gegolten hat.[244] Der Gendarm begleitete sie dann aber nach Hause, wobei ihr zugerufen wurde, dass man ihren Mann und ihren Sohn suche! Das erwies sich glücklicherweise als Irrtum, denn beim Nachbarhaus sah sie bereits ihren Angetrauten mit der Schaufel in der Hand, und auch der Sohn sollte bald kommen. Georg Juen senior hatte unterdessen ver-

---

241 Georg Juen sen., I, S. 20.
242 Margit Juen, I, S. 21.
243 Ebd., I, S. 22.
244 Ebd.

sucht, einen Eingang bei Werner Jehles Haus freizuschaufeln, von dem man wuss-te, dass er dort verschüttet war. „Mit der Schneeschaufel bin ich vor dem Fenster gestanden, es war keine Möglichkeit, irgendwie einen Schnee aufzubringen, also völlig hilflos, hilflos und einfach machtlos, und so zerstört. Hat man nur in Trance noch etwas gemacht".[245]

Die Zeit war knapp, im Nachbarhaus war Werner Jehle unter der Lawine be-graben, und Georg Juen senior kam mit der Schaufel in der Hand nicht weiter. Wo aber war sein Sohn, der ihm hätte helfen können? Wäre dieses Buch ein Film, wür-de nun ein Szenenwechsel mit Rückblende stattfinden, denn „bei uns hat jeder eine eigene Geschichte, jeder hat das eigen erlebt, weil wir alle an verschiedenen Posten waren", sagte Juen senior zu mir.[246]

Sein Sohn war, bevor das Unglück geschah, ebenfalls im Umfeld des Fassdau-benrennens anzutreffen, aber nicht als Fotograf, sondern als Wachtposten für die Bergrettung. Er sollte aufpassen, dass niemand beim Talweg ein Gebiet betritt, das wegen akuter Lawinengefahr gesperrt war. Gegen 16 Uhr hörte er „einen lauten Kracher, eigentlich ein dumpfes Grollen". Dann, beim Haus Martin, sei er

> *„durch die Türe reingeflogen, und nachher war es kurzzeitig ganz finster – aber im gleichen Moment wieder hinaus da, und sie haben mich gar nicht gekannt drin-nen im Haus Martin, so weiß war ich, die haben mich gar nicht gekannt".[247]*

Kurz darauf kamen Leute vorbei und sagten, das Haus Litzner sei völlig zerstört worden, dort sei Hilfe dringend notwendig. Die Pension Litzner befand sich in vor-derster Reihe und wurde „buchstäblich vernichtet. Keiner der dort Verunglückten hatte die geringste Chance, lebend herauszukommen", schreibt Walter Köck in sei-nem Bericht über die Lawine.[248] Sofort begaben sich Georg Juen jun. und andere Mitglieder der Bergrettung in Richtung Haus Litzner,

> *„und unten an der Kreuzung kommt von der Wohnsiedlung einer herunter und sagt zu mir: ‚Wo gehst du hin?' Und da sage ich: ‚Ja, zum Haus Litzner, hat es geheißen, Bergrettung'. Ja, da sagt er: ‚Du gehst gescheiter zu Dir nach Hause, weil da ist auch nichts mehr vorhanden'. Und da hat man nicht daran gedacht, dass da auch Lawinenteile sind. Und dann bin ich da rauf, und dann habe ich auf dem Handy diesen ersten Anruf gekriegt, das war mein Bruder von See [= erster Ort im Paznauntal] aus, der hat schon gehört, dass da irgendwie eine Lawine runter ist. Wie er das gehört hat, weiß ich gar nicht, weil die Medien eigentlich keine Verbindung mehr gehabt haben. Und da hat er mich gefragt, was los ist, und da habe ich gesagt: ‚Ich kann das selber nicht sagen, ich glaube, halb Galtür ist unter der Lawine'. Also das war für uns nicht abschätzbar, was da noch alles – da habe ich nur gesagt: ‚In dem Moment muss ich das zuerst einmal anschauen ge-hen, ob da alles …'. Und dann bin ich da weiter, und draußen am Eck, wo man da hereingeht, da sind dann meine Eltern schon gestanden und die Nachbarseltern,*

---

245 Georg Juen sen., I, S. 22.
246 Ebd., I, S. 20.
247 Georg Juen jun., I, S. 69.
248 Köck 1999, S. 172.

64

und die haben gesagt: ‚Im oberen Haus, der Jehle Werner, der Nachbar fehlt, der Nachbar fehlt'".[249]

Juen junior kletterte dann sofort über den Schnee beim zweiten Stock durch ein Fenster, „und dann habe ich drei oder vier Holländer getroffen. Die haben gefragt, wo ich herkomme, weil die wollen da hinaus. Die sind nachher durchs Fenster raus und abgehaut, die habe ich nie wieder gesehen".[250] Herr Juen versuchte dann, in den unteren Stock zu gelangen, wo Jehle vermutet wurde, weil es hieß, er hätte ferngeschaut im parterre gelegenen Wohnzimmer. Aber dorthin war von oben kein Durchkommen möglich. Gemeinsam mit Jehles Bruder bemühte er sich, mithilfe einer Motorsäge die Eingangstür

„herauszuschneiden beziehungsweise auch die Ziegel auszuschneiden, dass man direkt in die Stube kommt. Weil wir haben den Schnee ja nirgends verfrachten können da drin, nicht über zwei Stockwerke nach oben hinaus. Und so sind wir nachher auf die Idee gekommen, dass man alles Richtung Keller – das Stiegenhaus war ein bisschen frei in den Keller –, dass wir alles hinunter verfrachten. Und zwar haben wir uns dann langsam hineingegraben, und dann haben wir einen Tunnel gegraben zu der Couch, wo er liegen sollte. Und die Couch haben wir ungefähr gehabt nach einer Stunde, und da ist er halt nicht auf der Couch gelegen. Und da war guter Rat teuer. Wo könnte er jetzt sein im ganzen Haus? Und dann haben wir seitlich, wir haben immer schon seitlich beim Tunnel sondiert und trotzdem noch geschaufelt, und dann, nach zwei Stunden ungefähr, haben wir ihn mit einer Sonde direkt am Kopf getroffen [...]. Und dann haben wir ihn zunächst am Kopf ausgegraben, und nachher hat er schon selber angefangen zu atmen und ziemlich laut geschrien. Und auf der Rückenseite hat er Blut gehabt, und dann haben wir Rückenverletzungen auch noch vermutet und gesagt, man muss ihm ganz ausgraben, also man darf nicht ziehen und nichts. Und dann war nachher gleich eine Ärztin da, und er hat brutal geschrien, ganz brutal. Und die Ärztin hat ihm dann Valium gespritzt beziehungsweise wollte sie ihm Valium spritzen, und wir haben ihn zu zweit festgehalten, und die hat die Nadel nicht hinein gebracht. Es war alles so verhärtet, bis sie nachher Valium durch den Mund gegeben hat, dass er sich ein bisschen beruhigt, und dann haben wir ihn ganz ausgegraben. Die Verletzung am Rücken war aber nicht so [arg], dass war nur irgendwo ein kleiner Schnitt von dem Fenster, und das Blut hat sich halt ziemlich verbreitet. Und dann haben wir ihn hinausgetragen in die Garage zum Lorenz, weil das die Sammelstelle war, und den Bruder haben wir bei ihm gelassen. Haben wir gesagt: ‚Du bist der einzige, wo ihn kennt'. Er hat eh nur geschrien im Prinzip, aber wenn er irgendwie mal zu sich kommt, dass jemand bei ihm ist".[251]

An diesem Punkt angekommen, liegt es nahe, den „Film" noch einmal auf „Rückblende" zu stellen und den Fokus nun auf Werner Jehle zu richten, damit er berichten kann, wie es ihm ergangen ist, als er verschüttet wurde.

---

249 Georg Juen jun., I, S. 69.
250 Ebd.
251 Ebd., I, S. 69f.

„Ich war beim Fernsehen, plötzlich ein Riesenkracher, so wie die Schneefräse kommen würde, so ein Grollen. Im Unterbewusstsein kam der Befehl: ‚Lauf weg, das kann keine Schneefräse sein, das kann nur eine Lawine sein!' Und so wie wir als Kinder gelernt hatten: den Rücken zur Lawine, in die Hocke gehen, die Hände vors Gesicht – der Großvater hat uns das, 50 Jahre Skilehrer, immer wieder gepredigt, und so war es irgendwo vielleicht von klein auf im Hinterkopf. Ich sprang auf von der Couch, wollte noch Richtung Osten, wo die Küche war, flüchten, kam zwei, drei Meter, und mit einem Reflex konnte ich noch die Hände vor das Gesicht bringen und war total verschüttet. Habe den Schnee noch ein bisschen rauskratzen können aus dem Mund, habe genau gewusst: So, das ist die Situation, jetzt bin ich einbetoniert, jetzt brauche ich gar nicht schreien oder rufen, weil mich hört sowieso niemand. Das lernt man auf der Skilehrerausbildung, das bringt gar nichts, das ist nur Energieverschwendung, du kannst nur hoffen und beten. Und ich habe genau gewusst: Hören tut mich niemand. Ich habe den Wind schon pfeifen gehört in der Lawine drin, das ist ja auch normal, und habe dann einfach den Schnee rausgekratzt und habe gedacht: Hoffentlich kommen die Retter, wo werden die Retter bloß sein? Dann habe ich angefangen zu weinen, angefangen zu beten, 1000 und noch mehr Gedanken durch den Kopf, Großmutter, die kann doch das nicht erleben, dass der jüngste Enkel vor ihr gehen muss".[252]

Nun ist auch klar, wieso die beiden Retter Werner Jehle nicht bei der Couch gefunden haben: Geistesgegenwärtig sprang er in Richtung Küche, als er die Lawine kommen hörte. Dieser eigentlich richtige Gedanke, sich von ihr zu entfernen, hätte ihm allerdings auch den Tod bringen können, weil die Rettung nun ungleich länger dauerte – zwei weitere und insgesamt drei Stunden, wobei er der Letzte war, den man lebendig aus dem Schnee ausgegraben hat. Allerdings wusste er durch die Schilehrerausbildung, wie man zumindest eine Weile mit weniger Sauerstoff zurechtkommen kann: Man muss hyperventilieren, um in Ohnmacht zu fallen, und genau das tat er. Erst gegen 23 Uhr wachte er wieder auf,

„drüben in der Garage, im Notlazarett. Und der Bruder zur linken Seite, der hat mich beruhigt, und dann habe ich bald wieder geschlafen. Und der Arzt war hier im Notlazarett, dann habe ich schon gesehen, dass noch mehrere Leute so herum waren. Neben mir wurde so Herzmassage gemacht, so Sachen, da hat der Bruder gesagt: ‚Schau nicht rüber, mach dir keine Sorgen, alles wird gut, und schlaf weiter, ruhe Dich aus'. Dann bin ich bald wieder eingeschlafen. Der Bruder hat mir später einmal erzählt, wie er es erlebt hat und alles. Er hat erzählt, ja wir haben dich dann gefunden, und er war überglücklich, und ich habe geschrien und gerufen. Und die Leute haben dann geklatscht und sich gefreut, dass noch einer überlebt hat, aber ich weiß von alldem nichts".[253]

Werner Jehle hatte Glück, er konnte noch rechtzeitig ausgegraben werden. Das hängt unter anderem damit zusammen, dass in einem kleinen Ort die Leute viel voneinander wissen und einander beobachten. Man wusste, dass er daheim war,

---

252 Werner Jehle, I, S. 59.
253 Ebd., I, S. 60.

dass er im Wohnzimmer saß, bevor die Lawine kam – und man wusste natürlich auch, wo sich Wohnzimmer und Couch befanden! Der Schweizer Dichter Jeremias Gotthelf spricht in einem seiner Romane vom „Dorfauge", womit gemeint ist, dass gewissermaßen jeder Schritt, den man tut, beobachtet wird. Großstädter, welche eine gewisse Anonymität zu schätzen wissen, empfinden das wahrscheinlich mit einem gewissen Unbehagen, weil sie sich überwacht vorkämen. Doch in diesem speziellen Fall könnte man mit Gotthelf ausrufen: „Oh, so ein Dorfauge ist eine gute Sache".[254] Allerdings sollte man es sich nicht wie das „Auge Gottes" vorstellen, denn sein Blick ist der eines Allwissenden, während die Menschen immer nur die Welt aus einer bestimmten Perspektive wahrnehmen können.[255]

Deswegen ist es nicht abwegig, die Kombination der verschiedenen Sehweisen mit den Erzählstrategien eines klassischen Spielfilmes zu vergleichen, wie es in diesem Kapitel andeutungsweise geschehen ist. Zum einen ist die Perspektive der Kamera derjenigen eines Erzählenden ähnlich. Hier wie dort betrachtet man die Welt aus einem bestimmten Blickwinkel.[256] Und hier wie dort sind es oftmals Bilder, welche in Erinnerung bleiben.[257] Als zur Zeit der Katastrophe von Galtür auch die Jamtalhütte von einer Lawine beschädigt wurde,[258] weilten dort neben dem Hüttenwirt einige Gäste, unter anderem Matthias Beitl aus Wien. Er erzählte, dass sich ihm vor allem bestimmte *Bilder* des Geschehens im Gedächtnis eingeprägt hätten. Das erste beziehe sich auf das Pfeifgeräusch kurz vor dem Aufprall, das nächste auf den dunklen Gastraum voller Schnee, den er mit einer Stirnlampe abgesucht habe.[259]

Zum anderen sind Inhalt, Aufbau und Dramaturgie eines Hollywoodfilmes[260] von vergleichbarer emotionaler Wucht wie ein reales dramatisches Geschehen: Am Beginn verläuft das Dasein in alltäglichen Bahnen, die Welt ist noch in Ordnung. Dann erfolgt die Destabilisierung, der Lebensbereich der betroffenen Akteure gerät aus den Fugen. Am Ende kehrt wieder eine gewisse Normalität ein, bzw. man versucht sich mit dem, was passiert ist, zu arrangieren. An diesem Punkt sind wir allerdings noch nicht angelangt, denn wir stehen bei unserer Beschreibung derweil mitten im Geschehen. In diesem besteht das „Dorfauge" aus unzähligen Einzelperspektiven.

Das kann man in einem ganz buchstäblichen Sinn verstehen, denn jeder hat „eine eigene Geschichte [...], weil wir alle an verschiedenen Posten waren", um noch einmal Georg Juen senior zu zitieren. Er war zum Zeitpunkt des Unglücks bereits daheim, seine Frau im „Rössle" und sein Sohn irgendwo unterwegs – und alle hatten Angst umeinander, weil zunächst nicht klar war, ob jemand betroffen

---

254 Gotthelf 1978, Teil 1, S. 156.
255 Vgl. grundlegend Köller 2004.
256 Vgl. Hickethier 1993, S. 125–138.
257 Vgl. Seidenspinner 1989, S. 531.
258 Vgl. Köck 1999, S. 173.
259 Matthias Beitl, II, S. 1; vgl. auch Beitls Bericht über seinen Aufenthalt in der Jamtalhütte und in Galtür (Beitl 2000).
260 Vgl. Hickethier 1993, S. 119–125.

war. Ihre Geschichte kann man pars pro toto betrachten, als Teil eines Ganzen, der dem Leser in etwa veranschaulicht, wie es kurz nach der Lawine in Galtür zugegangen ist. Andere Beteiligte haben andere, nämlich ihre *eigenen* Erfahrungen gemacht, und doch haben sie *gemeinsam* die Katastrophe erlebt. Als weiteres Beispiel mag die Schilderung von Nikolaus Raggl dienen, die er mir per E-Mail als Antwort auf die Frage zugeschickt hat, wie *er* persönlich das Geschehen erlebt hat.

> *„Ich war mit meinem Bruder im Tankraum und hatte Heizöl in Kanister gepumpt, um seine leeren Tanks aufzufüllen, da die Straße ja längere Zeit gesperrt war. Bin erst nach einer Viertelstunde zum Dorfplatz gekommen, da wir durch unsere Tätigkeit nichts mitbekommen hatten. Dann hat es geheißen, das Haus Litzner steht nicht mehr. Nach dem Ausfassen von Sonde und Schaufel ging es Richtung Litzner. Der Schnee an der Kirche ging bis zur Türschnalle. Am Tag vorher war Gebet um 16.00 Uhr in der Kirche. Dann kamen die unglaublichen Bilder auf dem Weg zum Litzner, das tatsächlich nicht mehr da war. Noch tiefgehender war dann, die Menschen mitzuerleben, die nach ihren Kindern oder Kinder ihre Eltern oder andere verzweifelt suchten. Ich war zwischen Haus Winkl und Litzner bis drei Uhr früh beim Schaufeln und Sondieren mit Menschen, die bereit und fähig waren mitzuhelfen. Einheimische und viele Gäste haben mit größtem Einsatz mitgeholfen bis zum Umfallen. In dem Randbereich waren auch noch Lebende geborgen worden. Beim Abgang um drei Uhr früh von dem Teilbereich der Lawine ging mir einiges durch den Kopf, worauf ich keine Antwort hatte. Völlig erschöpft ging ich ruhen, denn schlafen konnte man dazu nicht sagen, und bei Tagesanbruch hörte man den ersten Hubschrauber vom Bundesheer mit Erleichterung".*[261]

Weil es sich um einen schriftlichen Bericht und nicht um ein mündliches Interview handelt, ist die Sprache sachlicher. Der Akt des Niederschreibens ist in der Regel mit mehr Nachdenken verbunden als die mündliche Äußerung, welche spontaner erfolgt. Und doch merkt man auch hier die persönliche Betroffenheit des Verfassers, zum Beispiel in den Worten „Noch tiefgehender ..." und „... ging mir einiges durch den Kopf, worauf ich keine Antwort hatte".

Es gäbe noch viel zu erzählen, doch belassen wir es dabei, und wenden wir uns nun zwei jungen Leuten zu, die zum Zeitpunkt der Katastrophe erst 13 oder 14 Jahre alt waren.

2.2.5 Jugendliche

Benjamin Kathrein hatte seit einigen Tagen schulfrei, weil die Paznaunstraße zur Hauptschule in Kappl, dem nächstgrößeren Ort hinter Ischgl talauswärts, gesperrt war. Den Nachmittag verbrachte er unbeschwert von schulischen Pflichten mit Freunden im Sportzentrum, das in einiger Entfernung zum Ort des tragischen Geschehens liegt.

---

261 Nikolaus Raggl, E-Mail vom 06.07.2008, I, S. 95f.

„Um vier Uhr, wo es dann passiert ist, sind auch Gleichaltrige, sind Freunde von uns gelaufen gekommen und haben gesagt: ‚Es ist eine Lawine herunter, man muss schauen gehen'. Und dann, ja, hat man überhaupt nichts Schlimmes gedacht, man ist dann raus aus dem Sportzentrum [...]. Da war eine Tür, die ging nach innen auf, und die stand circa eine Minute lang offen durch den Luftdruck [...] Und dann sind wir dort raus, es hat sich nichts verändert, es hat weiter gestürmt und ge-schneit, wie es den ganzen Tag schon hat, und dann bin ich mit ein paar Freunden runter Richtung Dorfplatz. Dort hat man dann schon gesehen, dass dort eventuell etwas passiert sein könnte, aber man hatte nichts gedacht, weil man das nicht ge-kannt hat. Und dann aber sind ältere Leute gekommen, die bei der Bergrettung dabei waren, die haben gesagt: ‚Bitte kommt mit gleich zum Doktorhaus, dort sind Rucksäcke', die müssen wir dort und dorthin bringen. Ja, und natürlich war das für uns kein Thema, wir sind mit denen mit, und dann hat jeder etwas zum Tragen gekriegt, eine Schaufel und einen Pickel, einen Rucksack. Und dann sind wir gleich hinter der Kirche hoch und Richtung Winkl, wo eigentlich der Hauptkern war. Und dort, und dort hat man aber dann gesehen, dass da, dass da wirklich et-was Schlimmes passiert ist [leise]. Ich habe eigentlich gar nicht gedacht, daheim, ja, wird schon alles passen, habe ich mir gedacht, das kann ich mir jetzt nicht vor-stellen, habe ich mir eigentlich nicht gedacht, ich habe dann einige Stunden mit-geholfen schaufeln, wo, wo sie mir gesagt haben, da muss man noch schaufeln, dass der Raum frei wird. Das hat man gemacht, und dann war man eigentlich, war man eigentlich schon sehr am Ende mit seinen Kräften, weil ein Vierzehnjähriger nicht unbedingt mit einer Schaufel stundenweise herumschaufelt, weil das an-strengend war. Und dann habe ich gesagt: ‚Ich muss jetzt einmal heim, schauen gehen. Ich muss schauen, ob dort alles passt'. Und dann bin ich dann eben diesen Weg da heruntergegangen, und dann habe ich gesehen, dass eigentlich, dass ich nicht irgendwo anders hingehen hätte müssen, weil bei uns selber ja auch die La-wine im Haus war".[262]

Das Elternhaus befindet sich in Ortsrandlage zwischen Alpinarium und Pfarrhaus, und ein Teil der Lawine gelangte auch dorthin.

„Ich habe gedacht, ich sehe nicht richtig: Ich komme darunter, und ich sehe, wie die Mutter und der Vater mit der großen Schneeschaufel immer beim Hausgang reinfahren und wieder mit dem vollen Schnee raus. Also wir haben auf der Lawi-nenseite gehabt fünf Fenster, in jedem Stiegenhaus, in jedem Stock. Dann haben wir gehabt einen Fernsehraum, dort wo ein Fenster war, und eben die Garage. Und die Fenster, die hat es uns alle durch den Luftdruck reingedrückt. Wir haben zwar Schutzmaßnahmen gehabt, weil die Fensterläden waren zum Zumachen, die haben wir auch zu gehabt. Aber die haben nichts genützt, die waren zu leicht, die hat es durch den Luftdruck einfach ausgehebelt. Die hat es nicht hineingedrückt, die hat es ausgehebelt, die hat man dann einfach wo gesehen verteilt im Schnee drunten".[263]

---

262 Benjamin Kathrein, I, S. 28.
263 Ebd., I, S. 29.

Im Hause kam niemand zu Schaden, weder von der Familie noch von den Gästen. Letztere waren im Dorf unterwegs oder beim Fassdaubenrennen. Von der Familie war einzig die Mutter daheim, die allerdings Glück hatte, weil sie sich normalerweise am Nachmittag für eine Zeit im Wohnzimmer niederlegte, das dann von der Lawine zerstört wurde – doch ausnahmsweise ruhte sie sich an diesem Tag in der Küche aus!

„Unsere Gäste sind dann nach und nach alle heimgekommen, und die haben alle mitgeholfen, dass man da den Schnee rauskriegt und alles halt aufgetrocknet [...]. Und dann hat man halt geschaut, weil es war danach wie Weltuntergang. Es war wirklich, es hat geschneit und gestürmt, man kann es sich nicht vorstellen! Also das hat nicht irgendwie, dass man meint, jetzt hört es einmal auf – immer gleich weiter. Und dann hat man halt den Bruder vom Vater, der wohnt direkt im Haus Dorfplatz, und der andere Bruder, der wohnt auch in Galtür, die sind natürlich gekommen, und dann hat man geschaut, dass man die Fenster mit großen Tafeln zunagelt und halt mit Fetzen ausstopft, dass es ein bisschen dicht wird, dass der Wind nicht so reinbläst, dass nicht die ganze Wärme nach draußen geht, und dann hat man das dichtgemacht alles zusammen“.[264]

Gegen neun oder zehn Uhr am Abend war die notwendigste Arbeit getan. Während Benjamin Kathrein erschöpft ins Bett fiel, ging der Vater mit seinen Brüdern Richtung Lawinenkegel, um dort zu helfen.

Blenden wir jetzt noch einmal zurück auf die Zeit kurz vor 16 Uhr und richten das „Objektiv“ auf Isabell Lorenz, ein junges Mädchen, das ähnlich wie Benjamin Kathrein froh darüber war, schulfrei zu haben. Gemeinsam mit einer Freundin schaute sie beim Fassdaubenrennen zu. Danach seien sie

„Richtung Spielplatz gegangen. Das war gerade so die Zeit, wo man heimlich geraucht hat mehr oder weniger, und dann haben wir uns dann auf so einen Schneehügel gesetzt und haben da noch eine Zigarette geraucht, obwohl ich mir heutzutage denke: Das war ja, wäre es ein bisschen später gewesen, so hätte uns wahrscheinlich niemand gefunden, weil ja niemand gewusst hat, wo wir sind. Anschließend sind wir dann noch zu der Schwester von der Freundin, die wohnt da bei der Tischlerei drinnen, die haben wir noch besucht, und da haben wir aber nur ausnahmsweise hingehen dürfen, weil da war ja die Straße eigentlich schon gesperrt drinnen, und der Georg ist dagestanden, der Lehrer, der Junior [= Georg Juen jun.], und hat die Straße abgesperrt, damit da keine Leute mehr reingehen dürfen. Und wir haben halt, weil halt die Schwester da gewohnt hat, haben wir die zuerst noch besucht, und anschließend sind wir dann durchs Frühmessgut, sind wir dort zur Freundin, die wohnt im Winkl. Ja, und wir sind eigentlich gerade bei der Freundin ins Haus rein, haben wir nur gemerkt, so ein Luftstoß, und haben versucht, die Tür zuzudrücken, ja, und in dem Moment ist da die Lawine runtergekommen“.[265]

---

264 Ebd.
265 Isabell Lorenz, I, S. 81.

Isabell Lorenz und ihre Freundin hatten in mehrfacher Hinsicht Glück. Kurz bevor die Lawine kam, hatten sie ein Gebiet durchstreift, das sich im Nachhinein als tödlicher Gefahrenraum herausstellte. Der Spielplatz war unter der Lawine begraben, und die Tischlerei war ebenso betroffen wie diverse Häuser im Frühmessgut. Auch die Mutter von Benjamin Kathrein hatte großes Glück, weil sie sich nicht wie gewohnt zur betreffenden Zeit im Wohnzimmer aufhielt.

Andere hatten hingegen unwahrscheinliches Pech wie die Frau und die schwangere Schwiegertochter von Franz Lorenz, dem Hotelier und ehemaligen Wirt der Jamtalhütte. Sie starben in der Küche von Haus Winkl, wo sie sich für kurze Zeit zum Kaffetrinken aufhielten. Kurz davor waren sie noch in der Stube,

> *„wo sie gebetet haben. Die Kerze hat noch gebrannt, und beide in der Küche – also das ist gerade nebenan. Und beide sind in der Küche zu Tode gekommen, und sie war ja auch noch schwanger, die Frau vom [heutigen] Hüttenwirt vom Jam. Und wenn man denkt, gerade im nächsten Raum, die Kerze hat noch gebrannt – also trotz Lawine und Luftdruck und allem".*[266]

In der Stube brannte noch die Kerze, als die Helfer kamen, doch im Nachbarraum, der Küche, fanden die zwei Frauen den Tod! Ein zunächst rätselhaft erscheinendes Phänomen, das aber eine Erklärung darin findet, dass die Lawine das Haus nur streifte – aber ausgerechnet in die Küche einbrach und eine tödliche Ladung an losgerissenen Gegenständen wie Metall-, Holz- oder Glasstücken mit sich führte und die Frauen traf.[267]

Zufälle, im Grunde alltägliche Belanglosigkeiten sind es, die hier über Leben und Tod entschieden haben. Die Mutter von Benjamin Kathrein hatte ebenso viel Glück wie Isabell Lorenz, denn sie waren zum fraglichen Zeitpunkt nicht am falschen Ort. Die Ehefrau von Franz Lorenz und seine Schwiegertochter waren hingegen nur für kurze Zeit am falschen Ort, und sie haben das mit ihrem Leben bezahlen müssen. Werner Jehle wiederum wurde nach Stunden aus der Lawine geborgen, während in der Nachbarwohnung die sechsjährige Theresia Ladner umkam. Sie „war genauso allein zu Hause wie ich, und die kam ums Leben",[268] sagte Herr Jehle. Dazu kann man eigentlich nicht mehr sagen – es ist nun einmal so geschehen.

Aber es zeigt, dass „jeder seine eigene Geschichte hat", wie es Georg Juen formuliert hat. Das gilt primär für den Grad existentieller Betroffenheit, aber es gilt auch für eher profane Belange, nämlich wo man sich zum Zeitpunkt des Lawinenabgangs befand und in welcher Funktion man dann tätig wurde. Der Bürgermeister hat demzufolge eine andere Perspektive als der Arzt oder Diakon, und das Beispiel der Familie Juen macht deutlich, wie sehr man auf unterschiedlichen Wegen unterwegs sein konnte, auch wenn sich diese mitunter gekreuzt haben. Die andersgearteten Erlebnisse der beiden Jugendlichen zeigen das ebenfalls, weisen

---

266 Georg Juen jun., I, S. 70.
267 Matthias Beitl, II, S. 1.
268 Werner Jehle, I, S. 57.

aber wohl auch auf geschlechtsspezifische Unterschiede in der Sozialisation hin, denn während Benjamin Kathrein trotz seiner 13 Jahre mithelfen musste, war das bei der gleichaltrigen Schulkollegin Isabell Lorenz offensichtlich nicht der Fall.

Somit wird auch verständlich, warum die Galtürer in der Zeit nach der Katastrophe nicht müde wurden, einander immer wieder die eigene Geschichte zu erzählen (siehe dazu Kap. III 4). Zwar eint sie das kollektive Erleben der Lawine, aber die Vielgestaltigkeit der unterschiedlichen Perspektiven dürfte bewirkt haben, dass beim Zuhörer keine Langeweile aufkam. Für den jeweiligen Erzähler war es eine psychische Notwendigkeit, sich durch das Reden vom Ballast des Erlebten zu befreien oder es zumindest erträglicher zu machen, und dem Zuhörer wurde eine neue Nuance vermittelt, die seine eigene Sichtweise ergänzte bzw. erweiterte.

3   Zeit des kollektiven Trauerns

Nachdem am Samstag, den 27. Februar, die Rettungsmaßnahmen beendet und die Touristen ausgeflogen worden waren, wurde es still in Galtür. Die Einheimischen waren unter sich, und es war ihr Wunsch, einige Tage zu trauern und die sechs verstorbenen Dorfbewohner in Ruhe zu begraben. Man wollte zur Besinnung kommen, denn in den aufreibenden Tagen davor, zumal am Anfang und „im Grauen der Nacht, gab es kaum Gefühle, kaum Trauer".[269] Nur sehr wenige Gäste seien im Ort geblieben,

> *„die ganz freundschaftliche Verhältnisse zu ihren Familien hatten, und die haben dann mit uns getrauert und mit uns gebetet. Und da hat dann die Religion eine ganz große Rolle gespielt. Die Galtürer sind gläubig [...], in der Situation war es für viele schon unheimlich wertvoll, eben glauben zu können".[270]*

Entgegen der im Dorf üblichen Gepflogenheit, die Toten daheim aufzubahren, wurden die Särge gemeinsam in der Pfarrkirche aufgestellt, um kollektiv von den Toten Abschied zu nehmen und, wie Walter Köck schreibt, die Hinterbliebenen nicht durch zu viele Besuche noch mehr zu belasten.[271]

Karoline Hussein, die ihre Schwester, Mutter und Großmutter durch die Katastrophe verlor, empfand die gemeinsame Trauer in Galtür ebenfalls als Hilfe. Im Gespräch vergleicht sie die Situation mit einem Sterbefall in ihrer Kindheit, dem Tod des Großvaters. Sie sei damals sehr traurig gewesen, die ganze Familie ebenfalls und vielleicht auch die Nachbarschaft, doch habe das alltägliche Leben rasch wieder begonnen, was für sie als Kind kaum begreifbar gewesen sei. Demgegenüber sei nach der Lawine von 1999 „das normale Leben nicht weitergegangen und wirklich mal ein Einschnitt im ganzen Dorfleben" gewesen.[272] Das habe geholfen,

---

269 Köck 2000, S. 197.
270 Anton Mattle, I, S. 6.
271 Köck 2000, S. 197.
272 Karoline Hussein, I, S. 52.

weil ihr ein Mitgefühl zuteil geworden sei, in dem sich ausgedrückt habe, dass nun wirklich etwas ganz Schlimmes geschehen sei.

Das Leben schien in den Tagen nach dem Ende der Rettungsmaßnahmen still-zustehen, und das war gut, um nach dem schrecklichen Erleben der Katastrophe wieder zur Besinnung zu kommen. Dieser Wunsch lässt sich auch aus der ur-sprünglichen Bedeutung des Wortes „Katastrophe" ablesen. In einer alten friesi-schen Chronik wird das Kapitel über die verheerende Sturmflut vom 16. Jänner 1634, bei der eine gewaltige Insel einfach überspült und entzweigerissen wurde, mit den folgenden Worten eingeleitet: „Dass Gott der Herr durch Auslassung der Wasser das Land könne *umkehren*, solches haben diese Nordfresischen Landschaf-ten [...] besonders müssen erfahren".[273] Das Wort „umkehren" klingt in dem Zu-sammenhang ungewöhnlich, aber es ist die wörtliche Übersetzung des griechischen Verbs „katastréphein", und daraus leitet sich das deutsche Wort „Katastrophe" ab. Eine Katastrophe ist demnach eine Umkehrung, das Unterste wird zuoberst ge-kehrt, alles Bisherige gilt nicht mehr. Da braucht es nicht zu überraschen, dass man erst einmal zur Besinnung kommen muss, bevor man wieder zur „Tagesordnung" übergehen kann.

Aber irgendwann wollte man sich doch aus der Erstarrung lösen, und „um den 10. März herum haben wir dann gesagt, jetzt müssen wir nachdenken, wie es wei-tergeht".[274] Daher beschloss der Gemeinderat, die Seilbahnanlagen für den Rest der Wintersaison noch einmal in Betrieb zu nehmen, um zu signalisieren, dass der Ort touristisch wieder erreichbar sei. Allerdings kam fast niemand zum Schifahren. Das änderte sich erst Ende des Monats, in der Karwoche. Da war der Ort ausgebucht, aber nicht durch ausländische Gäste, denn es kamen vorwiegend Österreicher, weil diese meinten, „den Galtürern müssen wir helfen".[275]

4   Das Sprechen über die Lawine

In der Karwoche hätten die Einheimischen sehr viel gelernt, meint Anton Mattle, weil die Gäste vorsichtig begonnen hätten, mit ihnen über die Katastrophe zu re-den. „Wir haben dabei erste Antworten gelernt zu geben, weil das war ja nicht so leicht, über die Lawine zu sprechen".[276] Gerade in den ersten Gesprächen hätten die Galtürer sehr ausführlich und

> *„ganz persönlich erzählt, weil ja jeder irgendwo eine andere Erfahrung gemacht hat. Ich kann Ihnen nur davon erzählen, was ich da heroben [= im Gemeindeamt] gemacht habe. Hier sind vielleicht viele Eindrücke zusammengelaufen, aber der eine hat 24 Stunden, 48 Stunden dort draußen mit einer Sonde gearbeitet, war dann vielleicht auch bei der Bergung eines Überlebenden oder eines Verstorbenen dabei. Das war sicherlich nur in dieser ersten Woche. Dann hat man schon ein*

---

273 Heimreich, Bd. 2, 1819, S. 134 (eigene Hervorhebung, B.R.).
274 Anton Mattle, I, S. 6.
275 Ebd.
276 Ebd., I, S. 7.

bisschen differenziert und vielleicht mit mehr Distanz darüber gesprochen, die Dinge eher verallgemeinert. Aber die erste, die Karwoche, war, so sage ich einmal, unheimlich wichtig, weil mit diesem Darüber-Sprechen es auch leichter geworden ist [...]. Ich kann Ihnen sagen, im ersten Jahr haben wir in Galtür nur über das gesprochen. Und wenn man über die Heuernte gesprochen hat – im dritten Satz war man dann irgendwo wieder beim Lawinenopfer, bei der Lawine, das war unwahrscheinlich. Es hat eigentlich kaum ein Gespräch gegeben, wo man nicht irgendwo wieder dahingekommen ist".[277]

Viele meiner Interviewpartner haben mir bestätigt, dass im ersten Jahr nach der Katastrophe sehr viel über das Geschehen gesprochen worden und dass das wichtig und wertvoll gewesen sei. Kaum habe man zwei oder drei „normale" Sätze gesagt, sei man schon wieder bei dem nämlichen Thema gewesen, bestätigt auch Karl Gatt, der Diakon. Er meint sogar, dass die Qualität der Kommunikation zugenommen habe. Vor der Katastrophe hätte niemand gesagt, dass es ihm schlecht gehe, wenn er nach seinem Befinden gefragt worden sei, heute sei das gang und gäbe.[278]

Werner Jehle war in der ersten Zeit nach der Katastrophe nicht im Ort, weil er im Spital behandelt werden musste. Dort habe er seine Geschichte

„sicher hundertmal erzählt, in aller Ruhe, schön von vorne bis hinten, viel ausführlicher wie hier jetzt, das tat mir eigentlich gut. Und ich weiß, in Galtür hat man, wir Einheimische haben lange über die ganze Sache geredet, dass hat uns viel geholfen. Es kam natürlich dann nach ein, zwei Jahren die Zeit, wo wir dann sagen mussten: So, jetzt bitte nicht mehr".[279]

Irgendwann muss ein Schlussstrich gezogen werden, da hat Werner Jehle recht, aber zuvor war es sinnvoll, über die Lawine zu sprechen. Das war *möglich*, weil jeder seine eigene Geschichte, seine eigenen Erlebnisse und seine eigene Perspektive in die Gespräche einbrachte, die somit für den Kommunikationspartner interessant waren. Gleichzeitig war es offensichtlich *notwendig*, über die Geschehnisse zu reden, wenn man in Alltagsgesprächen nach wenigen Sätzen sogleich auf die Ereignisse von 1999 zu sprechen kam. Aus psychohygienischer bzw. psychotherapeutischer Sicht ist das leicht nachzuvollziehen, denn belastende Ereignisse bedürfen eines Ventils, um verarbeitet zu werden. Wenn man die Dinge in sich „hineinfrisst", ergeht es einem wie dem Kochtopf, der keinen Dampf ablassen kann: Der Druck steigt, und im schlimmsten Fall findet irgendwann eine Explosion statt. Daher ist es besser zu sprechen.

Mit einer Psychotherapie verhält es sich ähnlich, denn durch das Reden über belastende Probleme kann man sich allmählich von ihnen befreien oder sie zumindest in ihrer Brisanz abmildern. Doch allein durch das Sprechen verschwinden die Probleme nicht, auch wenn Psychotherapie bzw. Psychoanalyse oft als „Redekur"

---

277 Ebd.
278 Karl Gatt, II, S. 6.
279 Werner Jehle, I, S. 56.

bezeichnet werden.[280] Man muss darüber hinaus nämlich die mit den Gesprächsinhalten verbundenen Gefühle spüren, denn nur dann finden diese ihren Weg an die Oberfläche und können verarbeitet werden. Und es ist weiterhin notwendig, dass der Patient den Therapeuten sympathisch findet, was durch den bekannten Satz, „Die Beziehung heilt", zum Ausdruck kommt.

Entsprechendes dürfte in Galtür stattgefunden haben, denn wenn es die Einheimischen geradezu danach drängte, in jedem Gespräch das Thema Lawine aufzugreifen, dann standen dahinter Emotionen, deren Bestreben es war, an die Oberfläche zu gelangen.[281] Ob man den jeweiligen Gesprächspartnern darüber hinaus in jedem Fall positive Gefühle entgegenbrachte, weiß ich nicht, aber es war, im Gegensatz zur psychotherapeutischen Situation, nicht eine Person, der man seine Geschichte erzählte, sondern eine Vielzahl von Menschen. Und darunter werden wohl auch einige „Sympathieträger" gewesen sein, zumal mir meine Interviewpartner immer wieder versicherten, dass sie die Dorfgemeinschaft im Großen und Ganzen positiv erleben.[282]

Das Sprechen ist etwas zutiefst Menschliches. Tiere kommunizieren zwar auch, aber sie erreichen nicht die Differenziertheit im Ausdruck. Daher gehört der „homo narrans", der erzählende Mensch, zu den wesentlichen Charakterisierungen unserer Spezies. Insofern ist es plausibel, wenn das Johannes-Evangelium mit den Worten beginnt: „Am Anfang war das Wort".[283]

Aber das gilt für die Galtürer nicht in jedem Fall, denn gesprochen haben sie über die Katastrophe in erster Linie untereinander, aber kaum mit Fremden und schon gar nicht mit Journalisten und Psychologen oder Psychotherapeuten. Darum soll es in den folgenden beiden Kapiteln gehen.

5 Notfallpsychologen und Psychotherapeuten

Die Notfallpsychologie leistet erste Hilfe in psychologischer Hinsicht und ist insofern mit der Notfallmedizin vergleichbar.[284] Die Psychotraumatologie als Zweig der Psychotherapie beschäftigt sich dagegen mit den psychischen Folgen traumatischer Ereignisse, die von längerer oder kürzerer Dauer sein können.[285] Traumatisierende Folgen können auch Katastrophen haben, und diese sind definiert als ein „Großschadensereignis", durch das eine große Gruppe von Menschen betroffen

---

280 Sigmund Freuds und Josef Breuers berühmte Patientin Anna O. prägte den Begriff „talking cure" oder „Redekur" (Freud und Breuer 1895, S. 23).

281 Vgl. Mehl und Pennebaker 2000.

282 Vgl. Kap. IV 6.4.

283 Joh. 1,1.

284 Vgl. Brauchle u.a. 2000; Lasogga und Gasch 2002

285 Zur Unterscheidung und den Abgrenzungsproblemen zwischen Notfallpsychologie und Psychotraumatologie siehe Hausmann 2006, S. 16–27, insbesondere S. 18ff.; vgl. als Einführung auch Fischer, Riedesser 2009; am Beispiel Galtür B. Juen 2008.

ist.[286] Man verwendet den Begriff dann, „wenn das auslösende Ereignis das *öffentliche* Leben betrifft und es in einer dramatischen Weise unterbricht oder stört".[287]

Das trifft auf die Lawine von Galtür natürlich zu. Aber wie schaut es mit der psychischen Belastung und etwaiger Betreuung durch Psychologen oder Psychotherapeuten aus? In der einschlägigen Fachliteratur heißt es, eine psychologische Weiterbetreuung sei für all diejenigen notwendig, welche „besonders belastenden Situationen ausgesetzt waren", und dazu zählten insbesondere „Lebensgefahr, direkter Anblick enormer Zerstörung, Bergung von Schwerverletzten oder Toten, persönlicher Bezug zu Schwerverletzten oder Toten".[288] Ein Blick in die englischsprachige Literatur scheint das zu bestätigen, denn eine Auswertung von 160 Untersuchungen mit dem bewegenden Titel, „60.000 Katastrophenopfer sprechen", ergab, dass etwa 40 Prozent der Betroffenen psychische Auffälligkeiten mit Behandlungsbedarf entwickelt haben sollen.[289] Ein ähnliches Bild vermittelt die deutschsprachige Literatur, wenn es heißt, dass „zumindest jeder fünfte Betroffene unter langfristigen bis dauerhaften Krankheitszeichen zu leiden [scheint]. Es liegen jedoch auch Studien vor, die bis zur Hälfte aller Opfer als beeinträchtigt erklären".[290] Andere Quellen sprechen zumindest von einem Drittel aller betroffenen Personen, die eine Akuttherapie benötigen würden.[291]

Daraus könnte man schließen, dass für die Galtürer ein großer Bedarf an seelischer Unterstützung durch Fachleute bestanden haben muss. Tatsächlich seien auch Psychologen nach Galtür gekommen, nur hätten diese „keinen Zugang gefunden zu den Leuten. Da haben die Leute die Tür zugemacht", so der Bürgermeister.[292] Als am Tag nach der Katastrophe Karoline Hussein von Psychologen aufgesucht wurde, weil sie drei Angehörige verloren hatte, wurde sie gefragt,

> *„wie es mir geht und wie ich damit zurechtkomme. Ja, habe ich gesagt, ja – ich habe einfach den Zugang nicht gefunden zu ihnen. Wie soll es mir gehen? Mir geht es nicht gut. Die haben mir dann angeboten, die haben ihre Nummer gegeben. Wann immer ich möchte, ich kann bei ihnen anrufen, und sie haben jederzeit für mich Zeit. Aber das war nicht für mich das Gefühl, dass das eine Anlaufstation gewesen wäre",*

weil „die Chemie nicht gestimmt" und sie nicht das Gefühl gehabt habe, dass „die mir jetzt helfen können".[293] Ähnlich ist es Werner Jehle ergangen, als er im Spital von Psychologen aufgesucht wurde.

---

286 Hausmann 2006, S. 133; Hellbrück und Fischer 1999, S. 497f.; Lasogga und Gasch 2002, S. 14; Pieper 2005, S. 15f.
287 Hellbrück und Fischer 1999, S. 498.
288 Hausmann 2006, S. 137.
289 Norris u.a. 2002a, S. 218; vgl. dazu Norris u.a. 2002b; Norris 2005.
290 Faust o. J., S. 5.
291 Fischer und Riedesser 2009, S. 263f. („Hochrisikogruppe").
292 Anton Mattle, I, S. 6.
293 Karoline Hussein, I, S. 54.

„Ich habe eine Familie hinter mir, eine Mutter und einen Taufpaten, auch ganz wichtig, die genau wissen, wo es lang geht, und die helfen mir sicher am meisten. Hier war die Familie als psychologischer Beistand, sage ich jetzt einmal, so in Klammer ausgedrückt, viel mehr wert wie ein unbekannter Mensch, der natürlich auch vielleicht ein sehr guter Psychologe ist. Ich wollte das selber verarbeiten, selber schaffen, nicht mit Riesen-Unterstützung von jemandem, der mir im Leben noch nie begegnet ist.[294]

Galtür ist eine kleine Gemeinde, in der jeder jeden kennt und wo es für die Einheimischen in Krisensituationen genug vertraute Ansprechpartner gibt. Barbara Juen von der Universität Innsbruck war als führende Notfallpsychologin in das Geschehen von Galtür involviert. Sie hat eine ähnliche Perspektive, wenn sie sagt, die psychologische Hilfe habe

„man halt primär für die Touristen angeboten in der Woche, weil das für die Einheimischen auch damals schon kein Thema war. Für die Einheimischen war es klar, das machen sie in Ihrer Familie, und das ist ja sinnvoll. Also man bietet nur dort, wo das soziale Netz nicht greift, Unterstützung für das soziale Netz an“.[295]

Zum einen hatten die Einheimischen im Gegensatz zu den Touristen mannigfache Familienangehörige und Freunde, mit denen sie über das Geschehen reden konnten und von denen sie Zuspruch erfuhren. Zum anderen sind sie es nicht gewöhnt, mit Fremden über persönliche Probleme zu sprechen. Das, was in einer Psychotherapie sinnvoll ist, nämlich eine Beziehung zu einer fremden Person zu entwickeln, die keine Forderungen an einen stellt und zuhört, ohne moralisch zu beurteilen, hätte in Galtür daher nicht gegriffen.

Ein weiterer Punkt, den Barbara Juen erwähnt, ist die Sichtweise der Tiroler Landbevölkerung auf Psychologen und Psychotherapeuten, diese wären nur für „Verrückte“ zuständig.

„Ich war vor einigen Jahren im Ötztal bei einer Familie, die mich angefordert hat für ein kleines Mädchen, deren Bruder tödlich verunglückt ist. Und die Kleine war neun Jahre alt, und die hat das ziemlich deutlich zum Ausdruck gebracht, indem sie, wie ich dann gekommen bin und wie wir uns vorgestellt haben, gesagt hat: ‚Mein Papa hat gesagt, Du bist der Vogeldoktor. Stimmt das, dass du der Vogeldoktor bist?‘ Und ich habe gesagt: ‚Ja genau, das stimmt, ich bin der Vogeldoktor“ – weil das klar ist, dass jemand, der Psychologie macht oder der so etwas benötigt, der hat einen Vogel, also das ist der Vogeldoktor“.[296]

Und daher war es für einen Tiroler bzw. Galtürer „noch einmal absurder, dass einer an der Tür klopft und fragt, ob er psychologische Hilfe braucht – weil ihm ist ja nur eine Katastrophe passiert, er ist ja nicht verrückt“.[297] Das ist eine Position, die man nachvollziehen kann und innerer Logik nicht entbehrt. Doch kann sie auch mit Be-

---

294 Werner Jehle, I, S. 57f.
295 Barbara Juen, I, S. 91f.
296 Ebd., I, S. 92.
297 Ebd.

fangenheit gegenüber der Psychologie bzw. Psychotherapie zu tun haben, wenn man sie verallgemeinert und nicht nur auf die spezielle Situation in Galtür bezieht. Vorurteile werden dann möglicherweise aus der unbewussten Angst gespeist, mit einem selber sei etwas nicht ganz in Ordnung, sodass man gegenüber Spezialisten für das Seelenleben mit Empörung bzw. Aggression reagiert oder sich über sie lustig macht. Aber Vorurteile können auch religiös begründet sein. So meinte der katholische Pfarrer von Galtür, Louis Maria Attems-Heiligenkreuz, in einem Zeitungsinterview: „Das mit den Psychologen war bestimmt gut gemeint [...]. Aber wir brauchen hier so etwas nicht. Heute kommen ja schon Psychologen, wenn man sich einen Fuß verstaucht. Es hilft den Leuten viel mehr zu beten."[298] Das ist eine Auffassung, die eher aus Gefühlen denn aus Sachkenntnis gespeist wird, weil niemand verlangen würde, im Falle eines verstauchten Fußes einen Psychologen um Rat zu bitten.

Auch Karl Gatt äußerte sich ihnen gegenüber skeptisch, denn er beklagte, dass heutzutage „überall, egal was passiert, Psychologen da sind".[299] Mitunter seien sie jedoch fehl am Platz. Wenn es um Tod und Leid gehe, dann sei vielmehr ein Seelsorger vonnöten. Wenn hingegen ein Feriengast Angst vor dem Fliegen habe und daher nicht mit dem Hubschrauber aus dem Tal gebracht werden möchte, sei das eine Aufgabe für den Psychologen.[300]

Die Forderung, ausschließlich Seelsorger als Betreuer zuzulassen, wenn es um Tod und Leid geht, mag für einige praktizierende Christen gelten, doch in einer säkularisierten Gesellschaft lässt sie sich nicht allgemein verbindlich realisieren. Vermutlich ist diese Auffassung, wenn sie als generelle Forderung vertreten wird, ähnlich einseitig wie die Pauschalaussage von Psychotraumatologen, dass psychologische oder psychotherapeutische Weiterbetreuung für all jene notwendig wäre, welche dem direkten „Anblick enormer Zerstörung" ausgesetzt seien und „mit Bergung von Schwerverletzten oder Toten" zu tun hätten.[301] Denn damit werden möglicherweise psychische Widerstandskraft und individuelles Ressourcenpotential unterschätzt.[302] Wahrscheinlich würden genauere Untersuchungen darüber hinaus ergeben, dass auch ein diesbezüglicher Stadt-Land-Unterschied besteht. In den Großstädten kann der Tod besser verdrängt werden, während er am Lande eher ein Teil des alltäglichen Lebens ist. Das gilt für den Kreislauf der Natur mit ihrem steten Wechselspiel von Werden und Vergehen genauso wie für die kollektive Anteilnahme an Begräbnissen. Wer den Tod als Teil des Alltags kennengelernt hat, wird daher wahrscheinlich auch in einer Katastrophe damit besser umgehen können als jemand, der das Thema stärker verdrängen bzw. ihm eher aus dem Weg gehen kann, als es in einem Ort wie Galtür möglich oder üblich ist.

Denn dort waren viele einheimische Helfer zwar mit der „Bergung von Schwerverletzten oder Toten" konfrontiert, doch machen die Interviews deutlich,

---

298 Peters 2004.
299 Karl Gatt, I, S. 68.
300 Karl Gatt, II, S. 6.
301 Hausmann 2006, S. 137.
302 Über Coping-Strategien in Katastrophen vgl. Heigl-Evers u.a. 1984.

dass die Dorfbewohner die Katastrophe verarbeiten konnten. Denn sie haben das getan, was auch jeder Psychotherapeut in einem solchen Fall empfehlen würde: Sie haben darüber gesprochen, und das solange, bis es nicht mehr nötig erschien. Und sie haben dafür keine Spezialisten gebraucht, da sie es gewohnt sind, primär mit jenen über persönliche Belange zu sprechen, die ihnen vertraut sind.

Ähnlich sieht das Barbara Juen, wenn sie sagt, es sei sicher nicht das Bedürfnis der Leute gewesen,

> *„mit irgendwelchen fremden Psychologen über das Ereignis zu sprechen. Das ist vollkommen künstlich und weg von der Realität. Und damals war es halt so, dass diese Fehler noch passiert sind, weil es noch keine Struktur für die ganze psychosoziale Betreuung gegeben hat. Wenn Galtür heute passieren würde, würde auch für die Bevölkerung etwas anderes passieren, als damals passiert ist. Damals hat es keine strukturierte psychologische Hilfe gegeben, und dadurch hat sich die wenige psychologische Hilfe, die es damals gegeben hat – wir waren damals zu elft – auf das Krankenhaus zentriert und auf die Touristen in Galtür, die nicht irgendeine Art von sozialem Netzwerk gehabt haben in der Woche, bis praktisch die Leichen gefunden worden sind“.*[303]

Die Katastrophe war auch der Anlass, den gesamten psychosozialen Dienst professioneller zu gestalten. Damals habe es Konkurrenz zwischen Psychologen, Psychotherapeuten und Seelsorgern gegeben, „und jeder hat gemeint, es ist unser Feld, und deshalb [hat es] relativ viel Streit gegeben“.[304] Heute existiert unter dem Dach des Roten Kreuzes eine multiprofessionelle Betreuungsgruppe, die aus Einsatzkräften der Feuerwehr, aus Sanitätern, Psychologen, Psychotherapeuten, Seelsorgern, Sozialarbeitern, Pädagogen usw. besteht.

6 Journalisten und Medien – psychoanalytisch-ethnologische Überlegungen zur Schuldfrage

Im Februar 1999 war die geopolitische Lage für Journalisten wenig ergiebig, es gab kaum Ereignisse von größerer Brisanz. Einzig der Kosovo-Konflikt drohte zu eskalieren,[305] was zur Folge hatte, dass sich viele Journalisten internationaler Fernsehanstalten in Europa aufhielten. Gleichzeitig spitzte sich aufgrund andauernder Schneefälle die Situation in den Zentralalpen allmählich zu. Als dann die Lawine Teile von Galtür verwüstete, richtete sich darauf die Aufmerksamkeit der ausländischen Presse, und es reisten rasch ungefähr 300 Journalisten an. Sie konnten jedoch nicht ins Paznauntal gelangen, sondern mussten in Landeck ausharren, weil die

---

303 Barbara Juen, I, S. 91.
304 Ebd., I, S. 93.
305 Der Konflikt zwischen Kosovo-Albanern und serbischer Regierung um die Autonomie des Kosovo flammte im Jänner 1999 erneut auf. Zur Zeit der Katastrophe von Galtür gab es durch Vermittlung der NATO in Rambouillet Friedensgespräche, die aber scheiterten. Ab dem 24. März begannen NATO-Streitkräfte mit Luftangriffen gegen Serbien, die nicht unumstritten waren und ein ungeheures Medienecho auslösten.

Straße gesperrt war. Außerdem hatte der Landeshauptmann, um die Rettungsmaßnahmen nicht zu behindern, die Direktive ausgegeben, dass der Ort solange gesperrt bleibt, bis das letzte Opfer geborgen ist. Das war aber erst am Samstag, dem
27. Februar, der Fall, dem vierten Tag nach der Katastrophe.[306]

Unterdessen waren die Gerüchte ins Kraut geschossen. Die Reporter waren er-
bost, sprachen von Vertuschung und Zensur, weil sie mit dem Material der Heeres-
bild- und Filmstelle Vorlieb nehmen mussten und nicht selber recherchieren konnten.[307] Möglicherweise hätte ein Teil der negativen Berichterstattung vermieden
werden können, wenn man eine ausgeglichenere Balance zwischen der Notwendigkeit ungestörter Rettungsmaßnahmen und den Anliegen der Journalisten nach mehr
Information ermöglicht hätte. Einerseits müssen Absperrungen auch für Reporter
gelten, andererseits sollte es eine intensive und professionelle Medienbetreuung
geben. Zwar hat das Wohlergehen von Notfallopfern eine höhere Priorität als das
Bedürfnis nach aktuellen Nachrichten, doch ist es die Aufgabe von Journalisten,
über wichtige Ereignisse zu berichten, genauso wie es der Wunsch des Bürgers ist,
informiert zu werden.[308]

Wie dem auch sei: Galtür wurde durch die Medien zum Synonym für Lawi-
nenkatastrophen schlechthin aufgebauscht,[309] und ebenso rasch waren Schuldige
gefunden: Verantwortlich seien der Raubbau an der Natur und die ungezügelte Erschließung der Alpen im Allgemeinen sowie im Besonderen die Lawinenkommission von Galtür, welche die Katastrophe hätte vorhersehen müssen. Das sind zwar
allzumal Argumente, die einer realistischen Betrachtung nicht standhalten (s.u.),
doch stehen dahinter tief verankerte Bedürfnisse. Es ist für den Menschen nämlich
kaum erträglich, mit schrecklichen Geschehnissen konfrontiert zu werden, die ohne
sein Zutun ablaufen. Vor allem dann, wenn er verängstigt ist, neigt er dazu, die
Dinge, die um ihn herum geschehen, auf sich oder auf andere zu beziehen.

Um das genauer zu verstehen, sollten wir etwas weiter ausholen und zunächst
aus ethnologischer Sicht nach den Grundbedingungen menschlicher Erkenntnis
fragen. Wenn wir uns in der Welt orientieren und sie begreifen wollen, muss sie
uns sinnvoll erscheinen, und das tun wir, indem wir sie zu uns in Beziehung setzen.
„Zwangsläufig sieht sich ein jeder dabei im Mittelpunkt seiner Anschauungswelt",
so der Ethnologe Klaus E. Müller, und bekomme den Eindruck, „als drehe sich
letztlich alles um ihn, als habe er teil auch am Fluss der Kräfte, die in den Bewe-
gungen seiner Umwelt wirksam sind, als strömten sie gleichsam in ihm zusammen
und verteilten sich, kraft seines Handelns, wieder an seine Umgebung zurück".[310]

Daraus erklären sich beispielsweise magische Vorstellungen, die das populäre
Denken seit jeher und teilweise bis in die Gegenwart prägen. Auffällige Phänome-

---

306 Zur Rolle der Medien aus Sicht der Publizistik vgl. Hofstetter 2009.

307 Alpinarium Galtür 2004, S. 49–53; Köck 2000, S. 111f. (Abdruck eines Berichtes der
    Bildzeitung vom 27.02.1999); Schönherr 2001.

308 Lasogga, Gasch 2002, S. 207f.

309 Vgl. Weber 1999; vgl. zur Berichterstattung der österreichischen Printmedien über die
    Lawinenkatastrophe Neissl, Siegert, Renger 2001, S. 115–129.

310 Müller 1987, S. 198; Rieken 2010a.

ne aus der Umwelt wollen *uns* etwas mitteilen, haben mit *uns* zu tun. Ein Gewitter ist nicht einfach ein physikalischer Vorgang, der unabhängig von uns abläuft, sondern die Folge übel gesinnter Wetterhexen, die uns Schaden zufügen wollen. Das neugeborene Kind sollte man von der verruchten Nachbarin fernhalten, denn wenn sie es anschaut, trifft es ihr böser Blick. Eine Naturkatastrophe ist nicht etwa ein natürlicher Vorgang, sondern ein gezielter Akt Gottes und Ausdruck seines Zorns über die Sündhaftigkeit der Menschen. Das ist *die* traditionelle Erklärung für desaströses Geschehen, wie sie das populäre Denken bis ins 19. Jahrhundert geprägt hat und es teilweise bis in die Gegenwart tut.[311]

Die Naturwissenschaft hatte sich bereits früher von diesen Vorstellungen verabschiedet und stattdessen rationale Erklärungen für Naturvorgänge postuliert, wie sie heutzutage auch im populären Denken verbreitet sind. Das bedeutet gleichzeitig eine radikale Trennung zwischen beobachtendem Subjekt und beobachtetem Objekt: Ein Gewitter ist ein natürliches Phänomen, dessen Entstehung nichts mit unserem Verhalten zu tun hat. Daher ist es vernünftiger, einen Blitzableiter zu installieren als Gewitterkerzen anzuzünden. Denn das natürliche Geschehen läuft unabhängig vom Menschen ab, es gilt nicht ihm, es hat mit ihm nichts zu tun; er beobachtet und analysiert es nur als unbeteiligter Forscher.

Allerdings wird die Stimme der Vernunft dann leiser, wenn man selber mit existentiellen Bedrohungen konfrontiert wird, denn dann drängen sich Emotionen in den Vordergrund, weil Angst im Spiel ist. In diesem Fall treten die ursprünglichen Erklärungsmuster wieder an die Oberfläche, welche die Vorgänge in der Umwelt eng an die Handlungen von Individuum und Gruppe koppeln, um Katastrophen auf menschliches Verhalten bzw. Fehlverhalten zurückzuführen. Dann hat man eine eindeutige Ursache und weiß darüber hinaus, wie künftig Unheil vermieden werden kann. Das ist subjektiv befriedigender, als zu behaupten, eine Katastrophe finde frei von menschlichen Einflüssen statt.

Die strikte Trennung von Mensch und Natur, wie sie die moderne Wissenschaft seit einigen Jahrhunderten postuliert, mag zwar rational begründet sein, subjektiv befriedigend ist sie nicht. Als am 26. Dezember 2004 ein Tsunami an den Küsten des Indischen Ozeans Tod und Verderben brachte, waren die Medien anfänglich fassungslos, weil sie dem Geschehen keinen *Sinn* geben konnten. Es existierten keine Verursacher wie beim Anschlag auf das World Trade Center am 11. September 2001, es gab „nur" ein Seebeben, das niemand ausgelöst hatte und das einfach den physikalischen Gesetzen der Plattentektonik gehorchte.[312] Für die meinungsbildende Presse war das zunächst eine unerträgliche Vorstellung. Das Deutsche Nachrichtenmagazin „Der Spiegel" hatte in seiner ersten Ausgabe nach dem Tsunami unter anderem einen Fischer interviewt, dessen Mutter in den Fluten umgekommen war. Vollkommen sinnlos erschien es dem Redakteur, dass eine unschul-

---

311 Vgl. für die Neuzeit Jakubowski-Tiessen und Lehmann 2003; Rohr 2007; als aktuelles Beispiel die Hurrikan-Katastrophe von New Orleans im Jahre 2005: Rieken 2007b.
312 Zum Tsunami 2004 siehe Rieken 2005, S. 343–362.

dige Frau von einer Flutwelle dahingerafft worden war, für die es nur eine physikalische Begründung gab, aber keinen Schuldigen, und er fragte:

> *„Gäbe es dann so etwas wie eine Erklärung für das, was geschah? Gäbe es einen Sinn hinter dem, was das Meer am Morgen des 26. Dezember der Mutter des Fischers Thyagarajan antat, einem seiner vielen, vielen tausend Opfer?"*[313]

Entsprechend äußerte sich die Wochenzeitung „Die Zeit":

> *„Diese asiatische Zerstörungswelle löste eine Flut ohne jede Sünde aus – und ebendeshalb schlechterdings unverständliches Leid; ein Leid also, das sich weder in Anklage noch in Trost aufheben lässt. Es mag durchaus so sein, dass die Menschheit in ihrem Machbarkeitswahn ihren Erdball größten Gefahren aussetzt und deshalb in einem archaisch zutreffenden Sinne Naturkatastrophen auszulösen sich anschickt [...]. Doch von alldem kann hier nicht die Rede sein".*[314]

Ähnlich war es auch in Galtür: Wenn ein Ortsteil, der seit Jahrhunderten als sicher gilt, plötzlich unter einer Lawine begraben wird, ist es im Grunde genommen müßig, die Schuldfrage zu stellen. Man kann dann nur darauf verweisen, dass ein Leben „am Rande der Welt" potentiell gefährlicher ist als anderswo. Auch sollte gerade in Galtür nicht von einer „Übererschließung" der Alpen die Rede sein, weil man sich dort eher um einen sanften Tourismus bemüht, vor allem im Vergleich zu Ischgl. Aus Sicht der Tiroler Bevölkerung hatte es ohnehin die „Falschen" getroffen, nämlich die Galtürer und nicht die „geldgierigen" Ischgler![315]

Doch das tief verwurzelte Bedürfnis des Menschen, den Dingen, die um ihn herum geschehen, einen Sinn zu geben, verlangte nach einer klaren Ursache für die Katastrophe. Einfacher formuliert: Man suchte einen Schuldigen und fand ihn in der Lawinenkommission. Rechtsanwälte aus deutschen Großstädten, die über keinerlei Wissen um die potentiellen Naturgefahren im Alpenraum verfügten, witterten ein lukratives Geschäft und wollten Sammelklagen einreichen – allerdings ohne Erfolg, denn keiner der Hinterbliebenen, welche von den Anwaltskanzleien kontaktiert wurden, war bereit, sich einer solchen Klage anzuschließen.[316]

Neben dem anthropologischen Grundbedürfnis nach Ursache und Schuld gab es ein weiteres Motiv, die Lawinenkommission ins Kreuzfeuer der Kritik zu nehmen, nämlich die mentalen Unterschiede zwischen Österreichern und Deutschen. Gabriele Matzner-Holzer spricht von den „verfreundeten Nachbarn"[317] und drückt damit die Ambivalenz aus, die zwischen beiden Völkern besteht, nämlich befreundet – gemeinsame Grenze, gleiche Hochsprache, teils gemeinsame Geschichte – und verfeindet zugleich zu sein. Deutsche gelten als sauber, ordentlich, gründlich,

---

313 Beste u.a. 2005, S. 96f.
314 Leicht 2004.
315 Barbara Juen, I, S. 90.
316 Anton Mattle, I, S. 10.
317 Matzner-Holzer 2005; vgl. auch den Ausstellungsband Stiftung Haus der Geschichte der Bundesrepublik Deutschland 2005.

pedantisch, besserwisserisch, laut und aggressiv,[318] die Österreicher hingegen als altmodisch, gemütlich, provinziell, schlampig, hinterhältig und unaufrichtig. Vor allem die letztgenannten Zuschreibungen waren es, welche Ressentiments an die Oberfläche gelangen ließen: Die Lawinenkommission hat schlampig gearbeitet, und das wollen die Österreicher vertuschen!

Wenn wir noch etwas tiefer in mentale Befindlichkeiten hinabsteigen, stoßen wir auf Neidgefühle der Deutschen gegenüber den Österreichern. Das viel beschworene Leistungsdenken und die „deutsche Gründlichkeit" sind nicht nur eine Quelle für Selbsterhöhung – sondern auch recht mühsam. Das erweckt Neidgefühle gegenüber einem Volk, dem es scheinbar oder anscheinend besser geht, weil dort alles gemächlicher abläuft, die Uhren noch anders ticken und fast alle Orte in einer Landschaft liegen, die jedem Fremdenverkehrsprospekt zur Ehre gereichen würde. Dieser Neid führt zu unbewussten Unterlegenheitsgefühlen, die durch Überheblichkeit und Aggression kompensiert werden – ein grundlegender Zusammenhang, der in allgemeiner Form erstmalig vom Freud-Schüler Alfred Adler beschrieben worden ist, und zwar als Kompensation des Minderwertigkeitsgefühls durch das Geltungs- und Machtstreben.[319] Auch aus diesem Blickwinkel braucht es nicht zu überraschen, wenn die deutschen Medien die „Übeltäter" in der „schlampigen" Lawinenkommission fanden.

Die Galtürer waren wegen der Berichterstattung erzürnt und empört. Als ich mit Maria Pfeifer, einer 86-jährigen Pensionistin, darüber sprach, war sie sichtlich entrüstet, obwohl das Interview ansonsten in einer eher ruhigen Atmosphäre vonstatten ging.

„Ja wissen Sie, das wurde einfach – das wurde durch die Presse breit getreten. Wissen Sie, da ist soviel Unwahres passiert! Es wäre genug gewesen, wenn die Wahrheit an die Luft gekommen wäre, aber die Presse und die Medien, das war furchtbar, furchtbar war das!"[320]

Mit „furchtbar" meint sie die Behauptung, dass man die Katastrophe hätte vorhersehen und die Gäste aus dem Tal bringen müssen, und das, obgleich die Lawine ein Gebiet zerstört hat, dass jahrhundertelang als sicher galt. Die Skepsis gegenüber den Medien erwuchs aber noch aus anderen Quellen. Zum einen wurden bereits kurze Zeit nach der Katastrophe die ersten Bilder von der angeblichen Galtürer Lawine gezeigt, obwohl sie von niemandem gefilmt worden war.[321] Heute erscheint in ähnlich gelagerten Fällen zwar der Hinweis „Archivmaterial" auf dem Bildschirm, aber das dahinter stehende Problem, die Verwischung der Grenzlinie zwischen Dokumentation und Fiktion, bleibt trotzdem erhalten. Denn derartiges „Infotainment" dient eher der Unterhaltung als der Information. Indem man ein altes Dokument mit einem neuen Inhalt kombiniert, wird so getan, als gehörte beides zusammen, und das ist streng genommen keine seriöse Berichterstattung.

---

318 Vgl. dazu Dundes 1987.
319 Adler 2007b, S. 73–79.
320 Maria Pfeifer, I, S. 13.
321 Georg Juen jun., I, S. 74.

Der zweite Vorwurf an die Medien lautet, dass die Verhältnisse zum Teil dramatisiert worden seien. Die Medien hätten vom „Versorgungsnotstand" gesprochen, obwohl Grundnahrungsmittel wie Fleisch und Wurst mit dem Hubschrauber angeliefert worden seien, kritisiert Georg Juen jun. Und selbst wenn die Versorgungskette zusammengebrochen wäre, hätte man auf die Milch vom Bauern zurückgreifen und zur Not eine Kuh schlachten können. Brot sei ohnehin im Dorf gebacken worden.[322] Anscheinend hängt es auch vom soziokulturellen Hintergrund ab, was man unter „Notstand" versteht. Für die einen bricht er dann schon aus, wenn der gewohnte Lebensstandard nicht mehr gehalten werden kann. So sollen sich Gäste darüber beschwert haben, dass sie ihre gewohnten Cocktailtomaten nicht mehr bekommen haben. „Ich weiß nicht, ob das Not ist. Ja, solche Situationen haben wir genug gehabt".[323] Für andere wird ein Versorgungsengpass wohl erst dann auftreten, wenn man tatsächlich beginnt, Hunger zu leiden.

Ein weiterer Punkt, der man den Journalisten angekreidet hat, war der Vorwurf mangelnder Sensibilität und Pietät. So wurde dem Diakon eine Menge Geld angeboten, um in der Pfarrkirche Fotos von den Särgen zu machen. Er habe den Reportern entgegnet, dass sie am Abend gern kommen können, um mit den Galtürern gemeinsam zu beten.[324] – Als Werner Jehle im Spital lag, habe man ihm einen hohen Betrag für ein Interview zahlen wollen, doch habe er abgelehnt, weil er sich nicht am Leid anderer habe bereichern wollen. Ein ruhiges Gewissen sei ihm lieber gewesen als das Geld.[325] – Isabell Lorenz hat erlebt, dass sich kurz nach der Katastrophe bei Bekannten Reporter telefonisch gemeldet hätten, um zu erfahren, was passiert sei. Für Frau Lorenz sei es unverständlich gewesen, „wie man in so einer Situation die Leute, die direkt betroffen sind, schon anrufen kann, weil man weiß ja nicht, ob die Leute selber betroffen sind".[326]

Kritisiert wird also Mehreres: zunächst die Tendenz der Medien, eigene Wirklichkeiten zu erschaffen. Das ist zwar, seitdem der Konstruktivismus zur Mainstream-Theorie in vielen Wissenschaften avanciert ist, nichts Neues, aber es ist doch etwas anderes, ob man das in seiner Gelehrtenstube analysiert oder als normaler Bürger hautnah erlebt. Die Vorwürfe, welche sich auf die Konstruktion medialer Wirklichkeiten beziehen, sind: der vermeintliche Versorgungsnotstand, die vorgetäuschten Bilder vom Abgang der Lawine, die eindeutige Schuldzuweisung an die Lawinenkommission sowie die Übererschließung der Alpen, was gerade für Galtür nicht zutrifft, weil sich die betroffenen Häuser in der grünen Zone befanden.

Der zweite Kritikpunkt bezieht sich auf mangelndes Taktgefühl der Journalisten gegenüber den Opfern. Offensichtlich wurden der Zusammenhalt in der Gemeinde und die Religiosität der Einheimischen von der Presse unterschätzt. Damit stoßen Fragen der Moral auf ein mögliches Dilemma von Reportern, nämlich dass „nur schlechte Nachrichten gute Nachrichten sind", um eine verbreitete Redensart

---

322 Ebd., I, S. 73f.
323 Ebd., I, S. 73.
324 Karl Gatt, I, S. 64.
325 Werner Jehle, II, S. 4.
326 Isabell Lorenz, I, S. 81.

84

aufzugreifen. Zugespitzt formuliert könnte man behaupten: Journalisten sind erfreut, wenn anderen Leid zustößt, denn das ergibt Material für eine neue Story. Dies ist allerdings nur die eine Seite, denn auf der anderen Seite würde niemanden die Meldung interessieren, dass an einem bestimmten Tag alle Flugzeuge auf der Welt sicher gelandet seien, sondern nur, dass eines abgestürzt sei. Außerdem ist die Begegnung mit Leid und Schrecken Teil der journalistischen Routine, weswegen es aus Gründen der Psychohygiene und des Selbstschutzes notwendig ist, eine gewisse Distanz zum Geschehen zu wahren. Auch von einem Arzt erwartet man nicht, er möge die gleiche Anteilnahme bei einem Schwerverletzten zeigen wie Angehörige. Das wäre für die Arbeit sogar kontraproduktiv, weil diese eine gewisse Distanz, sprich einen „kühlen Kopf" erfordert.

Dennoch ist bei der journalistischen Tätigkeit Taktgefühl gegenüber den Leidtragenden notwendig. Auf der Jagd nach der guten Story und angesichts der Konkurrenz mit anderen Reportern besteht die Gefahr, dass die nötige Sensibilität gegenüber den Interviewten auf der Strecke bleibt. Dann bekommen die Einheimischen den Eindruck, funktionalisiert zu werden, lediglich Mittel zum Zweck einer Titelgeschichte zu sein, ohne dass auf ihr Leid Rücksicht genommen wird. Wenn man nur deswegen in die Kirche möchte, um ein Foto von den Särgen zu schießen, bleibt ein schaler Nachgeschmack bei den Einheimischen zurück. Als zehn Monate nach der Katastrophe der Redakteur Georg Weindl für die „Zeit" in Galtür recherchierte, stieß er auf irritierte Dorfbewohner und notierte in seinem Beitrag:

> *„Reporter und Filmteams rissen sich begierig um jeden Touristen. Von den Galtürern, die Häuser verloren oder den Verlust von Verwandten oder Freunden zu beklagen hatten, sprach oder schrieb kaum jemand. Ahnungslose Medienvertreter und sensationslüsterne Berichte haben die Galtürer vorsichtig werden lassen".*[327]

Dass diese Vorsicht nicht unberechtigt ist, machte auch ein Spielfilm deutlich, der am 8. Februar 2009, also wenige Tage vor dem Zehnjahres-Gedenken an die Katastrophe ausgestrahlt wurde. Er trägt den Titel „Die Jahrhundertlawine"[328] und wurde von RTL produziert, also jenem deutschen Privatsender, der 1999 den Verantwortlichen in Galtür vorgeworfen hatte, die drohende Gefahr vertuscht zu haben. Laut RTL sei die Handlung frei erfunden, aber „an die Galtür-Katastrophe ‚angelehnt'".[329] Um die Einheimischen nicht zu sehr zu brüskieren, spielt die Geschichte zwar in den Ötztaler Alpen, genauer gesagt in Vent, doch gerade dieser Ort setzt auf einen eher sanften Tourismus. Daher fühlten sich die Venter zu Recht düpiert, zumal ihnen zugesagt worden sein soll, dass der Name des Ortes im Film nicht erwähnt werde.[330]

---

327 Weindl 1999.

328 „Die Jahrhundertlawine". Deutschland 2008. Regie: Jörg Lühdorff. Zeitgleich um 20.15 Uhr auf RTL und in ORF 1 ausgestrahlt.

329 Liebe in der Lawine. Zehn Jahre nach Galtür zeigt RTL eine Katastrophen-Romanze – und verärgert die Tiroler. In: tz (Tageszeitung München), 06.02.2009, Online-Archiv. <http://www.tz-online.de/de/aktuelles/stars/artikel_58282.html> (11.02.2009)

330 Ebd.

Es existieren diverse Parallelen zwischen der Filmhandlung und dem realen Geschehen in Galtür, allem voran die Staublawine, welche sich in den Ort hineinfrisst, sodann das Bemühen, mittels Amateurfunk den Kontakt zur Außenwelt herzustellen (siehe dazu Kap. IV 2.1), oder das extrem schlechte Wetter, das die Hubschrauber des österreichischen Bundesheeres nicht starten lässt. Aber bereits an diesem Punkt weicht der Film von der Realität ab, da eine „taffe" Frau dem Militärkommandanten eine Starterlaubnis abtrotzt und es tatsächlich schafft, trotz dichten Schneegestöbers und orkanartiger Stürme das Ötztal und das Venter Tal sicher zu durchfliegen, um dann im zerstörten Dorf zu landen. Außerdem wird der Bürgermeister vollkommen anders dargestellt, als es sich in der Realität verhalten hat, nämlich als ein geldgieriger, kenntnisloser Mensch. Dass der Film voller Klischeevorstellungen ist, bemerkte auch die deutsche Tageszeitung „Die Welt":

> *„Ähnlich schlicht gebaut ist das klassische Katastrophenfilm-Gespann aus dem nimmermüden Warner (der alte Hase von der Bergwacht) und dem Ignoranten, dem Bürgermeister, der die Touristen lieber noch ein bisschen melken als sie in Sicherheit wissen will. Der Rest ist Wühlen im Schnee. Mal ragt eine tote Hand ins Freie, mal hocken Kinder zitternd in einem Hohlraum".*[331]

Zehn Jahre nach der Katastrophe tauchten, ähnlich einem Untoten, die alten Vorbehalte, welche vor allem von den deutschen Medien bedient wurden, erneut an die Oberfläche: Man hätte nicht rasch genug gehandelt, denn mit mehr Zivilcourage hätte man die Versorgungsbrücke per Helikopter zügiger aufbauen können. Außerdem wäre die Gefahr vom Bürgermeister kleingeredet und der Ort nicht rechtzeitig evakuiert worden, damit die Galtürer mitten in der Hauptsaison keine Einkommensbußen erleiden. Daraus lässt sich der Schluss ziehen: Die Österreicher sind nun einmal ein Volk ohne Courage und obendrein verschlagen!

Abgesehen von diesem Spielfilm waren die Meldungen und Kommentare in den deutschsprachigen Medien zum Zehnjahresgedenken an die Lawine aber eher moderat. Offensichtlich bewirkte der zeitliche Abstand, dass die Emotionen weniger intensiv waren als beim unmittelbaren Erleben zehn Jahre zuvor und man daher sachlicher informierte. Mehrheitlich wurden in den Berichten die Chronik der Ereignisse aufgelistet sowie der Wiederaufbau und die heutige Situation geschildert. Hinsichtlich der Schuldfrage begnügte man sich zumeist mit der Feststellung, dass ein derartiges Unglück nicht vorhersehbar gewesen und seitens der Staatsanwaltschaft sämtliche Ermittlungen eingestellt worden seien.[332] Teilweise fand sogar die

---

331 Mielke, Andrè: RTL-Katastrophenfilm „Die Jahrhundertlawine" begräbt alles unter sich. In: Die Welt Online, 09.02.2009. <http://www.welt.de/fernsehen/article3145051/Die-Jahrhundert lawine-begraebt-alles-unter-sich.html> (11.02.2009).

332 Beispielsweise lautete die offizielle Mitteilung der Deutschen Presseagentur (dpa), die von vielen Zeitungen abgedruckt wurde: „Vorwürfe, in Galtür sei das Lawinenschutzgebiet aus Geldgier fahrlässig mit Hotels verbaut worden, weisen Mattle und offizielle Stellen zurück. Die Staatsanwaltschaft stellt 2001 alle Ermittlungen ein. Das Unglück von Galtür und Valzur – konstatiert ein Schweizer Gutachten – war ein ‚nicht vorhersehbares Naturereignis'". Christian Fürst (dpa): Ein Alptraum wurde wahr. Lawinen-Desaster von Galtür, Meldung vom 23.02.2009, zitiert nach n-tv.de, <http://www.n-tv.de/1108069.html> (23.02.2009).

Perspektive der Einheimischen Eingang in die deutsche Berichterstattung, so etwa in einem Artikel des Hamburger Journalisten Jörg Malke, der vor Ort behutsam recherchierte.[333]

Einzig die „Bildzeitung" ließ es sich nicht nehmen, in reißerischer Form darauf aufmerksam zu machen, dass „Galtür" anscheinend zum Synonym für die alpine Katastrophen schlechthin geworden ist. Der Umstand, dass am 23. Februar 2009 eine Lawine im Gebiet der Gemeinde Schliersee in Oberbayern niederging und einige Wintersportler verschüttete, veranlasste „Bild" nämlich zu folgenden Schlagzeilen:

- *„Höchste Gefahrenstufe in den Alpen*
- *Lawine verschüttet sechs Menschen – alle gerettet!*
- *Tragisch: Schneewalze von Galtür forderte vor zehn Jahren 31 Opfer.*[334]

Dann folgt der einleitende Text:

„Lawinen-Alarm am zehnten Jahrestag von Galtür: Im Gebiet um den Spitzingsee (Bayern) wurden sechs Wintersportler verschüttet! Sie konnten sich aber aus eigener Kraft befreien".[335]

Hier werden zwei Ereignisse, nämlich die Katastrophe von Galtür sowie ein glimpflich verlaufender Lawinenabgang, miteinander in Verbindung gebracht, obwohl es keinen kausalen Zusammenhang zwischen ihnen gibt. Das harmlose Ereignis, das ansonsten in der Flut der Meldungen wahrscheinlich untergegangen wäre, wird zu etwas Besonderem stilisiert, indem es im selben Atemzug mit einem genau zehn Jahre zurückliegenden Desaster genannt wird.

---

333 Malke 2009.

334 Bild.de, 23.02.2009. <http://www.bild.de/BILD/news/2009/02/23/galtuer-lawinen-unglueck-alpen/vor-zehn-jahren-starben-31-menschen-in-den-schneemassen.html> (23.02.2009).

335 Ebd.

IV Auswirkung, Verarbeitung, Erklärung und Sinn der Katastrophe

1 Ursache und Wirkung, bewusste und unbewusste Intentionalität

Wenn in der Hauptüberschrift zu diesem Kapitel auch vom „Sinn" der Katastrophe die Rede ist, mag das bei dem einen oder anderen Leser zunächst auf Unverständnis oder Befremden stoßen. Kann die Lawine einen „Sinn" gehabt haben oder gar „sinnvoll" gewesen sein? In Anbetracht des entstandenen Leids wäre das eine zynische Vorstellung und obendrein vollkommen abwegig, denn die Lawine ist aus rationaler Perspektive ein natürliches Geschehen mit erklärbaren Ursachen. Erinnern wir uns: Im Februar 1999 fiel innerhalb von zehn Tagen so viel Schnee, wie es statistisch betrachtet nur alle 300 Jahre der Fall ist. Zusätzlich gab es heftige Stürme, und wegen des Wechsels von Warm- und Kaltfronten hatte der Pulverschnee eine nur geringe Bindungsfestigkeit: Vor dem Schlechtwettereinbruch hatte es einige Tage getaut – mit der Folge, dass eine glitschige Unterschicht entstanden war. Dadurch löste der Schneesturm, welcher seit dem 22. Februar tobte, die Lawine aus.[336] Dies ist eine rationale Erklärung für ein natürliches Geschehen, und so formulierten es auch einige Interviewpartner: „Ich sage einfach: Das war eine reine Naturkatastrophe [...], und das hat halt leider Gottes dort einmal uns erwischt, es war in ganz Tirol sehr gefährlich".[337] Anders formuliert: „So und so ist das, die Natur bleibt Natur und ist Natur, und mit dem müssen wir leben da; das hat es früher gegeben, das wird es auch immer wieder geben".[338]

Das ist kein Fatalismus, sondern hängt mit der Akzeptanz natürlicher Gegebenheiten zusammen, die das „Siedeln am Rande der Welt" zwangsläufig mit sich bringt. Auf der anderen Seite kann es jedoch, wie bereits erwähnt, emotional unbefriedigend sein, wenn man von etwas tief betroffen ist, das keinen direkten Bezug zu einem selber hat. Am radikalsten hat das wohl der Biologe und Philosoph Jacques Monod formuliert, als er aus der naturwissenschaftlich begründeten Erkenntnis, dass natürliche Prozesse vollkommen unabhängig vom Menschen ablaufen, den folgenden Schluss gezogen hat:

> *„Wenn er diese Botschaft in ihrer vollen Bedeutung aufnimmt, dann muss der Mensch endlich aus seinem tausendjährigen Traum erwachen und seine totale Verlassenheit, seine radikale Fremdheit erkennen. Er weiß nun, dass er seinen Platz wie ein Zigeuner am Rande des Universums hat, das für seine Musik taub ist und gleichgültig gegen seine Hoffnungen, Leiden oder Verbrechen".*[339]

---

336 Vgl. Kap. II 2.
337 Benjamin Kathrein, I, S. 33.
338 Georg Juen jun., I, S. 72.
339 Monod 1971, S. 211.

Das ist eine Perspektive, die für einige Wissenschaftler bzw. Skeptiker rational befriedigend sein mag, viele Menschen jedoch emotional überfordert. Denn Monod entwirft ein Bild, in dem es keinen Platz gibt für „etwas Höheres", das heißt für spirituelle, metaphysische Bedürfnisse oder auch „nur" für eine Natur, die in Beziehung zu uns steht, indem sie uns etwas „mitteilen" möchte.

Ich will nicht missverstanden werden: Es geht hier nicht darum, religiöse oder esoterische Botschaften zu verkünden, sondern nur zu beschreiben, was in vielen Menschen vor sich geht, wenn sie mit einem tragischen Geschehen konfrontiert worden sind. Das ist auch bei den Galtürern nicht anders gewesen, und darum soll es im Folgenden gehen. Bereits im letzten Kapitel wurde darauf hingewiesen, dass die emsig betriebene Schuldfrage einem tief verankerten Impetus folgt, nämlich die Dinge, welche um uns herum geschehen, eine Bedeutung zu geben, indem man sie auf sich bezieht. Wir haben das ethnologisch zu begründen versucht, aber es lässt sich auch entwicklungs- und tiefenpsychologisch sowie philosophisch plausibel machen.

Jean Piaget, der bedeutendste Entwicklungspsychologe des 20. Jahrhunderts, hat sich zeitlebens mit einem Phänomen befasst, das als „epistemologischer Egozentrismus" in die Literatur eingegangen ist. „Egozentrismus" ist in dem Fall keine moralische Kategorie im Sinne von „Egoismus", sondern bezieht sich auf die Grundlagen und Möglichkeiten des Erkenntnisvermögens, eben auf „Epistemologie". Da die Wünsche und grundlegenden Bedürfnisse des Säuglings in der Regel eine Reaktion der Eltern zur Folge hat, kann es kaum zwischen seinen eigenen Lebensäußerungen und denen der anderen unterscheiden. Mit „Egozentrismus" ist daher gemeint, dass Kinder die Welt erklären, indem sie von sich selber als Zentrum ausgehen und sie zu sich in Beziehung setzen. Einige Beispiele: Weil sie selber lebendige Wesen sind, glauben sie zunächst, dass alle Gegenstände ebenfalls leben. Wenn man einen Stein nassmacht oder zertrümmert, spürt er das,[340] und auch der Wind merkt, dass er nicht weiter kann, wenn er auf eine Hauswand trifft.[341] Die Erkenntnis, dass man Dinge herstellen kann, übertragen Kinder auf alle Phänomene der Umwelt. Der Himmel wurde vom lieben Gott gemacht oder von Männern, indem diese Wolken genommen und fest zusammengefügt haben.[342]

Grundlegend für das kindliche Denken ist darüber hinaus und damit zusammenhängend die Finalität, das heißt die Vorstellung, dass alles Geschehen ein Ziel hat, im positiven wie im negativen Sinn. Der Mond ist dazu da, damit die Nacht für den Menschen nicht ganz so dunkel ist, und die Sonne scheint, um die Menschen zu wärmen. Stößt man sich indes am Stuhlbein, war der Stuhl „böse", denn er hatte es auf mich abgesehen.

Parallelen zum magischen Denken traditioneller bzw. indigener Kulturen sind unschwer zu erkennen. Von diesen war bereits im letzten Kapitel die Rede, als es um ethnologische Erklärungen für das fundamentale Bedürfnis nach Schuldzuwei-

---

340 Piaget 1980, S. 147.
341 Ebd., S. 151.
342 Ebd., S. 230.

sung ging. Offensichtlich existieren zwischen dem egozentrischen Denken des Kindes und magischen Vorstellungen in archaischen Gesellschaften Gemeinsamkeiten. Hinsichtlich der Denkstruktur läuft es nämlich auf das gleiche hinaus, ob das Kind sich über den „bösen" Stuhl ärgert, an dem es sich gestoßen hat, oder der Wanderer über den Quälgeist, der ihn in die Irre führt, um ihn dann mit lautem Lachen zu verlassen.[343] Strukturell betrachtet macht es auch keinen Unterschied, ob das Kind ein Kornfeld meidet[344] oder der Erwachsene verrufene Orte, weil sich darin ein Dämon aufhält: Stets haben es mächtige Wesen aus der Umwelt auf ihn abgesehen. Die Gemeinsamkeiten zwischen dem kindlichen und dem archaischen Denken erklären sich, wenn ich es einmal so formulieren darf, aus mangelndem „Kulturkontakt", nämlich dem begrenzten Erfahrungshorizont in der Kinderstube bzw. den relativ abgeschotteten Gemeinschaften traditioneller Provenienz. Weltoffenheit und Lebenserfahrung tragen hingegen zur „Dezentrierung" bei, das heißt zur Abschwächung des egozentrischen bzw. ethnozentrischen Denkens.[345] Kinder lernen mit der Zeit, sich in andere Menschen hineinzuversetzen[346] und bis zu einem gewissen Grad nachzuvollziehen, dass zum Beispiel alternative Lebenskonzepte auch ihre Berechtigung haben.

Völlig überwinden lässt sich der Egozentrismus indes nicht. Das hängt zum einen mit der Perspektivität der Erkenntnis zusammen, die eine anthropologische Konstante ist und sich daher durch Lebenserfahrung nur teilweise relativieren lässt.[347] Wie wir gesehen haben, hat in Galtür „jeder seine eigene Geschichte" von der Lawine – weil er nur an bestimmten Orten sein konnte, jedoch nicht überall, und weil er diese Erlebnisse in seine individuelle Biographie integriert hat, die naturgemäß mit keiner anderen identisch sein kann. Zum anderen wäre es ein Irrtum zu glauben, dass sich menschliche Entwicklung in Stufenform vollzieht, sodass einmal überwunden geglaubte Vorstellungen nicht mehr existierten. Vor allem in Krisen und angstbesetzten Situationen tendieren wir dazu, auf frühe Phasen der individuellen Entwicklung zurückzukehren, welche mehr Sicherheit zu versprechen scheinen – ein Phänomen, das in der Psychoanalyse als Regression („Rückschritt") bezeichnet wird. Diese Sicherheit finden wir in der Kindheit mit ihren vermeintlichen Eindeutigkeiten, der Neigung zum Schwarz-Weiß-Denken und der Tendenz, die Dinge dieser Welt auf sich zu beziehen.

Das egozentrische Denken ist tief verankert, weil es die Lebenserfahrung des Kindes und seine heftige Gefühlswelt prägt. Daher braucht es nicht zu überraschen, wenn Katastrophen – das heißt emotional bewegende Erlebnisse – frühe Gefühle und deren Denkstile reaktivieren. Indem man von derartigen Ereignissen unmittelbar berührt wird, schnellen die Gefühle empor und rufen den Eindruck hervor, dass das Geschehen gezielt auf uns gerichtet war, womit wir erneut beim egozentrischen

---

343 HDA, Bd. 3, 1927, S. 478.
344 Vgl. ausführlich Beitl 2007, S. 15–97; S. 207–215.
345 Beim Kinde allerdings auch Reifungsvorgänge.
346 Vgl. grundlegend den Drei-Berge-Versuch von Jean Piaget (Piaget und Inhelder u.a. 1999, S. 253f.).
347 Siehe Köller 2004.

Denken angelangt sind: Die Begebenheiten aus der Umwelt laufen nicht planlos ab, sondern zielgerichtet; sie haben mit mir zu tun, sie gelten mir – das ist die Quintessenz des epistemologischen Egozentrismus. „Zielgerichtetheit" wird in der Philosophie als „Intentionalität" oder „Teleologie" bezeichnet.[348] Es handelt sich dabei um Schlüsselbegriffe zum Verständnis des menschlichen Handelns, und so können wir die Problematik nun von ihrer philosophischen Seite her angehen.

Die antike und mittelalterliche Lehre unterscheidet zwischen verschiedenen Aspekten des Begriffs „Ursache",[349] von denen der wichtigste die Ziel- oder Zweckursache ist, bei Aristoteles „telos" genannt,[350] bei Thomas von Aquin „causa finalis".[351] Menschliches Handeln wird oftmals erst dann verständlich, wenn man um das Ziel weiß, welches angestrebt wird. Doch die Zielursache wurde in der antiken und mittelalterlichen Philosophie nicht allein auf den menschlichen Bereich begrenzt, sondern auch auf die belebte und unbelebte Natur angewendet. So erklärt Aristoteles zum Beispiel den freien Fall eines Steines nicht, wie heutzutage, mit der Erdanziehung, sondern damit, dass es das Ziel desselben ist, zum Erdmittelpunkt als dem „natürlichen Ort" der Ruhe zu gelangen. Während die „leichten Elemente" an den Rand der Mondsphäre streben, zielen die „schweren Elemente" nach dem Mittelpunkt des geozentrisch gedachten Kosmos.[352] Es ist leicht nachzuvollziehen, dass mit dem Aufkommen der modernen Naturwissenschaft in der Frühen Neuzeit die Zielursache als unseriös und metaphysisch abgelehnt wurde. Einzig jener Ursache wurde wissenschaftliche Seriosität zugesprochen, welche bei Aristoteles „kínēsis" heißt[353] und bei Thomas von Aquin mit „causa efficiens" übersetzt wird.[354] Im Deutschen wird sie als „Bewegursache" oder „Wirkursache" bezeichnet, und es ist schlicht und einfach unser moderner Ursachen-Begriff gemeint, der Auskunft gibt auf die Frage nach dem Warum und Woher. Präzise formuliert hat das der englische Philosophen David Hume, denn er definiert Ursache als einen „Gegenstand, dem ein anderer folgt".[355]

Die Vernachlässigung der Zielursache in der modernen Naturwissenschaft hat einsichtige Gründe. Beispielsweise ist es nicht sinnvoll, sich zu fragen, *zu welchem Zweck* (= Finalursache) ein Flugzeug abgestürzt ist, sondern nur, *warum* (= Wirkursache) das geschehen ist. Genauso wenig wäre es zielführend, darüber zu grübeln, welchen Zweck ein Stein verfolgt, wenn er nicht gen Himmel steigt, sondern zum Erdboden fällt. In dieser Hinsicht kann der Rückgriff auf die neuzeitlichen Naturgesetze als ein Fortschritt betrachtet werden. Aber im Bereich menschlicher Motive reicht die Wirkursache allein nicht aus, um Verhalten und Einstellungen zu

---

348 Vgl. dazu ausführlicher Ritter, Gründer, Gabriel, Bd. 10, 1998, Sp. 970–978; Spaemann, Löw 1996.
349 Gloy 1995, S. 116–129; Ritter, Gründer, Gabriel, Bd. 11, 2001, Sp. 377–389.
350 Aristoteles 1999, I, 3.
351 Thomas von Aquin 2000, lib. 1 l. 4 n. 2.
352 Aristoteles 1995, VIII, 4, 255a–255b.
353 Aristoteles 1999, I, 3.
354 Thomas von Aquin 2000, lib. 1 l. 4 n. 2.
355 Hume 1993, S. 92.

verstehen, da der Mensch bestrebt ist, seinem Leben einen Sinn abzugewinnen. Wenn die Psychoanalyse den Charakter und das Handeln des Individuums wirkkausal aus seiner Kindheit erklärt, wird damit den Standards moderner Forschung Rechnung getragen, die sich am Vorbild der Naturwissenschaften orientiert. Doch das ist nur die halbe Rechnung, weil der Mensch sich auch, bewusst oder unbewusst, Zwecke setzt, Absichten verfolgt, Ziele erreichen möchte. Es geht mit anderen Worten auch um „Intentionalität" – ein Begriff, mit dem die naturwissenschaftlich orientierte Psychologie zwar kaum etwas anfangen kann,[356] sehr wohl aber die geisteswissenschaftlich orientierten Disziplinen, welche sich der Hermeneutik verpflichtet wissen, der Lehre vom Verstehen und der Interpretation. Den Begriff „Intentionalität" hat der Philosoph Franz Brentano in die Psychologie des 19. Jahrhunderts eingeführt.[357] In die Tiefenpsychologie hat er nicht, um seine unbewusste Dimension erweitert, durch Sigmund Freud Eingang gefunden, wie der Psychoanalytiker Gottfried Fischer behauptet,[358] sondern durch Alfred Adler, den Begründer der Individualpsychologie. Aus seiner Sicht gilt es, wirk- und zielkausale Faktoren zu verknüpfen, um den Menschen und seinen Lebensstil zu verstehen. Er fragt wirkkausal, *warum* der Mensch so ist, wie er ist, und verweist dazu auf die Situation der Kindheit, in welcher Gefühle der Unzulänglichkeit und Minderwertigkeit dominieren. Aber gleichzeitig sind diese der teils bewusste, großenteils aber unbewusste Motor, um sich Ziele zu setzen:

> *„Bedenkt man, dass eigentlich jedes Kind dem Leben gegenüber minderwertig ist und ohne ein erhebliches Maß von Gemeinschaftsgefühl der ihm nahe stehenden Menschen gar nicht bestehen könnte, fasst man die Kleinheit und Unbeholfenheit des Kindes ins Auge, die lange anhält und ihm den Eindruck vermittelt, dem Leben nur schwer gewachsen zu sein, dann muss man annehmen, dass am Beginn jedes seelischen Lebens ein mehr oder weniger tiefes Minderwertigkeitsgefühl steht. Dies ist die treibende Kraft, von der alle Bestrebungen des Kindes ausgehen und sich entwickeln, die ein Ziel erfordert, von dem das Kind alle Beruhigung und Sicherstellung seines Lebens für die Zukunft erwartet und die einen Weg einzuschlagen zwingt, der zur Erreichung dieses Zieles geeignet erscheint".*[359]

Ein Beispiel möge deutlich machen, worin der Erkenntnisgewinn besteht, wenn man nicht nur die Wirkursache, sondern auch die Zielursache berücksichtigt. Falls jemand Schuldgefühle entwickelt und man sich fragt, woher diese kommen, ist die nächstliegende Antwort: Er hat etwas falsch gemacht, hat einem anderen Schaden zugefügt, und nun beißt ihn sein Gewissen. Nachdem bei der Fußballweltmeisterschaft 2002 Deutschland gegen Brasilien 2:0 verloren hatte, nahm Oliver Kahn, damals Torhüter der Nationalelf, alle Schuld für die Niederlage seiner Mannschaft auf sich. Er sagte: „Da gibt es keinen Trost. Ich selbst muss mit diesem Fehler le-

---

356 Vgl. Kap. I 1; vgl. zum Begriff „Intentionalität" auch Searle 2006, S. 171–205.
357 Brentano 2008.
358 Fischer 2008, S. 24.
359 Adler 2007b, S. 72 (eigene Hervorhebung, B.R.).

ben. Dadurch ist alles nichts".[360] Wirkkausal äußert er sich so, *weil* er zur Selbstkritik fähig und einsichtig ist. Wenn wir allerdings nach dem *Ziel* fragen, nämlich danach, was er dadurch *unbewusst erreichen* möchte, so können wir feststellen, dass er einerseits wohl auf Bewunderung aus war wegen seiner schonungslosen Selbsteinschätzung. Andererseits aber und vor allem handelt es sich um eine unbewusste Machtzuschreibung, *denn wer Schuld hat, ist ursächlich verantwortlich, und wenn man die Ursache für etwas ist, dann ist man auch mächtig!*

Dadurch erklärt sich der merkwürdige Umstand, dass Opfer traumatischer Belastungen oftmals Schuldgefühle entwickeln. Das gilt für entführte Personen genauso wie für vergewaltigte Frauen und ebenso für all jene, welche von einer Katastrophe heimgesucht werden. Logisch betrachtet handelt es sich um einen Widerspruch, da die betroffenen Personen sozusagen eine Wende um 180 Grad machen, indem sie von der Opfer- in die Täterrolle schlüpfen. Aber hier geht es nicht um formale Logik, sondern um Psychologie, um „Psycho-Logik", und diese vermag, da das Gefühlsleben anderen Gesetzen als denen der Rationalität folgt, die widersprüchlichsten Regungen unter einem Dach zu vereinen. Daher heißt es in einem Lehrbuch zur Psychotraumatologie: „Subjektive Schuldgefühle können auch dann auftreten, wenn kein Verschulden des Betroffenen erkennbar ist".[361] Das lässt sich am ehesten aus individualpsychologischer Sicht verständlich machen. Wer traumatisiert wird, erlebt sich als extrem hilflos und ausgeliefert – ein Zustand, der kaum zu ertragen ist, weil er mit heftigen Gefühlen der Minderwertigkeit und Unzulänglichkeit einhergeht. Diese aber schreien geradezu nach Kompensation, und das geschieht mithilfe von Schuldgefühlen, welche unbewusste Machtzuschreibungen ermöglichen.

Das lässt sich auch psychoanalytisch gut begründen, und zwar als „Identifikation mit dem Angreifer". Anna Freud schildert den Fall eines Volksschülers, der wegen Grimassierens in die Erziehungsberatung geschickt wurde. Während des gemeinsamen Gesprächs mit seinem Lehrer und dem Psychoanalytiker August Aichhorn wird deutlich,

> *„dass die Grimassen des Jungen nichts anderes sind als ein verzerrtes Abbild der Gesichtszüge des ärgerlichen Lehrers. Der Junge, der dem Tadel des Lehrers standhalten soll, bewältigt seine Angst durch unwillkürliche Nachahmung des Zornigen. Er übernimmt selber seinen Zorn und folgt den Worten des Lehrers mit dessen eigenen, nicht wiedererkannten Ausdrucksbewegungen. Das Grimassieren dient hier also der Angleichung oder Identifizierung mit dem gefürchteten Objekt der Außenwelt".*[362]

Unbewusst identifiziert sich der Bub mit seinem Lehrer, um an seiner Größe teilzuhaben. Wirkkausal, also in Hinblick auf die Frage, warum er so handelt, befindet der Schüler sich in einer unterlegenen Position; er schneidet daher Grimassen und zieht die Aufmerksamkeit des Pädagogen auf sich. Er handelt aber gleichzeitig

---

360 zitiert nach Rieken 2004, S. 21.
361 Hausmann 2006, S. 36.
362 A. Freud 1984, S. 85f.; alternative Sicht auf die Täter-Opfer-Beziehung: Regner 2000.

auch intentional, denn er verfolgt das unbewusste Ziel, sich aus seinem als minderwertig erlebten Zustand zu befreien, um zu einem erträglicheren Selbstwertgefühl zu gelangen, und zu diesem Zweck identifiziert er sich mit dem vermeintlichen Angreifer.

Fassen wir zusammen: Intentionalität bzw. Zielkausalität ist ein wichtiger Aspekt für menschliches Handeln im Allgemeinen und für den Umgang mit einem traumatischen Erlebnis im Besonderen. In der aristotelischen Ursachenlehre wird ihr eine große Bedeutung zugeschrieben, weil menschliches Handeln oftmals erst dann verständlich wird, wenn man um den Zweck oder das Ziel weiß, welches der Betreffende erreichen möchte. Während die Philosophie ihr Hauptaugenmerk auf bewusste Ziele legt, ist es das Verdienst der Individualpsychologie Alfred Adlers, auf die Bedeutung der unbewussten Intentionalität hingewiesen zu haben. Sie ist tief in der menschlichen Psyche und in der Kultur verankert, da sie den epistemologischen Egozentrismus des Kindes genauso prägt wie das magische Denken in archaischen Gesellschaften. Dabei wird das eigene Erleben auf andere Personen bzw. auf Objekte projiziert, das heißt man schließt unbewusst von sich auf die Umwelt, indem *ihr* Intentionalität zugesprochen wird: Wenn das Kind sich am Stuhl stößt, wird diesem gewissermaßen Leben eingeflößt und ihm unterstellt, er verfolge die Absicht, dem Kinde Schmerzen zuzufügen. Es gelangt zu dieser Überlegung, weil es selber lebendig ist und mitunter den Impuls spürt, anderen etwas anzutun.

In ähnlicher Weise wird mit traumatischen Erlebnissen verfahren. Sie überfordern den Menschen, lösen Unterlegenheitsgefühle aus und lassen ihn auf eine frühere Phase der individuellen Entwicklung regredieren. In dieser regiert das egozentrische Erleben, sodass man den Eindruck bekommt, gezielt getroffen worden zu sein. Das ist gleichzeitig ein Ausdruck der Kompensation, denn der einzelne ist damit kein „Zigeuner am Rande des Universums", sondern hat Bedeutung. Selbstverständlich sind einem diese Vorgänge nicht bewusst zugänglich, denn sie spielen sich allzumal im Unbewussten ab. Sie erwecken aber den mehr oder weniger vagen Eindruck, dass die Dinge, welche um uns herum geschehen, nicht getrennt von uns ablaufen, sondern etwas mit uns zu tun haben, indem sie uns etwas mitteilen oder uns etwas zufügen wollen.

Die Bedeutung des intentionalen, egozentrischen Denkens ist besonders klar ersichtlich, wenn man einen Blick in die Geschichte wirft und der Frage nachgeht, wie man früher Katastrophen erklärt hat. Das geläufigste Begründungsmuster ist die Strafe durch höhere Mächte, und wir finden es bereits in der Antike, etwa in Zusammenhang mit dem Ausbruch des Vesuvs 79 n. Chr.[363] Das steht noch nicht in Zusammenhang mit dem christlich-traditionellen Verständnis eines zürnenden Gottes, sondern mit der Lehre von den vier Elementen Feuer, Wasser, Erde, Luft, aus denen sich sowohl der Mensch als auch der gesamte Kosmos zusammensetzen sollen. In der Naturphilosophie des Empedokles, die großen Einfluss auf die nachfolgenden Generationen ausübte, befinden sich die Elemente in einem ständigen Wi-

---

363 Sonnabend 2003.

derstreit, wobei durch Hass die Ordnung auseinanderbrechen und durch Liebe aufrecht erhalten werden kann. Das bezieht sich aber nicht nur auf das Miteinander bzw. Gegeneinander der Götter, sondern auch auf die Menschen, das heißt wenn diese in Hass miteinander leben, können auch die Elemente in Unordnung geraten. Überall „entströmen Abflüsse", wie es Empedokles anschaulich formuliert,[364] was bedeutet, dass sie auch aus den Menschen „herausströmen" und diese dadurch die kosmische Ordnung, heute würden wir sagen: die Umwelt oder Ökologie beeinflussen. Das mag theoretisch und abstrakt klingen, aber es ist hochbrisant, beeinflusst bis heute zumindest indirekt das europäische Denken und findet sich in Spuren auch in einigen Interviews mit den Galtürer Gewährsleuten.[365] Die Elemente können durch menschliches Fehlverhalten sosehr in Unordnung geraten, dass es zu *element*aren Katastrophen kommt, also zu solchen, die mit den vier *Elementen* Feuer, Wasser, Erde, Luft zu tun haben. Und genau in diesen „wird die Macht der Natur am intensivsten erfahren, und darum sind sie die großen Schulen der Angst".[366] Im Falle Galtürs waren zwei der vier Elemente im Spiel, nämlich Luft in Gestalt des Starkwindes und Wasser in gefrorener Form, das Richtung Dorf stürzte.

Die Auffassung, dass der Mensch für Naturkatastrophen verantwortlich ist, wird im christlichen Denken mit Gott als strafender Instanz verbunden, und bereits in der Genesis ist die Sintflut eine Folge menschlichen Fehlverhaltens: Gott sieht, „dass der Menschen Bosheit groß war auf Erden",[367] und er beschließt sie durch eine gewaltige Flut zu vernichten. Aufschlussreich ist, dass die Vorsilbe „sin(t)-" im Althochdeutschen „immer" bedeutet, zu verstehen als andauernde oder umfassende Flut, in der volkstümlichen Vorstellung indes als „Sünde" interpretiert wird, was ein Hinweis darauf ist, dass die Verbindung zwischen Schuld und Strafe tief in der populären Religiosität verankert ist.

Die Auffassung, dass Katastrophen ein Ausdruck göttlichen Zornes sind, ist heutzutage natürlich nicht mehr das dominierende Interpretationsmuster. Erkenntnisse der Aufklärungsphilosophie und der Naturwissenschaft beschränken sich nicht nur auf Eliten, sondern sind auch in breiten Schichten der Bevölkerung verankert, zumindest in den westlich orientierten Gesellschaften. Die Verbannung des intentionalen Denkens aus der Naturwissenschaft hat nämlich bewirkt, dass man eine klare Grenzlinie zwischen Subjekt und Objekt zieht: „Das war eine reine Naturkatastrophe"[368] – so oder so ähnlich wurde es mir während der Interviews immer wieder versichert, und in gleicher Weise argumentieren Wissenschaftler seit der Epoche der Aufklärung. Eine Sturmflutkatastrophe sei doch kein „Wunderwerk, sondern hat ihre in der Natur gegründete Ursachen, wie ja wohl keiner leugnen

---

364 „Wisse, dass allem, was ward in der Welt, Abflüsse entströmen. // Denn mit der Erde *in uns* seh'n Erde wir, Wasser mit Wasser, // Glänzende Luft mit Feuer, vernichtendes Feuer mit Feuer; // Lieb' wird der Liebe gewahr und Hass des traurigen Hasses" (Fragment 47, Nestle 1978, S. 136f.); vgl. G. Böhme und H. Böhme 2004, S. 269–275.

365 Siehe Kap. IV 3.

366 H. Böhme 2000, S. 32.

367 1 Mo 6.5.

368 Benjamin Kathrein, I, S. 33.

wird", argumentiert etwa der ostfriesische Deichbauexperte Albert Brahms anno 1767.[369]

Doch wenn es darum geht, die Katastrophe mental zu verarbeiten, taucht das intentionale Denken wieder an die Oberfläche empor, das machen auch die Interviews deutlich. Hinzukommt, dass das traditionelle Argumentationsmuster gegenwärtig eine neue Konjunktur erlebt, allerdings in wissenschaftlichem Gewande. Gemeint ist die Debatte um schädliche menschliche Einflüsse auf den Klimawandel, wodurch Naturkatastrophen an Anzahl und Schwere zunehmen sollen. Desasträses Geschehen ist in dem Kontext nicht mehr ein Ausdruck des strafenden Gottes für sündhaftes Tun, sondern ein Ausdruck der „zornigen" Natur für das „sündhafte" Umweltverhalten der Menschen.[370] Die Unterschiede gegenüber dem traditionellen Denkmuster bestehen in der naturwissenschaftlichen Begründung sowie darin, dass nicht primär die gewaltsame Natur unsere Zivilisation bedroht, sondern umgekehrt die Natur durch unsere Zivilisation bedroht wird.[371] Doch die hervorstechende Gemeinsamkeit ist die Anwendung des teleologischen, intentionalen Denkens.[372]

Bei all dem geht es mir nicht um die Frage nach einer etwaigen objektiven Wahrheit. Wenn die Diskussion um den anthropogenen Klimawandel in den Kontext des intentionalen Denkens gestellt wird, soll damit nicht behauptet werden, das wäre aus heutiger Sicht genauso skurril wie die Auffassung, göttliche Mächte würden Katastrophen schicken. Hier wird kein radikaler Konstruktivismus vertreten, in dem jegliches Denken zur bloßen Erzählung gerinnt. Wäre das der Fall, dann hätte beispielsweise die Evolutionstheorie keinen höheren Wert als das kreationistische Dogma, Gott hätte vor einigen 1000 Jahren die Erde in sechs Tagen erschaffen. Das ließe sich nur durch die Leugnung einer erdrückenden Anzahl empirischer Belege aufrechterhalten, die darauf hinweisen, dass die Erde seit Milliarden von Jahren existiert und sich das organische Leben allmählich entwickelt hat.

Außerdem ist teleologisches Denken auch außerhalb des humanen Bereichs nicht prinzipiell unwissenschaftlich. Ein Fisch, der sich im Netz verheddert, zappelt, und wir sagen, er tue das, *um sich* zu befreien. Das lässt sich behaupten, weil wir Fische auch in anderen Situationen kennen und Zappeln normalerweise einen Befreiungsversuch darstellt. Je näher uns Tiere in evolutionärer Hinsicht stehen, desto eher können wir ihr Verhalten aus der Sicht unseres eigenen Lebensvollzugs interpretieren, und je entfernter sie sind, umso schwieriger wird eine teleologische Deutung.[373] Im nicht-organischen Bereich, etwa beim Klimawandel, wird von wissenschaftlicher Seite ohnehin wirkkausal argumentiert: Weil der Kohlendioxidgehalt in der Atmosphäre durch die Verbrennung fossiler Energieträger zugenommen hat und in der Lage ist, langwellige Strahlung in Wärmeenergie umzusetzen, stei-

---

369 Brahms 1767, S. 37; über Brahms siehe Hafemann 1992.
370 Siehe Rieken 2005, S. 324ff.
371 Siehe Groh, Kempe, Mauelshagen 2003: Einleitung. In: Groh, Kempe, Mauelshagen 2003, S. 27.
372 Siehe Rieken 2010a.
373 Spaemann und Löw 1985, S. 281.

gen die Temperaturen und beeinflussen das Klima. Aber in der populären und medialen Wahrnehmung wird daraus ein „zorniger Planet", der teleologisch handelt, indem er sich für das rächen will, was der Mensch ihm angetan hat. In der Sprache des Empedokles formuliert: Vom Menschen verursachte „Abflüsse entströmen" in die Umwelt, bringen die Ordnung der vier Elemente durcheinander und erzeugen chaotische Entladungen in Gestalt von Naturkatastrophen. Ansätze davon finden wir in den Interviewauszügen der folgenden Kapitel.

2 Gott und die Lawine

2.1 Theodizee: menschliches Leid und göttliche Allmacht

In einer katholischen Gemeinde wie Galtür ist es selbstverständlich, dass bei einer derartigen Katastrophe, wie sie der Ort erfahren hat, auch religiöse Dimensionen berührt werden. Das gilt zunächst für das Problem der Theodizee, ein Begriff, der auf den Philosophen Gottfried Wilhelm Leibniz zurückgeht und die Frage thematisiert, wie man in Anbetracht des physischen und moralischen Übels in der Welt die Allmacht, Allwissenheit und Allgüte Gottes rechtfertigen kann. Nach der Lawine, als die Schule wieder begonnen habe, sei diese Frage auch im Religionsunterricht behandelt worden, sagt Isabell Lorenz, und „im ersten Moment hat man sich dann gefragt, gibt es überhaupt einen Gott, der so etwas zulassen kann?"[374] Als am 28. Dezember 1999 – also gut zehn Monate nach der Katastrophe von Galtür – unweit der Jamtalhütte eine von erfahrenen Bergführern geleitete Gruppe von einer weiteren Lawine erfasst wurde und dabei neun Personen umkamen, sei das, so Walter Köck, für die Leute „psychisch viel schlimmer" gewesen als das vorige Unglück,

> „weil die Leute das einfach nicht mehr gefasst haben: Jetzt haben wir wieder eine Lawine, und jetzt ist schon wieder einmal eine da, und ein Hang, kein Schnee drauf, die Leute, die geführt haben, prominente Skilehrer, und da passiert das denen. Und da fangen natürlich wieder Glaubenszweifel an: Ja, Himmel, ist der liebe Gott da, gibt es überhaupt den lieben Gott?"[375]

Der nächste Satz in dem Interview leitet, für mich zunächst überraschend, unvermittelt zu einem ganz anderen Thema über, das Walter Köck mit dem folgenden Satz einleitet: „Ich muss Ihnen da gach noch etwas zeigen, weil sie Psychotherapeut sind".[376] Und dann holt er ein Funkgerät her und berichtet, dass er Amateurfunker sei und man ihn in der Katastrophennacht gebeten habe, ein Funknetz aufzubauen, um Kontakte zur Außenwelt herzustellen. Das sei zunächst außerordentlich kompliziert gewesen, aber „der liebe Gott hat mir da geholfen, die Frequenzen haben alle gestimmt".[377] Der thematische Reihenfolge Gotteszweifel/Psychothera-

---

374 Isabell Lorenz, I, S. 84.
375 Walter Köck, I, S. 78.
376 Ebd.
377 Ebd., 79.

peut/Amateurfunk mag auf den ersten Blick nicht einsichtig sein, aber wenn man davon ausgeht, dass in der katholischen Bevölkerung des Tiroler Oberlandes gewisse Vorbehalte gegenüber den Angehörigen der „Psy-Berufe" bestehen – unter anderem, weil man ihnen einen mehr oder weniger ausgeprägten Atheismus unterstellt –, dann soll diesem vorgebeugt werden, indem auf die göttliche Hilfe beim Herstellen einer Amateurfunkverbindung hingewiesen wird. Das mag auf den ersten Blick kurios klingen, zeigt aber ein allgemeines Muster auf, das mir von vielen Interviewpartnern bestätigt wurde: Die Lawine hat wohl bei dem einen oder anderen zunächst Zweifel an der Güte Gottes aufkommen lassen, doch haben sich diese bald verflüchtigt, weil der Glaube in der Bevölkerung tief verankert ist und weil die Katastrophe im Großen und Ganzen gemeistert werden konnte. Karl Gatt, der Diakon, hat das folgendermaßen begründet:

„Zu mir haben sehr viele Menschen gesagt, wie konnte das Gott zulassen? Und ich muss da sagen, ich glaube, dass, da bin ich fest überzeugt, ich glaube, dass auch der liebe Gott, dass es auch ihm leid getan hat, dass das in Galtür passiert ist. Drum hat er uns so viele Hilfen geschickt, es waren so viele Menschen da. Die ganze Welt hat das erfahren, geholfen, wir haben ja Hubschrauber, und Menschen waren da, es waren Psychologen, andere Helfer da, auch die ganzen Gäste haben geholfen, natürlich hat man auch Geldspenden bekommen. Und auch, als man die Häuser wiederaufgebaut hat, das ist reibungslos gegangen und schnell. Und [...]es hat auch Menschen gegeben, die [...] beleidigt waren auf Galtür usw., und das hat sich jetzt alles ins Positive gewendet, und da finde ich schon, und ich denke einfach so, dass da einfach so große Hilfe da war, dass das einfach der liebe Gott geschickt hat".[378]

Für Skeptiker wäre das allerdings noch keine befriedigende Lösung des Theodizee-Problems, da man argumentieren könnte, dass Gott, wenn er willens ist, Hilfe zu schicken, von vornherein die Lawine hätte verhindern sollen. Dem könnte man mit Karl Gatt entgegnen: „Gott hat die Natur erschaffen und hat gesagt, so, macht da etwas draus aus der Natur, aber, aber bewusst".[379] Schöpfung wird hier als einmaliger Akt verstanden und nicht als Prozess, in den Gott andauernd eingreifen muss. Vielmehr ist es die Aufgabe des Menschen, verantwortlich mit der Natur umzugehen. Diese wird von Gott nicht beeinflusst, und daher ist es möglich, dass sie gelegentlich außer Fugen gerät, wie es bei der Lawine von Galtür der Fall war. Dann aber erbarmt sich Gott und hilft den Menschen.

Die Auffassung, dass er bei jeder Gelegenheit in die Schöpfung eingreift, wird heutzutage ohnehin nicht mehr vertreten. In der Philosophie wird diese Richtung als Okkasionalismus bezeichnet (von lateinisch „occasio" = „Gelegenheit"). Wissenschaftsgeschichtlich hängt die Tatsache, dass sich demgegenüber das Postulat der einmaligen Schöpfung durchgesetzt hat, mit der Entdeckung des Trägheitsprinzips durch Isaac Newton (1643–1726) zusammen, wonach gleichförmig be-

---

378 Karl Gatt, I, S. 65f.
379 Ebd., I, S. 66.

wegte Körper ihren Bewegungszustand aufrechterhalten.[380] In Analogie dazu ist die Schöpfung ein einmaliger Akt, aufgrund dessen sich die Natur selber reguliert und erhält.

Einen etwas anderen Akzent setzt Walter Köck, wenn er Gott als Instanz sieht, die dem Menschen hilft oder Selbsthilfe ermöglicht, aber nicht als jemanden, von dem man sich Wunder oder ein andauerndes Ausgleichen erwarten dürfe – Letzteres entspräche der okkasionalistischen Position.

> *„Jetzt nimmt man die Katastrophe zwar schon, wie soll man denn sagen, dass Gott da irgendwie in der Nähe ist, dass er einem aber eher hilft. Also ich sage immer, wer sich vom lieben Gott erwartet, dass er bei so einer Not eingreift und irgendetwas tut, wird sehen, dass er nicht tut. Aber er wird mit der Zeit, er wird ihm etwas geben, er wird ihm etwas zeigen, wie er aus der Katastrophe wieder herauskommt [...]. Da passt das eher, ohne dass ich sagen muss, der liebe Gott hat da Wunder gemacht".*[381]

Wenn sich Walter Köck gegen eine passive Haltung ausspricht, bei der man auf Gottes Hilfe hofft, ohne selber tätig zu werden, hat das fast schon protestantischen Charakter, denn es waren vor allem Luther und Calvin („Hilf dir selbst, dann hilft dir Gott"), die eine aktive Einstellung gegenüber der Welt gefordert haben.[382] In einer Gemeinde, die mannigfachen Gefährdungen durch die Natur ausgesetzt ist und weitab von den Zentren potentieller Hilfeleistungen entfernt liegt, ist das eine pragmatische Sicht auf die Welt.

Eine nachdenkliche Position zur Theodizee-Problematik nimmt Georg Juen sen. ein, indem er meint, dass man die Wege Gottes zwar nicht kenne, dieser aber sicher wisse, was er tue. Wenn einer nahestehenden Person ein Unglück widerfahren sei, könne man sich damit trösten, dass man nicht überblicke, „wie viel Krankheit, wie viel Leid" ihr dadurch erspart worden sei.[383] Das ist eine Auffassung, die auf verschiedene Weise interpretiert werden kann. Sie lässt sich in die Nähe rücken zu Martin Luthers These vom „verborgenen Gott" („Deus absconditus"), der bis zu einem gewissen Grad für den Menschen unbegreiflich ist.[384] Sie könnte aber auch in Verbindung gebracht werden mit Leibniz' Sicht auf das Theodizee-Problem. Seiner Ansicht nach leben wir nämlich in der „besten aller möglichen Welten", weil Gott als das vollkommenste Wesen aus einer Vielzahl denkbarer Welten die bestmögliche hat Wirklichkeit werden lassen. Da aber Leid und Übel nicht zu leugnen sind, muss ihnen ein Sinn gegeben werden, zum Beispiel, dass es ohne Leid keine Freude gibt oder dass, wie es Georg Juen andeutet, durch ein bestehendes Leid ein noch größeres vermieden wird.[385]

---

380 Vgl. Mayer 1989, S. 16ff.; Ritter, Gründer, Gabriel 1984, Bd. 6, Sp. 1090f.

381 Walter Köck, I, 77.

382 Vgl. Weber 1984, S. 71; 131f.

383 Georg Juen sen., I, S. 27.

384 Vgl. Volkmann 2005.

385 Vgl. ausführlicher zum Problem der Theodizee bei Leibniz: Ritter, Gründer, Gabriel 1998, Bd. 10, Sp. 1066–1073; Röd 1984, S. 97–101.

Zur Theodizee kann man selbstverständlich auch ganz anders Stellung nehmen, als es in den hier ausgewählten Beispielen der Fall ist. Man könnte auf der Auffassung beharren, dass ein weiser, gütiger und mächtiger Gott eine Welt ohne Ungerechtigkeit hätte schaffen sollen. Daraus, dass er es nicht getan hat, könnte man zu dem Schluss kommen, dass er nicht absolut gütig und mächtig oder sogar grausam und sadistisch ist. Oder man begänne, wenn man ihn sich als vollkommenes Wesen vorstellt, an seiner Existenz zu zweifeln in Anbetracht des menschlichen Leids – eine Auffassung, die in den säkularisierten Gesellschaften der westlichen Welt weit verbreitet ist. Von all dem habe ich in Galtür kaum etwas vernommen. Vielmehr dürfte der Glaube an den Gott der katholischen Kirche durch die Lawinenkatastrophe nicht erschüttert worden sein.

2.2   Strafe Gottes?

Während der Interviews habe ich mich dem sensiblen Bereich des Glaubens zunächst auf indirekte Weise genähert. Ich habe also nicht gefragt: „Ist die Katastrophe mit der Allmacht und Güte Gottes vereinbar?", oder gar: „War die Lawine eine Strafe Gottes?" Wenn man solche Fragen stellt, würde man mit der Tür ins Haus fallen, und sie würden als Überforderung oder Angriff empfunden werden. Stattdessen habe ich die scheinbar unsinnig wirkende Frage gestellt, ob man die Katastrophe „interpretieren" könne bzw. ob ihr „ein Sinn" abzugewinnen sei. Auf den ersten Blick ist die Frage deswegen unsinnig, weil es an einem Faktum, das naturwissenschaftlichen Gesetzen unterliegt, kaum etwas zu interpretieren gibt. Aber gleichzeitig regt die Frage zum Nachdenken an, weil sie offen gestellt ist und eine Vielzahl von Antworten bzw. Assoziationen ermöglicht.

Selbstverständlich habe ich sie auch dem katholischen Priester, Louis Maria Attems-Heiligenkreuz, gestellt, und der entsprechende Interviewauszug lautet wie folgt:

> „*Rieken: Sagen Sie, diese Katastrophe, würden Sie sagen (Pause), hat die Katastrophe einen Sinn gehabt?*
> *Attems: Mein Gott, das kann man bei Katastrophen nicht sagen.*
> *Rieken: Kann man bei Katastrophen nicht sagen?*
> *Attems: Kann man doch nicht beurteilen, nicht, ich sage, [...] das ist eine Riesenkatastrophe, nach dem Sinn zu fragen, das kann man doch nicht. Es kommt, es ist auch nicht eine Bestrafung vom lieben Gott, das ist primitiv zu sagen, Gott hat sie bestraft, kein Mensch würde so etwas sagen, nicht, weil, weil das ist ja unsinnig, weil es ist erst einmal ein gefährlicher Boden, das ist er immer schon gewesen, das ist ja nichts Neues*".[386]

Die Pause im ersten Satz zeigt an, dass es mich ein wenig Überwindung gekostet hat zu fragen, ob die Lawine einen Sinn gehabt habe. Durch das bisherige Gespräch war mir nämlich deutlich geworden, dass Attems-Heiligenkreuz keine extremen

---

386 Louis Maria Attems-Heiligenkreuz, I, S. 80.

100

Ansichten vertritt und er eine solche Frage eher mit Befremden quittieren würde, und genau das tut er dann auch („Mein Gott, das kann man bei Katastrophen nicht sagen"). Er argumentiert im Folgenden sachorientiert und rational, indem er auf die potentiellen Gefahren hinweist, welche das Siedeln in dieser Extremlage seit jeher mit sich bringt. Eines ist aber doch auffällig: Das Stichwort „Sinn" führt ihn direkt zur Verneinung der Katastrophe als Strafe Gottes. Das aber muss kein zwingender Zusammenhang sein, denn es gibt auch ganz andere Assoziationen zur Frage nach dem Sinn, etwa dass man nun bewusster lebe, dass der Zusammenhalt im Ort größer geworden sei oder dass man gelernt habe, über persönliche Probleme zu reden. Der Konnex Sinn/Strafe ist daher nicht ein unbedingt notwendiger, aber er fällt dem Priester sogleich ein.

Das war auch bei einigen anderen Interviewpartnern der Fall, wie die folgenden Beispiele deutlich machen:

„Ich bin jetzt nicht der Meinung, der Herr wird das geschickt haben, weil man irgendeine Schuld auf sich geladen hat oder keine Ahnung was, also da hat dann schon die wissenschaftliche Erklärung den Vorrang".[387]

„Die Wege Gottes kennen wir nicht, wissen wir nicht, aber man kann so sagen, der eine, der eine, der, der heute äh stirbt oder aus dem Leben scheidet, oft jung, eine Bestrafung äh durch den Tod gibt es sicher nicht".[388]

Ähnlich auch Walter Köck, der ehemalige Gemeindearzt, indem er auf die Frage, wie er die Lawine „verstehe oder interpretiere", folgendermaßen antwortete:

„Die Katastrophe selbst einmal auf keinen Fall so, dass die Katastrophe eine Strafe für irgendetwas ist, das hat man früher gerne gehabt: ‚Du, das geschieht dir schon recht, wenn du nicht in die Kirche gehst, es ist in Ordnung, wenn du dann einen Schlaganfall hast' – und das, das ist heute aber nicht mehr".[389]

Eigentlich könnten wir uns mit der Aussage zufriedengeben, dass Katastrophen heutzutage nicht mehr als eine Strafe Gottes angesehen werden. Aber das Problem ist doch ein wenig komplizierter, denn wenn einem zu einer *allgemein* gestellten Frage etwas *Konkretes* in den Sinn kommt, dann ist dieses Konkrete bereits ein Thema, mit dem man sich beschäftigt hat. Wäre es völlig außerhalb der eigenen Gedankenwelt, dann würde und könnte man es gar nicht erwähnen. Eine im deutschen Sprachraum bekannte, besonders aber in Wien geläufige Redewendung lautet: „Ned amal ignorier'n". Bereits das bewusste Ignorieren bedeutet ein Zuviel an Beachtung, und erst recht ist das beim bewussten Verneinen der Fall. Unsere volkstümliche Redensart fände sogar eine philosophische Stütze, denn sie thematisiert den Bereich des „Nichtseienden" oder des „Nichts", das unweigerlich in logische Probleme führt: „Der Begriff des Nichts, insofern er begriffen ist und eine Bedeu-

---

387 Karoline Hussein, I, S. 52f.
388 Georg Juen sen., I, S. 27
389 Walter Köck, I, S. 76.

tung hat, ist selbst nicht Nichts, sondern hat als solcher eine Geschichte"[390] – und damit über das individuelle und kollektive Gedächtnis Einfluss auf die Gegenwart.

Es kann also sein, dass der Gedanke an die Strafe Gottes abgewehrt werden muss, indem man sie verneint, obwohl man gar nicht direkt darauf angesprochen worden ist. Denn abgewehrt bzw. zurückgewiesen muss dann etwas werden, wenn es uns zu nahe gekommen ist. Das legt zum einen das im letzten Kapitel skizzierte Phänomen der Intentionalität nahe, die man unbewusst immer dann der Umwelt zuschreibt, wenn man von etwas Schrecklichem betroffen ist. Zum anderen vertreten bis heute verschiedene konservativ-religiöse Kreise – auch innerhalb der katholischen Kirche – die traditionelle Auffassung von der Katastrophe als einer Strafe Gottes. Das war beim Tsunami 2004[391] nicht anders als bei der Überschwemmung von New Orleans anno 2005 infolge des Hurrikans Katrina.[392] Ein prominentes Beispiel aus der jüngeren österreichischen Geschichte ist der Priester von Windischgarsten, Gerhard Wagner, der just zur Zeit des Zehnjahresgedenkens an die Katastrophe von Galtür in die Schlagzeilen kam. Denn als der Papst ihn im Februar 2009 zum Weihbischof von Linz ernennen wollte, löste er einen Sturm der Entrüstung aus, unter anderem wegen Wagners umstrittener Äußerungen zur Katastrophe von New Orleans. In dem von ihm herausgegebenen Kirchenblatt hatte er nämlich die Überschwemmung der Stadt in Zusammenhang gebracht mit dem Sittenverfall, der dort angeblich herrscht. Unter anderem hatte er geschrieben, dass der Hurrikan Katrina nicht nur alle Nachtclubs, Bordelle und Abtreibungskliniken vernichtet, sondern auch eine Homosexuellen-Parade verhindert habe, die zwei Tage nach dem Desaster hätte stattfinden sollen.[393] Wagner wurde dafür zwar heftig kritisiert, unter anderem von der Katholisch-Theologischen Fakultät der Universität Wien, die in einer Erklärung seine „theologisch unhaltbare Kommentierung von

---

390 Ritter, Gründer, Gabriel 1984, Bd. 6, Sp. 805.

391 Vgl. Rieken 2005, S. 356f.

392 Vgl. Rieken 2007b, S. 160.

393 Genauer Wortlaut: „Was sie vielleicht auch nicht wussten, haben nun Medien berichtet: Der Hurrikan ‚Katrina' hat am 7. Juli 2005 in New Orleans nicht nur alle Nachtclubs und Bordelle vernichtet, sondern auch alle fünf (!) Abtreibungskliniken (bei nur 485.000 Einwohnern). Wussten Sie, dass 2 Tage danach die Homo-Verbände im französischen Viertel eine Parade von 125.000 Homosexuellen geplant hatten? Das 34. Jubiläum unter dem Namen ‚Südliche Dekadenz' war lange vorbereitet, und Kommentatoren schrieben, dass in diesen Tagen New Orleans die Tore der Stadt weit öffnen sollte, um die Sünde zu zelebrieren. Christen, die dagegen protestierten, sollen laut Presseberichten im Vorjahr ins Gefängnis gesperrt worden sein. Der Bürgermeister von New Orleans, Ray Nagin, hat für das Fest mit den Worten geworben: ‚Da gibt es keinen Platz auf der Erde wie diesen!' Deutlich sprach er von einer ‚großartigen Veranstaltung'. Wie erst so langsam bekannt wird, sind die amoralischen Zustände in dieser Stadt unbeschreiblich. Nicht irgendeine Stadt ist hier versunken, sondern eine Traumstadt des Volkes mit den ‚besten Bordellen und den schönsten Huren'. Ist die auffallende Häufung von Naturkatastrophen nur eine Folge der Umweltverschmutzung durch den Menschen, oder mehr noch die Folge einer ‚geistigen Umweltverschmutzung'? Darüber werden wir in Zukunft verstärkt nachdenken müssen". Wagner, Gerhard: Nachlese zum Hurrikan in New Orleans. In: Lebendige Pfarre St. Jakob, Windischgarsten, Nr. 137, November 2005, S. 10. Internet: <http://www.dioezese-linz.at/pfarren/windischgarsten/stjakob/download/Pfarrbrief2005-137.pdf> (23.02.2009).

Naturkatastrophen" zurückgewiesen hat.[394] Doch er fand auch Befürworter, unter anderem in der Person des Salzburger Weihbischofs Andreas Laun, denn dieser war der Meinung, dass

> *„der Gedanke, Unglück könnte auch mit Sünde zu tun haben, dem Alten Testament [entspricht]: In der Erzählung von der Sintflut, von Sodom und Gomorra, in den Texten aller Propheten, allgemein in dramatischer Bildrede: Weil die Menschen überheblich wurden und Gott vergaßen, ,deshalb wurde ich für sie zu einem Löwen, wie ein Panther lauere ich am Weg. Ich falle sie an wie eine Bärin, der man die Jungen geraubt hat' (Hosea 13, 7–8)".[395]*

Etwas moderner formuliert dagegen Gerhard Wagner einen möglichen Zusammenhang zwischen Sünde und Bestrafung, wenn er am Ende seiner Überlegungen zum Hurrikan Katrina das folgende Resümee zieht:

> *„Ist die auffallende Häufung von Naturkatastrophen nur eine Folge der Umweltverschmutzung durch den Menschen, oder mehr noch die Folge einer ,geistigen Umweltverschmutzung'? Darüber werden wir in Zukunft verstärkt nachdenken müssen".[396]*

In eine ähnliche Kerbe schlug Wagner anlässlich des verheerenden Erdbebens von Haiti im Jänner 2010, das große Teile der Hauptstadt Port-au-Prince verwüstete und Abertausenden von Menschen das Leben kostete. Auf die Frage des „Kurier", ob es sich dabei um eine Strafe Gottes handelte, antwortete er: „Das weiß ich nicht. Gott lässt sich nicht in seine Karten schauen. Aber es ist schon interessant, dass in Haiti 90 Prozent Anhänger von Voodoo-Kulten sind".[397] Dieser Satz, der ebenfalls heftigste Kritik auslöste, fügt sich nahtlos in Wagners Ausführungen zum Hurrikan Katrina ein, denn aus orthodox-katholischer Sicht müssen Voodoo-Praktiken Ausdruck einer „geistigen Umweltverschmutzung" sein, die seiner Meinung nach zu Naturkatastrophen führen.

Das ist eine Auffassung, die in Galtür sicher entrüstet zurückgewiesen werden würde. Nicht nur, weil es sich um eine explizit katholische Gemeinde handelt, sondern auch, weil die Lawine

> *„nicht im benachbarten hoch erschlossenen Highlife- und Partyort Ischgl, sondern im stillen 750-Einwohner-Familienurlaubsort Galtür niedergegangen [war]. ,Es hat den falschen Ort erwischt', war damals ein weit verbreiteter geschmackloser Sager im Tiroler Oberland".[398]*

---

394 Erklärung der Katholisch-Theologischen Fakultät der Universität Wien vom 6.2.2009 <http://www.univie.ac.at/ktf/> → Volltext der Stellungnahme (19.02.2009).

395 Laun, Andreas 2009: Es ist wie ein Rausch. Keiner der drei Anklagepunkte gegen Gerhard Wagner hält einer kritischen Betrachtung stand. In: kath.net Katholische Nachrichten. <http://www.kath.net/detail.php?id=22144> (19.02.2009).

396 Ebd.

397 Nussbaumer, 2010, S. 15.

398 Riedler, Michael 2009: Zehn Jahre danach: Galtür kämpft sich tapfer nach oben. In: Wirtschaftsblatt.at, 14.02.2009. <http://www.wirtschaftsblatt.at/home/oesterreich/unternehmen /tirol/362046/index.do?_vl_backlink=/home/index.do&_vl_pos=10.1.DT> (20.02.2009).

Es wäre sicher interessant gewesen zu erfahren, wie Gerhard Wagner in dem Fall argumentieren würde. Ich habe ihm diese Frage zwar in einem E-Mail gestellt,[399] jedoch nie eine Antwort erhalten. In früheren Jahrhunderten wurde, wenn man sich die Problematik überhaupt bewusst gemacht hat, mit dem strafenden Gott des Alten Testaments argumentiert, der die Sünden der Vorfahren über mehrere Generationen hindurch verfolgt. Gleichzeitig hätte man Beispiele wundersamer Rettungen unschuldiger Personen angeführt, um zu „beweisen", dass Gott nicht willkürlich vorgeht.[400] Das allgemeine Erklärungsschema, „Wer durch eine Katastrophe Leid erfährt, hat gesündigt", ist aus heutiger Sicht zwar eine große Ungerechtigkeit, zumal aus der Perspektive Betroffener, aber die Zitate von Wagner und Laun machen deutlich, dass gelegentlich immer noch das argumentative Arsenal verflossener Epochen bemüht wird, um die Welt zu „erklären".

Rational betrachtet, ist es klar, dass ein derartiger Begründungszusammenhang absurd ist. Aber ich frage mich doch, ob er nicht zumindest unbewusst bei dem einen oder anderen auf Widerhall stößt. Das lässt sich mit der egozentrisch geprägten Intentionalität begründen, der man in kritischen Lebenssituationen verfällt, und es zeigt sich meines Erachtens auch in der vehementen Ablehnung des „Strafe-Gottes-Argumentes", nach welchem ich gar nicht gefragt hatte, mir aber ungefragt präsentiert wurde, und das bei ungefähr der Hälfte meiner Interviewpartner. Das lässt sich auch anhand einer Aussendung zeigen, welche die Umweltbeauftragten der katholischen Kirche in Österreich zu Gerhard Wagners Äußerungen über die Katastrophe von New Orleans verfasst haben. Sie kritisieren, dass er „sich selbst an Gottes Stelle" setze, wenn er behaupte, der Hurrikan Katrina wäre eine Strafe Gottes gewesen. Denn es könne nicht der Mensch darüber urteilen, „welche Naturkatastrophe unmittelbar ein Gericht Gottes ist".[401] Interessant ist nun aber die weitere Begründung der Umweltbeauftragten, denn sie schreiben, dass die Bibel zwar „in speziellen Einzelfällen einen Zusammenhang zwischen Naturkatastrophen und dem Willen Gottes" kenne, doch handele es sich bei Wagners Äußerungen „um eine in der Volksfrömmigkeit verbreitete Meinung, dass alle unerklärlichen und grausamen Naturvorgänge mit dem moralischen Verhalten der Menschen wirkursächlich zusammenhängen".[402]

Nun mag der offiziellen Kirche die „Volksfrömmigkeit" mit ihrer mangelnden Orthodoxie bisweilen ein Dorn im Auge sein, aber die Stellungnahme der Umwelt-

---

399 „Da ich zur Zeit an einer Monographie über die mentale Bewältigung der Katastrophe von Galtür arbeite (ich habe mich mit einer Arbeit zur volkskundlich-historischen Katastrophenforschung habilitiert), würde es mich interessieren, wie Sie im Kontext des obigen Zitates die Lawine von Galtür beurteilen. Ich frage deswegen, weil es nach (hinter vorgehaltener Hand bekundeter) Meinung vieler Tiroler sozusagen die Falschen getroffen habe, nämlich nicht die im selben Tal befindlichen Ischgler mit ihrer ‚Geldgier' und ihrem Massentourismus, sondern die eher besonnenen Galtürer" (E-Mail vom 01.02.2009).

400 Vgl. z.B. Rieken 2000, S. 95ff.; Rieken 2005, S. 241–250.

401 Umweltbüro der Erzdiözese Wien: Kirchliche Umweltbeauftragte nehmen Stellung zu Wagners Schöpfungs-Aussagen, 11.02.2009. <http://www.umwelt-edw.at/aktuelles/ index.html> → pdf (14.02.2009).

402 Ebd.

beauftragten macht doch deutlich, dass hinter vorgehaltener Hand bzw. im Unbewussten alttestamentliche Vorstellungen vom strafenden Gott weiterhin vorhanden sind. Nur sind sie in „offiziellen" Interviews, wie ich sie geführt habe, schwer greifbar, aber ich denke, dass die bisherigen Ausführungen deutlich machen, dass die Verhältnisse nicht so eindeutig sind, auch wenn man verbal den „strafenden Gott" ablehnt.

Ungefähr genauso alt wie diese Traditionslinie ist jene, auf die sich Wagners Behauptung stützt, die „auffallende Häufung von Naturkatastrophen" wäre die Folge einer „geistigen Umweltverschmutzung". Denn wie bereits im letzten Kapitel dargelegt, geht diese Anschauung auf den griechischen Philosophen Empedokles zurück, der behauptet, „dass allem, was ward in der Welt, Abflüsse entströmen".[403] Wir werden ähnlichen Argumentationen – aber vornehmlich aus der Perspektive ökologischen Denkens – im nächsten Kapitel begegnen und wollen für den Augenblick nur festhalten, dass sie bereits in früheren Jahrhunderten bei entsprechenden Anlässen dienlich waren. Als 1634 die Insel Alt-Nordstrand infolge einer verheerenden Sturmflut auseinanderbrach, erklärte das ihr damaliger Pastor Matthias Lobedantz mit der übermäßigen Sündhaftigkeit der Menschen, die wie ein „Füncklein in der Asche" glimmt, einen „unartigen Qualm und Dampf" erzeugt und zu einer „dicken, düsteren Wolke" wird, die „stürmende Winde und wütende Wetter" hervorruft.[404]

3 Das Gleichgewicht der Natur

Die Galtürer haben ein besonders intensives Verhältnis zur Natur. Sie schätzen die Hochgebirgslage und das Reizklima ihres Ortes, sie erleben den Jahreszeitenwechsel intensiv, und nicht zuletzt leben sie auch von den Touristen, die wegen der natürlichen Gegebenheiten den Ort aufsuchen, sei es zum Schifahren oder Bergwandern. Franz Lorenz, der ehemaliger Betreiber der Jamtalhütte, hat viel von der Welt gesehen, aber er meint, in Galtür habe

> *„man das Privileg, dass man an einem der schönsten Plätze auf der ganzen Welt leben darf. Ich sage das immer wieder, jeden Schritt, den ich vor die Haustür mache: Jetzt [= im Monat Juni] blüht die Wiese, im Herbst dann eine karge, gefrorene Bodenlandschaft oder im Winter eine tief verschneite Landschaft, alles hat seine Schönheiten und hat auch seine Risiken."*[405]

Man kann das eine nicht ohne das andere haben, das intensive Naturerleben ist erkauft mit einem gewissen Risiko, das höher ist als in gemäßigteren Zonen. Die Natur erfährt man sozusagen lebendiger, und sie scheint mit ihren extremen klimatischen Unterschieden zwischen den Jahreszeiten weniger gezähmt zu sein als im betonierten oder mit Asphalt übergossenen Flachland, das von einer Vielzahl grö-

---

403 Fragment 47, Nestle 1978, S. 136f.
404 Lobedantz 1634, S. 40; dazu ausführlich: Rieken 2005, S. 252ff.
405 Franz Lorenz, I, S. 39.

ßerer und kleinerer Städte geprägt ist. Aber genau diese industrialisierten Landschaften sind es, die aus Sicht der Einheimischen auch Rückwirkungen auf Galtür haben, weil die Natur als ein ökologisches Gesamtsystem betrachtet wird, dessen Gleichgewicht gestört werden kann.

Überall werde bis an die Grenzen gebaut und die Natur verdrängt, „und irgendwann kommt das zurück", meint Georg Juen jun.[406] Er verdeutlicht das anhand des Alpenhochwassers vom August 2005, welches die Trisanna sosehr anschwellen ließ, dass Häuser in Nachbarorten und die Bundesstraße durch das Paznauntal an vielen Stellen beschädigt wurden. Obwohl mehrere Landstriche entlang der Trisanna seit altersher als „Au" bezeichnet würden – der bei Hochwasser überflutete Teil des Talbodens –, seien mancherorts in unmittelbarer Nähe Häuser gebaut und der Fluss begradigt worden. An dem Beispiel werde deutlich, dass sich die Natur nicht unbegrenzt zurückdrängen lasse.[407] Ähnlich äußert sich Werner Jehle, wenn er meint, die Lawinenkatastrophe sei ein Fingerzeig der Natur gewesen, um deutlich zu machen, dass sie trotz aller Bemühungen des Menschen, sie zu bannen, ein Eigenleben führe. Möglicherweise wehre sich die Natur gegen die Umweltverschmutzung, allerdings würde er nicht so weit gehen, zu behaupten, dass die Lawine eine Rache der Natur gewesen sei.[408]

Karl Gatt, der Diakon, schlägt in eine ähnliche Kerbe, wenn er Umwelt und Natur mit einem lebendigen Körper vergleicht. Gerade so wie ein Körper, der reagiere, wenn ihm etwas zu viel werde, reagiere auch die Natur, „und irgendwo passiert halt irgendwas".[409] Gatt verweist im weiteren Verlauf des Gesprächs auf Sieger Köder, einen katholischen Priester und Künstler aus Deutschland, der unter anderem mit farbenfrohen Bildern zu Motiven der Bibel bekannt geworden ist.[410] Eines davon trägt den Titel „Sturm auf See" und behandelt eine Episode aus dem Evangelium nach Lukas, nämlich die „Stillung des Sturms".[411]

Jesus fährt mit seinen Jüngern über den See Genezareth, als plötzlich ein Wirbelwind aufkommt, der das Boot bedrohlich schwanken lässt. Die Jünger sind in heller Aufregung, zumal sich Jesus schlafen gelegt hat. Als sie ihn wecken, steht er auf „und bedrohte den Wind und die Wogen des Wassers, und sie legten sich, und es entstand eine Stille".[412] Allerdings fragt er seine Jünger sogleich: „Wo ist euer Glaube?"[413] Die Botschaft des Textes ist klar: Während sich Jesus sicher fühlt in Gott und daher weiß, dass der Sturm ihm nichts anhaben kann, dürften die Jünger noch nicht zum rechten Glauben gefunden haben. Karl Gatt versteht Sieger Köders Bild zur Seesturmepisode allerdings als einen Hinweis darauf, dass die Natur sich

---

406 Georg Juen jun., I, S. 73.
407 Ebd.
408 Werner Jehle, II, S. 5.
409 Karl Gatt, I, S. 66.
410 Die Bibel mit Bildern von Sieger Köder. Einheitsübersetzung. 12. Aufl. Ostfildern: Schwabenverlag 2007.
411 Lukas 8, 22–25.
412 Lukas 8, 24 (Text nach: EKD 2005).
413 Lukas 8, 25 (Text nach: ebd.).

hin und wieder zu Wort melde, weil es ihr zu viel werde, wenn sie vom Menschen ausgebeutet werde. Dann entlade sie sich, und mitunter treffe es auch Unschuldige.[414] Eine ähnliche Sicht stammt aus einem Text, der zu einer Sammlung deutschsprachiger Predigten im Internet gehört. Darin wird die nämliche Episode ebenfalls in Zusammenhang mit Köders Bild interpretiert:

> *„Das Meer bäumt sich auf. Die Wellen schlagen ins Boot. Jeder spürt es: Mutter Natur schäumt vor Wut. Sie lässt sich gehen. Sie ist außer Kontrolle. Sie muss sich entladen, damit es ihr wieder besser geht. Und die Seeleute müssen es über sich ergehen lassen. Sie sind ihrer schäumenden Wut und den Wellen hilflos ausgeliefert".*[415]

Texte und Bilder sind stets auf unterschiedliche Weise interpretierbar, wobei jede Epoche ihre eigenen, spezifischen Zugänge findet. Die traditionelle Deutung der „Stillung des Sturms" enthält ein Plädoyer für Gottvertrauen als zentrales Element, wobei das Ereignis, welches bei den Jüngern große Ängste auslöst – der Starkwind – ohne weiteres durch ein anderes ersetzt werden könnte, etwa ein feindliches Tier oder umherziehende Mörderbanden, ohne dass sich an der zentralen Aussage etwas ändern würde, nämlich dass derjenige, welcher über einen festen Glauben verfügt, in Gefahrensituationen auf Gott vertrauen kann. In dem soeben zitierten Predigtauszug sowie in Karl Gatts Kommentar zur Episode aus dem Lukas-Evangelium steht dagegen das für die Hauptaussage nicht notwendige Element des Sturmes im Zentrum, indem dieser zum Symbol für eine lebendige Natur wird, die sich hin und wieder entladen bzw. melden muss. Das ist sicher in Zusammenhang damit zu sehen, dass die Ökologie, die Lehre von den Wechselbeziehungen zwischen den Lebewesen und der Umwelt, mehr und mehr ins Zentrum der öffentlichen Aufmerksamkeit gerückt ist. Beginnend mit den 1970er Jahren werden die „Grenzen des Wachstums"[416] genauso wie die Folgen der Umweltverschmutzung verstärkt thematisiert, und seit es global betrachtet auf der Erde deutlich wärmer wird, auch die anthropogenen Einflüsse auf den Klimawandel diskutiert.

Da die ökologischen Probleme in Zusammenhang stehen mit dem technisierten Lebensstil der westlichen Nationen, richtet sich der kritische Blick oftmals auf jene Kulturen und Weltanschauungen, die von der Industrialisierung noch nicht erfasst worden sind, auf so genannte Naturvölker, also indigene Gesellschaften. Das Interesse an ihnen hat in der europäischen Geistesgeschichte eine lange Tradition und geht zurück auf die Epoche der Romantik (um 1800) mit ihrem Unbehagen am übersteigerten Vernunftglauben der Aufklärungsphilosophie und am technischen Rationalismus der Naturwissenschaft. Alternativen suchte man zunächst im eige-

---

414 Karl Gatt, I, S. 66.

415 Die Stillung des Sturms – ein Sinnbild des Lebens. Mit einem Bild von Sieger Köder. Pfarrer Herbert Schmid (evang.), Remscheid, 16.12.2001. In: Predigten.de <http://www.predigten.de/ predigt_pdf.php?id=2366> (28.02.2009).

416 Meadows, Dennis L. u.a.: Die Grenzen des Wachstums. Bericht des Club of Rome zur Lage der Menschheit. München: Deutsche Verlags-Anstalt 1972; Meadows, Donella u.a.: Grenzen des Wachstums. Das 30-Jahre-Update: Signal zum Kurswechsel. Stuttgart: Hirzel 2006.

nen Land und fand sie bei jenen, die vom nüchternen, verstandesmäßigen Denken angeblich noch nicht erfasst waren, nämlich im „unverbildeten" Bauernstand und beim „naiven" Kinde, doch schon bald richtete sich der Blick auf die indigenen Kulturen außerhalb Europas. Das klingt auch im Interview mit Karl Gatt an, wenn er unter Bezugnahme auf einen Innsbrucker Universitätsprofessor meint, dass die so genannten „Naturvölker [...] eine ganz gute Erklärung" für Veränderungen in der Umwelt hätten, indem sie

„sagen, die Welt ist wie ein Körper, und wenn einem Körper etwas zu viel wird, dann meldet er sich, dann speibt er. Und so ist es auch mit der Welt, und irgendwo passiert halt irgendwas".[417]

Mit besagtem Professor habe ich mich dann in Verbindung gesetzt, um in Erfahrung zu bringen, welche indigenen Gruppen er im Gespräch mit Karl Gatt erwähnt hat. Als konkretes Beispiel erwähnte er die Hopi-Indianer im Südwesten der USA, welche

„tatsächlich die Vorstellung [haben], dass die Erde wie ein Körper, wie ein Leib zu sehen ist und dass die Erde, wenn sie durch große Umweltverletzungen (Uranabbau im Hopi-Gebiet) attackiert wird, denn auch wie ein Körper reagieren könne".[418]

In den indianischen Religionen ist eine enge Bindung an die Natur ein zentrales Element, weil die Umwelt nicht als etwas angesehen wird, das vom Menschen getrennt existiert, sondern als „Mitwelt", als ein geschlossener Regelkreislauf, „in den der Mensch wie alles andere auch eingeordnet ist und dessen Gesetzmäßigkeiten er unterliegt".[419] In der biblischen Tradition ist demgegenüber eine solch enge Beziehung zur Natur nicht vorhanden da sie primär für den Menschen vorhanden ist, sich ihm unterzuordnen und für ihn bestimmte Funktionen zu erfüllen hat, wie es bereits in der Genesis formuliert ist („Macht euch die Erde untertan").[420] Diese Tendenz wurde verstärkt durch die strikte Grenzziehung zwischen Subjekt und Objekt, zwischen Ich und Umwelt, welche ein spezifisches Merkmal der individualistischen Kulturen Europas ist. Historisch betrachtet sind die Individualisierungsprozesse ein relativ junges Phänomen, das mit den Erfolgen der neuzeitlichen Naturwissenschaft und der Aufklärungsphilosophie zusammenhängt. In der Antike, die das Denken bis weit über das Mittelalter hinaus geprägt hat, wurde demgegenüber, wie wir am Beispiel des Empedokles gesehen haben, eine enge Verbindung zwischen dem einzelnen und den ihn umgebenden Lebenskreis postuliert. Es handelt sich dabei um Elementarformen des Erlebens, wie sie in ähnlicher Weise beim egozentrischen

---

417 Karl Gatt, I, S. 66.

418 E-Mail vom 07.03.2009.

419 Pye u.a. 1997, S. 11; vgl. auch Feest 1998, S. 59–72.

420 „Seid fruchtbar und mehret euch und füllet die Erde und machet sie euch untertan und herrschet über die Fische im Meer und über die Vögel unter dem Himmel und über das Vieh und alles Getier, das auf Erden kriecht" (Gen. 1, 28). – Bereits in den 1970er Jahren gab es aus ökologischer Perspektive massive Kritik am Naturbild des Christentums (vgl. Amery 1972; Drewermann 1990; Hartlieb 1996).

Denken des Kindes, im magischen Weltbild indigener Kulturen und auch im ökologischen Denken existieren.

Der Gedanke, dass Mensch und Umwelt in einer engen Wechselbeziehung zueinander stehen, findet sich daher auch in der europäischen Kulturgeschichte immer wieder. Das gilt zum Beispiel für die Vorstellung vom Menschen als eines Mikrokosmos, der ein Abbild des Makrokosmos, nämlich der Welt bzw. des Universums ist. Aufgrund der ähnlichen oder identischen Strukturen sowie der engen Verflechtung zwischen Mikro- und Makrokosmos wirkt der Mensch mit seinen Handlungen auf die Umwelt ein und vice versa.[421]

Während Normen in der Regel nicht infrage gestellt werden und stabile Elemente sind, ist praktisches Handeln, sofern sie Veränderung bedeutet, stets mit Unsicherheit verbunden, weil man gewissermaßen Neuland betritt. Da im Denken traditioneller Kulturen das Verhalten des einzelnen unmittelbaren Einfluss auf die Umwelt nimmt, muss man sich auch für seine Mitwelt verantwortlich fühlen.[422] Das ist einer der wesentlichen Gründe dafür, dass im ökologischen Denken der Gegenwart die Weltanschauungen indigener Kulturen große Beachtung finden. Und hier können wir auch wieder eine Verbindung zur Schuldfrage knüpfen, die sich dem intentionalen Denken im Fall einer Katastrophe aufdrängt.

Eine moderne, naturwissenschaftliche orientierte Theorie, die an die eben skizzierten Vorstellungen anknüpft, ist die Gaia-Hypothese des englischen Biophysikers James Lovelock. Gaia ist in der griechischen Mythologie die Erdgöttin, welche unter anderem Himmel, Berge und Meer gebar. Darauf bezugnehmend, betrachtet Lovelock die Erde als eine Gesamtheit, als ein System, und vergleicht sie mit einem lebenden Organismus. Das steht im Gegensatz zur Auffassung der herkömmlichen Naturwissenschaft, welche die Erde als einen toten Körper begreift. Demgegenüber vertritt Lovelock die Meinung, dass sich das Leben in Wechselwirkung mit der physikalischen und chemischen Umwelt entwickelt habe. Durch ihre Ausbreitung hätten die lebendigen Organismen die Zusammensetzung der Atmosphäre, des Bodens und des Wassers verändert, wodurch Rückkopplungsschleifen entstanden seien, sodass biotische und abiotische Teile – „Leben" und „Materie" – in einer engen Wechselbeziehung zueinander stünden.[423] Bisher habe die Erde durch Selbstregulierungsprozesse die Temperatur und die chemische Zusammensetzung der Atmosphäre sowie der Ozeane in engen Grenzen konstant gehalten und für optimale Lebensbedingungen gesorgt. Doch durch die massive Industrialisierung habe der Mensch das ökologische Gleichgewicht außer Balance gebracht und den Klimawandel hervorgerufen, wodurch die Zahl schwerer Naturkatastrophen zugenommen habe.[424]

Es ist hier nicht der Ort, dem sachlichen Gehalt der Gaia-Hypothese nachzugehen. Für unsere Betrachtung ist wichtiger, dass sie ein Weltbild entwirft, welches in

---

421 Vgl. Finckh 1999; Ritter, Gründer, Gabriel 1980, Bd. 5, Sp. 640–649.
422 Vgl. Müller 1987, S. 267ff.
423 Lovelock 1996; vgl. Fasterding 2003.
424 Lovelock 2008.

der Öffentlichkeit große Resonanz erfährt, weil es anscheinend den Nerv der Zeit trifft, und das in doppelter Hinsicht. Zum einen reflektiert es das Unbehagen an einem Lebensstil, der zwar bequem ist, aber mit der Umwelt rücksichtslos verfährt, zum anderen gibt es einer Unzufriedenheit mit dem naturwissenschaftlich-technischen Denken traditioneller Provenienz Ausdruck, das zwar gezielt und effektiv einzelne Phänomene untersucht, aber eine ganzheitliche Sicht vermissen lässt, nach der das Einzelne Teil einer miteinander verflochtenen Gesamtheit ist.

Darauf nehmen auch jene Galtürer Bezug, welche die Lawine von 1999 als einen „Fingerzeig der Natur" begreifen: Die menschlichen Eingriffe in das Ökosystem würden ihr zu viel, sie wehre sich gegen eine rücksichtslose Ausbeutung der Ressourcen, gegen ungezügelte Verbauung und gegen die massive Umweltverschmutzung. Diese Sicht der Dinge fügt sich ein in mentale Strukturen Galtürs, da sich die einzelnen Bürger auch als Teil eines übergeordneten Ganzen begreifen, nämlich des Dorfes, und darüber hinaus ein in der Regel christlich begründetes Verantwortungsgefühl zeigen. Und dieser Bezug auf einen übergeordneten Rahmen zeigt sich auch darin, dass die Lawine nicht als ein singuläres oder isoliertes Phänomen betrachtet wird, sondern als Ausdruck eines Ökosystems, das aus dem Gleichgewicht geraten ist.

Die Berücksichtigung übergeordneter Strukturen ist auch aus psychotherapeutischer Sicht sinnvoll. So ist in der Individualpsychologie Alfred Adlers seelische Gesundheit nicht nur durch Liebes- und Arbeitsfähigkeit bestimmt, sondern auch durch den Bezug aufs Kollektiv, auf Gemeinschaftsfähigkeit.[425] Um den Menschen zu begreifen, dürfe man, so Adler, nicht nur das Individuum isoliert betrachten, sondern müsse ihn auch in Zusammenhang mit seinen gesellschaftlichen Bezügen und der Umwelt sehen:

> *„Um zu verstehen, was in einem Menschen vorgeht, ist es notwendig, dessen Haltung zu seinen Mitmenschen einer Betrachtung zu unterziehen. Die Beziehungen der Menschen untereinander sind zum Teil naturgegeben [z.B. zwischen Eltern und Kind, Anm. B.R.] und als solche Veränderungen unterworfen, teils entstehen hieraus planmäßige Beziehungen, wie sie besonders im politischen Leben der Völker, bei der Staatenbildung, im Gemeinwesen beobachtet werden können. Das menschliche Seelenleben kann nicht verstanden werden, ohne dass man diese Zusammenhänge gleichzeitig mit betrachtet".*[426]

Da in der Psychotherapie und ihrer Wissenschaft eine gewisse Tendenz besteht, psychisches Leiden und psychische Gesundheit in erster Linie als ein individuelles Phänomen zu betrachten, sind Therapieschulen wie die Individualpsychologie ein wichtiges Korrektiv, um nicht den Blick auf das Ganze zu verlieren, in das der Einzelne immer auch eingebettet ist. Alfred Adler hat mehrfach betont, dass die Individualpsychologie immer auch Stellung nimmt „zu den Fragen des Gemeinschaftslebens, im selben Sinn deshalb *Sozial*psychologie" ist.[427] Insofern wäre sie

---

425 Siehe Adler 2007b, S. 41–54.
426 Ebd., S. 41f.
427 Adler 1973, S. 121.

110

auch eine geeignete Richtung, um die Gesellschafts- und Kulturwissenschaften, ergänzend zur vorwiegend individualistischen Sicht der Psychoanalyse, mit tiefenpsychologischem Wissen zu bereichern.

Das ist sinnvoll, weil der Mensch der westlichen Moderne nicht ausschließlich als separiertes Individuum betrachtet werden kann, sondern auch beeinflusst ist von der Kultur und der Gesellschaft, in der er aufwächst. Tiefenpsychologie und Ethnologie bieten jeweils nur eingeschränkte Perspektiven, weswegen man sie nicht gegeneinander ausspielen, sondern als wechselseitige Bereicherung betrachten sollte. Die Einwohner Galtürs sehen sich als Individuen, aber genauso als Teil einer Gemeinschaft. Dazu zählen die Familie, das Dorf, die Religion und auch die Natur, um die es in diesem Kapitel gegangen ist. Die Menschen fühlen sich nicht nur für sich und ihre Angehörigen verantwortlich, sondern auch für die Umwelt. Und umgekehrt sehen sie sich auch von diesen externen Faktoren in ihrem Verhalten und Erleben beeinflusst. Darum geht es auch im nächsten Kapitel, doch handelt es sich im Folgenden um ein Phänomen, das nur schwer greifbar ist.

4 „Es gibt noch andere Mächte"

4.1 Volksglaube und katholische Religion

In seinem Buch „Sturm über Galtür" hat Walter Köck vor allem die Ereignisse um die Lawine von 1999 verarbeitet. Das Kapitel über die Zeit unmittelbar vor der Katastrophe trägt den Titel „Tanz auf dem Vulkan", und darin finden sich unter anderem einige Tagebucheintragungen des ehemaligen Gemeindearztes. Für die Zeit vom 20.–22. Februar berichtet er von bereits niedergegangenen Lawinen, von Straßensperren und der Versorgung des Dorfes mittels Helikoptern. Die Überschrift zu diesen Notizen lautet „Es wird unheimlich!",[428] und sie enden mit den folgenden Worten:

> *„Wir wussten noch nichts, aber es war natürlich, dass uns verschiedene Dinge seltsam vorkamen. Besonders Bergführer Oswald Pfeifer zeigte eine fast schwermütige Unruhe, eine Unruhe, die sich auf uns alle übertrug".*[429]

Das nächste Kapitel in dem Buch beginnt nicht, wie man erwarten sollte, mit den Geschehnissen am nächstfolgenden Tag, dem 23. Februar, sondern mit alten Überlieferungen aus dem Paznaun, genauer mit traditionellen Volkssagen. An deren Beginn steht eine Geschichte, die den Titel „Das Nachtvolk warnt" trägt.[430] Eine Vielzahl von Alpensagen, besonders aus der Schweiz und Vorarlberg, berichtet von Personen, die in der Dunkelheit dem Nachtvolk, einer Schar musizierender Untoter, also unerlöster Geister, begegnen. Um diesem nicht den Weg zu verstellen, werden die Menschen zunächst gewarnt und aufgefordert, zur Seite zu gehen. Tun sie es

---

428 Köck 2000, S. 70.
429 Ebd., S. 71.
430 Ebd.

nicht, so ergeht es ihnen schlecht, sie werden schwer verletzt oder sogar getötet, manche kommen aber auch mit dem Schrecken davon.[431]

Einen unbefangenen Leser, der sich über die Abfolge der Geschehnisse informieren möchte, erscheint es ungewöhnlich, dass im Buch die Chronologie der Ereignisse durch das Einflechten traditioneller Volkssagen unterbrochen wird. Als ich Walter Köck interviewt habe, habe ich ihm daher die folgende Frage gestellt:

> *„Sie sprechen über die Katastrophe, sozusagen über etwas Profanes, Weltliches. Sie haben hier ihre Tagebucheintragungen über die Zeit, die bedrückende Zeit kurz vor der Katastrophe, weil man sich kaum noch bewegen konnte, die Touristen nicht hinein und hinaus konnten. Und im nächsten Absatz: ‚Das Nachtvolk warnt‘. Wollen Sie damit etwas aussagen? Wollen Sie damit einen Zusammenhang, einen impliziten Zusammenhang herstellen zwischen diesen Ereignissen und dem, was in den Volkssagen geschildert wird?“*[432]

Walter Köck hat darauf Folgendes geantwortet:

> *„Vielleicht nicht direkt, aber am Rücken möchte ich unseren jungen Leuten sagen, dass es nicht mit allem, mit der Technik allein nicht getan ist, dass es noch andere, ich will nicht gerade sagen, Mächte [gibt], aber dass halt [...] unsere Jungen, die normalerweise mit Skiern Mordsburschen sind – [bei ihnen] hat diese Katastrophe natürlich scharf gegriffen. Und da haben etliche mir gesagt: ‚Gott sei Dank, dass wir das mitgemacht haben, wir haben geglaubt, so etwas gibt es nicht mehr, weil zu unserer Zeit passiert das nicht mehr, durch die Technik, dass es nie eintritt‘“.*[433]

Köck beantwortet meine Frage bestenfalls indirekt, denn das Übernatürliche streift er nur im ersten Satz, indem er „nicht gerade sagen“ will, dass es „noch andere Mächte“ gibt – mit anderen Worten: Er sagt zwar, dass sie existieren, aber er tut es nicht direkt. Der zweite Teil des Zitats, die Aussagen der Jugendlichen, begibt sich dann auf eher „unverdächtiges“ Gebiet, weil der Satz, durch technische Maßnahmen sei keine absolute Sicherheit zu erreichen, voll und ganz im rationalen Zusammenhang betrachtet werden kann. Das steht aber im Gegensatz zu den Volkssagen übernatürlichen Inhalts, welche in Köcks Buch zwischen den Ereignissen des 22. und 23. Februar mit Bedacht eingefügt worden sind. Daher habe ich im Gespräch noch einmal „nachgehakt“ und die Frage gestellt, was er mit der Aussage meine, es gebe „noch andere Mächte“ Darauf Köck:

> *„Ja gut, es gibt sicher andere Mächte. Wir sind katholisch, da gibt es ja genug andere Mächte, viel zu viel, nicht? Aber, sagen wir, dass es irgendwie Mächte – das ist immer schwierig, was man da für ein Substantiv nimmt, nicht? Aber es passieren doch manche Sachen, die sind so, – wie soll ich denn sagen? – so unwahrscheinlich und werden dann wahr, dass man nachher sagt: Das gibt es nicht. Also ich bin kein Wundergläubiger [...], aber wir sind früher viel [zu Fuß] gegangen, weil wir ja kein Auto gehabt haben und weil keine Wege waren, und dann haben*

---

431 Vgl. R. Beitl 1982, S. 358; Lussi 2002, S. 41f.; Petzoldt 1990, S. 134; Rieken 2009b.
432 Bernd Rieken, I, S. 75.
433 Walter Köck, I, S. 75.

*wir in der Nacht müssen zu einer Geburt, eine Stunde hin und zurück, und da hat
man dann so überlegt, und [...]da ist man dann schon froh gewesen, wenn [...]die
Geburt gut vorbeigegangen ist. Man hat ja dort keine Hilfe gehabt, ich war mut-
terseelenallein, es hat keinen Rettungswagen gegeben [...], und ich musste mit der
Geburt fertigwerden, weil sonst die Frau stirbt. Da hat man dann danach immer
wieder das Gefühl, jemandem danken zu können. Natürlich, das kann etwas Illu-
sionistisches sein, aber das ist ..."*[434]

Dann folgt eine kurze Pause, die von mir durch die Bemerkung beendet wird, dass
„illusionistisch'" wohl nicht das passende Wort sei, weil er versucht habe, das Geschehen zu verstehen und einzuordnen. Köck antwortet, man habe aber als Akademiker eine gewisse Scheu davor, derartige Dinge „anzugreifen, weil man meint,
„Jesses, wenn das andere lesen, was schreibt der da?"[435] Darauf entgegne ich, dass
mir als Ethnologe wie Psychotherapeut genug Erlebnisse zugetragen worden seien,
die man mit der Vernunft allein nicht erklären könne. Wieder den vorigen Erzähl-
strang aufgreifend, meint Köck sodann, er habe in das Buch hineinweben wollen,
„dass es auch anders geht". So sei ihm selber einmal etwas Unerklärliches widerfahren, indem er aus zehn Meter Höhe von einem Felsen herabgestürzt sei und keinerlei Schaden davongetragen habe. Außerdem habe er oftmals mit Schwerkranken
gebetet, und wenn diese dann überlebt hätten, habe man Gott gedankt, auch wenn
Gott ein Wesen sei, das man schlecht fassen könne.[436] Daraufhin frage ich, was
diese Aussage in Hinblick auf die Katastrophe von 1999 bedeute, und er antwortet
spontan, dass sie keineswegs als Strafe Gottes verstanden werden dürfe – wovon
bereits in einem vorangegangenen Kapitel die Rede war.[437] Früher, so Köck weiter,
hätten sich die Leute eine Katastrophe als göttliche Strafhandlung erklärt; heute sei
das zwar nicht mehr der Fall, doch ganz ausgestorben sei diese Auffassung noch
nicht. Außerdem existiere Aberglaube weiterhin in anderer Form, zum Beispiel sei-
en „die Jäger ganz abergläubische Knaben".[438] Wenn sie in einer leerstehenden
Hütte übernachteten, würden sie um göttlichen Beistand bitten. Während des
Sommers sei eine Alm zwar gesegnet, nachdem der Priester dort eine Messe gelesen habe, doch wenn man „mit dem Vieh hinabfährt im Herbst, dann ist die Alm
plötzlich wieder frei für das Geisterreich". Die Jäger „glauben das zwar nicht mehr
ganz richtig", aber sie würden trotzdem darum beten, die Nacht heil zu überste-
hen.[439]

Zwei Motive aus der Volksüberlieferung kommen hier zusammen, die Figur
des Jägers sowie die verlassene Alm. Personen, die Tätigkeiten ausüben, welche
gefährlich oder nicht hinlänglich kontrollierbar sind, neigen zu abergläubischem
Verhalten, etwa Kapitalanleger, Seeleute, Spieler, Sportler oder Studenten in Prü-

---

434 Walter Köck, I, S. 75.
435 Walter Köck, I, S. 76.
436 Ebd.
437 Kap. IV 2.2.
438 Ebd.
439 Ebd.

fungssituationen, das ist empirisch erwiesen.[440] Zu dieser Gruppe zählen auch Jäger, denn sie streifen des Nachts in der einsamen Natur umher, und ihr Erfolg oder Misserfolg hängt von zahlreichen Unwägbarkeiten ab.[441] Verlassene Almen oder leerstehende Häuser nun sind bevorzugte Orte für dämonische Mächte, denn die Trennung zwischen Heim und Welt, zwischen Drinnen und Draußen, zwischen Geborgenheit und Ausgesetzt-Sein ist aufgehoben, wenn die Unterkunft verlassen worden ist. Und es ist eine verbreitete Vorstellung, dass ein Vakuum nicht leer bleibt, sondern nach „Auffüllung" drängt („Horror vacui")[442], im Fall einer von den Menschen verlassenen Behausung sind das nach Meinung des Volksglaubens dämonische Mächte. Daher existiert eine Vielzahl an Sagen, in denen Menschen, die leere Häuser oder Almen aufsuchen, von Schreckgestalten der Finsternis heimgesucht werden. Dazu nur ein Beispiel von vielen:

> *„Einst ging ein Jäger, Kob genannt, aus Graun [im Südtiroler Vintschgau], dessen eigentlicher Name Jacob Wolf lautete, nachts im Spätherbst aufs Wildern aus und stieg auf die Alpe Vivanna hinauf, um da zu übernachten und am nächsten Frühmorgen desto geschwinder am Anstand sein zu können Als er sich auf der ,Dielen' zur Ruhe gelegt hatte, hörte er die Almtür aufmachen, und herein trat ein altes Weibchen, einer Sennerin nicht uneben an Anzug, die da droben wohlbekannt und vertraut schien. Er machte Feuer auf, holte Rahmmilch und Mehl vom Milchkeller, und fing an, ein ,Rahmpulken' (Sennermus) zu kochen. Als er fertig war, rief sie: Jetzt gehen wir essen, und der auf den Dielen liegt, soll auch mithalten! – Den Jäger gruselte es fast, als aber das Weibchen zum zweiten Male ihre kreischende Stimme vernehmen ließ, die wie Gebot klang, nahm er sich zusammen und stieg beherzt über das Leiterl herab; aber – o Schrecken – da kamen auf einmal mit heillosem Gepolter knurrende, grunzende und miauende Katzen, Schweine und Böcke zu der Türe herein, und noch allerhand wilde Bestien. Schleunig sprang der Jäger zurück auf die Diele und ergriff sein Gewehr, in welches er eine mit einem Kreuz eingeritzte Kugel geladen hatte. Puff! schoss er hinunter auf die Teufelsbraten, und husch! war alles verschwunden. Von der Almsudl war auch nichts mehr zu sehen, aber das Mus lag im Feuer und roch wie Rossgagg'l. Der Schütz machte sich aus dem Staub talab, die Wilderei war ihm vergangen. Am Morgen bemerkte er erst, dass er seine Jagdtasche droben vergessen hatte, und ging am hellen Tage mit noch einem wieder hinauf, fand sie aber samt allem Schießzeug und Proviant jämmerlich zerrissen und zerbissen, ,und so hätt's mi dös Höll'nkunta a gemacht, wan i länga drob'n blieb'n', fügte der Erzähler dieser Sage hinzu".*[443]

Das ist eine recht anschauliche Erzählung: Ein Wilderer geht im Spätherbst nachts auf eine Alpe und begegnet dort dämonischen Mächten, die er nur mithilfe einer geweihten Kugel vertreiben kann. Als er anderentags unter Beistand eines Bekannten – allein traut er sich nicht – wieder hinaufgeht, um seine dort vergessene Jagd-

---

440 Siehe Vyse 1999, S. 36–55.
441 Vgl. EM, Bd. 7, 1993, Sp. 399ff.; vgl. auch HDA, Bd. 4, 1932, Sp. 575–593.
442 Vgl. zur ursprünglichen Bedeutung des Begriffs Ritter, Gründer, Gabriel 1974, Bd. 3, Sp. 1206–1212.
443 Alpenburg 1857, S. 179; vgl. z.B. auch Heyl 1989, S. 18 (Nr. 15).

tasche zu holen, wird ihm, als er das lädierte Stück sieht, sogleich klar, was passiert wäre, wenn er die mit „göttlicher Kraft" aufgeladene Kugel nicht zur Verfügung gehabt hätte.

Nun stammt diese Erzählung aus der Mitte des 19. Jahrhunderts, also aus einer Zeit, da der Glaube an unheimliche Mächte stärker verbreitet war als in der Gegenwart. Und auch Walter Köck sagt von den heutigen Jägern, dass sie „nicht mehr ganz richtig" an Geister in Almhütten glauben. Als Akademiker und gebildeter Arzt ist er selber ebenfalls eher der „Aufklärung" als dem „Aberglauben" verpflichtet. Ein typisches Beispiel dafür stammt aus einem seiner Bücher und lautet „Der Geist vom Giggler ‚Alpali'".

> *„Auf dem Giggler ‚Alpali', hoch über dem Tal, ist es nicht mit rechten Dingen zugegangen. Da waren des Nachts und auch beim Tag unheimliche Stimmen und Geräusche zu hören; dem Almpersonal und auch Fremden flogen Kuhfladen und Wasenstücke um den Kopf.*
> *Ich weiß nicht, wurde mein Vater oder der Kappler Kooperator zu Hilfe gerufen, jedenfalls machten sich beide auf den Weg und gingen hinauf auf die besagte Alm. Sie kamen ganz lustig und gut aufgelegt nach Hause und lachten, als wir fragten, wie alles ausgegangen sei und ob der Kooperator seinen stärksten Segen gebraucht habe. Nein, keinen starken, gar keinen Segen hätten sie gebraucht, denn nach anfänglichem Leugnen gab die Sennerin zu, selbst der ‚Geist' gewesen zu sein. Ihr passte es auf der Alpe gar nicht, und der angebliche ‚Butz' mit seinen Poltereien sollte ihr den Grund liefern, die Alm verlassen zu können".* [444]

Die Überschrift und der erste Absatz legen nahe, dass es sich um eine traditionelle Volkssage handelt, doch der weitere Verlauf zeigt, dass die „unheimlichen Erscheinungen" eine profane Erklärung haben, da sie auf eine Sennerin zurückzuführen sind, die mit der Arbeit auf der Alm unzufrieden ist. Und trotzdem ist das nur die eine Seite: Immerhin wird der Kooperator, also der katholische Vikar, bemüht, das heißt, man nimmt die Angelegenheit zunächst durchaus ernst. Ähnliches gilt für die Jäger: Auch wenn sie „nicht mehr ganz richtig glauben", beten sie nach Aussage des ehemaligen Gemeindearztes doch für ihr Seelenheil, wenn sie in einer verlassenen Almhütte übernachten möchten. Und er selber wollte mit der Einfügung traditioneller Sagen in die Chronologie der schicksalhaften Tage vom Februar 1999 andeuten, dass es „noch andere Mächte" gibt.

Nur fällt es ihm nicht leicht, zu konkretisieren, was er damit genau meint. Er sagt, im katholischen Glauben existierten „viel zu viel" andere Mächte, schlägt dann aber sofort den Bogen zur Heilung Schwerkranker, bei der man das Gefühl habe, einem Höheren danken zu müssen, wobei er sogleich hinzufügt, dass man das als illusionistisch bezeichnen könne. Das tut er, weil der mentale Kontext des Interviews im intellektuellen Milieu angesiedelt ist: Er ist Arzt, ich komme von der Universität. Um diese „Bürde" zu mildern, füge ich sogleich hinzu, „illusionistisch" sei wohl in dem Fall nicht das passende Wort, da er versucht habe, das Geschehen zu verstehen und mir selber durch meinen Beruf jene Phänomene nicht

---

444 Köck 2003, S. 422.

fremd seien, die mit den üblichen Mitteln der Vernunft nicht erfassbar seien. Dadurch werden vermeintliche Ressentiments, die er bei mir vermuten könnte, relativiert, und er erzählt die Geschichte vom Felssturz aus zehn Meter Höhe, den er auf unerklärliche Weise ohne Blessuren überstanden habe. Doch so ganz wohl dürfte ihm bei der Schilderung eigener Erlebnisse, die mit Übernatürlichem zu tun haben könnten, nicht sein, denn bereits im nächsten Satz kommt er wieder auf die Dorfbewohner zu sprechen:

> *„Unsere Leute sind noch zum Großteil, zum größten Teil katholisch, und zwar die einfache Form. Also die tun dann nicht große theologische Ding wälzen, sondern sie bitten die Mutter Gottes, wenn das Kind Masern hat, und sie beten zum heiligen Joseph, zum Volksheiligen, weil sie sich denken, den kann man neben der Medizin auch noch brauchen, und das muss ich ihnen lassen“.*[445]

Als Arzt ist er durch engen Kontakt mit den Menschen in das Dorfleben integriert und steht durch seine universitäre Ausbildung gleichzeitig außerhalb. Das machen die letzten Zeilen aus dem Interview deutlich, indem er mit einer gewissen Distanz sagt, man müsse den Leuten ihren Glauben lassen, bei dem man nicht erwarten dürfe, dass „große theologische Dinge“ gewälzt würden. Und in der Konversation mit mir ist Köck darum bemüht, den „offiziellen“ Rahmen, nämlich das Gespräch von Akademiker zu Akademiker, nicht zu verlassen. Daher komme ich hinsichtlich der Frage, was er mit den „anderen Mächten“ meint, die es auch noch gebe, nicht recht weiter. Aber Leerstellen, die nicht ausgefüllt werden, sagen auch etwas aus, nämlich dass man ein Thema aus bestimmten Gründen vermeiden möchte. Die Gründe dafür liegen klar auf der Hand: Er möchte nicht den Eindruck erwecken, abergläubisch zu sein. Als Buchautor, der alte Volkssagen in die Chronologie der Ereignisse einfließen lässt, spricht er zwar eine etwas andere Sprache, aber auch nur in indirekter Form, da er die dämonologischen Erzählungen kommentarlos auflistet. Mit anderen Worten: Er möchte etwas aussagen, sich aber gleichzeitig bedeckt halten.

Wie bereits erwähnt, tragen seine Tagebuchaufzeichnungen vom 20.–22. Februar den Titel „Es wird unheimlich“. Am Ende derselben heißt es, „dass uns verschiedene Dinge seltsam vorkamen“ und dass die „fast schwermütige Unruhe“ des Bergführers Oswald Pfeifer „sich auf uns alle übertrug“.[446] Dann folgt der Abschnitt mit den traditionellen Volkssagen, beginnend mit „Das Nachtvolk warnt“.[447] In der nächsten Geschichte geht es um die Leiche einer Wöchnerin, die dem Grab entsteigt, um ihr Kind zu pflegen. Über das offene Grab breitet sie ein weißes Leintuch aus. Ein Bursche, der das beobachtet hat, geht daraufhin zum Grab und nimmt das Leintuch mit heim. Nachdem die Wöchnerin zurückgekehrt ist, begibt sie sich schnurstracks zum Haus des Burschen, doch bevor sie es erreicht hat, bekommt er es mit der Angst zu tun und wirft das Laken zum Fenster hinaus, woraufhin sie voller Ernst sagt: „Gut, dass ich nicht in die Stube selbst habe gehen müssen, um das

---

445 Walter Köck, I, S. 76.
446 Köck 2000, S. 70f.
447 Ebd.

116

Leintuch zu holen; dann hätte ich den frevelhaften Burschen in Stücke zerrissen".[448]

Das folgende Kapitel handelt von zwei ruchlosen Bäuerinnen, die sich mit dämonischen Mächten einlassen und dafür mit dem Leben bezahlen müssen.[449] Die nächsten Seiten in diesem Abschnitt kehren hingegen zum „offiziellen" Glauben zurück und handeln unter anderem von der „Sakrallandschaft" (Kapellen, Wegkreuze etc.) im Paznaun sowie von Franz von Assisi als einem Menschen, der mit sich und der Natur in Einklang lebt.[450]

Das also sind die Inhalte, welche die Chronologie zwischen dem 22. und dem 23. Februar 1999, dem Tag der Lawine, unterbrechen. Sie sind nicht zufällig ausgewählt, denn Köck beschreibt klar und deutlich, worin ihr „roter Faden" besteht:

> *„Die ungeschriebenen Sätze einer sozialen Ordnung werden von einer höheren Ordnung überwacht und notfalls gesühnt. So auch in jenen Bereichen, wo es um Sterben, Tod und das Weiterleben nach dem Tode geht. Den Schauder über die Unendlichkeit und Unfassbarkeit des Todes kann keine Wissenschaft und keine Philosophie vermindern, hier kann nur der Glaube helfen, und wo dieser fehlt, der Aberglaube.*[451]

Um Tod und Sterben geht es auch bei der Katastrophe von 1999. Um die „Unendlichkeit und Unfassbarkeit des Todes" zu verarbeiten, könne, so der Autor, „nur der Glaube helfen, und wo dieser fehlt, der Aberglaube". Das ist allerdings keine wissenschaftliche, sondern eine ideologische Position, nämlich der Versuch der katholischen Orthodoxie, fein säuberlich zwischen Glauben und Aberglauben zu unterscheiden – ein vergeblicher Versuch, da in der Praxis die Übergänge fließend sind und eine klare, eindeutige Trennung nur auf dem Schreibtisch religiöser Gelehrter möglich ist. Die Verwandlung von Brot und Wein in Blut und Leib Christi gilt als Glaube, die Verwandlung einer Hexe in ein Tier als Aberglaube. Ein Gebet, um vom Blitz verschont zu werden, gilt als Glaube, Schutzmaßnahmen gegenüber dem „bösen Blick" hingegen als Aberglaube. Eine derartige Differenzierung ist aber nicht haltbar, weil es erstens hier wie dort um praktische Handlungen geht, die als Mittel zum Zweck ausgeführt werden.[452] Zweitens ist das Weltbild ein ähnliches, nämlich der Glaube an übernatürliche bzw. dämonische Mächte, wobei in dem Zusammenhang daran erinnert werden darf, dass nach wie vor der Exorzismus gemäß dem Rituale Romanum von der katholischen Kirche ausgeübt wird.[453] Und drittens ist eine genaue Trennung zwischen Glauben und Aberglauben vor allem auch deswegen nicht haltbar, weil es sich dabei, wie bereits mehrfach erwähnt, um die Elementarform des egozentrischen Denkens handelt, nach dem der Mensch kein abge-

---

448 Ebd., S. 72f.
449 Ebd., S. 73f.
450 Ebd., S. 74–78.
451 Ebd., S. 72.
452 Vgl. EM, Bd. 9, 1999, Sp. 8f.; Rieken 2000, S. 200f.
453 Vgl. Aichelin 1976.

schlossenes, sondern ein offenes System ist, das in steter Interaktion mit der Umwelt steht, indem es zu mannigfachen Zu- und Abströmen kommt.

Aber wir verstehen nun besser, wieso sich Walter Köck so schwer damit tut zu definieren, was er unter den „anderen Mächten" versteht, von denen es „viel zu viele" gebe: Er möchte nicht nur nicht als „unwissenschaftlich" gelten, sondern auch nicht den Rahmen der katholischen Orthodoxie verlassen. Aber er tut es unter der Hand, indem er die Volkssagen in das Geschehen vom Februar 1999 einfügt, und die haben eine eindeutige Aussage: Wenn man Gesetze übertritt, wird man bestraft. Wenn man dem Nachtvolk nicht ausweicht, ergeht es einem übel. Und wenn man einer umgehenden Wöchnerin vorwitzig das Leintuch vom Grab zieht und es nicht zurückgibt, wird man „in Stücke zerrissen".

Die Volkssage entwirft ein dualistisches Weltbild: gut und böse, Fremdheit und Vertrautheit, Drinnen und Draußen, Geborgenheit und Ausgeliefert-Sein stehen einander schroff gegenüber.[454] Aber gleichzeitig existieren diese so unterschiedlichen Bereiche in unmittelbarer Nachbarschaft: Geister treiben sich auf dem Friedhof herum, der mitten im Dorf liegt, einem eigentlich geschützten Bereich. Almen, die im Sommer so vertraut sind, können im Herbst, wenn alles verlassen da liegt, unheimlich werden. Auch im Bereich der modernen Sage können Gut und Böse stets ins alltägliche Leben eingreifen: Der Anhalter, den man mitnimmt, kann sich als Mörder entpuppen,[455] und wenn man in Wien mit der U-Bahn fährt, kann es passieren, dass ein Drogensüchtiger Fahrgäste mit einer Spritze stechen will, die HIV-verseuchtes Blut abgibt, etc.[456] Das Vertraute kann also unmittelbar fremd und gefährlich werden, das Heimische rasch unheimlich, doch damit sind wir bereits im nächsten Kapitel.

4.2 Zur Psychologie des Unheimlichen

Das Dorf, in dem man sich wohlfühlt und dem man heimatlich verbunden ist, wird zu einem Ort, der aufgrund der Überfülle an Schnee auf einmal nicht mehr vertraut ist und keine Geborgenheit mehr verspricht. Nicht nur Walter Köck ist es so ergangen, sondern auch anderen Einwohnern. Die Stimmung sei „von Tag zu Tag ein bisschen bedrückter beziehungsweise ängstlicher" geworden,[457] „es hat immer geschneit und geschneit und geschneit [...]. Und irgendwann kommt dann halt die Ahnung dazu, dass [...] irgendwo etwas kommt".[458] Mit anderen Worten: Das Ver-

---

454 Vgl. Bausinger 1958, S. 248; Rieken 2000, S. 76ff.

455 Vgl. Brednich 1990, S. 28–32.

456 Das ist eine Sage bzw. ein Gerücht, das seit Beginn der 1990er Jahre immer wieder kursiert, vgl. dazu Schneider 1992. Ein Beispiel aus jüngerer Zeit: Das Nachrichtenmagazin „News" berichtete 2001 von einem Gratisblatt aus dem 10. Bezirk mit dem Namen „Hallo Nachbar", „das vor allem mit der bis heute unbewiesenen Enthüllungsgeschichte über den Favoritner ‚Aids-Stecher' bekannt wurde. Das Blatt hatte berichtet, dass in der Wiener U-Bahn ein Unbekannter Fahrgäste mit einer Aidsspritze infiziere", <http://www.news.at/articles/0111 /10/10633/spezial-wien-wahl> (20.04.2009).

457 Werner Jehle, I, S. 55.

458 Karoline Hussein, I, S. 47.

traute wird fremd und bedrohlich, die *Heimat* und das *Heimelige* auf einmal *unheimlich*. Beide Begriffe, sowohl „heimelig" als auch „unheimlich", enthalten als zentrales Element das Substantiv „Heim". Aus diesem leitet sich das Adjektiv „heimlich" ab, das seit jeher, so Kluges „Etymologisches Wörterbuch", mit dem folgenden Aspekt verbunden ist: „Wer sich in das Heim zurückzieht, verbirgt sich vor anderen, vor Fremden".[459] Das Heim, in welchem man lebt, ist vertraut und vermittelt in der Regel Geborgenheit, kann aber auch zu einem Ort des Schreckens und der Grausamkeit werden. Davon zeugen die Vielzahl zerrütteter Ehen oder Berichte über Inzestfälle. Das Heim muss daher nicht nur heimelig sein, es kann auch „unheimlich" werden.

Kein geringerer als Sigmund Freud hat, unter Bezugnahme auf den Altphilologen Carl Abel,[460] darauf hingewiesen, dass es eine Anzahl von Wörtern gibt, die etwas und zugleich ihr Gegenteil bedeuten.[461] Lateinisch „altus" heißt zum Beispiel „hoch" und „tief", „benedicere" „segnen" und „fluchen". „Fortuna" ist das „Schicksal" oder „Los", aber das sprachlich verwandte Adjektiv „fortuitus" meint etwas Gegensätzliches, nämlich „zufällig", „planlos".[462] Mit „Heim" und „heimlich" verhält es sich ähnlich, denn das, was sich im Geheimen, hinter verschlossener Tür, abspielt, kann für Betroffene wie für jene, die es irgendwann einmal entdecken, unheimlich und erschreckend sein. So gesehen erhält das Unheimliche seinen Charakter dadurch, dass man es seit alters her kennt und es einem nicht eigentlich fremd ist. Wir können es daher mit Freud als „jene Art des Schreckhaften [bestimmen], welche auf das Altbekannte, Längstvertraute zurückgeht".[463] So ist es auch in Galtür gewesen, als der willkommene und vertraute Schnee mehr und mehr anwuchs, bis er schließlich zu einer unheimlichen Bedrohung wurde.

Damit ist der Sinngehalt des Unheimlichen aber noch nicht erschöpft, weil es aus psychoanalytischer Perspektive unbewusste Inhalte sind, welche dabei aktiviert werden. Um es mit Freud zu formulieren:

> *„Das Unheimliche des Erlebens kommt dann zustande, wenn verdrängte infantile Komplexe durch einen Eindruck wiederbelebt werden oder wenn überwundene primitive Überzeugungen wieder bestätigt scheinen".*[464]

Mit dem „verdrängten infantilen Komplex" sind Ängste gemeint, die aus der Kindheit stammen und im Unbewussten des Erwachsenen weiter existieren. Kinder fühlen sich in ihrer Kleinheit und Hilflosigkeit oftmals überfordert und der Welt der „Großen", sprich den Erwachsenen, ausgeliefert. Es sind daher kindliche Gefühle

---

459 Kluge 2002, S. 402.

460 Abel 1884.

461 Freud 1970, Bd. IV: Über den Gegensinn der Urworte, S. 227–234.

462 Wahrscheinlich erklärt sich dieser Umstand folgendermaßen: Da die Götter das Leben der Erdenbewohner vorherbestimmt haben, ist es zwecklos, wenn die Menschen es nach eigenem Gutdünken gestalten wollen. Widersprechen die menschlichen Ziele dem göttlichen Plan, werden sie ohnehin nicht erreicht.

463 Freud 1970, Bd. IV: Das Unheimliche, S. 241–274, hier S. 244.

464 Ebd., S. 271 (gesperrt: im Original kursiv).

der Unterlegenheit, Minderwertigkeit, Schutzlosigkeit und des Ausgesetzt-Seins, die erwachen, wenn man mit einer bedrohlichen Überfülle an Elementarem konfrontiert ist, in unserem Fall dem Schnee. Darüber hinaus können es auch, wie es der Begründer der Psychoanalyse formuliert, „überwundene primitive Überzeugungen" sein, welche Ängste hervorrufen. Die kindliche Freude über den Schnee verführt im Unbewussten möglicherweise zur „Allmacht der Gedanken", zur „prompten Wunscherfüllung",[465] zum egozentrisch motivierten Immer-mehr-Wollen, das dann aber nicht mehr zu stoppen ist. Goethe hat diesbezügliche Ängste in seiner Ballade „Der Zauberlehrling" verarbeitet, wobei es ebenfalls das Element Wasser ist – allerdings in flüssiger, nicht in gefrorener Form –, über das der Protagonist die Kontrolle verliert. Der Lehrling ist allein zu Hause und probiert einen Zauberspruch seines Meisters aus, durch den er einen Besen in einen Knecht verwandelt, der Wasser schleppen muss, um die Badewanne zu füllen. Aber der Besen schleppt unentwegt, er bringt immer mehr Wasser herbei, und der Lehrling bekommt es sosehr mit der Angst zu tun, dass ihm unheimlich wird: „O, du Ausgeburt der Hölle! / Soll das ganze Haus ersaufen? / Seh' ich über jede Schwelle / Doch schon Wasserströme laufen".[466] Als er in höchster Not den Besen zerschlägt, ist der Spuk beileibe nicht vorbei – im Gegenteil, nun sind es zwei Besen, die unermüdlich Wasser herbeitragen, sodass der Lehrling allmählich vom Grauen ergriffen wird: „Nass und nässer / wird's im Saal und auf den Stufen. / Welch entsetzliches Gewässer!"[467] Als die Not am größten ist, kommt endlich der Zaubermeister zurück, und sein Lehrling spricht die berühmten Worte: „Die ich rief, die Geister, / Werd' ich nun nicht mehr los".[468]

Die „Geister", welche der Adept gerufen hat, entfalten ein Eigenleben, das sich mit der Zeit gegen ihn richtet und zu einer Bedrohung für ihn wird. Dahinter stehen mehrere Motive, die zwar aus kindlichen Quellen gespeist werden, aber bis in das Erwachsenenalter hineinwirken. Zum einen ist es der Wunsch, sich bedienen und die Arbeit von anderen machen zu lassen, denn der Zauberlehrling möchte ein Bad nehmen, aber nicht das dafür notwendige Wasser selber herbeitragen. Wenn man „Zauberspruch" durch „Technik" ersetzt, kann man die Ballade in Bezug setzen zur Arbeitserleichterung durch industriell gefertigte Güter, etwa Waschmaschine, Auto oder Mähdrescher. Doch ist die Bequemlichkeit, welche die Technisierung ermöglicht, mit einem schlechten Gewissen über die damit einhergehende Umweltverschmutzung erkauft. Wie wir in Kapitel IV 3 („Das Gleichgewicht der Natur") gesehen haben, äußerten einige der von mir interviewten Galtürer die Befürchtung, dass sich die Natur für das „rächen" könne, was ihr der Mensch antue, indem sie sich „entlädt", etwa in Form einer Lawine. Insofern kann die vertraute, „anheimelnde" Natur, auf die die Galtürer so stolz sind, zu einem Ort des Unheimlichen werden.

---

465 Ebd., S. 270.
466 Goethe 1993, Bd. 1 (HA), S. 278.
467 Ebd., S. 279.
468 Ebd.

Der andere Aspekt, den man in unserem Zusammenhang Goethes Ballade entnehmen kann, hängt mit dem Vorigen zusammen, nämlich die kindliche Gier. Kinder wollen immer mehr, und dieser, psychoanalytisch formuliert, orale Drang kann die unbewusste Angst hervorrufen, einmal daran zu ersticken. Die Überfülle an Waren, welche produziert wird, lässt sich nur teilweise durch überbordende Müllplätze regeln, wenn man etwa an die „Verkehrsinfarkte" in den Großstädten denkt, an das Messie-Syndrom[469] oder an die Vielzahl übergewichtiger Kinder und Erwachsener in den Industrienationen. Die Befürchtung lautet daher: Man kann an dem, was man will, auch ersticken, wenn es in einem Übermaß daherkommt. Der Schnee lockt die Gäste ins Tal und sorgt für Wohlstand. Diesem wohnt eine verführerische Kraft inne, die dahin drängt, mehr und mehr zu wollen. Doch wenn es unentwegt schneit, wird man unter Umständen darunter begraben.

Die Überfülle an Schnee kann, um es zusammenzufassen, kindliche Emotionen wachrufen, die sowohl unbewusste Ängste aktivieren als auch unbewusste Wünsche, welche sich allmählich der Kontrolle entziehen. Aus psychoanalytischer Sicht handelt es sich dabei, ähnlich wie im Fall des Volksglaubens aus dem letzten Kapitel, um ein allgemeines Phänomen, dessen Verbreitung sich indes kaum numerisch-quantitativ fassen lässt, mit dem man aber stets dann rechnen sollte, wenn frühe Ängste durch eine Katastrophe reaktiviert werden.

Wenn wir uns nun den Folgen des übermäßigen Schneefalls zuwenden, also der Lawine, stoßen wir darüber hinaus auf ein Phänomen, das man ebenfalls auf der Folie der eigentümlichen Wortverwandtschaft zwischen „heimelig" und „unheimlich" betrachten kann. Gleichzeitig weist es aber darüber hinaus, sodass wir ein neues Kapitel beginnen wollen.

5 Innerpsychische Symbolkraft der Lawine: Melancholie und Aggression

Alle bisher erwähnten Interview-Partner waren sich darin einig, dass sie die Katastrophe einigermaßen bewältigt haben. Geholfen haben ihnen dabei eine Vielzahl an Gesprächen innerhalb und außerhalb der Familie sowie der katholische Glaube. Eine weitere Person, mit der ich gesprochen habe, nimmt in dieser Hinsicht jedoch eine Sonderstellung ein. Zwar sagt auch sie, dass die Aussprache mit Bezugspersonen hilfreich gewesen sei – „sonst wäre ich ja auch nicht bereit, dieses Interview zu geben, sondern würde ich das gar nicht tun, weil dann eine Sperre da wäre".[470] Doch auf der anderen Seite habe ihr das nicht genügt, weil „immer sehr viel über das gleiche, immer wieder über das gleiche" gesprochen worden sei.[471] Das sei zu

---

469 Messie-Syndrom = Vermüllung der eigenen vier Wände, sodass man sich in ihnen kaum noch bewegen kann (engl. mess = Unordnung). Vgl. Pritz, Alfred u.a. (Hg.): Das Messie-Syndrom. Phänomen, Diagnostik, Therapie und Kulturgeschichte des pathologischen Sammelns. Wien, New York: Springer 2009.
470 I, S. 100.
471 Ebd.

wenig gewesen, „ich war nicht zufrieden, sagen wir einmal so".[472] Daher sei es wichtig gewesen, „aus dem Tal zu fahren, um andere Sachen zu erleben, um andere Menschen kennenzulernen".[473] Die Suche nach etwas Zusätzlichem und Bereicherndem sei dann auch bis zu einem gewissen Grad erfolgreich verlaufen, doch

> *„ob ich jetzt sagen kann, ich habe es ganz bearbeitet, das kann ich gar nicht sagen. Ich dachte, nach fünf Jahren war das schon so, und [...] wenn ich mit Dir darüber rede, habe ich gedacht, das ist jetzt schon ganz weg, aber das geht wohl gar nicht. Für mich ist es wichtig, auch darüber reden zu können, auch wenn es nicht immer angenehm ist, aber es ist ja eine Tatsache."*[474]

Weder das eigene Haus noch Familienangehörige waren von der Lawine betroffen, aber wie die meisten anderen hat auch diese Person in der Katastrophennacht Hilfe geleistet. Sie ist von der Verwüstung tief erschüttert worden, „im ersten Moment war es einfach so – gelähmt und keinen Boden mehr unter den Füßen zu haben, einfach diese Hilflosigkeit".[475] Auch heute noch werde sie von einem Gefühl der Fassungslosigkeit und Trauer ergriffen, wenn sie sich intensiv an jene Geschehnisse erinnere.[476]

Diese Person nimmt also eine Sonderstellung ein, weil die dörflichen Verarbeitungsmöglichkeiten nicht als hinreichend angesehen wurden und weil auch heute noch die Gefühle von damals sehr stark werden, wenn die Erinnerung an die Katastrophe aktiviert wird, zum Beispiel in unserem Gespräch über das Thema. Was sind die Gründe dafür? Die reichen weiter zurück, denn zur Zeit der Lawine habe der Informant nach etwas Neuem gesucht, weil er nicht recht zufrieden gewesen sei mit seinem Leben. Er habe daher einen neuen Weg eingeschlagen, indem er sich beruflich neu orientiert habe, wodurch er sich nicht nur hinsichtlich seiner physischen und psychischen Verfassung besser kennengelernt, sondern auch körperliche Beschwerden in den Griff bekommen habe. Er fühle sich nun zufriedener, leichter und runder, während er früher kantiger und gröber gewesen sei.[477] Darüber hinaus sei er weltoffener geworden, da er nun ein verstärktes Interesse an der Natur und ihren Zusammenhängen sowie an der Geschichte Galtürs habe. – Das ist eine geglückte Verbindung und zeigt, dass ein vertiefter Zugang zu sich selbst den Wunsch erwecken kann, mehr über die Umwelt zu erfahren, das heißt nicht nur die Innenwelt, sondern auch die Außenwelt besser kennenzulernen. Aber etwas ist doch noch von früher übrig geblieben, und das meldet sich, wenn er über die Geschehnisse von 1999 nachdenkt.

> *„Ich merke es selber, wenn du da wieder drinnen bist, dann ist da wieder so eine gewisse Schwere [...]. Ich merke ja selber schon beim Reden, man gräbt sich da immer mehr wieder hinein in diese, ja, in diese Fassungslosigkeit oder in diese,*

---

472 Ebd.
473 Ebd., S. 99.
474 Ebd., S. 100.
475 Ebd., S. 102.
476 Ebd., S. 99.
477 Ebd., S. 101.

dieses fast Gelähmte. Also es gibt schon wesentlich schönere Themen zu bereden als wie dieses Naturereignis da zu beschreiben. Es ist schon nachher egal, ob das schon fünf Jahre her ist oder zehn Jahre".[478]

Wird die Erinnerung aktiviert, ist die Leichtigkeit verschwunden und macht einem Gefühl der Schwere Platz, man kann auch sagen: der Schwermut oder Melancholie. Das neuhochdeutsche Substantiv „Mut" geht auf das alt- und mittelhochdeutsche „muot" zurück, was so viel wie „Seele" oder „Geist" bedeutet. Also werden in Anbetracht der Katastrophe Seele bzw. Geist „schwer". Im Mittelalter galt die Melancholie als Todsünde („Acedia"), und ein wenig schimmert davon noch in Sigmund Freuds berühmten Aufsatz „Trauer und Melancholie" durch: Während in der Trauer allmählich die Liebe von der verlorenen Person abgezogen werde und man sich wieder der Realität zuwenden könne, klammere man sich in der Melancholie ans Verlorene und ziehe sich auf sich selbst zurück.[479] Freud hebt den moralischen Zeigefinger, indem er die Schwermut ins Krankhafte rückt, doch er übersieht dabei, dass in der Kultur- und Medizingeschichte der Melancholiker einer von vier Charaktertypen[480] und somit keineswegs von vornherein der Pathologie verdächtig war. Eines der berühmtesten Werke zu dem Thema ist die aus dem 17. Jahrhundert stammende „Anatomie der Schwermut" des anglikanischen Geistlichen Robert Burton. Im Untertitel lautet sein Werk: „Über die Allgegenwart der Melancholie, ihre Ursachen und Symptome sowie die Kunst, es mit ihr auszuhalten".[481] Nimmt man diese Worte ernst, dann wird die Melancholie nicht als etwas betrachtet, das es auszumerzen gilt, sondern als ein Zustand, mit dem man leben, den man „aushalten" muss, weil er „allgegenwärtig" ist. Demnach kann es eine durchaus angemessene Einstellung sein, wenn man in Anbetracht ungeheuren Leidens zeitweise in Verzweiflung stürzt. Ähnlich sieht es der Kulturhistoriker Hartmut Böhme:

„Freud spricht als Therapeut; darum wertet er die Trauer hoch und erklärt die Melancholie zur neurotischen Reaktion, der ärztlich abzuhelfen sei. Diese Medizinierung der Melancholie aber vergisst, dass es Weltzustände und existentielle Situationen gibt, in denen die Melancholie eine angemessene Haltung darstellt".[482]

Demgegenüber ist in der Psychiatrie die Melancholie auf eine Krankheit, nämlich die Depression, reduziert und dabei auf eine extreme Pathologie eingeengt worden. Man findet sie als Alternativbegriff zur „schweren depressiven Episode"[483] oder als „melancholische Phase" im Rahmen affektiver Psychosen.[484] Die Einengung der Schwermut auf schwere psychische Störungen bedeutet die Verneinung einer skeptizistischen, Leid und Tragik akzeptierenden Einstellung, im Grunde ein Ver-

---

478 Ebd., S. 99.
479 Freud, Bd. 3, 1975, S. 193–212.
480 Neben dem Melancholiker der Sanguiniker, Choleriker und Phlegmatiker.
481 Burton 2003.
482 Böhme 1988, S. 266.
483 Im ICD 10 unter F 32.2; vgl. WHO 1993, S. 143.
484 Tölle 1994, S. 237–243.

drängungsvorgang: Das Leiden wird ins klinische Abseits gestellt, gilt nicht als Teil des normalen Lebens. Dahinter steht ein naiver Fortschrittsglaube, der sich am naturwissenschaftlich geprägten Weltbild der Schulmedizin orientiert und sich auch in der Verfassung der Weltgesundheitsorganisation (WHO) niedergeschlagen hat, welche Gesundheit als einen „Zustand des vollständigen körperlichen, geistigen und sozialen Wohlergehens" und nicht nur als „Fehlen von Krankheit oder Gebrechen" definiert.[485] Das mag ein hehres Ideal sein, allein erreichen lässt es sich nicht, denn Vollkommenheit ist Gott oder den Göttern vorbehalten, die menschlichen Angelegenheiten sind indes gebrechlicher. Außerdem ist es die Frage, ob die Definition der WHO, gerade weil sie sich an einem realitätsfernen Ideal orientiert, nicht auch negative Folgen zeitigen kann. Denn es wird möglicherweise als frustrierend erlebt, wenn man vom Zustand „vollständigen Wohlergehens" weit entfernt ist, aber es kann entlastend wirken, wenn man akzeptiert, dass ein gewisses Leiden und eine gewisse Tragik zum Leben dazugehören.

Um es mit dem Philosophen Arnold Gehlen zu formulieren: Im Vergleich zu den Tieren ist der Mensch durch *Mängel* charakterisiert, ihm fehlt die Instinktsicherheit, und er unterliegt „während der ganzen Säuglings- und Kinderzeit einer ganz unvergleichlich langfristigen Schutzbedürftigkeit",[486] die in ihm ein tiefes Gefühl unbewusster oder halb bewusster Minderwertigkeit hervorruft und ihn zeitlebens an die Unvollkommenheit menschlichen Strebens erinnert.[487] Wolfgang Kleespies, Psychoanalytiker aus der Schule C.G. Jungs, hat darauf hingewiesen, dass milde Formen der Melancholie immer zu tun haben mit etwas Unerfülltem, nicht Erreichtem, einer Sehnsucht, die nicht befriedigt wird.[488] Aus dieser Perspektive ist die Melancholie Teil jedes Lebens, kann sich aber verstärken, wenn man mit harten Schicksalsschlägen oder heftigen Enttäuschungen konfrontiert wird.

So betrachtet ist die „Schwere", die sich beim Interviewpartner einstellt, wenn er an die Ereignisse von 1999 denkt, als etwas Natürliches oder Normales anzusehen: Er hat das Leid der Menschen miterlebt, und wenn er sich an die Geschehnisse erinnert, gelangen die Gefühle von damals an die Oberfläche und lassen ihn zeitweise schwermütig werden.

Aber die Melancholie drückt nicht nur allgemein Menschliches aus, sie hat darüber hinaus eine dunkle, um nicht zu sagen, schwarze Seite, die dem ähnlich ist, was die heutige klinische Diagnostik als Depression bezeichnet. Wirkkausal betrachtet ist sie eine Folge psychodynamischer, das heißt gegenläufiger Kräfte in den Tiefen der Seele, die nicht in einem Ausgleich versöhnt, sondern als unbewusster Konflikt erlebt werden, vor allem zwischen Trieb und Moral. In zielkausaler Hinsicht wird durch die Depression erreicht, dass der Antrieb erlahmt und moralisch unerwünschte Verhaltensweisen unterbunden werden. Doch kann sich die „dunkle

---

485 Verfassung der Weltgesundheitsorganisation vom 22. Juli 1946, Stand vom 07. März 2006, im Internet unter <http://www.admin.ch/ch/d/sr/i8/0.810.1.de.pdf> (22.07.2009).
486 Gehlen 1997, S. 33.
487 Adler 2007b, S. 72.
488 Kleespies 1998, S. 60f.

Seite" dann als Aggressionstrieb[489] gegen die eigene Person wenden. Davon handeln die folgenden Passagen aus dem Interview:

> Rieken: *Ähm weil du sagst, du warst früher äh eckiger und kantiger: Was heißt das? Hast du mit Aggressionen Probleme gehabt oder, was? Äh, ich kann mir das nicht so genau vorstellen.*
>
> Interviewteilnehmer: *Wahrscheinlich, also, unbewusst, also, unterdrückt wahrscheinlich, so kann ich mir das vorstellen, dass ich jetzt wahrscheinlich, wenn ich mich geärgert habe, gezeigt habe, das dann durch Fieberblasen gezeigt habe. So habe ich mich da [...] besser kennengelernt [...]. – Mit diesem Thema habe ich auch nichts mehr am Hut.*
>
> Rieken: *Ja. Es könnte ja sein – das habe ich mir jetzt gerade zusammengereimt –, so eine Lawine ist sozusagen, kann man ja auch als Akt der Aggression der Natur sehen, dass das sozusagen irgendwie so dich an deine eigene unterdrückte Gewalt oder so irgendwie ...*
>
> Interviewteilnehmer: *... oder nicht ausgedrückte ...*
>
> Rieken: *... nicht ausgedrückte Gewalt erinnert hat, dass dich das deswegen so betroffen gemacht hat ...*
>
> Interviewteilnehmer: *... nicht ausgedrückte Aggression, kann vielleicht sein, ja. Du hilfst mir vielleicht weiter (lacht) ...*
>
> Rieken: *... ja, möglich ...*
>
> Interviewteilnehmer: *... das so zu sehen.*[490]

Es ist nicht so ganz einfach, als Interviewer sich auf ein heikles Gebiet wie den Aggressionstrieb zu wagen. Denn Aggression wird im Alltag als negativer Begriff gewertet und mit Feindseligkeit, Destruktivität oder gar kriegerischen Gelüsten gleichgesetzt. „Schlimme" Kinder treiben einen zur Verzweiflung, Außenstehende rümpfen die Nase über derart missratenen Nachwuchs, während sein Gegenpart, das „brave" Kind, als hohe Frucht jeglicher Erziehungskunst gilt. Hinsichtlich seiner Wortgeschichte handelt es sich bei der Aggression indes um einen differenzierteren Begriff, denn das lateinische Verb „aggredi"[491] ist zunächst wertneutral zu verstehen und bedeutet „(an jemanden oder etwas) herangehen", „sich (an jemanden) wenden", „unternehmen'", „beginnen", „versuchen". Daneben wird es auch in der uns geläufigen Weise gebraucht als „angreifen", zum Beispiel einen Feind oder ein Schiff.[492] Betrachten wir die differenzierte Wortbedeutung im Lateinischen, so wird deutlich, dass Aggression, verstanden im Sinne von „Herangehen" oder „Unternehmen", als Schwungkraft für eine aktive Lebensgestaltung zu verstehen ist. So sieht es auch Konrad Lorenz, der Begründer der vergleichenden Verhaltens-

---

489 Adler, Alfred: Der Aggressionstrieb im Leben und in der Neurose. In: Adler 2007a, S. 64–76; Lorenz 1975; Müller-Pozzi 2008, S. 157–184.

490 I, S. 105.

491 Die auch anzutreffende Form „aggredere" gibt es im Lateinischen nicht. „Aggredi" ist ein Verbum deponens, das heißt die Form ist passiv (entsprechend den Regeln der konsonantischen Konjugation wie in „regere" = Infinitiv Präsens Aktiv, aber „regi" = Infinitiv Präsens Passiv), die Bedeutung hingegen aktiv.

492 Der kleine Stowasser. Lateinisch-deutsches Schulwörterbuch. München: Freytag 1971, S. 49.

forschung. Für ihn stehen die Triebe, allem voran Sexualität und Aggression, im Dienst der Selbst- und Arterhaltung, weswegen er vom „so genannten Bösen" spricht, wenn er den Aggressionstrieb meint.[493] Daher ist es, wie Freud es tut, nicht notwendig, einen Gegenspieler zur Libido in Gestalt des Todestriebes anzunehmen, denn das wäre im Tierreich – mit dessen höher entwickelten Formen wir das Triebleben teilen –, etwas völlig Untypisches. Demgegenüber ist die Triebtheorie seines Schülers Alfred Adler plausibler, der wie Lorenz Sexualität und Aggression als wesentliche Triebe betrachtet und ebenso wie dieser nach ihrer Funktion, nach ihrem Zweck fragt.[494] Das übersehen vehemente Kritiker der Triebtheorie, wenn sie etwa behaupten, es gäbe keine harmlosen Formen der Aggression,[495] oder Sexualität vollziehe sich ohne jegliche aggressive Komponente.[496] Offensichtlich hat der Aggressionstrieb in der säkularisierten Welt der Gegenwart jene Funktion übernommen, welche in der religiösen Orthodoxie dem Teufel zukommt: Er ist das absolut Böse, das man mit allen Mitteln bekämpfen muss. Diese Sicht hat bereits Goethe relativiert, indem er Mephistopheles die berühmten Worte in den Mund legte, er sei „ein Teil von jener Kraft, / Die stets das Böse will und stets das Gute schafft".[497] An anderer Stelle präzisiert er, was er damit meint, indem er Gott über Mephisto Folgendes sagen lässt:

> *„Von allen Geistern, die verneinen,*
> *Ist mir der Schalk am wenigsten zur Last.*
> *Des Menschen Tätigkeit kann allzu leicht erschlaffen,*
> *Er liebt sich bald die unbedingte Ruh;*
> *Drum geb ich gern ihm den Gesellen zu,*
> *Der reizt und wirkt und muss als Teufel schaffen".*[498]

Das „teuflische" Element wird hier verstanden als Mittel, um dem allzu menschlichen Hang zur Passivität entgegenzuwirken, was der ursprünglichen Wortbedeutung von „aggressiv" als „herangehen" oder „unternehmen" entspricht. Faust ist des Lebens überdrüssig, aber Mephisto will ihn durch weltliche Genüsse verführen und seine metaphysischen bzw. geistigen Bedürfnisse zum Erlöschen bringen. Er verkuppelt ihn mit Margarethe in der Hoffnung, dass Faust sie nur als Lustobjekt betrachtet, aber er verliebt sich in sie. Er verwandelt Natur in Kultur – Freud würde sagen, er sublimiert –, und das tut er auch später, indem er dem Meer Land abgewinnt und Deiche bauen lässt. Das haben die Niederländer im 20. Jahrhundert im großen Stil tatsächlich getan, was Freud zu einem Vergleich mit der psychoanalyti-

---

493 Lorenz 1975, S. 30–54.
494 Adler, Alfred: Der Aggressionstrieb im Leben und in der Neurose. In: Adler 2007a, S. 64–76.
495 Plack 1974b, S. 244.
496 Kaiser 1974, S. 44.
497 Goethe 1993, Bd. 3 (HA), S. 47 (Verse 1335f.).
498 Goethe 1993, Bd. 3 (HA), S. 18 (Verse 338–343); vgl. dazu den vorzüglichen Essay von Rüdiger Safranski (Safranski 2001).

126

schen Therapie veranlasst hat, indem er schrieb: „Wo Es war, soll Ich werden. Es ist Kulturarbeit etwa wie die Trockenlegung der Zuydersee".[499]

Aggression sagt also noch nichts über moralische Qualitäten aus, sie erfüllt eine Funktion ähnlich einem Gebrauchsgegenstand, bei dem es darauf ankommt, was man mit ihm macht. Man kann mit einem Messer Erdäpfel schälen oder jemanden verletzen. Erst die Art der Verwendung entscheidet darüber, ob wir es mit einem in ethischer Hinsicht positiven, neutralen oder negativen Verhalten zu tun haben.

Indes kann alles in sein Gegenteil umschlagen, und so ist es auch mit der Aggression, die infolge überwältigender Angst, starker Minderwertigkeitsgefühle oder hoher Frustration problematische Formen annehmen und sich in destruktiver Weise gegen andere oder die eigene Person richten kann. Dieser Aspekt ist der uns geläufige, aber es dürfte wohl deutlich geworden sein, dass er nur einen Teil des Phänomens ausmacht.

Klar ist jedenfalls, dass es sich um ein Thema handelt, bei dem es leicht zu Missverständnissen kommen kann. In einer Psychotherapie ist es, wenn man den Patienten bereits längere Zeit kennt, einfacher, über Aggression zu reden, aber in einem Gespräch, bei dem man sein Gegenüber ein einziges Mal trifft, ist die Hemmschwelle größer. Das zeigt sich, um auf den obigen Textauszug zurückzukommen, an Verlegenheitsfloskeln wie „Ähm" oder „Äh", die ich anfangs benötige, um auf das Thema zuzusteuern, und auch an meiner holprigen Sprechweise in den folgenden Zeilen. Aber der Interviewpartner reagiert souverän, indem er sich genau überlegt, was ich gesagt habe und daraufhin sein vergangenes Leben selbstkritisch betrachtet: Wahrscheinlich habe er seinen Ärger hinuntergeschluckt, sprich Aggressionen unterdrückt, was sich unter anderem in Form von Fieberblasen (Herpes labialis) gezeigt habe. Diese können eine Folge verringerter Immunabwehr sein, die möglicherweise mit einer erhöhten psychischen Belastung in Zusammenhang steht. Aggressionen zu unterdrücken, bedeutet, einen größeren Energieaufwand zu tätigen, der im Sinne der Homöostase (Selbstregulation) an anderer Stelle fehlt, was eine Erklärung für das gehäufte Ausbrechen des Herpes-Virus sein kann.

Jedenfalls dürfte die Beschäftigung mit der „nicht ausgedrückten Aggression" in meinem Interviewpartner etwas Wichtiges angesprochen haben, denn am Ende des Zitats heißt es, ich hätte ihm mit meinen Fragen und Bemerkungen vielleicht weitergeholfen. Und nachdem das Tonband abgeschaltet war, meinte er, das Interview sei eine Art Psychotherapiesitzung gewesen.[500] Was könnte mit diesen Worten intendiert sein? Vielleicht, dass etwas Belastendes, das sich bisher der Erklärung entzog, nun ins Bewusstsein gerückt und in einer Weise verstanden worden ist, dass auch die damit zusammenhängenden Gefühle verarbeitet werden können. Damit ist konkret der Hinweis auf den Zusammenhang zwischen Innenwelt und Außenwelt gemeint, genauer zwischen innerem Aggressionsstau und äußerer Aggressionsentladung in Gestalt der Lawine. Das braucht nicht zu überraschen, weil

---

499 Freud, Bd. 1, 1969, S. 516.
500 II, S. 9.

ein Denken und Empfinden nach dem Merkmal der Ähnlichkeit oder Analogie weit verbreitet ist, worauf ja auch schon des Öfteren hingewiesen wurde. Die Dinge, welche uns berühren, haben in der Regel mit unseren eigenen Befindlichkeiten zu tun. Großen Dichtern, die oftmals auch gute Psychologen sind, sind diese Zusammenhänge nicht unbekannt. So heißt es bei Franz Grillparzer: „Wir sind gegen keine Fehler an andern intoleranter, als welche die Karikatur unsrer eigenen sind".[501] Jeder wird an sich selbst beobachtet haben, dass uns gewisse Personen zur Weißglut bringen, aber kaum jemandem würde einfallen, dass sie uns damit unbewusst einen Spiegel vorhalten, der dasjenige in uns berührt, was wir an uns selbst nicht mögen. Dies einzusehen, würde in der Regel durch die Kraft der Emotionen entrüstet zurückgewiesen werden. Im vorliegenden Interview war das nicht der Fall, denn der Gesprächspartner ist reflektiert und in hinreichender Weise gelassen, um auf seine Vergangenheit einen distanzierten Blick werfen zu können.

An dieser Stelle kann an das letzte Kapitel angeknüpft werden, nämlich an die merkwürdige Verwandtschaft der auf den ersten Blick so gegensätzlichen Adjektive „heimelig" und „unheimlich", die sich beide vom Substantiv „Heim" ableiten. Das „Heimelige" im Sinn des Vertrauten oder Bekannten ist hier, auch wenn es verdrängt wird, die innerseelische Aggression, welche als Objekt, das nach außen verlagert wird, unheimlich wird, indem es in Gestalt der Lawine in das Dorf stürzt. Das Erschrecken über die Katastrophe mit ihrem zerstörerischen Potential ist demnach gleichzeitig das Erschrecken über die eigene Aggressivität oder, mit den Worten des Interviewpartners, über die „Ecken" und „Kanten" aus früherer Zeit, die er an sich selbst nicht mochte. Zurück bleibt am Ende die Melancholie, jene eigentümliche Schwere, die einerseits etwas zutiefst Menschliches ist, andererseits auf ungelöste Konflikte aufmerksam macht.

Auch wenn dieses Interview eine gewisse Sonderstellung einnimmt, glaube ich doch, dass es nicht nur für sich steht, sondern auch auf ein Allgemeines verweist oder, um es hochgestochen zu formulieren, eine gewisse „theoretische Repräsentativität" hat. Diese lässt sich in Zahlen nicht ausdrücken, man kann das Phänomen nicht quantifizieren, denn wir befinden uns hier in Bereichen, die weit unter die Oberfläche hinabgehen und nur behutsam ans Tageslicht befördert werden können. Begnügen wir uns daher mit der Feststellung, dass derartige Katastrophen, die Teile der Heimat zerstören, melancholische Zustände auslösen können, weil sie einerseits mit der tragischen Dimension des menschlichen Lebens zu tun haben und andererseits mit verborgener Aggression, die in jedem von uns schlummert, da wir trotz unserer Kulturfähigkeit und Geisteskräfte auch ein Teil der biologischen Evolution sind.

---

501 Grillparzer 1892, S. 166.

6 Mentalitätsspezifische Aspekte

6.1 „Das eigensinnigste Feriendorf Österreichs"

Ungeachtet der allgemein menschlichen Probleme, welche im letzten Interview angesprochen wurden, hat es eine gewisse Ausnahmestellung, weil jener Gesprächspartner der einzige war, der gemeint hat, dass die Verarbeitungsmöglichkeiten, welche das Dorf anbietet, für ihn nicht hinreichend gewesen seien. Das hat mir sonst niemand gesagt, alle anderen Personen, mit denen ich gesprochen habe, waren der Auffassung, dass sie die traumatischen Erlebnisse mithilfe der Dorfbewohner oder der Familie bearbeiten konnten und das Miteinander als unterstützend erlebt haben. Dazu nur einige Beispiele: „Es war auch positiv die Erfahrung in der Dorfgemeinschaft, man hat gespürt, man kann sich da auf jeden verlassen".[502] – „Das ist ja im Dorf sowieso so, dass der Zusammenhalt groß ist, wenn so ein Unglück passiert. Da hilft gar alles zusammen".[503] – „Ein kleines Dorf konzentriert sich schon ein bisschen mehr zusammen, wo jeder jeden kennt, und geht gemeinsam durch das ganze Leben. In der Not helfen wir uns, wenn irgendwo ein Haus brennt oder irgendein Notfall ist, wird geholfen".[504]

In der Resilienzforschung, einer neueren Richtung, die sich mit der Frage befasst, welche Faktoren dafür ausschlaggebend sind, dass man gegenüber ungünstigen Umständen Widerstandskraft entwickelt, gilt die „Erfahrung von Einbettung und sozialer Unterstützung in soziale Netzwerke" als ein bedeutender Faktor.[505] Wer auf die Unterstützung von anderen hoffen kann oder zumindest ein offenes Ohr für seine Probleme findet, ist „resilienter" als jemand, bei dem das nicht der Fall ist.

Der, anders formuliert, mentalitätsspezifische Aspekt dörflichen Gemeinschaftserlebens ergibt sich aber nicht nur aus positiver Identifikation, sondern auch ex negativo aus der Abgrenzung gegenüber Ischgl, dem größeren Nachbarort, der als Musterbeispiel für Massen- und Eventtourismus gilt und mit der „Silvretta Arena" eines der größten Schigebiete der Alpen aufweist. Als in den 1970er Jahren mit der in Ischgl explodierenden Bettenanzahl die Überlegung aufkam, ein Sommerschigebiet am Jamtalgletscher ähnlich wie um Sölden im Ötztal zu erschließen, wehrten sich die Galtürer dagegen und stimmten mit 244 zu 2 Stimmen dagegen.[506] Der Bürgermeister formuliert das folgendermaßen:

„Wir haben einmal ein Gletschergebiet nicht erschlossen in den siebziger Jahren, das war die große Ausnahme, obwohl es keine Grün-Bewegung gegeben hat, sondern die Galtürer haben das für sich entschieden. Die haben es so auf die Art ge-

---

502 Anton Mattle, I, S. 10.
503 Maria Pfeiffer, I, S. 15.
504 Werner Jehle, I, S. 58.
505 Fooken 2006, S. 50.
506 Lorenz 1999, S. 187.

sagt: eine gute Wintersaison, eine gute Sommersaison, und ein bisschen Zeit brauchen wir auch für uns selber".[507]

Das sind ausgewogene Ansichten, doch gleichzeitig sind sie erstaunlich, denn die 1960er und 1970er Jahre waren eine Hochblüte technisch-ökonomischen Machbarkeits- und Fortschrittsdenkens, während das Umweltbewusstsein noch in den Kinderschuhen steckte. Es bedurfte daher einer gehörigen Portion an Selbstständigkeit und Standfestigkeit, um sich gegen den vorherrschenden Trend zu entscheiden, zumal dem Drang nach Vermehrung des Einkommens eine immense Verführungskraft innewohnt, der sich kaum jemand zu entziehen vermag. Das wusste bereits Goethe, als er im ersten Teil des „Faust" Gretchen die folgenden Worte in den Mund legte: „Nach Golde drängt, / Am Golde hängt / Doch alles".[508] Daher erscheint es passend, wenn Galtür seit der kollektiven Weigerung, den Jamtalgletscher für den Sommerschilauf zu erschließen, als „das eigensinnigste Feriendorf Österreichs" bezeichnet wird.[509] Ähnlich sieht es Werner Jehle, wenn er Ischgl mit seinen immer größeren Hotels, deren Besitzer sich immer größere Autos leisten wollten, als einen Gegenentwurf zu Galtür bezeichnet, wo man zwar über Wohlstand ebenfalls froh sei, aber doch auch andere Werte beachte, etwa Zeit für die Familie zu haben.[510]

Neuere Untersuchungen scheinen diese Sicht zu bestätigen. Mitte der 1990er Jahre erregte eine Studie von Alwin Schönberger Aufmerksamkeit, die ein äußerst düsteres Bild der einheimischen Bevölkerung in den Tiroler Tourismushochburgen malte:

> *„Alkoholsucht, Drogenkonsum, Tablettenabhängigkeit, psychosomatische Erkrankungen, Invalidität, Depressionen, Aggressionen, zerstörte Familien. In krassen Fällen Selbstmord als endgültiger Notausstieg. Dazu ein Schuldenberg, der jährlich höher in den Himmel wächst".*[511]

Die Suizidrate soll laut Aussagen eines leitenden Arztes der „Valduna"[512] in den touristischen Zentren 50 Prozent höher sein als im Landesdurchschnitt,[513] und gegen Ende einer Saison seien die Einheimischen „ausgelaugt, haben Angstzustände, Erschöpfungen, zum Teil echte körperliche Krankheiten", so der Gemeindearzt eines Fremdenverkehrsortes bei Kitzbühel.[514]

Insofern ist der behutsame Tourismus der Galtürer „vernünftig", und doch ist er erstaunlich, denn Ansehen, Prestige und Imponiergehabe mithilfe materieller Dinge üben einen enormen Sog aus, weil sie unbewusste Triebpotentiale aktivieren, denn prestigeträchtige Autos oder Häuser gelten als Ausdruck von Potenz und

---

507 Anton Mattle, I, S. 11.
508 Goethe 1993, Bd. 3 (HA), S. 90 (Verse 2802ff.).
509 Ebd.
510 Werner Jehle, II, 5.
511 Schönberger 1994, S. 25; vgl. Schrutka-Rechtenstamm 1995.
512 Landeskrankenhaus Rankweil in Vorarlberg mit Schwerpunkt Psychiatrie und Neurologie.
513 Gerbert 1995.
514 Ebd.

Macht. Daher ist die Entscheidung gegen die Erschließung des Jamtalgletschers ein bezeichnendes mentales Merkmal der Einwohner Galtürs.

Nebenbei bemerkt hat sich aus einem ganz anderen Grund, den Mitte der 1970er Jahre kaum jemand vorhersehen konnte, diese Entscheidung als vernünftig herausgestellt, wie Franz Lorenz in einem Beitrag feststellt:

> *„Ein Vierteljahrhundert später gibt die globale Klimaerwärmung und der damit verbundene anhaltende Gletscherschwund und Rückgang des ewigen Eises den Galtürern recht; inzwischen haben fast alle Gletscherschigebiete in den österreichischen Alpen im Sommer massive Probleme!"*[515]

6.2 Galtür als Hochgebirgs- und Walsersiedlung

Wie bereits in einem früheren Kapitel erwähnt, ist Galtür die östlichste Walsersiedlung und einzige auf Tiroler Boden. Die Walser sind eine ethnische Minderheit, welche aus dem oberen Wallis stammt, sich im Hochmittelalter primär in den obersten Talregionen angesiedelt hat und zwischen 1310 und 1315 nach Galtür kam. Hinsichtlich der Frage, ob der ethnische Aspekt für die eigene Mentalität eine Rolle spielt, waren die Antworten viel uneinheitlicher als bei der Frage nach der Bedeutung der Dorfgemeinschaft. Aus Sicht der von mir interviewten jüngeren Galtürer spielt das Walsertum keine Rolle, zumal es sich um eine Angelegenheit älterer Leute „ab 50 aufwärts" handele.[516] Doch auch für einige Personen im mittleren und

Abb. 5: Walserhaus

---

515 Lorenz 1999, S. 187.
516 Benjamin Kathrein, I, S. 35; ähnlich Isabell Lorenz, I, S. 85.

höheren Alter ist es ohne Belang, wobei die Begründungen teils persönlicher, teils allgemeiner Natur sind: Die Sprache als wesentliches Merkmal einer Volksgruppe sei verschwunden,[517] das sei nur in der Vergangenheit relevant gewesen und eher etwas für ältere Leute,[518] man sei im Nachbardorf aufgewachsen, und die Eltern seien aus entfernteren Bundesländern zugewandert.[519]

Andere Personen sehen sich hingegen nicht nur als Tiroler oder Galtürer, sondern auch als Walser. Dabei spielt die Abgrenzung gegenüber anderen Volksgruppen durchaus eine Rolle. Klar und eindeutig formuliert das Nikolaus Raggl:

> *„Ich bin Mitglied bei der Walservereinigung und freue mich, wenn ich mich da oder dort mit Walsern treffen kann. Wenn man sich die Umgebung anschaut, war und ist es ja nicht gerade die wirtlichste [Gegend], wo sich Walser aufhalten, doch war es einfach ihres, in dieser Umgebung gut leben zu können in guten und weniger guten Zeiten“.*[520]

Raggl erwähnt ein Merkmal, das wichtig ist für die Mentalität der Walser, nämlich das Siedeln in eher unwirtlichen Höhenlagen, und ein Teil ihres Selbstverständnisses, weil „es einfach ihres“ war. Ausführlich nimmt dazu Franz Lorenz Stellung:

> *„Die Walser waren die Siedler im Alpenraum, die immer am höchsten hinauf gezogen sind, weil sie frei sein wollten. Hoch oben haben sie die meisten Freiheiten erreicht von den Grundherren, von den Kaisern, Fürsten, Bischöfen oder eigentlich von den Landbesitzern. Wir hatten zum Beispiel ein Privileg noch bis in meine Schulzeit Anfang der dreißiger Jahre, dass wir uns selbst die Lehrer aussuchen durften, und wir durften uns selbst die Schulzeiten festlegen. Wir haben in meiner Volksschulzeit, haben wir vier volle Monate Sommerferien gehabt, 31. Mai bis 1. Oktober, weil man uns als Jungen gebraucht hat zum Viehhüten, zum Vieh-auf-den-Almen-Betreuen, zum Essen-Tragen im Sommer oder zum Helfen beim Holzen. Ja, die Walser hatten also immer zuoberst gesiedelt und hatten dadurch am meisten Freiheiten und konnten diesen (Pause) Wunsch, frei zu sein, eigentlich am längsten von allen Siedlern im Alpenraum hüten und bewahren. Und das ist auch uns so geblieben in Galtür.*[521]
>
> *[...] Ja, das hat sich auch bei uns niedergeschlagen, wir haben zum Beispiel oder wir suchen uns heute noch unseren Geistlichen aus, wir lassen uns nicht irgendeinen herschicken. Wir haben die Pfarre oder die Pfründe so ausgestattet, dass der Pfarrer, der jeweilige Pfarrer der größte Grundbesitzer am Ort ist.*[522]

Das zentrale Stichwort in den Ausführungen von Franz Lorenz ist „Freiheit“. Er bezieht das auf Aspekte politischer und wirtschaftlicher Unabhängigkeit, nämlich auf die Freiheit von Grundherren, Fürsten etc., aber auch auf die Tatsache, dass die Galtürer zum Beispiel selber die Lehrer aussuchen durften oder bei der Auswahl

---

517 Maria Pfeiffer, I, S. 15.
518 Georg Juen jun., II, S. 6.
519 Karl Gatt, II, S. 6.
520 Nikolaus Raggl, I, S. 97.
521 Franz Lorenz, I, S. 41.
522 Ebd., S. 42.

der Geistlichen aktiv tätig sind. Der Psychoanalytiker Erich Fromm unterscheidet zwischen der „Freiheit von" und der „Freiheit zu". Mit dem erstgenannten Begriff ist die Unabhängigkeit von politischen und wirtschaftlichen Instanzen gemeint, die nur ein anfänglicher Schritt sei, weil der Mensch „auch von all jenen Bindungen frei [wird], die ihm zuvor Sicherheit und ein Gefühl der Zugehörigkeit gaben".[523] Daher bedürfe es darüber hinaus eines Zustandes positiver Freiheit, in welcher der einzelne „als unabhängiges Selbst existiert und trotzdem nicht isoliert ist, sondern mit der Welt, mit den anderen Menschen und mit der Natur vereint ist".[524] Die von Lorenz erwähnte Auswahl der Lehrer oder Geistlichen ist bereits ein Aspekt der „Freiheit zu", nämlich Selbstständigkeit zu entwickeln und sich aktiv für etwas einzusetzen. Wer von etwas frei ist, muss, um nicht in neue Abhängigkeiten zu geraten oder gar zu scheitern, auf eigenen Füßen stehen. In einem abgelegenen Hochtal kann man nicht darauf hoffen, dass rasche Hilfe von außen kommt:

„Man weiß, man ist zuoberst, man ist oft auf sich selbst gestellt, auch heute noch, wenn wir zum Beispiel im Winter acht Tage Schneefall haben und keine Straßenverbindung, müssen wir selber fertigwerden mit allem. Wir müssen uns entsprechend bevorraten vom Sommer her, das hat man gelernt, das übt man weiter, wir sind auch für die verantwortlich, die wir herlocken, für unsere Gäste".[525]

Die rasche Hilfe, welche direkt nach dem Lawinenabgang geleistet wurde, hat daher auch mit mentalen Spezifika einer Gemeinde zu tun, die im Hochgebirge, „am Rande der Welt", gelegen ist. „Die haben gewusst, was sie zu tun haben", so hat es der Gemeindearzt formuliert.[526] Das ist natürlich nicht ausschließlich eine Folge der Walser-Identität, aber bei einigen Dorfbewohnern dürfte diese auch eine Rolle gespielt haben.

Sie kommt aber nicht nur bei der Abgrenzung gegenüber den flacheren Regionen zum Tragen, sondern auch gegenüber anderen Ethnien. Der Bajuware sei schlampiger als der Alemanne, meint zum Beispiel Reinhard Türtscher kurz und bündig. Wenn er in Innsbruck auf die Messe gehe, müsse er 30 Prozent herunterhandeln, weil zuvor 30 Prozent aufgeschlagen worden seien. In Bregenz oder in der Schweiz sei das nicht der Fall.[527]

Häufiger erwähnt wird allerdings die Distanzierung gegenüber den Rätoromanen, und das hat vor allem historische Gründe. Die Walser waren ja nicht die ersten Siedler in Galtür, sondern Rätoromanen aus dem Engadin, wobei die Gemeinde zunächst zur Diözese Chur in Graubünden bzw. zur Pfarre Ardez im Engadin gehört haben soll.[528] Für das Selbstverständnis einer Minorität ist es gewiss angeneh-

---

523 Fromm 1983, S. 55.

524 Ebd., S. 204f.

525 Franz Lorenz, I, S. 43.

526 Fritz Treidl, I, S. 85.

527 Reinhard Türtscher, II, S. 2.

528 Huhn 1999a, S. 67. Huhns Dissertation gibt einen guten Überblick über die gemeinsamen historischen Wurzeln und die spätere Entfremdung zwischen Galtür und Ardez. Einen gegenwärtigen Vergleich aus geographischer Sicht leistet dagegen die Diplomarbeit von Hannes Patigler (Patigler 2002).

mer, einen Landstrich zuerst besiedelt zu haben doch das ist hier nicht der Fall, „eine richtige Walser-Siedlung ist es von der Abstammung zum Großteil [nicht], der Grundstock sollte ja romanisch sein".[529] Als ausgleichendes Prinzip wird demgegenüber jedoch betont, dass die Walser „wahrscheinlich doch schon ziemlich, ja, tatkräftig und energisch gewesen sein [müssen], weil man kaum etwas mehr dann von den Romanen gehört hat – die sind einfach irgendwie untergegangen".[530] Franz Lorenz erklärt das folgendermaßen:

> *„Als Kolonisatoren, als Roder waren sie viel strebsamer und fleißiger und auch tüchtiger als die Rätoromanen. Die Rätoromanen waren so ein bisschen italienisch angehaucht, und arbeiten, ja, aber nur so viel es braucht, was notwendig ist, nicht mehr zum Leben. Und die Walser waren doch strebsamer, noch da ein Stein weg und dort eine Mauer ein bisschen weiter hinaufschieben, und da einen Wald anzünden, damit man mehr Flächen bekommt zum Pflanzen oder zum Weiden, und erst in der Zeit der Reformation, als die Rätoromanen Calvinisten wurden [...], hat es sich dann ganz getrennt".*[531]

Der für Minderheiten oftmals typische „Ursprungsmythos", als erster das Land urbar gemacht zu haben, existiert hier nicht, doch das wird kompensiert durch den Hinweis auf die höhere Tatkraft und Strebsamkeit, die den Walsern als Merkmal zugeschrieben wird.

Die emotionale Beziehung zwischen den beiden Volksgruppen zeigt sich auch anhand einer alten Volkssage, die durch Ernest Hemingway Eingang in die Weltliteratur gefunden hat. In seiner Kurzgeschichte „Ein Gebirgsidyll" berichtet der Dichter von einer Skitour während des Frühjahrs im Silvretta-Gebiet – er war tatsächlich in den 1920er Jahren dort –, die ihn auch nach Galtür führt. Dort hört er im Gasthaus von einem weit außerhalb des Dorfes lebenden Bauern, dessen Frau bereits im Dezember des Vorjahres verstorben ist, aber erst jetzt wegen der winterlichen Verhältnisse beerdigt werden kann. Auffällig an der Frau ist ihr verzerrtes Gesicht. Das findet seine Erklärung darin, dass der Bauer sie steif gefroren im Schuppen aufbewahrt und immer dann, wenn er diesen im Dunkeln betreten hat, seine Laterne an ihren Mund gehängt hat.[532]

Der Hintergrund der Erzählung sollen tatsächliche oder vermeintliche Überführungen von Toten ins Engadin in der Zeit des Hochmittelalters sein, die aber im Winter aufgrund der Unwegsamkeit des Geländes nicht stattfinden konnten, sodass die Leichen provisorisch „zwischengelagert" werden mussten. Nikolaus Huhn ist der Auffassung, dass diese Geschichte gegen die seinerzeit in Galtür lebenden Engadiner aus Ardez zielt, um jenes Vorurteil zu bestätigen, „dass die so ganz anders gearteten Romanen mit ihrer unverständlichen Sprache völlig sitten- und gottlos waren".[533]

---

529 Georg Juen sen., I, S. 17.
530 Ebd.
531 Franz Lorenz, I, S. 42.
532 Hemingway 1993; vgl. auch Köck 2003, S. 114–117.
533 Huhn 1999a, S. 76.

Ein Zusammengehörigkeitsgefühl ergibt sich auch aus der Abgrenzung gegenüber anderen, und das gilt für einen Tourismusort wie Galtür im besonderen Maße, weil er dauernd mit dem „Fremden" in Gestalt der Touristen konfrontiert ist. Daher ist es wichtig, Identität zu wahren, indem man eine Gemeinschaft betont, die sich stark von anderen unterscheidet. Selbstständigkeit, Unabhängigkeit, Tüchtigkeit, Tatkraft und „Eigensinn" sind in dem Zusammenhang wichtige Schlüsselbegriffe für das eigene Selbstverständnis. Sie sind Ausdruck der „Freiheit zu" im Sinne Erich Fromms, genauso wie die Verbundenheit „mit den anderen Menschen und mit der Natur".[534] Aussagen über die Bedeutung des dörflichen Gemeinsinns wurden des Öfteren schon thematisiert, sie brauchen hier nicht wiederholt zu werden. Auch der Bezug zur Natur war bereits Thema, und zwar in Zusammenhang mit der Frage, worin die tieferen Ursachen zu sehen seien, warum sich die Lawine gelöst hat.[535] Im Folgenden soll es demgegenüber eher um die positive Beziehung zur Natur gehen.

6.3 Klimatische Einflüsse auf Psyche und Kultur

In Arthur Schnitzlers Drama „Im Spiel der Sommerlüfte" binden und lösen sich Liebesbeziehungen in der Schwüle des niederösterreichischen Hochsommers, der die Menschen träge und willenlos macht, bis ein Gewitter alles beendet.[536] Und als Goethes Faust erstmals Margarethes Zimmer betritt, fragt er sich: „Umgibt mich hier ein Zauberduft? / Mich drang's, so grade zu genießen, / Und fühle mich in Liebestraum zerfließen! / Sind wir ein Spiel von jedem Druck der Luft?"[537] Schnitzler spielt mit dem Titel seines Stückes natürlich auf das bekannte Goethe-Zitat „Sind wir ein Spiel von jedem Druck der Luft?" an. Das ist passend, denn in beiden Dramen geht es um „Liebesgeschichten", wenngleich nicht um „Heiratssachen".[538] Dabei handelt es sich zugegebenermaßen um spezielle Beispiele für den Einfluss des „Klimas" auf die menschliche Seele, aber Zuspitzungen zeigen oftmals bestimmte Probleme in einem deutlicheren Licht, und das ist in dem Fall die Frage, ob und inwieweit (natur-)räumliche bzw. klimatische Verhältnisse Einfluss auf das Erleben und Verhalten des Menschen ausüben.

In der Bevölkerung ist diese Frage längst beantwortet, denn für sie ist es evident, dass dem Wetter diesbezüglich Gewicht beizumessen ist, gehören doch Wehklagen über die Auswirkungen desselben auf das eigene Befinden zu den stereotypen Inhalten alltäglicher Kommunikation. Die Wissenschaft tut sich damit etwas schwerer, weil es nicht einfach ist, den spezifischen Gehalt von Einflussfaktoren zu ermitteln. Ein früher Versuch ist Willy Hellpachs Monographie „Geopsyche", in

---

534 Fromm 1983, S. 205.

535 Kap. IV 2.3.

536 Schnitzler 1979b.

537 Goethe 1993, Bd. 3 (HA), S. 87f. (Verse 2721–2724).

538 „Liebesgeschichten und Heiratssachen" ist der Titel einer „Posse mit Gesang" von Johann Nestroy (Nestroy, Johann: Komödien. Ausgabe in sechs Bänden. Hg. von Franz Mautner, Bd. 4. 2. Aufl. Frankfurt am Main 1981, S. 171–248).

der er, so der Untertitel, „Die Menschenseele unter dem Einfluss von Wetter und Klima, Boden und Landschaft" untersucht.[539] Heute wird Hellpach als Pionier der Umweltpsychologie gewürdigt,[540] einer neueren Disziplin, die sich „mit den Auswirkungen der physisch-materiellen und kulturellen Außenwelt sowie den räumlich-sozialen Einflussfaktoren auf das Erleben und Verhalten der Menschen" befasst.[541] Eine Wissenschaft mit ähnlichen Interesse, aber anderem Fokus ist die Sozialgeographie, die „das Verhältnis von Gesellschaft und Erdraum" untersucht.[542] Ihr Hauptaugenmerk richtet sich nicht auf die Psyche, sondern auf das soziale Zusammenleben. Aus historischer Perspektive untersucht dagegen die Klimageschichte, ein neuerer Zweig der Historiographie, den Einfluss des Wetters auf den Menschen, sei es in Überblicksdarstellungen[543] oder zentriert auf bestimmte Zeitabschnitte, zum Beispiel die Kleine Eiszeit in der Frühen Neuzeit.[544]

Die Umweltpsychologie kommt unserem Interesse am nächsten, denn sie beschäftigt sich unter anderem mit dem Einfluss von Klima, Wetter und Landschaft auf die menschliche Psyche.[545] Derartigen Problemen hat sich bereits Willy Hellpach gestellt, indem er sich unter anderem Gedanken darüber gemacht hat, worin sich Tiefland- und Hochgebirgsbewohner mental unterscheiden. So behauptete er, dass die Bergvölker der Erde eine reichere Phantasie gegenüber den Bewohnern der Ebene hätten, denen er eine „beträchtliche Nüchternheit" attestierte, die sich etwa an der Redensart „Frisia non cantat" (= „Friesland singt nicht") zeige.[546] Das mag spekulativ erscheinen, ein lohnendes Unterfangen ist es indes auf jeden Fall, über mentale Unterschiede nachzudenken. Auf gänzlich gesichertem Boden bewegen wir uns hingegen, wenn wir nach den klimatischen Gemeinsamkeiten zwischen Hochgebirge und Küste fragen, denn beide weisen ein Reizklima auf. Dieses wirkt sich

> *„stimulierend auf das vegetative Nervensystem und damit auf Kreislauf und Stoffwechsel aus. Es regt ferner die Atmungsfunktionen und die Thermoregulation des Körpers an, stabilisiert den Organismus und härtet ihn ab. Das Reizklima zeichnet sich durch stärkere Witterungsveränderungen, also abruptere Temperaturschwankungen, Windveränderungen und böigen und frischen Winden, vermehrte winterliche Sonneneinstrahlung in Hochlagen und größere Luftreinheit aus".[547]*

Zwei Aspekte sind an dem Zitat interessant: zum einen die stimulierende und gleichzeitig stabilisierende Wirkung des Reizklimas auf den Organismus, zum anderen die stärkeren Witterungsveränderungen. Auf meine Frage, warum Maria Pfeiffer mit ihren 86 Jahren augenscheinlich so gesund und vital geblieben sei,

---

539 Hellpach 1977.
540 Hellbrück und Fischer 1999, S. 31.
541 Hellbrück und Fischer 1999, S. 29.
542 Werlen 2000, S. 9.
543 Z.B. Glaser 2001.
544 Behringer, Lehmann und Pfister 2005.
545 Vgl. Hellbrück und Fischer 1999, S. 238–261.
546 Hellpach 1997, S. 192; vgl. dazu Hellbrück und Fischer 1999, S. 249f.
547 Hellbrück und Fischer 1999, S. 241f.

antwortet sie: „Das macht die Luft [...], die Luft war immer schon gut, [...] 1600 Meter über der Waldgrenze".[548] Es sei zwar kälter als anderswo, aber das sei „viel gesünder, wie wenn es so eine Hitze hat, schwül ist".[549] Ähnlich sieht es Franz Lorenz, wenn er auf die Frage, warum er an keinem anderen Ort der Welt wohnen möchte, antwortet:

> *„Wir haben die Schönheiten der Natur pur vor den Fenstern, vor der Haustür, wir können sie auch herein lassen. Wenn wir das Fenster aufmachen, geht es uns noch besser: Das ist wie Medizin, was da hereinkommt, für jeden, für Gesunde und Kranke."*[550]

Die klimatischen Bedingungen werden als zuträglich und heilkräftig für den Organismus angesehen und tragen wahrscheinlich, ohne einem klimatologischen Reduktionismus das Wort reden zu wollen, zu einer aktiven Lebenseinstellung bei, die auch im Fall einer Katastrophe wirksam wird.

Der andere Aspekt des Reizklimas sind die starken Witterungsveränderungen. Anton Mattle berichtet, dass seine Tochter, die in Innsbruck aufs Internat gegangen ist, während ihrer Schulzeit einmal einen Orkan erlebt habe, der so stark gewesen sei, dass von einem Haus das gesamte Dach heruntergeweht sei. Ihre Mitschülerinnen seien in heller Aufregung gewesen, während sie selber ruhig geblieben sei, weil sie von Galtür heftige Orkane gewohnt sei.[551] Auf extreme Witterungsbedingungen oder bestimmte Naturereignisse reagiert man gelassener, weil man sie kennt und sich darauf einstellen kann.

Das dürfte ein allgemeines Merkmal in klimatisch exponierten Regionen sein. Als zum Beispiel während des Jahreswechsels 2006/2007 ein Orkan über der Nordsee wütete, waren die Touristen auf der friesischen Hochseeinsel Helgoland einige Tage von der Außenwelt abgeschlossen. Das deutsche Nachrichtenmagazin „Der Spiegel" sprach dramatisierend von einem „Mega-Sturm", der die Urlauber zu „Gefangenen" gemacht habe, während der Bürgermeister der Insel, wie bereits in Kap. II 2 erwähnt, lakonisch meinte: „Wer in die Berge fährt, muss damit rechnen, einzuschneien. Wer auf eine Hochseeinsel reist, muss stürmisches Wetter einkalkulieren".[552] Das ist ein gelassenerer Umgang mit der Natur als etwa jener des Großstädters, weil man mit ihr sozusagen auf Tuchfühlung lebt.

Während Touristen einerseits in helle Aufregung geraten, wenn die Natur Kapriolen schlägt, sie andererseits aber erwarten, dass man mithilfe der Technik allen Unbilden trotzen kann, sehen Einheimische das weitaus pragmatischer: Sie bleiben gelassener in Stresssituationen, wissen aber andererseits, dass man in exponierter Lage nicht jede Gefahr ausschalten kann: „Wir haben die Schönheiten der Natur pur vor den Fenstern [...], und andererseits muss man eben auch mit den Risiken

---

548 Maria Pfeiffer, I, S. 16.
549 Ebd.
550 Franz Lorenz, I, S. 39.
551 Anton Mattle, II, S. 2.
552 Rieken 2007a, S. 23f.

rechnen. Man kann nicht nur Schönes und Gutes haben".[553] Man hat den Galtürern vorgeworfen, dass eine solche Sicht fatalistisch wäre, aber tatsächlich handelt es sich um eine pragmatische Perspektive, weil sie überzogenen Machbarkeitsvorstellungen skeptisch gegenübersteht. Und es ist eine Perspektive, die hilfreich ist, um mit kühlem Kopf einer Katastrophe zu begegnen.

6.4 Integrierende und normierende Kräfte des Dorflebens

„Von weitem sah man ihr an, dass sie wusste, man sehe auf sie, und das Auge des Dorfes sei offen über sie, wann und wie sie ausgehe aufs Feld".[554] Diese Worte aus Jeremias Gotthelfs Roman „Leiden und Freuden eines Schulmeisters" können unterschiedlich interpretiert werden. Das „Auge des Dorfes" kann man als positive, weil integrierende Kraft ansehen, aber auch negativ als Normierung, Disziplinierung, Kontrolle oder sogar Diskriminierung all jener, die „anders" sind oder sich nicht einfügen wollen. Anton Mattle sieht vorwiegend die positive Seite, wenn er über die Diskussionskultur in Galtür Folgendes sagt:

> *„Oft mache ich die Erfahrung in Galtür, dass die Leute nicht alles aussprechen, was sie sich denken, oder das Gegenüber geht davon aus, dass du auch das verstehst, was zwischen den Sätzen steht. Das macht es nicht immer ganz leicht in der Kommunikation, aber es hat auch so seine Qualitäten. In unserer Nachbargemeinde, in Ischgl, da ist man immer sehr laut, und da wird alles heftig und lautstark diskutiert, durchaus verletzend [...]. Bei uns ist das ein bisschen feinfühliger, aber man muss damit auch lernen umzugehen mit dieser Art".[555]*

Während aus der Sicht des Bürgermeisters in Ischgl lautstark gestritten wird, dominieren in Galtür die leiseren Töne. Jeder kennt jeden, man möchte nicht in Unfrieden leben und spricht daher nicht unbedingt alles aus, was man sich denkt. Man könnte das kritisch kommentieren, aber es ist auch eine Frage der Abwägung von Werten. Um es zugespitzt zu formulieren: Ist ein friedliches Miteinander, bei dem in Kauf genommen wird, dass man nicht alles austrägt, zuträglicher für die Lebensqualität als ein Leben mit dualistischen oder feindseligen Akzentsetzungen? Unter dem Gesichtspunkt, dass man das begrenzte Reservoire an Energien, welches einem zur Verfügung steht, sinnvoll einsetzen sollte, wird man sich in der Regel wohl für die erste Alternative entscheiden.

Polarisierungen können dagegen ganze Gemeinden überschatten. Gertrud Hüwelmeier hat am Beispiel eines hessischen Dorfes gezeigt, wie durch zwei rivalisierende Männergesangvereine seit mehr als 100 Jahren (!) das gesellschaftliche Leben gespalten wird und kaum ein Bereich des dörflichen Lebens davon unberührt bleibt.[556] Das ist sicher ein Sonderfall, doch er macht deutlich, dass Zerwürfnisse unter Umständen einen hohen Preis fordern. Das bedeutet nicht, so zu tun, als

---

553 Franz Lorenz, I, S. 39.
554 Gotthelf 1978, S. 156.
555 Anton Mattle, I, S. 11.
556 Hüwelmeier 1997.

ob immer alles in Ordnung wäre, denn ein Zwang zur Harmonie aktiviert in jedem Fall gegenläufige Tendenzen und führt zu unausgesprochener, untergründiger Aggression. Vielmehr sollte man akzeptieren, dass Einträchtigkeit immer mit Grautönen gepaart ist, dass zwischenmenschliche Beziehungen fortdauernd von Ambivalenz geprägt sind. Mit anderen Worten: Es gibt stets Eigenschaften, die man am anderen mag, und andere, die man nicht mag oder als störend empfindet. Auf subtile Weise hat das Franz Lorenz formuliert:

> *„Man lässt seinen Nachbarn in Ruhe in Galtür, der kann tun, was er mag, er muss selber wissen, was er tut, und wenn es not tut, dann hilft man ihm, aber nur dann – auf keinen Fall, wenn es ihm gut geht (lacht). Und das kommt dann auch auf einen selbst zurück, wenn man in Schwierigkeiten ist, dann hat man Hilfe vom Nachbarn".*[557]

Im Klartext: Rivalitäten, gar Neid sind etwas Menschliches, und Galtür ist davon nicht ausgenommen, denn wenn man dem anderen auf keinen Fall dann hilft, wenn es ihm gut geht, heißt das, dass es ihm auf keinen Fall zu gut gehen sollte. Dafür wird einem aber beigestanden, wenn es tatsächlich erforderlich ist.

Die bisherigen Beispiele zeigen, dass das „Auge des Dorfes" eine integrierende Funktion hat. Doch es kann auch Probleme bereiten, und zwar vor allem dann, wenn man von außerhalb kommt und in die Gemeinschaft aufgenommen werden möchte. Karin Jehle hat einen Galtürer geheiratet, und für sie war es „schwierig, da hineinzukommen", sie habe sich zunächst ausgeschlossen gefühlt. Wohl habe es Angebote vonseiten der anderen gegeben,

> *„sie haben schon gesagt: ‚Komm her, geh mit', wenn wir halt die Tupper-Partys gehabt haben, wo man halt als Hausfrau hingeht. Aber da bin ich nicht so richtig warm geworden und habe mich nie so wohl gefühlt, weil die haben untereinander über Leute geredet, die ich nicht gekannt habe. Darum war es schwierig. Es hat sich dann geändert, als die Kinder in den Kindergarten gegangen sind. Ich bin eigentlich viel allein spazieren gegangen, und mit der Zeit hat sich das dann, wenn die Kinder am Spielplatz [waren], also das hat sich dann einfach ergeben, und ich bin jetzt eher mit Frauen zusammen, die jetzt auch nicht Einheimische sind".*[558]

Formal wurde Karin Jehle nicht ausgeschlossen, es habe schon Signale vonseiten einheimischer Frauen gegeben, etwa Einladungen zu Tupper-Partys, aber während der Treffen, zu denen sie eingeladen worden sei, habe sie sich als Außenstehende gefühlt, weil über Menschen geredet worden sei, die sie nicht gekannt habe. Das muss keine bewusste Ausschließungsstrategie sein, denn mit allem, was neu ist, kennt man sich anfangs nicht aus und muss erst hineinwachsen. Aber es kann andererseits ein Ausdruck mangelnder Sensibilität der Gruppenmitglieder sein, denn wenn sich eine neue Person in eine bestehende Gruppe integrieren möchte, könnte man sich darum bemühen, ihr Dinge zu erklären, die ihr unbekannt sind, auch wenn sie den anderen selbstverständlich erscheinen.

---

557 Franz Lorenz, I, S. 44.
558 Karin Jehle, I, S. 58.

Es kann aber nicht nur ein Problem sein, in die Gemeinschaft hineinzuwachsen, wenn man von außen kommt, manchmal ist es auch so, dass man von vorherein eine Außenseiterstellung einnimmt. Das ist bei Karoline Hussein der Fall, die in einer problematischen Familie aufgewachsen ist und – ebenfalls außerhalb der Norm – einen Moslem geheiratet hat.[559] Nachdem vor einigen Jahren das dritte Kind zur Welt gekommen sei, hätten nämlich ihr Mann und sie beschlossen, die Kinder katholisch taufen zu lassen, wobei man alle drei Kinder auf einmal getauft habe. Für diese sei das besser, da es in einer Gemeinde mit 700 Einwohnern unmöglich wäre, nach muslimischen Glauben zu leben, zumal es keine Moscheen in näherer oder weiterer Umgebung gebe. In einem katholischen Tiroler Bergdorf würden die Kinder im Abseits stehen, wenn sie Moslems wären.[560]

Neben pragmatischen Gründen – keine Moschee weit und breit – spielt der soziale Druck eine entscheidende Rolle, die Kinder katholisch taufen zu lassen, denn sie hätten zeitlebens das Stigma des Außenseiters und würden wahrscheinlich bereits im Kindergarten oder in der Schule gehänselt werden. Strenggläubigen Katholiken mag die Bestimmung für ihre Kirche logisch erscheinen, da diese den Anspruch auf absolute Wahrheit und Autorität erhebt,[561] doch aus einer sachlichen Perspektive wird man mit Gotthold Ephraim Lessing, dem großen Dichter der Aufklärungszeit, darauf hinweisen, dass alle drei Weltreligionen gleichwertig sind.[562] Abgesehen davon macht das Beispiel deutlich, dass für alternative Lebensformen wenig Platz vorhanden sein dürfte.

Anpassung kann unbewusste Aggressionen hervorrufen. In traditionellen Dorfgemeinschaften hat man dafür Ventile geschaffen in Gestalt von Bräuchen, bei denen die üblichen Regeln des Zusammenlebens außer Kraft treten. Man darf über die Stränge schlagen, ohne dafür bestraft zu werden, etwa zur Zeit des Faschings. Man kann aber auch das Dorf kurzzeitig oder längerfristig verlassen, und dann kann es sein, dass man sich dort, wo einen das „Dorfauge" nicht erreicht, eher gehen lässt als daheim. Üblich ist das vor allem in der Pubertät und Adoleszenz, der „klassischen" Zeit des Aufbegehrens, und es kann durchaus sinnvoll sein, weil es sich in diesen Lebensabschnitten oftmals entscheidet, ob man ein eher angepasstes

---

559 Siehe Kap. V 2.
560 Karoline Hussein, II, S. 4.
561 Frieling 1999, S. 12f.
562 Gemeint ist die „Ringparabel" aus Lessings Drama „Nathan der Weise": Ein Vater hat nur einen Ring, den er vererben möchte, aber drei Söhne. Um keinen von ihnen zu benachteiligen, fertigt er zwei Duplikate an, die sich in nichts vom Original unterscheiden. Nach dem Tod des Vaters behauptet jeder der drei Söhne, den „echten" Ring bekommen zu haben. Da sie sich nicht einigen, reichen sie eine Klage ein, doch der Richter sagt, dass sich die Echtheit an der Wunderkraft der Liebe zeigen werde, die dem Ring eigen sei und dass wahrscheinlich der originale Ring verlorengegangen sei und der Vater drei Kopien habe anfertigen lassen. Die drei Ringe stehen für den christlichen, jüdischen und muslimischen Glauben (Lessing, Gotthold Ephraim 1979: Nathan der Weise. In: Das dichterische Werk, Bd. 2. München: dtv, S. 205–347, hier S. 275–282 [3. Akt., 7. Szene]).

oder ein eher selbstbestimmtes Erwachsenenleben führen wird. Insofern kann der Anpassungsdruck in einer dörflichen Gemeinschaft auch ein Problem darstellen.[563]

Zusammengefasst können wir festhalten, dass die integrierenden und normierenden Kräfte des Dorflebens Vor- und Nachteile haben. Während man sich zum Beispiel in einer Großstadt seinen Bekannten- und Freundeskreis in der Regel selber aussuchen und jenen, die einem nicht behagen, aus dem Weg gehen kann, ist man in kleineren Gemeinschaften eher darum bemüht, mit allen Leuten auszukommen, wenn man nicht immer mit Zwist konfrontiert werden mag. Das kann man unterschiedlich werten, je nach eigener Vorliebe als Gewinn oder Manko. Die Mehrschichtigkeit des Phänomens sieht auch der Ethnologe Paul Hugger, wenn er schreibt:

> *„Ein Normensystem regelt das öffentliche Leben bis weit in den privaten Bereich hinein. Dies führt zu einer starken gegenseitigen Kontrolle, vor allem innerhalb der Nachbarschaft, die als wesentliches Strukturelement zugleich Hilfsgemeinschaft ist.“*[564]

Im Falle Galtürs ist allerdings nicht nur die Nachbarschaft, sondern das ganze Dorf „Hilfsgemeinschaft" gewesen, nachdem die Lawine ins Tal gestürzt war. Das macht vielleicht eine gewisse Sonderstellung aus.

7 Angst vor einer weiteren Katastrophe?

7.1 Zur Risiko-Diskussion in der Wissenschaft

Über Ängste spricht man nicht gern, selbst in der Wissenschaft nicht. Wir leben in einer Welt, die technische Beherrschbarkeit und Machbarkeit auf ihre Fahnen geschrieben hat und von männlich geprägten Technik- und Naturwissenschaften dominiert wird. Es handelt sich um „exakte" Disziplinen, die gern „quantifizieren" und mit Fakten rechnen, die „hart" sein sollen, denn das verschafft Macht und Prestige. Also spricht man in der Wissenschaft lieber von „Risiken" als von „Ängsten", weil diese nicht nur präziser, sondern auch und vor allem nüchterner klingen – und sich auch nüchterner definieren lassen, nämlich als Konstrukte,

> *„anhand derer zukünftige Ereignisse mit negativen Konsequenzen für wertgeschätzte ‚Objekte' – Leben Gesundheit, Vermögen – abgeschätzt und in entsprechende Handlungsstrategien umgesetzt werden können".*[565]

In umständlichem Wissenschaftsdeutsch werden unbewusste oder halb bewusste zählebige Ahnungen, wie sie typisch für die Angst sind, beiseite gewischt, um einer rationalen „Abschätzung" Platz zu machen. In dieses Bild passt es, dass ein Ingenieur namens Chauncey Starr „der sozialwissenschaftlichen Forschung zur Risiko-

---

563 Vgl. Erdheim 1992, S. 271–368; ders. 1994, S. 191–214.
564 Hugger 2001, S. 291.
565 Zwick und Renn 2008, S. 77.

wahrnehmung den ersten Impuls gegeben hatte", indem er „nach einer einfachen Formel [suchte], anhand derer sich die *Akzeptanz für Risiken* rechnerisch ermitteln lässt".[566]

Die beiden Zitate sind einem Beitrag aus einem Sammelband zur geografischen Katastrophenforschung entnommen, und blättert man das Gesamtregister durch, fällt auf, dass es zwar eine Vielzahl von Komposita zu „Risiko" gibt,[567] aber kein Verweis auf „Angst". Ähnlich verhält es sich mit der Soziologie, die ebenfalls den Begriff „Risiko" auf ihre Fahnen geschrieben hat, wenn es um den Umgang mit Gefahren geht.[568] Und sogar in der Geschichtswissenschaft, „die in unserer Zeit so viele neue Bereiche erschlossen hat", werde die Angst vernachlässigt, so der Mentalitätshistoriker Jean Delumeau in seiner wegweisenden Studie über kollektive Ängste in der europäischen Neuzeit.[569] In der historischen Katastrophenforschung zu Sturmfluten wird sogar behauptet, dass die Angst vor dem Meer bereits um 1800 vollkommen verschwunden wäre und dass die Menschen, die an der Küste und auf den Inseln der südlichen Nordsee ansässig sind, seither furchtlos mit den Fluten lebten.[570] Das ist eine naive Vorstellung,[571] aber sie macht deutlich, dass die Wissenschaft, abgesehen von einigen psychologischen Fächern, Schwierigkeiten hat, sich dem Thema zuzuwenden. Offensichtlich rührt es zu sehr an persönlichen Befindlichkeiten und steht somit in einem Spannungsverhältnis zum westlich-patriarchalisch geprägten Verständnis wissenschaftlicher Forschung, das nach Sachlichkeit, Neutralität und Rationalität strebt.[572]

Das gilt auch für weite Bereiche der experimentellen Psychologie, soweit sie auf den Behaviorismus Bezug nimmt, also jene Richtung, die das Verhalten von Mensch und Tier mithilfe naturwissenschaftlicher Methoden untersucht und es durch Reiz-Reaktionsbeziehungen systematisch beeinflussen will. So sollen Ängste in einer Verhaltenstherapie wegkonditioniert werden, und es geht keinesfalls darum, „ihren Sinn und ihre Bedeutung bewusst zu machen, um sie zur Kraft zu machen, die auf Hellsichtigkeit gegenüber bedrohlichen Regungen drängen kann".[573]

Während das psychologische Studium eine rein theoretisches ist, muss man als Psychotherapeut oder Psychoanalytiker eine Lehrtherapie bzw. Lehranalyse machen und wird so auf die Arbeit mit Angst erregenden Themen vorbereitet.

„Das ermöglicht ihm [= dem Therapeuten] normalerweise, das Bombardement, dem sein Unbewusstes durch das von seinen Patienten produzierte Material ausgesetzt ist, ohne übermäßige Angst zu ertragen und es zu untersuchen, ohne es verzerren zu müssen, um seine eigenen Ängste unter Kontrolle zu halten",

---

566 Ebd., S. 79 (kursiv: im Original fett gedruckt).
567 Felgentreff und Glade 2008. S. 452f.; es sind 25 an der Zahl, von „Risikoakzeptanz bis „Risikowelt".
568 Vgl. z.B. Beck 2007.
569 Delumeau 1985, Bd. 1, S. 15; vgl. dazu Rieken 2009a, S. 323f.
570 Das behauptet z.B. Manfred Jakubowski-Tiessen 1997, S. 134; ähnlich ders. 2003, S. 118.
571 Siehe ausführlich Rieken 2005, S. 33f.; S. 273–286; S. 338–341; Rieken, 2007a, S. 31–44.
572 Vgl. Rieken 2009a, S. 324.
573 Vinnai 1993/2005, S. 61.

schreibt George Devereux in seinem Standardwerk „Angst und Methode in den Verhaltenswissenschaften".[574] Seine Hauptthese lautet, das man demgegenüber in den meisten akademischen Fächern das Angst erregende Material, dem ein Forscher begegnet, „verdrängt oder seinen affektiven Inhalt und seine humane wie persönliche Relevanz leugnet".[575]

Das zeigt nicht zuletzt die akademische Risiko-Diskussion. Sie unterscheidet zwischen Risiko*analyse*, welche die Frage beantwortet, was passieren *kann*, und Risiko*bewertung*, die thematisiert, was passieren *darf*.[576] Die Risiko*analysen* „müssen mit wissenschaftlichen Methoden zu [...] objektiv richtigen Aussagen führen", auch wenn „die Analyseergebnisse in vielen Fällen mit Unsicherheiten behaftet sind", heißt es dazu in einem Fachbeitrag.[577] Selbstverständlich ist es sinnvoll, sich über das mögliche Gefahrenpotential Gedanken zu machen und geeignete Schutzmaßnahmen zu ergreifen, nur sollte man nicht der Illusion verfallen, das Risiko „objektiv" messen zu können. Trotz des einschränkenden Verweises auf mögliche „Unsicherheiten" wird nämlich Eindeutigkeit suggeriert, wenn es definiert wird als das mathematische

„Produkt aus der Häufigkeit bzw. Wahrscheinlichkeit eines gefährlichen Ereignisses und dem Schadensausmaß, das bestimmt wird durch die Anzahl der Personen und die Sachwerte, die einem gefährlichen Ereignis zum Zeitpunkt seines tatsächlichen Eintretens ausgesetzt sind".[578]

Obwohl der Hinweis auf die Mathematik präzise Eindeutigkeit suggeriert, wird dazu ein unscharfer Begriff verwendet, nämlich „Häufigkeit". Das Schadensausmaß der Lawine von Galtür, die vor allem in der grünen Zone Unheil angerichtet hat, konnte jedoch niemand vorhersehen. Die Höhe der Februar-Sturmflut 1962, bei der in Hamburg mehr als 300 Menschen ertrunken sind, war ebenfalls jenseits des Vorhergesagten, weil eine Fernwelle aus dem Atlantik den Meeresspiegel zusätzlich in die Höhe trieb. Als Kaiser Friedrich Barbarossa im Jahre 1190 während des dritten Kreuzzuges den Fluss Saleph überqueren wollte, wurde er vom Pferd abgeworfen und ertrank. Einige Kreuzritter kehrten daraufhin um, der Rest unter Führung seines Sohnes Friedrich V. zog weiter, doch dieser erkrankte nebst einem Großteil seiner Begleiter vor Akkon an Malaria, die übrigen Männer verließen unverrichteter Dinge das Heilige Land. – Was ich damit sagen will: Es gibt unerwartete Ereignisse oder Konstellationen, die niemand vorhersehen kann, und daher ist „objektive" Risikoanalyse eine Illusion.

Ist bereits die Analyse mit Unschärfen behaftet, so gilt das erst recht für die Risikobewertung. Diese zielt nämlich auf die potentiell Betroffenen ab und lässt sich nur „aufgrund ihrer Risikowahrnehmung und ihrer Abwägung zwischen den Nutzungsmöglichkeiten und den Risiken klären. Dabei spielen Lebensumstände, Le-

---

574 Devereux 1992, S. 109.
575 Ebd.
576 Kienholz 2004, S. 250.
577 Ebd.
578 Ammann 2004, S. 262.

benserfahrung und Wertesysteme eine entscheidende Rolle".[579] Damit ist das weite Land der höchst subjektiven Urteile, Erfahrungen und Emotionen betreten, und trotzdem fordert die Wissenschaft, „die in der Regel vorhandene Lücke" zwischen Risikoanalyse und -bewertung „mit geeigneten Maßnahmen zu überbrücken", um zu einem „integralen Risikomanagement" zu gelangen, wobei „die gesetzten Ziele *effektiv und effizient zu realisieren*" seien.[580] Ob mit „geeigneten Maßnahmen" zum Beispiel tief sitzende Ängste, die im Unbewussten oder Halbbewussten versteckt sind, „effektiv und effizient" verringert werden können, ist allerdings fraglich. Jener Interviewpartner, der melancholisch wird, wenn er sich an die Katastrophe zurückerinnert, weil sie ein Symbol für innere Aggression ist, wird durch „integrales Risikomanagement" kaum berührt werden, und wir haben deutlich zu machen versucht, dass es sich bei ihm nicht um einen Einzelfall handeln dürfte, weil die tragische Dimension der menschlichen Existenz, welche zur Melancholie führt, Teil jedes Lebens ist.

Andererseits: Auch wenn „integrales Risikomanagement" als pragmatischer Zugang zu verstehen ist und eher an der Oberfläche bleibt, liegt ihm ein sinnvolles Anliegen zugrunde: Wir leben in einer hochkomplexen Gesellschaft, die kaum überschaubar ist und kaum verstanden wird, weswegen es notwendig ist, Spezialisten zu vertrauen, die von sich behaupten, mit hinreichendem Fachwissen ausgestattet zu sein. Ohne Vertrauen ist kein Sicherheitsgefühl möglich, und das Streben nach Sicherheit ist ein menschliches Grundbedürfnis, denn es ist kaum auszuhalten, in ständiger Angst zu leben. Das hängt ursächlich mit dem Gefühl der Minderwertigkeit und Unzulänglichkeit zusammen, das uns von früher Kindheit an begleitet und kompensatorisch nach Sicherungstendenzen drängt.[581] Man könnte einwenden, dass ein gegenläufiges Grundbedürfnis nach dem Neuen, Anderen, Unbekannten und Gefährlichen genauso besteht. Das ist richtig, und es ist hinlänglich bekannt, dass Sicherheit, die in einem Bereich gewonnen wurde, durch erhöhtes Risiko an anderer Stelle verloren geht, etwa riskanteres Fahrverhalten mit größeren Autos.[582] Michael Balint unterscheidet in seinem Buch „Angstlust und Regression" zwischen jenen Menschen, die primär nach Schutz und Sicherheit streben („Oknophile"), und jenen, die immer aufs Neue Spannung und „Angstlust" suchen („Philobaten"), etwa gefährliche Sportarten oder die Fahrt in einer atemraubenden Achterbahn.[583] Aber auch diese Personen gehen in der Regel Wagnisse nur dann ein, wenn sie darauf setzen können, aus der ängstigenden Situation wieder heil herauszukommen, was bedeutet, dass bei ihnen ebenfalls Vertrauen und ein Bedürfnis nach Sicherheit im Hintergrund stehen.

Dieses ist ernst zu nehmen, und zwar für beide Seiten, Betroffene wie Spezialisten. Wissenschaftler, die rein theoretisch arbeiten, haben den Vorteil, ihr For-

---

579 Kienholz 2004, S. 250.
580 Ammann 2004, S. 262 (eigene Hervorhebung, B.R.).
581 Adler 2007b, S. 73.
582 In der Wissenschaft als „Risikokompensation" oder „Risikogesetz" bekannt; vgl. Bützer 1991, S. 225; von Cube 2000.
583 Balint 1999.

schungsfeld mit größerer Distanz und „Objektivität" zu betrachten, während professionell Tätige, sei es als Praktiker im Bereich des Risikomanagements, als Arzt, oder Psychotherapeut, an ihre Sache glauben müssen. Hans Vaihinger, ein Vorläufer des Konstruktivismus in der Nachfolge Immanuel Kants, hat in seiner bahnbrechenden Habilitationsschrift „Die Philosophie des Als Ob" plausibel gemacht, dass wir die Welt um uns herum zwar nicht objektiv zu erkennen vermögen, doch müssen wir „so tun, als ob" wir es könnten, weil nur auf diese Weise Sicherheit im praktischen Handeln ermöglicht wird.[584] Wir halten uns dabei an „Fiktionen", an Grundannahmen über die Welt, die zwar unscharf sind, aber deren Brauchbarkeit sich darin erweist, ob man mit ihnen in der Realität etwas Sinnvolles anfangen kann oder nicht. Das ist eine pragmatische, wirklichkeitsnahe Philosophie, und sie macht deutlich, dass es illusionär wäre, an „objektive" Erkenntnis zu glauben. Wir können „so tun, als ob" wir dazu imstande wären, aber wir schieben damit wesentliche Bereiche beiseite oder erklären sie zu vernachlässigbaren Größen. Mit anderen Worten: Wir verdrängen Phänomene, und bis zu einem gewissen Grad ist das sinnvoll, denn dauernd an den Tod oder an mögliche Gefahren zu denken, schränkt die Lebensqualität ein. In der empirischen Psychologie ist das Phänomen des „unrealistischen Optimismus" bekannt. Damit ist gemeint, dass die Mehrzahl der Menschen das Risiko, von negativen Ereignissen getroffen zu werden, in Bezug auf die eigene Person geringer einschätzt als in Bezug auf andere Personen.[585] Das ist ein typisches Beispiel für Verdrängung, und mit Blick auf die Frage nach der Sicherheit in Galtür kann diese für die eigene Psychohygiene durchaus sinnvoll sein. Das sollte man im Auge behalten, wenn man den ersten Teil des nächsten Kapitels liest.

7.2 Die Sicht der Einheimischen

Als ich von der 86-jährigen Maria Pfeifer wissen möchte, ob sie sich vor einer weiteren Lawine fürchte, antwortet sie, dass sie früher keine Angst gehabt habe und heute auch nicht, woraufhin ich die schlichte Frage stelle: „Warum nicht?" Darauf Frau Pfeifer:

> *„Es hat eben durch das, dass es mir eigentlich da im Haus gar nichts gemacht hat, habe ich eigentlich überhaupt keine Angst. Und wenn es dann eben lawinengefährlich ist, gehe ich auch gar nicht auf den Weg, gehe ich nicht raus, und hier stelle ich mir schon vor, dass es sicher ist. Und überhaupt, man hat ja jetzt da die Mauer gemacht".*[586]

Obwohl Frau Pfeifer im Frühmessgut, dem hauptsächlich betroffenen Gebiet, wohnt, ist ihr Haus verschont worden. Es stehe bereits seit 500 Jahren dort, nie sei etwas passiert, durch die Schutzmauer am Alpinarium sei es noch sicherer geworden,[587] und bei Lawinengefahr gehe sie sowieso nicht hinaus. Die hohe Mauer und

---

584 Vaihinger 1911; vgl. dazu Rattner 1978; Rieken 1996.
585 Weinstein 1980; Weinstein 1984.
586 Maria Pfeifer, I, S. 14.
587 Ebd., S. 15.

zusätzliche Lawinenverbauungen am Berg reduzieren potentielle Gefahren und damit die Angst, das bestätigen auch andere Gewährsleute.[588] Für Werner Jehle ist darüber hinaus „die Freude über den Schnee [...] viel, viel größer wie die Angst vor dem Schnee", obwohl er drei Stunden lang unter der Lawine begraben war. Den Beruf des Schilehrers übe er gern aus, nur respektiere er den Schnee jetzt mehr und sei etwas vorsichtiger beim Schifahren, weil er wisse, was es heißt, von einer Lawine verschüttet zu werden.[589]

Das emotionale Verhältnis zum Schnee ist gut nachzuvollziehen, aber sachlogisch ist die Argumentation, „keine Angst vor einer weiteren Katastrophe, weil Freude über den Schnee größer ist als die Angst vor ihm" nicht stringent, denn man kann etwas lieben und trotzdem fürchten. Der Knick in der Argumentation deutet auf eine Verdrängung hin, denn ein Bruch in der Logik bedeutet, bestimmte Aspekte unbewusst oder halbbewusst auszuklammern. Auch bei anderen Gesprächspartnern zeigt sich bei näherem Hinsehen, dass die Argumentation wider die Angst nicht völlig überzeugt. Isabell Lorenz sagt, sie sei in dem Dorf aufgewachsen, „ich fühle mich eigentlich schon sicher". Auf meine anschließende Bemerkung: „Wenn Sie in Feldkirch wohnen oder in Innsbruck wohnen, da kann so etwas ja eher nicht passieren", antwortet sie:

> *„Ja, das stimmt schon, ich meine, andere, die was vielleicht in Innsbruck wohnen, hätten sich [gesagt], da packe ich meine Sachen, oder da fühle ich mich nicht mehr sicher. Aber, also ich bin eigentlich gern da, und, ich meine, ich hätte jetzt auch eigentlich auch kein Problem, irgendwo anders zu wohnen, aber es ist einfach, man wohnt sein Leben lang da, und irgendwie, wie gesagt, man war es gewohnt, dass die Straße mal zu ist, ist normal".[590]*

Auch hier ist die Logik nicht überzeugend, denn aus der Tatsache, dass Frau Lorenz sich an die zeitweilig gesperrten Straßen gewöhnt hat und Schneereichtum ein Teil der Normalität ist, folgt noch nicht, dass unter der Oberfläche keine Angst vorhanden ist. Ähnlich verhält es sich mit Benjamin Kathrein, der mir mit dem Brustton der Überzeugung erklärt, er habe „überhaupt keine Angst". Im Jahr nach der Katastrophe seien die Schutzmauer gebaut und „im Rekordtempo" die Lawinenverbauungen errichtet worden, mit „hundertprozentiger Sicherheit" komme von dort nie wieder etwas. „Und von anderer Seite?", frage ich. Er antwortet:

> *„Auch von anderen Seiten nicht. Auf den anderen Seiten haben wir noch Wald, und, und auf der anderen Seite drüben das Skigebiet, Skigebiet ist sowieso, da wird, wenn viel Schnee ist, wird gesperrt oder wird, werden Lawinen abgeschossen, wird einfach in der Nacht gearbeitet. Also da, das, das wissen wir auch selber, glaube ich, die Galtürer, die Verantwortlichen, die wo einfach wissen, da so*

---

588 Benjamin Kathrein, I, S. 84; Isabell Lorenz, I, S. 84; Reinhard Türtscher, II, S. 2;
589 Werner Jehle, I, S. 60.
590 Isabell Lorenz, I, S. 84.

was darf einfach bei uns nicht mehr, das ist nicht mehr möglich, dass so was, was sein darf, oder?"[591]

Benjamin Kathrein ist sehr eloquent, findet auf jede Frage eine Antwort und spricht während des gesamten Interviews in einem wohlgesetzten Deutsch. Allein der letzte Satz wirkt etwas holprig, denn er läuft auf eine Beschwörung hinaus, nämlich dass eine derartige Katastrophe einfach nicht mehr passieren dürfe und nicht mehr möglich sei, wobei man das abschließende „Oder" durchaus als Relativierung der eigenen Aussage betrachten darf, denn es fungiert als Fragewort. Und da im Leben nichts „hundertprozentig" sicher ist, wird man wohl auch in diesen Ausführungen eine Verdrängungsarbeit sehen können.

Das bedeutet nicht, dass ich die zitierten Aussagen der Interviewpartner zur Sicherheit des Ortes nicht ernst nehme oder nicht respektiere, doch glaube ich, dass man zwischen bewussten und unbewussten Inhalten unterscheiden muss, wobei Letztere, wie bereits der Begriff aussagt, dem Bewusstsein nicht zugänglich sind, (aber durch tiefenpsychologische Maßnahmen bis zu einem gewissen Grad zugänglich gemacht werden können). Die Existenz unbewusster Ängste ist keine willkürlich gewählte Annahme, denn sie lässt sich durch die genaue Analyse der Interviewauszüge erschließen. Und die Auffassung, dass keine hundertprozentige Sicherheit möglich sei, wenn man „am Rande der Welt" in exponierter Lage lebt, lässt sich mithilfe der wissenschaftlichen Literatur erhärten. So spricht die Geografie von „Mountain Hazards" oder „Alpinen Naturgefahren"[592] bzw. von „Regions of Risk",[593] weil „in Gebirgsräumen vor allem Lawinen, Murgänge, Hochwasser, Überschwemmungen sowie Rutsch- und Sturzbewegungen von Erd- und Felsmassen" vorkommen.[594]

An den Küsten der südlichen Nordsee, die hinsichtlich des natürlichen Gefahrenpotentials vergleichbar sind, verhält es sich ähnlich. Auch sie werden als eine „region of risk" bezeichnet, vor allem weil ihnen Gefahr vom steigenden Meeresspiegel drohen.[595] So fordert das Nordfriisk Instituut, der bedeutendste Wissenschafts- und Kulturträger in Nordfriesland, dass die Kosten für den Küstenschutz nicht nur von den direkt betroffenen Anrainern Schleswig-Holstein und Niedersachsen aufzubringen seien, sondern von der gesamten Republik. Anderenfalls, so die Begründung, hätten die binnenländischen Bundesländer „womöglich eines Tages selbst eine Nordseeküste".[596]

Ein anderes Beispiel: Nachdem in New Orleans der Hurrikan Katrina gewütet hatte, wurde das westfriesische Amt für Wasserwesen beauftragt, mittels einer Computersimulation die Folgen eines Deichbruchs für die Provinzen Groningen

---

591 Benjamin Kathrein, I, S. 34.

592 Kienholz 2004, S. 249.

593 So der Titel des Buches von Hewitt 1997a; vgl. insbesondere S. 232–242; vgl. auch Hewitt 1997b.

594 Kienholz 2004, S. 249.

595 Mauelshagen 2007, S. 141; vgl. Meier 2005, S. 153ff.

596 Nordfriesland, Nr. 163, 2008, S. 1 (im Internet unter http://www.nordfriiskinstituut.de/ → Publikationen → Die Zeitschrift NF → NF 163 nachzulesen).

und Friesland zu ermitteln.[597] Ähnlich wie in New Orleans liegen Teile der Niederlande unter dem Meeresspiegel, doch sind die Verhältnisse ansonsten wegen der hoch professionellen Küstenschutzschutzmaßnahmen, für die die Holländer weltweit bekannt sind, nicht vergleichbar.[598] Und dennoch waren sie über die Katastrophe von New Orleans so beunruhigt, dass sie ihre Deiche überprüfen ließen. Dass sich die Angst nicht völlig beiseite schieben lässt, macht auch eine Aussage des Bürgermeisters von Schouwen-Duiveland, einer küstennahen Region in den westlichen Niederlanden, deutlich:

> *„Wir sind [heutzutage] viel besser geschützt, wir sind vorbereitet, es gibt die notwendigen Pläne, Radio, Telefon. Aber irgendwo ist den Menschen bewusst, auch wenn sie es verdrängen, dass es hundertprozentige Sicherheit nicht gibt. Bei Windstärke elf kommen die Erinnerungen, und mit ihnen kommt die Furcht, und in den Häusern brennen die Kerzen".*[599]

Technisierung und professionelle Schutzmaßnahmen haben zwar die Gefahren verringert, sodass sich die Menschen sicherer fühlen, doch wenn die Stürme wüten, kommen Ängste auf – und mit ihnen Erinnerungen, in diesem Fall an die größte Sturmflutkatastrophe des 20. Jahrhunderts, als im Jahre 1953 große Teile der niederländischen Küste überspült wurden und fast 2000 Menschen ums Leben kamen.[600]

Entsprechendes gilt für Galtür: Zwar wurden die Schutzmaßnahmen verbessert, aber dass es im Lauf der Geschichte immer wieder zu desaströsen Lawinenabgängen gekommen ist, ist allgemein bekannt. Karoline Hussein fühlt sich zwar „grundsätzlich sicher" wegen der schützenden Mauer und weil ihr Haus im Frühmessgut nach der Katastrophe mit massivem Stahlbeton wiedererrichtet wurde, „aber ich weiß, dass nie, also dass nie alles sicher ist".[601] Ähnlich sieht es Anton Mattle, als er auf meine Frage, ob die Angst nun größer sei als vor der Lawine, antwortet:

> *„Ich habe mir immer, irgendwie immer, zuerst eingeredet, die ist nicht größer, aber sie ist schon größer. Zuerst habe ich immer, auch im ersten Winter, [geglaubt] – der Winter 2000 war ein unheimlich schneereicher Winter – [...] ich habe da nicht mehr Angst gehabt. Aber wenn ich das jetzt nach neun Jahren betrachte, und wenn es im letzten Winter fest geschneit hat, dann, ja, ist man vielleicht schon bei 50 Zentimeter Schnee etwas nervöser geworden, und früher hat es halt mal geschneit, es hat sich zumindest bei mir schon geändert".*[602]

Der Gemeindearzt ist ebenfalls der Ansicht, dass man trotz moderner Sicherungsmaßnahmen in Galtür mit einem Restrisiko leben müsse:

---

597 Rieken 2005, S. 324.

598 Rieken 2007b, S. 149–152.

599 Scagnet 2003 (auch in Rieken 2005, S. 323). Das Abbrennen von Kerzen ist im traditionellen Volksglauben ein Brauch zur Gefahrenabwehr, indem göttlicher Beistand erhofft wird.

600 Vgl. Flameling 2003; literarisch verarbeitet wurde die Katastrophe in dem Roman „Sturmflut" von Margriet de Moor (München: Hanser 2006).

601 Karoline Hussein, I, S. 53.

602 Anton Mattle, I, S. 12.

„Ich bin fest überzeugt, dass der Teil der Bedrohung (Pause) kleiner geworden ist. Ich bin überhaupt nicht davon überzeugt, dass es nicht trotzdem bei bestimmten Windsituationen dann sein kann, dass es sich halt da oben anstaut. Ich meine, für mich ist es nach wie vor ein bedrohter Lebensraum, ich meine, das Hochgebirge ist ein bedrohter Lebensraum [...]. Die Lawinenverbauungen, die zeigen einem eher nur, wo die Gefahr entschärft worden ist, aber so punktförmig ist es immer gefährlich,"[603]

eine Sicht, die von der Wissenschaft geteilt wird, wenn sie mit Blick auf die Alpen von einer „region of risk" spricht. Das sieht auch Franz Lorenz so, der durch die Lawine seine Frau und seine Schwiegertochter verloren hat. Die Frage, warum gerade ihm das passiert sei, habe er sich viele Male gestellt:

„Aber das wird man nie verstehen: warum – das ist dann die höhere Macht, und das ist das Schicksal eines Bergbewohners, der immer in diesen Risiken lebt oder existiert. Es gibt keinen Tag, an dem man ganz sicher ist vor einem Naturgeschehen, ganz gleich, wenn man einen Platz hat, wo man vor dem Hochwasser sicher ist, einen Platz, wo man vor abgehenden Lawinen sicher ist, wie dieses Haus hier zum Beispiel – ist eines von wenigen Häusern in Galtür, die für beide Fälle etwa sicher stehen, soweit man es bisher weiß (lacht)."[604]

Ob man nun an vollständige Sicherheit glaubt oder nicht, ist eine Ermessenssache. Eine optimistische Sicht hat wahrscheinlich positiven Einfluss auf die Lebensqualität, indem eine Sorge wegfällt, aber es ist eine Perspektive, die durch Verdrängung ermöglicht wird. Wenn man demgegenüber ein Restrisiko einkalkuliert und es akzeptiert hat, ist zwar die Sorge größer, aber man benötigt keinen psychischen Energieaufwand, um unbewusste Zweifel an der Sicherheit niederzuhalten.

Ein weiterer Aspekt ist bisher allerdings unberücksichtigt geblieben: Wenn man sich fragt, ob die Menschen tatsächlich daran glauben, dass absolute Sicherheit möglich sei, wird nicht nur der Geist berührt, sondern auch die Psyche. Mit anderen Worten: Rational, „vom Kopf her", kann man davon überzeugt sein, dass bestmöglicher Schutz vorhanden ist, doch sprechen die Gefühle möglicherweise eine andere Sprache, denn die Angst ist aus leicht entzündlichem Stoff gemacht und kann jederzeit entflammen. Das mag widersprüchlich erscheinen, aber „die Seele ist ein weites Land",[605] in dem ganz unterschiedliche und gegenläufige Anteile ihren Platz finden. Die Logik der Psyche ist, auch wenn das entsprechende Substantiv „Psycho-logie" heißt, nicht mit der Logik des Verstandes gleichzusetzen. Würde es sich so einfach verhalten, dass beides ident wäre, dann bedürfte es in einer Psychotherapie allein des Erkenntnis fördernden Wortes, um Verhalten und seelisches Erleben zu ändern, aber das ist nicht der Fall. Vielmehr muss man sich in einer Therapie auch mit den Gefühlen, welche die Worte begleiten, auseinandersetzen, damit „sich etwas tut", wie man zu sagen pflegt. Und im Falle Galtürs gibt es ein Phänomen, das geeignet ist, jene Gefühle der Angst, welche sich während der

---

603 Fritz Treidl, I, S. 88.
604 Franz Lorenz, I, S. 39.
605 Schnitzler 1979a, S. 71.

Katastrophe eingestellt haben, wiederzubeleben, nämlich bestimmte *Geräusche*. Beispielsweise hat mir Frau Türtscher, die Wirtin vom „Rössle", erzählt, dass sie immer wieder Ängste spüre, wenn die Feuerwehrsirene losheule, denn diese erinnere sie an die Lawine.[606] Bei Georg Juen jun. ist es der Lärm der Pistenraupen, der ihn an das Geschehen denken lässt:

> *„Die Pistenraupen, die haben schichtweise die ganze Lawine abgetragen, weil man eben noch gesucht hat, und man hat wieder 20 cm sondiert und dann wieder abgetragen, Tag und Nacht. Und wenn ich irgendwann einmal schlafen gegangen bin, und dann, beim Rückfahren, haben die ja ein Warnsignal, und es ist Tag und Nacht nur piep, piep, piep, piep, piep, piep, piep. Also das ist heute noch, wenn ich das so auf der Piste höre, dann kommt mir die Situation immer in den Sinn".*[607]

Ähnlich auch bei Isabell Lorenz:

> *„Mein Zimmer ist ja gerade drüber gewesen früher, und in der Nacht hast du das dann immer wieder gehört, und es gibt ja, das haben mir auch viele Leute erzählt, dass, wenn sie das hören, wenn eine Pistenraupe jetzt rückwärts fährt, macht das so piepsende Geräusche, und das erinnert einen eigentlich immer noch an das".*[608]

Die Pistenraupen waren unentwegt im Einsatz, und beim Rückwärtsfahren gaben sie einen Warnton von sich. „Viele Leute", so Isabell Lorenz, verknüpfen heute das Geräusch, wenn sie es hören, mit den Ereignissen in der Katastrophennacht – ein Vorgang, der in der klassischen Lernpsychologie als Konditionierung bezeichnet wird: Ein zunächst neutraler Reiz wird zu einem bedingten Reiz, indem etwas anderes damit assoziiert wird,[609] hier die Erlebnisse mit der Lawine. Daher werden möglicherweise Ängste und Stress von damals aktiviert, wenn man die Pistenraupen hört, auch wenn man rational weiß, dass die Situation aufgrund der umfangreichen Sicherungsmaßnahmen heute eine andere ist als damals. Doch das assoziative Denken ist im Menschen tief verankert und seit alters her gebräuchlich. Im alltäglichen Denken ist es sozusagen „Standard", weil es mit dem Egozentrismus als Denkform – nicht als moralische Kategorie – zu tun hat, indem man die Dinge dieser Welt an seinem persönlichen Standpunkt misst und neue Erfahrungen unbewusst-assoziativ nach vertrauten Maßstäben beurteilt, worauf bereits die ältere Volkskunde hingewiesen hat.[610] Es handelt sich darüber hinaus um eine in früheren Zeiten gebräuchliche wissenschaftliche Methode, und wir finden sie als „analogischen Rationalitätstypus"[611] heute unter anderem in der Simile-Regel der Homöo-

---

606 Margit Türtscher, II, S. 2.

607 Georg Juen jun., I, S. 74.

608 Isabell Lorenz, I, S. 82.

609 Reiz-Reaktions-Hypothese; spielt eine wesentliche Rolle in der Verhaltenstherapie; vgl. Linden 1994, S. 308.

610 Z.B. Bach 1960, S. 477f. (allerdings mit teils wertenden Formulierungen); Weiser-Aall 1937, S. 94–102.

611 Vgl. Gloy 2001, S. 207–276.

pathie, im Prinzip der freien Assoziation bei psychoanalytischen Verfahren und auch in einigen gegenwärtigen Prinzipien der Schulmedizin wieder.[612]

Als in der Nacht vom 16. auf den 17. Februar 1962 die deutsche Nordseeküste von einer verheerenden Sturmflut heimgesucht wurde, sprachen die Hamburger Zeitungen von „Tod und Zerstörung wie in den Bombennächten"[613] und davon, dass vieles an jene Tage gemahne, „in denen Bomben und Feuer unsere Stadt heimsuchten. Auf trocknen Straßen muss man durch Krater wie Bombentrichter klettern".[614] Anfang der 1960er Jahre war die Erinnerung an den Zweiten Weltkrieg noch allgegenwärtig, und so braucht es nicht zu überraschen, dass die lebensbedrohlichen Erlebnisse von damals im Sinne einer Konditionierung sogleich mit den Folgen der Sturmflut assoziiert wurden. Ein hervorstechendes Beispiel für die prägende Kraft des Krieges sind die Kindheitserlebnisse Dörte von Drigalskis, einer 1942 geborenen Ärztin, bei der im späteren Leben selbst durch geringfügige Anlässe die gegnerischen Angriffe von damals immer wieder ins Gedächtnis gerufen wurden:

„Mir fielen einstürzende, explodierende Bunkerbauten ein; Tod durch Hineinfallen, Ersticken, durch zerfetzende Explosionen, mit denen alles durch die Luft fliegt, zerstört wird; verlorengeht, nicht mehr aufzufinden ist. Wo alles stirbt, sich auflöst, auseinanderfliegt".[615]

Ähnlich wie eine elementare Katastrophe stellt der Krieg nicht nur leibliche, sondern auch gesellschaftliche Abgrenzungen radikal infrage, das macht das Zitat auf eindrucksvolle Weise deutlich. Alle zivilisatorischen Einrichtungen, schreibt Hartmut Böhme, hätten einen fundamental körperhaften Sinn, denn sie stellen „Staffelungen von Abgrenzungen dar, die das primäre Abgrenzungssystem, den integrierten Leib, schützend umhüllen. Gewiss ist Kleidung ein Leib, aber auch das Haus, die Stadt, die Grenze zum Meer (der Deich) etc.".[616] Die Lawine von Galtür stürzte mitten in den geschützten Bereich des Dorfes, der seit alters her als sicher galt. Sämtliche Abgrenzungen, leibliche wie kulturelle, versagten und erschütterten die beteiligten Anwohner. Daher braucht es nicht zu überraschen, dass prägende Eindrücke, die mit der Katastrophe verbunden waren, heute kraft Assoziation an die Oberfläche treten, wenn die Pistenraupen ihren Warnton von sich geben, die Feuerwehrsirene ertönt oder auf einmal sehr viel Schnee fällt.

7.3 Hochwasser und Klimawandel

Wenn man als empirischer Sozialforscher Hypothesen aufstellt und diese testen möchte, bekommt man, wenn man seinem eigenen Horizont verhaftet bleibt, man-

---

612 Zum Beispiel Schutzimpfung oder Vergleichende Anatomie; vgl. Gloy ebd.; Gloy 2000; Gloy, Bachmann 2000; Rieken 2010b.
613 Die Welt, 19.02.1962, S. 6.
614 Schütte 1962, S. 7; vgl. Engels 2003, S. 124f.; Rieken 2005, S. 305.
615 Drigalski 1980, S. 142.
616 Böhme 1996, S. 31f.

ches von dem vielleicht gar nicht mit, was für die Menschen wichtig ist. Der Vorteil offener, qualitativer Interviews ist demgegenüber, dass man stets auf Überraschungen gefasst sein muss. So ist es mir ergangen, als verschiedene Dorfbewohner im Verlauf der Interviews erklärt haben, dass sie sich vor einem Hochwasser mehr fürchten als vor Lawinen. Mich hat das überrascht, denn ich bin mit Sturmfluten und Starkwinden aufgewachsen und bin anno 1964 sogar heile aus einer betagten dänischen Autofähre namens „Kronprins Olav" wieder herausgekommen, die im Skagerrak für mehrere Stunden manövrierunfähig, weil mit Schlagseite, einem schweren Sturm ausgesetzt war. Daher denke ich, dass man sich vor dem nassen Element meistens „irgendwie" retten kann, während eine Lawine, die einen überrollt, etwas ist, bei dem dann wirklich Schluss ist. Das wäre für mich das Grauen schlechthin, aber ich kenne das nur aus dem Fernsehen oder aus Erzählungen, und es macht deutlich, dass lebensgeschichtliche Überzeugungen alles andere als wissenschaftlich fundierte Aussagen sind – diese aber beeinflussen können, wenn man sie nicht reflektiert.

Unter anderem habe ich mich mit Karin und Werner Jehle über die Frage unterhalten, ob Schnee oder Wasser bedrohlicher sei:

> „Werner Jehle: *Vielleicht das mit dem Hochwasser 2005 –[...] da kommt jetzt eher ein bisschen noch die Vorsicht, da haben wir auch gesehen, wie das Wasser sein kann. Also von dem her hätte ich vor dem Wasser wesentlich mehr Angst als vorm Schnee. Beim Schnee da hätte man ja sogar noch die Chance.*
> Karin Jehle: *Wenn einen das Wasser mitnimmt ...*
> Werner Jehle: *... ist es sehr sicher aus.*
> Rieken: *Das ist interessant. Ich finde, genau das Gegenteil ist der Fall* (Karin Jehle lacht) *– meine Erfahrung. Wenn ich mir vorstelle, eine Lawine – man ist ausgeliefert. Aber beim Wasser, ich kann mich vielleicht noch irgendwo retten [...].*
> Werner Jehle: *Ich sehe das Wasser so vielleicht als reißende Flut, so wie wir das live auch gesehen haben, so sehe ich das Wasser jetzt in der Bewegung, wie es auf mich zukommt, sage ich mal. Da wär mir dies das Schlimmere, als wenn so eine kleinere oder größere Lawine auf mich zukommt. Da könnte ich noch meinen Rücken drehen oder nochmal eher eine Chance sehen zum Überleben wie im Wasser. Ja, Schnee, damit bin ich vertraut, sechs oder sieben Monate [im Jahr], Angst vor dem Wasser in dem Sinn: Man geht schwimmen, baden, springt ins Wasser und alles Mögliche. Aber Wasser in Bewegung oder so eine Flut – wenn du da einen Fehler machst, dann ist es sehr, sehr sicher vorbei".* [617]

Familie Jehle ist mit dem Schnee vertraut, und darum ist die Furcht kleiner als vor dem nassen Element, insbesondere wenn es sich bewegt. Aktueller Hintergrund für diese Einschätzung war das Hochwasser vom August 2005, das in den Alpen großen Schaden anrichtete, wobei das Paznauntal von einer Niederschlagsmenge betroffen war, die „weit über einem 100-jährigen Ereignis" lag. „Die extremen Abflüsse [...] haben zu erheblichen Überflutungen geführt und Talschaften teilweise

---

617 Karin und Werner Jehle, I, S. 61.

verwüstet", heißt es in einer Dokumentation des zuständigen Ministeriums.[618] Die Hochwasser-Katastrophe hat die Galtürer nachhaltig beeindruckt, zumal die Lawine erst sechs Jahre zurücklag. Die meisten seien der Meinung, so Georg Juen sen., dass Fluten viel schlimmer als eine Lawine seien. Im Allgemeinen wisse man, was passiere, wenn die Schneemassen ins Tal stürzten, und in wenigen Sekunden sei alles vorbei, während ein Hochwasser längere Zeit anhalte.[619] Ähnlich Dr. Treidl: Die Gefahr komme im Fall einer Lawine nicht schlagartig, sondern baue sich allmählich auf, weswegen man normalerweise mit dem Schnee besser umgehen könne.[620] Auch Reinhard Türtscher behagt der Gedanke an weitere Fluten nicht. Vor künftigen Lawinen fürchte er sich nicht, indes vor einer Zunahme des Hochwassers aufgrund des Klimawandels.[621]

Herr Türtscher ist einer der wenigen, die das Thema „Klimawandel" angesprochen haben. Obwohl es sich um ein Problem handelt, das für Hochgebirgsregionen von einiger Brisanz ist, machen sich die wenigsten Sorgen darum. Werner Jehle erwähnt zwar die potentielle Gefahr, dass sich aufgrund der steigenden Permafrostgrenze das Gestein lockern und Felsstürze zunehmen könnten, doch fügt er gleich hinzu, dass in Galtür, im Gegensatz zu Ischgl, der Fels sehr fest sei.[622] Die Wissenschaft sieht dagegen im Klimawandel ein generelles Problem für die Alpen,[623] und auch in den Medien wird immer wieder auf die mögliche Zunahme von Gefahren aufmerksam gemacht. Daher liegt möglicherweise Verdrängungsarbeit vor, oder man traut lieber dem Augenschein, der nach wie vor mit dem immensen Schneereichtum im Winterhalbjahr argumentieren kann.

Zusammenfassend ist festzuhalten, dass zwar Ängste hinsichtlich künftiger Katastrophen von einigen Einheimischen verdrängt werden, dass aber der Umgang mit Lawinenabgängen – zum Unterschied vom Hochwasser – relativ gelassen ist, weil man an sie gewöhnt ist. Das ist sicher eine weitere Erklärung dafür, dass die Galtürer in der Katastrophe rasch und effizient Hilfe geleistet haben.

8 Die Lawine als Lebenseinschnitt

Ob eine Elementarkatastrophe einen Einschnitt[624] im Leben bedeutet oder nicht, hängt davon ab, wie sehr man betroffen ist. Das ist eigentlich klar, doch wenn immer wieder die Rede davon ist, dass „ein ganzes Dorf betroffen war", dann klingt das so, als wären alle Einwohner gleichermaßen in Mitleidenschaft gezogen worden, aber das ist nicht der Fall. Wer Angehörige verliert, wird vom Schicksal stär-

---

618 Bundesministerium für Land- und Forstwirtschaft, Umwelt und Wasserwirtschaft 2006, S. 16.
619 Georg Juen sen., I, S. 25.
620 Fritz Treidl, I, S. 87.
621 Reinhard Türtscher, II, S. 2.
622 Werner Jehle, II, S. 5.
623 Vgl. z.B. Haeberli und Maisch 2007.
624 Es wird hier mit Bedacht nicht von Life Events oder Kritischen Lebensereignissen gesprochen, denn diese gehen einher mit zeitweiser Überforderung und Neuanpassung des Verhaltens. Das aber gilt nur für einen Teil der Interviewpartner.

ker heimgesucht als jemand, der „nur" hilft. Doch einig waren sich die meisten Interviewpartner darin, dass die Lawine ihnen zu einem bewussteren Leben verholfen habe. Das sei eine „Lebenserfahrung, und man wird reifer", sagt Georg Juen jun. Darüber hinaus habe er auch in konkreter Form einen Wissenszuwachs erfahren, nämlich als Bergretter: „Man geht mit solch einer Situation jetzt, wenn im Winter etwas passiert [...], ganz anders um".[625] Ähnlich sieht es Isabell Lorenz, wenn sie auf die Frage, ob die Lawine einen Einschnitt in ihrem Leben darstellt, antwortet: „Ich denke schon, weil man vieles anders sieht, über manche Sachen nachdenkt". Ihr Glaube an die Existenz Gottes sei zunächst erschüttert gewesen, doch dann habe sie sich überlegt, dass ihre Freundin und sie, die zur Zeit des Lawinenabgangs im Dorf unterwegs gewesen seien, „einen großen Schutzengel gehabt" hätten.[626] In Anbetracht dessen, dass andere Leute Angehörige verloren hätten, sei es überhaupt nicht selbstverständlich gewesen, dass ihr nichts passiert sei. Mit anderen Worten: Obwohl sie damals erst 13 oder 14 Jahre alt war, lebt sie seither bewusster, weiß das Leben mehr zu schätzen und hat eine positivere Einstellung gegenüber der Religion, indem sie diese in Gestalt eines „großen Schutzengels" gewissermaßen am eigenen Leibe erfahren hat.

Ähnliches gilt auch für Werner Jehle, der als Verschütteter besonders stark betroffen war, aber doppeltes Glück hatte, weil er nach drei Stunden lebend geborgen wurde und darüber hinaus im Spital seine künftige Ehefrau kennenlernte, die dort als Krankenschwester ihren Dienst versah. Für ihn habe das Leben noch einmal von Neuem begonnen, und er sei durch die Geburt der Kinder zu einem Familienmenschen geworden.[627]

Fritz Treidl legt dagegen den Akzent weniger auf den Aspekt des veränderten Lebens nach der Katastrophe, sondern auf die Lawine als Zäsur: „Es war natürlich ein Einschnitt in meinem Leben, weil man plötzlich einfach mit einer Situation konfrontiert wird, wo sämtliche bisherigen Erfahrungswerte nicht mehr zutreffen". Zwar hatte er zuvor einen Notarztkurs absolviert, aber er habe sich nicht vorstellen können, in eine derartige Situation mit so vielen Toten und Verschütteten zu geraten.[628] Das Gefordert-Sein und wohl auch die zeitweise Überforderung sind es, die Fritz Treidl in Erinnerung bleiben, und das hat mit seiner Funktion als Arzt zu tun, dessen Tätigkeit über Leben und Tod entscheiden kann und die er nur dann ordentlich zu erfüllen vermag, wenn ihm Zeit genug bleibt, sich um all jene zu kümmern, welche seiner Hilfe bedürfen.

Daneben gibt es aber auch Beispiele dafür, dass die Katastrophe keine besonders große oder kaum eine Zäsur für die individuelle Biographie darstellt. Für Benjamin Kathrein, der damals gerade in der Pubertät war, sei es zwar „schon ein Einschnitt in meinem Leben" gewesen, aber kein

---

625 Georg Juen jun., I, S. 71.
626 Isabell Lorenz, I, S. 84.
627 Werner Jehle, I, S. 60.
628 Fritz Treidl, I, S. 87.

„richtig gravierender. Ich war vielleicht noch in so einem Alter, wo man das alles relativ gut verkraftet hat [...]. Ich bin in Galtür aufgewachsen, immer in Galtür gewesen, und ich werde in aller Zukunft auch immer da bleiben, sofern ich irgendwo was finde, wo ich mir einmal etwas Eigenes aufbauen kann".[629]

Zwar sind die Bilder der Katastrophe Teil der Erinnerung, zumal er trotz seiner jungen Jahre damals aktiv bei der Suche nach den Verschütteten geholfen hat, doch entscheidender ist die Tatsache, dass er sein Leben noch vor sich hat und seine Zukunftsperspektive auf Galtür gerichtet ist.

Aber auch das Gegenteil, nämlich ein hohes Alter, muss nicht bedeuten, die Lawine als etwas Gravierendes erlebt zu haben. Auf meine Frage, ob „diese Katastrophe in irgendeiner Weise ihr Leben beeinflusst" habe, antwortet Maria Pfeiffer kurz und bündig: „Eigentlich nicht". Eine viel schmerzlichere Bedeutung habe der frühe Tod ihres Mannes und eines ihrer Söhne, beide Male infolge Herzinfarkts, gehabt. Das seien für sie die eigentlichen Katastrophen gewesen, insbesondere das Sterben ihres Sohnes, das mit anzusehen für eine Mutter besonders schmerzlich sei. Zwar sei die Lawinenkatastrophe für sie ein besonderes Ereignis gewesen, aber da niemand aus ihren Verwandten- und Bekanntenkreis Schaden genommen habe und auch ihr Haus trotz seiner Lage im Frühmessgut verschont geblieben sei, habe diese einen geringeren Stellenwert als die persönlichen Schicksalsschläge.[630]

Gerade die beiden letztgenannten Beispiele machen deutlich, dass das Ausmaß der Betroffenheit sehr unterschiedlich sein kann, auch wenn eine Gemeinde in ihrer Gesamtheit berührt und erschüttert ist. Dennoch bleibt für die Mehrzahl der Bewohner die Lawine ein einschneidendes Erlebnis und dürfte wahrscheinlich in das kollektive Gedächtnis Galtürs eingehen. Karl Gatt meinte in dem Zusammenhang, dass in vielen Gesprächen, in denen es um vergangene Ereignisse gehe und um die Frage, wann diese Ereignisse stattgefunden hätten, gesagt werde: „Das war vor der Lawine oder nach der Lawine", bzw. als Frage formuliert: „War das vor oder nach der Lawine?"[631]

Das ist ein typisches Muster und findet sich auch anderenorts, etwa bei der Lawinenkatastrophe von Blons aus dem Jahre 1954, wenn es etwa im Bericht einer Betroffenen heißt: „Auch heute, 50 Jahre später, stellen wir in Erzählungen und Gesprächen immer noch fest, dass die Lawine unser Leben geteilt hat: in die Zeit vor und nach der Lawine!"[632] Entsprechendes gilt für die große Sturmflut, welche die deutsche Nordseeküste im Februar 1962 heimsuchte. Eine damals junge Frau berichtet, wie ihr Elternhaus im Alten Land, einer Gegend an der Niederelbe, überflutet wurde und sie eben noch mit Bruder und Mutter eine höher gelegene Mühle erreichen konnte und dort bis zum nächsten Morgen ausharren musste. In ihrem Bericht schreibt sie: „Dieses schreckliche Ereignis hat mich damals plötzlich sehr viel erwachsener werden lassen. Es war ein einschneidender Abschnitt in meinem

---

629 Benjamin Kathrein, I, S. 31.
630 Maria Pfeiffer, II, S. 2f.
631 Karl Gatt, II, S. 6.
632 Nesensohn-Vallaster 2004, S. 9

Leben. Bis heute teile ich meine Lebensabschnitte ein in: vor der Flut und nach der Flut".[633] Und vom großen Erdbeben auf Haiti, das im Jahre 2010 die Hauptstadt Port-au-Prince in Schutt und Asche legte, hieß es bereits kurze Zeit danach: „Künftig gibt es ein Haiti vor und ein Haiti nach dem 12. Jänner".[634] Die Beispiele könnten um ein Vielfaches vermehrt werden.

---

633 Genz 2002, S. 4; vgl. Rieken 2005, S. 302f.
634 Lehnartz 2010.

V   Persönliche Schicksale

Während bisher der Fokus auf das gemeinsame Erleben der Katastrophe gerichtet war, soll es im Folgenden um drei markante Einzelschicksale gehen. Beides zu beleuchten ist legitim, man kann sich dem Thema zuwenden, indem man das kollektive Erleben in den Vordergrund rückt oder sich auf bestimmte Personen zentriert, je nach dem, ob man eher an gesellschaftswissenschaftlichen oder eher an psychologischen Fragestellungen interessiert ist. Dabei handelt es sich natürlich nicht um ein Entweder-Oder, da die Grenzen zwischen den Disziplinen fließend sind und sich, Goethes Symbolbegriff folgend, Allgemeines auch im Besonderen zeigt. Im Folgenden soll aber der Schwerpunkt auf eben diesem Besonderen liegen, denn es erlaubt eine intime Sicht darauf, wie schweres Leid bzw. eine Situation, in der man dem Tod ins Auge geblickt hat, verarbeitet und in die persönliche Biografie integriert werden können. Die ersten beiden Beispiele handeln vom Tod Nahestehender, das dritte Beispiel dagegen von der Rettung aus der Lawine nach mehreren Stunden des Verschüttet-Seins.

1   Ehefrau und schwangere Schwiegertochter verloren

Franz Lorenz war 73 Jahre alt, als er durch die Lawine seine Frau und seine schwangere Schwiegertochter verloren hat. Mit einem gewissen Bangen sah ich dem Interview entgegen, da ich zuvor bereits vergeblich versucht hatte, mit seinem Sohn in Kontakt zu treten. Der wollte mit mir darüber nicht sprechen, und umso erstaunter war ich, dass der Seniorchef des „Alpenhotel Tirol" sogleich zusagte, nachdem der Bürgermeister ihm mein Anliegen erklärt hatte. Gleich zu Beginn des Gesprächs führt er aus, dass der Lawinenabgang meteorologisch erklärbar sei durch „eine Kette von Schneefällen", um mich im nächsten Satz zu fragen: „Sollen wir einen Sprung vor die Haustüre gehen, da sieht man nämlich schön hinauf?"[635] Das tun wir dann auch, er erklärt mir ausführlich das Woher und Wohin der Lawine, und nachdem wir wieder im Hotel sind, beginnt das eigentliche Interview.

Seine Bereitschaft dazu erklärt er folgendermaßen: „Ich bin nun im Alter von über 80 Jahren, 83 Jahre, und da kann man manches gründlicher anschauen als ein junger Mann wie mein Sohn, der eben auch so stark persönlich betroffen war".[636] Franz Lorenz spricht diese Worte sehr langsam und in einem melancholischen Ton, die Trauer ist deutlich spürbar. Im Folgenden erzählt er, dass er fast 50 Jahre Wirt auf der Jamtalhütte gewesen sei und dabei „sehr viele solcher Einzelschicksale

---

635 Franz Lorenz, I, S. 36.
636 Ebd.

[hat] miterleben müssen".[637] Es habe mehrere Vorfälle gegeben, bei denen Menschen zu Tode gekommen seien, und dann habe er sich auch mit den Angehörigen auseinanderzusetzen gehabt, die gekommen seien und wissen wollten, „wo das geschehen ist, und wieder, warum gerade ihr Mann oder ihr Sohn nun halt zu Tode gekommen" sei.[638] Als Hüttenwirt und Bergführer stehe man jedem Besucher viel näher als der Gastgeber im Tal. Man fühle sich verantwortlich, denn man habe

> *„direkten Zuspruch auf die Leute, weil man ja eigennützig, wie jeder Mensch ist, denkt: Jetzt, wenn da etwas passiert, dann trifft es nicht nur den, sondern auch mich, denn wenn immer wieder etwas Ungutes passiert, kommuniziert sich das an die möglichen Besucher, und man kriegt dann gesagt, wenn man den Menschen sagt: ‚Ich fahre zur Jamtalhütte auf Skitouren', dann kriegt man gesagt: ‚Du spinnst ja, du wirst dich doch nicht selber umbringen wollen'".[639]*

Abb. 6: Jamtal

---

637 Ebd.
638 Ebd.
639 Ebd.

Durch den Vergleich mit jenen Familien, welche

> *„von solchen Berggeschehnissen betroffen waren, hat man schon sehr viel nach-*
> *zudenken gehabt und hatte auch mehr Zeit als hier unten zum Nachdenken, zum*
> *Studieren: Warum kommt das, warum war das so, warum habe ich das nicht rich-*
> *tig erkannt, warum habe ich nicht einfach gesagt: ,Ich sperre den Ski-Raum zu,*
> *dass keiner hinaus kommt. Dann habe ich sie in der Hand, dann kann nichts pas-*
> *sieren?' So etwa ist man, wenn man das viele oder mehrere Jahrzehnte gemacht*
> *hat, ist man einem jüngeren Nachfolger ein bisschen überlegen, wenn ich das jetzt*
> *ganz (Pause) menschlich sagen darf".* [640]

Diese ganzen, einleitenden Ausführungen dienen dazu, meine Frage zu beantworten, warum er zum Gespräch mit mir bereit gewesen ist, sein Sohn hingegen nicht:
Er ist nicht nur der Ältere und somit Reifere, sondern er hat als Wirt der
Jamtalhütte auch eine Vielzahl derartiger Schicksalsschläge bei anderen Menschen
miterleben und sich damit auseinandersetzen müssen, sodass er in gewisser Weise
vorbereitet war für den eigenen Schicksalsschlag, den er erleiden musste, auch
wenn persönliche Betroffenheit um eigene Familienmitglieder noch einmal von
anderer Qualität ist als die um seine Gäste auf der Jamtalhütte.

Man merkt bereits an diesen Sätzen, dass Franz Lorenz ein nachdenklicher
Mensch ist, der sich bereits sehr intensiv mit dem Thema befasst und eine gewisse
Klarheit darüber erlangt hat. Diese zeigt sich auch in der Analyse seiner eigenen
Motive, wenn es heißt, es sei durchaus ein eigennütziger Anteil dabei gewesen,
dass er seine Gäste auf der Jamtalhütte davor gewarnt habe, bei möglichen Gefahren im Haus zu bleiben – nämlich um nicht in Verruf zu kommen. Für jeden, der
psychologisch denkt, ist das zwar ein Motiv, das klar auf der Hand liegt, aber es ist
doch etwas anderes, sich das vor sich selbst oder – wie in diesem Fall – vor einem
anderen direkt und bewusst einzugestehen. Es ist eine ehrliche Position, die keinesfalls selbstverständlich ist, aber von klarem Verstand zeugt.

Die Klarheit, um welche er bemüht ist, zeigt sich bereits zu Beginn des Interviews, als er mich fragt, ob wir nicht einen Sprung vor die Haustür machen können,
damit er mir zeigen kann, von wo sich die Lawine gelöst hat. Die Klarheit ist dem
Unbegreiflichen entgegengesetzt, und das Unbegreifliche ist die Katastrophe, die
mit voller Gewalt das Leben seiner nächsten Angehörigen zerstört und auch ihn in
seinen Grundfesten erschüttert hat.

Meine nächste Frage lautet daher: „Wie haben Sie das für sich (Pause) bewältigt oder zu bewältigen versucht?", woraufhin er antwortet:

> *„Die erste Frage, wenn man persönlich von Naturereignissen betroffen ist, ist im-*
> *mer: Warum, warum gerade wir? Warum gerade ich? Oder warum gerade meine*
> *Familie? Oder warum gerade meine Frau?"* [641]

Von ihr beginnt er dann zu erzählen, und ich erfahre, dass sie, genau wie er, einer
Walserfamilie entstammt, jedoch aus einem kleinen Gebirgsort in Vorarlberg, näm-

---

640 Ebd.
641 Ebd.

lich Brand im Bezirk Bludenz. Kennen gelernt habe er sie auf einer Berghütte, wo sie als Helferin gearbeitet habe, und sie seien

> *„dann näher bekannt geworden, weil eine Schwester von ihr nach Galtür geheiratet hat. Und so kam dann meine Gattin aus dieser Berggegend zu uns, und sie war auch sehr erfahren. Und es hat gar nicht lange vorher, 10 Jahre eher hat es bei uns im Jamtal einen Lawinenunfall gegeben im Frühjahr eines Tourenwinters, davon waren Angehörige von der Eigentümersektion Schwaben aus Stuttgart betroffen, die also auf ihre Hütte wollten und hier [im Tal] bei meiner Frau nachgefragt haben, wie es dann ist mit dem Aufstieg".*[642]

Das sei gegen acht Uhr in der Früh gewesen, und per Sprechfunk habe sie ihren Mann, der oben auf der Hütte gewesen sei, kontaktiert, und er habe geantwortet, dass die Gäste,

> *„wenn sie sofort (betont) losgehen und zügig durchgehen, dann können Sie noch gehen, sonst dürfen sie erst am Nachmittag um 16:30 Uhr losgehen, weil dann die pralle Sonne aus dem Tal weg ist und der Schatten von Westen hereinfällt. Und dadurch wird es sofort kühler, der Schnee erstarrt ein bisschen und bindet und ist nicht mehr so rutschanfällig wie bei heller Sonne und bei starker Hitze. Meine Frau hat das zu denen gesagt, und dann sind die trotzdem losgegangen und haben halt getrödelt [...] und sind einen kleinen Hang hinauf, einen Osthang, wo also morgens die erste Sonne drauf scheint ganz oben schon – es ist also oben schon viel wärmer als im Tal, und der Schnee oben fängt schon zu schmelzen an –, sind sie auf einen kleinen apern Fleck hinauf und haben da Jause gemacht, und dann kam eben so um, ja, kurz nach elf Uhr eine große Nassschneelawine und hat – wenn sie 200 Meter weiter, 200 Meter früher gerastet hätten, wären sie aus der Zone draußen gewesen. So haben sie nicht gewusst, dass sie in einem absoluten Lawinentrichter rasten, und sind verschüttet geworden, und es gab drei Tote (Pause)".*[643]

Durch diesen Vorfall sei seine Frau „noch viel vorsichtiger geworden", und umso mehr stelle sich dann die Frage: „Warum gerade wir, und warum gerade meine Frau? Wo Sie doch den anderen auch gesagt hat: ‚Ihr dürft nicht gehen, Ihr dürft nicht euch selber einer Gefahr aussetzen' (Pause)".[644]

Die Frage nach dem Warum sei für ihn die primäre gewesen, mit der er sich auseinandergesetzt habe, wobei diese aber später durch „naturkundliche Erwägungen", etwa über die Witterungsbedingungen, und durch viele Gespräche „abgemildert" worden sei. Vor allem die Aussprache mit seinen Kindern habe ihn zu der Einsicht geführt, dass man nicht fragen könne: „Warum oder wer ist schuld?", denn diese Frage sei etwas ganz Persönliches, mit dem man leben müsse. Ergänzend fügt er hinzu, es müsse ja stets „ein Schuldiger her", wenn etwas passiert, und dass wir

---

642 Ebd., S. 37.
643 Ebd., S. 37f.
644 Ebd., S. 38.

160

Abb. 7: Blick vom Lawinenschutzzaun ins Jamtal

heute in einem ganz neuen Zeitalter leben würden, dem „Versicherungszeitalter".[645] Diese Aussagen klingen auf den ersten Blick ein wenig unzusammenhängend, aber die Frage nach dem Warum ist eng verknüpft mit der Schuldproblematik, wie bereits ausführlich dargelegt wurde,[646] und sie wiederum hat mit dem „neuen Zeitalter" insofern zu tun, als Risiken jeglicher Art durch Versicherungen abgefedert werden sollen. Eine solche Hoffnung ist Teil der modernen Machbarkeitsideologie, welche übersieht, dass es keine hundertprozentige Sicherheit geben kann.

Betrachten wir die Ausführungen auf den letzten eineinhalb Seiten ein wenig genauer: Begonnen haben sie mit meiner Frage, wie Herr Lorenz den Schicksalsschlag bewältigt bzw. zu bewältigen versucht hat. Er antwortet darauf, dass am Beginn die Frage nach dem Warum stehe, warum ausgerechnet seine Familie betroffen sei. Es folgen biografische Angaben zu seiner Frau – ihre Walser-Herkunft, die Umstände des Kennenlernens –, um dann relativ rasch auf jenes Unglück zuzusteuern, bei dem auf dem Weg zur Jamtalhütte drei Angehörige des Deutschen Alpenvereins durch eine Lawine getötet worden seien. Durch diesen Vorfall sensibilisiert, sei seine Familie noch vorsichtiger im Umgang mit den Naturgefahren geworden, und dennoch sei ausgerechnet seine Frau in der Lawine umgekommen.

Dadurch wird deutlich, weswegen die Frage, warum es ausgerechnet sie getroffen habe, so schwierig zu beantworten ist: Es ist ungerecht, dass ausgerechnet je-

---

645 Ebd.
646 Kap. I, 6 und II, 1.

mand, der bei Lawinengefahr besondere Vorsicht walten lässt, durch eine solche getötet wird. Das ist subjektiv kaum verständlich, und darum sei die Frage nach dem Warum etwas ganz Persönliches, mit dem man leben müsse.

Die Frage nach der Bewältigung des Unglücks ist damit allerdings noch nicht geklärt, denn bisher war eher zu erfahren, was eine Bewältigung des Geschehens erschwert haben könnte. Insofern ist noch einiges unklar, was ein wenig im Gegensatz dazu steht, dass Franz Lorenz nicht nur nahezu druckreife Sätze spricht, sondern im Allgemeinen auch sehr klar formuliert und analysiert. Betrachten wir nur seine Schilderung des lange zurückliegenden Lawinenunglücks, bei dem drei Deutsche umkamen. Ganz präzise schildert er, warum man nur in der Früh und am späten Nachmittag den Weg hat gehen dürfen. Er erklärt den Sonnenstand, die genaue geografische Lage sowie den Einfluss der Wärme auf den Schnee, und es tritt plastisch vor Augen, wieso sich die Gruppe, dort wo sie rastete, in eine große Gefahr begeben hat.

Wenn daher seine klare und nüchterne Fähigkeit zur Analyse einen gewissen Kontrast zu den Ausführungen über die Warum-Frage bildet, kann das damit zusammenhängen, dass es ihm in Anbetracht eines so großen Leids, das über ihn gekommen ist, gewissermaßen die Sprache verschlägt. Vielleicht spielt aber auch die Verantwortung eine Rolle, welche insbesondere ein Hüttenwirt gegenüber seinen Gästen hat, denn mit ihr setzt sich Franz Lorenz nicht nur im hier besprochenen Interviewteil ausführlich auseinander, sondern bereits zu Beginn seiner Ausführungen, wenn er mit Blick auf unvorsichtige Skitourengeher meint: „Warum habe ich nicht einfach gesagt, ich sperre den Ski-Raum zu, dass keiner hinaus kommt, dann habe ich sie in der Hand, dann kann nichts passieren?"[647] In Anbetracht ungeduldiger Gäste, die darauf drängen, die Hütte zu verlassen, ist das sicher eine schwierig umzusetzende Forderung. Doch wenn die Tourengeher trotz aller Warnungen aufbrechen und etwas passiert, dann fühlt man sich wahrscheinlich als Hüttenwirt selber belastet, auch wenn einen objektiv keine Schuld trifft, zumal Franz Lorenz ein verantwortungsbewusster Mensch ist, dessen Moralvorstellungen aus der Religion mit gespeist werden.

Diese erweist sich dann im weiteren Verlauf des Gesprächs als hilfreich für die Bewältigung des Geschehens, vor allem was die Vorstellung betrifft, dass die Seele nach dem Tode weiterlebt. Denn dadurch habe er mit seiner Frau Zwiesprache halten können, obwohl sie nicht mehr unter den Lebenden weilt. So habe er von ihr gesagt bekommen:

„Du musst oder du darfst nicht feige sein, das bringt dich um, dann gehst du zu Grunde, wenn du feige bist. – Und dann versucht man stark oder stärker zu werden und kann, kann damit leben [...]. Kann man auch miteinander reden, und das hat mir dann am meisten geholfen. So ist man eigentlich immer noch nicht auseinander. Wir, wir reden am Abend oft, mit meinen Kindern so in der Zwischensaison, wenn es ruhig ist, wenn wir auch einen gemeinsamen Feierabend haben, dann reden wir oft so, wie wenn die Mutter oder eben meine Gattin, wenn die noch da

---

647 Franz Lorenz, I, S. 36.

mit uns wäre: Und was würde sie sagen, ob ihr das gefallen würde, was wir jetzt gemacht haben? So geht es am besten (lange Pause)".[648]

Hilfreich seien darüber hinaus die Friedhofsbesuche gewesen, denn durch die

„Kommunikation mit den vielen Leidensfällen, die dort an jeder Grabstätte auftauchen, bekommt man ein Gefühl, dass man doch nicht allein ist, dass man also nicht allein betroffen ist und nicht fragen muss, warum gerade ich oder warum gerade wir?"[649]

Dieses Warum lasse sich indes nie ganz verstehen; vielmehr müsse man akzeptieren, dass dabei eine

höhere Macht [ins Spiel kommt]. Und das ist das Schicksal eines Bergbewohners, der immer in diesen Risiken lebt oder existiert. Es gibt keinen Tag, an dem man ganz sicher ist vor einem Naturgeschehen, ganz gleich, ob man einen Platz hat, wo man vor dem Hochwasser sicher ist, einen Platz, wo man vor abgehenden Lawinen sicher ist".[650]

Das sei der Preis dafür, „dass man an einem der schönsten Plätze auf der ganzen Welt leben darf". Und dann

„überkommt einen doch so eine gewisse Zufriedenheit, die einem Mut macht und sagt: Also brauchst nicht feige sein, brauchst dich jetzt nicht im Leid verkriechen, das hat gar keinen Sinn, du musst da deinen Mann stellen, ob der Wind geht oder der Schnee fällt oder sonst etwas ist".[651]

Fassen wir die letzten Zitate zusammen: Als ein religiöser Mensch ist Franz Lorenz auch nach dem Tod seiner Frau mit ihr in Kontakt geblieben, und sie hat ihm geraten, nicht feige, sondern stark zu sein. Durch die Friedhofsbesuche ist ihm darüber hinaus klar geworden, dass er mit seinem Leid nicht allein steht, sodass er auch daraus eine gewisse Stärke zu schöpfen vermag. Außerdem führt ihm die Einsicht in die Schicksalsschläge anderer vor Augen, dass er in einer geografisch exponierten Lage siedelt, in der es keine absolute Sicherheit geben kann. Das gilt für Dorfbewohner, denen ein Unglück widerfuhr, aber unmittelbarer noch für eigene Gäste, denen etwas zustieß, weil er sie nicht am Verlassen der Berghütte hindern konnte. Und es gilt umso mehr für geliebte Familienangehörige, welche durch extreme Naturereignisse umgekommen sind. Die Frage nach dem „Warum" von Schicksalsschlägen lässt sich nicht restlos aufklären, denn sie hat mit einer „höheren Macht" zu tun und mit dem Schicksal des in exponierter Lage siedelnden Bergbewohners. Aber genau diese exponierte Lage ist es auch, welche Galtür zu einem „der schönsten Plätze auf der ganzen Welt" macht, eine Überlegung, welche in Franz Lorenz eine gewisse Zufriedenheit hervorruft und ihn Mut schöpfen lässt gegenüber den Widrigkeiten des Lebens.

---

648 Ebd., S. 38.
649 Ebd., S. 39.
650 Ebd.
651 Ebd.

In diesen Überlegungen zeigt sich nicht nur die Fähigkeit zum klaren Analysieren, sondern auch zum Bilanzieren. Beides hängt miteinander zusammen, denn wer die Dinge deutlich umrissen betrachtet, kann sie besser gegeneinander abwägen: Natürliche Einflüsse sind in Galtür aufgrund seiner exponierten Lage in jeder Hinsicht „gewaltiger" – der Ort ist zwar besonders gefährdet, aber dafür bietet er auch ein sinnliches Naturerleben, das seinesgleichen sucht. Das heißt es gibt „Aktiva" und „Passiva", „Gewinne" und „Verluste", wobei am Ende allerdings die „Rechnung" stimmen sollte: Galtür ist einer „der schönsten Plätze auf der ganzen Welt". Weniger prosaisch formuliert: Vorzüge werden stets mit Nachteilen erkauft, man kann das eine nicht ohne das andere haben, eine Sicht, die wahrscheinlich auch darin begründet ist, dass Franz Lorenz als erfolgreicher Hüttenwirt und Hotelier seit jeher damit vertraut ist, in den kaufmännischen Kategorien von Gewinn und Verlust zu denken. Dennoch lässt sich mit der Logik des Verstandes und des Bilanzierens nicht alles erklären, da eine „höhere Macht" im Spiel ist, die das Schicksal des Bergbewohners mit beeinflusst.

Von einer anderen Begebenheit aus seiner Zeit als Hüttenwirt, aber diesmal mit glücklichem Ausgang, erzählt Franz Lorenz im weiteren Verlauf des Interviews nämlich, dass er einmal mit 148 Gästen sechs Tage lang auf der Jamtalhütte eingeschneit war. Da er „ein ganz strenges Regiment geführt" habe, sei es zu keinen größeren Problemen gekommen. Nur eine Gruppe von vier französischen Schitourengehern habe unbedingt ins Tal zurück wollen. „Dann habe ich zu Ihnen gesagt: ‚Ich kann euch nicht anbinden, aber Ihr geht gegen meinen Willen, es kann nicht gut gehen, es ist nicht sicher'".[652] Kaum seien sie 500 Meter von der Hütte entfernt gewesen, habe sie eine Staublawine „auf die andere Seite hinaufgeblasen".[653] Es sei ihnen jedoch nichts passiert, und reumütig seien sie zurückgekehrt.

> *„Das waren die einzigen, die nicht gefolgt haben die ganze Woche, und ich habe gerade durch solche (Pause) Abläufe sehr viel dazugelernt, an Menschenkenntnis, an Beurteilung, an seriöser Weitergabe der Fakten, die man selber entwickelt oder erkannt hat. Und wir konnten gerade durch solche Ereignisse [...] ein Stammpublikum aufbauen, das uns dann auch so viel Einkommen ermöglicht hat, dass wir so etwas wie dieses Hotel hier bauen konnten."*[654]

Im letzten Teil des Interviews geht es dann um die Walser, die Herr Lorenz als jene Siedler im Alpenraum charakterisiert, welche „immer am höchsten hinauf gezogen sind, weil sie frei sein wollten. Hoch oben haben sie die meisten Freiheiten erreicht von den Grundherren".[655] Dies sei ein spezifisches Merkmal in der Mentalität der Galtürer, das sich in gewisser Weise bis in die Gegenwart gehalten habe, denn

> *„man ist zuoberst, man ist oft auf sich selbst gestellt, auch heute noch, wenn wir zum Beispiel im Winter acht Tage Schneefall haben und keine Straßenverbindung,*

---

652 Ebd., S. 40.
653 Ebd.
654 Ebd., S. 41.
655 Ebd.

müssen wir selber fertigwerden mit allem. Wir müssen uns entsprechend bevorraten vom Sommer her, dass hat man gelernt, das übt man weiter, wir sind auch für die verantwortlich, die wir herlocken, für unsere Gäste".[656]

Ausführlich erzählt Franz Lorenz auch die Geschichte der Walser und weist darauf hin, dass sie als Kolonisatoren „viel strebsamer und fleißiger und auch tüchtiger als die Rätoromanen" waren, die „so ein bisschen italienisch angehaucht" gewesen seien (vgl. Kap. IV 6.2). Gearbeitet hätten sie

„nur so viel es braucht, was notwendig ist, nicht mehr zum Leben. Und die Walser waren doch strebsamer, noch da ein Stein weg und dort eine Mauer ein bisschen weiter hinaufschieben, und da einen Wald anzünden, damit man mehr Flächen bekommt zum Pflanzen oder zum Weiden".[657]

Die beiden Themen aus dem letzten Teil des Interviews – die eingeschneiten Touristen auf der Jamtalhütte sowie die Geschichte der Walser – weisen inhaltliche Übereinstimmungen auf, denn es handelt sich um Erzählungen mit positivem Ausgang trotz widriger Umstände. Auf der eingeschneiten Berghütte galt es, fast 150 Touristen sechs Tage lang bei Laune zu halten, was Franz Lorenz „durch ein ganz strenges Regiment" gelungen sei. Und selbst die widerspenstigen Franzosen waren am Ende fügsam, nachdem sie Bekanntschaft mit einer Staublawine gemacht hatten. Im Fall der Walser-Geschichte ist es die karge und unwirtliche Höhenlage, die das Siedeln erschwerte, doch mit Fleiß und Disziplin konnte man sein Auskommen finden und erfolgreicher wirtschaften als die Rätoromanen, die sich bereits vor Jahrhunderten wieder ins Engadin zurückzogen.

Bei beiden Themen dient als Unterscheidungsmerkmal gegenüber dem Eigenen das romanische Element, denn dieses erweist sich als weniger geduldig und diszipliniert. Die Franzosen wollten gegen jede Vernunft die Jamtalhütte verlassen, während die Engadiner Rätoromanen nur so viel arbeiteten, wie es gerade nötig war. Die Walser waren demgegenüber strebsamer und ernteten als Lohn für ihre Beharrlichkeit Privilegien, die ihnen mehr Freiheiten gegenüber herrschaftlichen Instanzen zusicherten als jenen Siedlern, die sich mit Tallagen begnügten.

Disziplin führte auch beim Wirt der Jamtalhütte zum Erfolg. Das gilt zum einen für die prekäre Situation des sechstägigen Eingeschneit-Seins, und zum anderen auf längere Sicht, denn durch derartige Ereignisse habe Franz Lorenz viel gelernt in Bezug auf Menschenkenntnis und seriöse Weitergabe von Fakten, wodurch er sich ein Stammpublikum habe schaffen und letztlich das Hotel errichten können. Ein wesentliches Element seines Selbstverständnisses ist demnach *Kontinuität*, und zwar sowohl in ethnischer als auch in biografischer Hinsicht. Er ist Angehöriger der Walser, die durch Fleiß und Ausdauer seit dem Hochmittelalter unwirtliche Höhenlagen fruchtbar gemacht und Freiheiten errungen haben. Er selber war fünf Jahrzehnte Wirt auf der Jamtalhütte und steht damit in einer kontinuierlichen Reihe, denn bereits sein Großvater und sein Vater taten selbiges, und einer seiner Söh-

---

656 Ebd., S. 43.
657 Ebd., S. 42

ne ist ihm darin nachgefolgt. Die Bedeutung der Kontinuität lässt sich bis in die Sprache hinein verfolgen. Die Zitate machen es deutlich, Franz Lorenz spricht fast druckreife Sätze, die nicht nur in der Regel lang sind, sondern auch logisch aufeinander aufbauen.

Demgegenüber bedeutet die Lawine von 1999 einen unglaublichen Einschnitt, einen Riss in der Kontinuitätslinie, der alles Bisherige infrage stellt. Darum ist es keinesfalls selbstverständlich, wenn man es schafft, ein derartiges Ereignis zu verarbeiten. Dass das weitgehend gelungen sein dürfte, zeigt sich bereits am Aufbau des Interviews, (das durch meine Fragen nur wenig strukturiert wurde). Am Anfang steht zunächst der Weg ins Freie, vor das Haus, um mich mit den geografischen Gegebenheiten vertraut und dergestalt das Unbegreifliche begreifbar zu machen. Dann folgt der Exkurs über die tragischen Ereignisse im Umkreis der Jamtalhütte, verschüttete Tourengeher, die sich trotz eindringlicher Warnungen auf den Weg machten und dabei verunglückten. Ausführlich schildert Franz Lorenz die Rolle, welche seine Frau und er dabei spielten. Diese Episode dient einerseits dazu, zu verdeutlichen, dass er im Laufe seines langen Lebens auf der Hütte mit mannigfachen Unglücksfällen Bekanntschaft gemacht hat, wodurch der Tod für ihn zu etwas Vertrautem geworden ist. Andererseits soll sie erklären, dass die Frage, warum ausgerechnet seine Familie von der Lawine getroffen wurde, so schwierig zu beantworten ist – weil seine Frau und er immer besondere Vorsicht walten ließen im Umgang mit Naturgefahren. Diese Frage wird auf der bewusst kommunizierten Ebene nicht hinlänglich geklärt, sondern nur durch den Hinweis auf die höhere Macht, die das Schicksal eines Bergbewohners mitbestimmt.

Im weiteren Verlauf des Interviews treten dann allerdings der bereits eingangs deutlich gewordene Wunsch, das Unbegreifliche begreifbar zu machen sowie das Bedürfnis nach Klarheit und Orientierung in den Vordergrund. Durch viele Gespräche mit seinen Kindern und durch Zwiesprache mit seiner verstorbenen Frau wurde Franz Lorenz bewusst, dass er zugrunde ginge, würde er verzagen oder feige sein. Daher fasste er Mut und trachtete danach, wieder an Stärke zu gewinnen. Hilfreich waren dabei auch Friedhofsbesuche, da sie ihm vor Augen führten, dass er mit seinem Leid nicht allein dasteht und dass in Galtür aufgrund seiner geografischen Lage ein gewisses Risiko existiert, mit dem man leben muss. Man ist direkter mit der Natur konfrontiert, was einerseits bedeutet, stärker ihren Gefahren ausgesetzt zu sein, und andererseits, ihre positiven Seiten weitaus intensiver erleben zu können als in der Ebene. Mit den folgenden Worten fasst Herr Lorenz seine Überlegungen zusammen:

> *„Und wenn man da sicher ist, dass man weiß, ich lebe am wirklich schönsten Platz auf der ganzen Welt, dann überkommt einen doch so eine gewisse Zufriedenheit, die einem Mut macht und sagt: Also brauchst nicht feige sein, brauchst dich jetzt nicht im Leid verkriechen, das hat gar keinen Sinn, du musst da deinen Mann stellen, ob der Wind geht oder der Schnee fällt oder sonst etwas ist. Das ist dir beschieden, dafür hast du viel Schönheit, die ein anderer nicht hat".*[658]

---

658 Ebd., S. 39.

Die weiteren Interviewpassagen – die Episode mit den 148 Gästen, die auf der Jamtalhütte eingeschneit waren, sowie die Geschichte der Walser und ihre Bedeutung für Franz Lorenz – fügen sich in diese eher positive Haltung ein.

Spannt man den Bogen vom Anfang bis zum Ende des Gesprächs, so wird deutlich, dass zunächst eine melancholische Grundstimmung mit zum Teil nicht ganz klaren Aussagen dominiert, die im weiteren Verlauf durch eine optimistischere Perspektive abgelöst wird, welche auf der Grundlage genauen Analysierens und Bilanzierens ruht. Insofern hat das gesamte Gespräch auch einen symbolischen Gehalt, denn es dürfte in Kurzform zeigen, wie und auf welche Weise es Franz Lorenz im Laufe der Jahre gelungen ist, seinen Schicksalsschlag zu begreifen und, soweit das überhaupt möglich ist, zu verarbeiten. Gelungen ist ihm dies durch die Wiederherstellung der Ordnung, dadurch, dass er den durch die Lawine entstandenen Riss zu kitten vermochte, der die Kontinuitätslinie unterbrochen hatte, welche für Franz Lorenz so wichtig ist.

Betroffen von dem Riss waren gleich mehrere Bereiche: vorab die Familie, dann das Dorf und auch die Religion, allzumal Bereiche, die große Bedeutung haben sowohl für die Ich-Identität als auch die Kollektiv-Identität (s.u.). Das Dorf ist für Franz Lorenz der „schönste Platz auf der ganzen Welt", doch genau dort hinein stürzte die Lawine und raffte seine Frau sowie die schwangere Schwiegertochter dahin, womit sich für einen gläubigen Menschen sofort die Frage aufdrängt, warum Gott das zulassen kann. Dessen Rolle bleibt ein wenig im Dunkeln, aber die Religion ist auch hilfreich, indem die Vorstellung, dass es ein Leben nach dem Tod gibt, die Möglichkeit bietet, mit Verstorbenen in Kontakt zu treten. Durch Zwiesprache mit seiner verstorbenen Frau und durch Gespräche im Familienkreis fasste Herr Lorenz erneut Mut und konnte die innere Ordnung wiederherstellen: Das Dorf ist zwar gefährdet, aber auch ein Ort mit hoher Lebensqualität, weswegen man trotz widriger Umstände nicht zu verzagen braucht. An diesem Punkt kommt auch die ethnische Identität ins Spiel, denn als Walser weiß er, dass seine Vorfahren ebenfalls mutig statt feige waren und es geschafft haben, diese raue Umwelt zu einem lebenswerten Stück Erde zu machen.

An dem Punkt ist es sinnvoll, im Sinne Rudolf Herneggers zwischen Ich-Identität und Kollektiv-Identität zu unterscheiden; letztere ist nicht gleichbedeutend mit Gruppen-Identität, denn „das Kollektiv ist jene kulturell verbundene Bezugsgruppe, in die ein Mensch hineingeboren werden kann und die durch gemeinsame Ideale, Vorbilder, Helden, Verhaltensmuster, Wertskalen, Gebote und Verbote sich selbst beschreibt und von anderen Gruppen abgrenzt".[659] Das Individuum übernimmt sie vom Kollektiv, wobei „das Individuelle an der Ich-Identität [...] die Bemühungen, Überlegungen, Anstrengungen und kreativen Leistungen je nach individueller Anlage und Erfahrung beim Entwurf oder beim Suchen nach neuen Zielen, Handlungsprogrammen, Vorbildern und Werten" sind.[660] In den säkularen Gesellschaften der Postmoderne hat die Kollektiv-Identität zwar an Plausibilität und

---

659 Hernegger 1981, S. 14.
660 Ebd., S. 19.

Bedeutung verloren, doch ist es weiterhin möglich, dass „der Einzelne in seiner Vorstellung ein fiktives Kollektiv von Menschen mit den gleichen Wertskalen und Idealen [bildet], mit denen er sich unterhält, spricht und argumentiert".[661] Die Überlegungen Herneggers halte ich nach wie vor für wertvoll, weil er sich als Erster systematisch mit dem Verhältnis von Ich-Identität und Kollektiv-Identität befasst hat,[662] auch wenn er dem emotionalen Faktor zu wenig Aufmerksamkeit schenken dürfte, das heißt der Frage nach der gefühlsmäßigen Verbundenheit mit anderen und mit sich selbst.

Was bedeuten diese Überlegungen in Bezug auf Franz Lorenz? Seine innere Stärke, die wir als ein wesentliches Charakteristikum der Ich-Identität verstehen wollen, wird aus der Familie, aus der ethnischen Identität als Walser, aus der Identifikation mit dem Dorf bzw. der dörflichen Umwelt sowie der Religion gespeist, allzumal Elemente, die Teil der Kollektiv-Identität sind. Aber er verbindet sie aktiv zu etwas Persönlichem als Ausdruck der Ich-Identität, wofür unter anderem der mehrfach erwähnte Wunsch nach Freiheit ein Anzeichen ist, dann die Betonung des Mutes und darüber hinaus das Bewusstsein der Verantwortung, sei es gegenüber sich, sei es gegenüber den anderen, etwa den Gästen. – An diesem Punkt, das heißt beim Verhältnis von Ich- und Kollektiv-Identität, zeigt sich wieder einmal, dass psychologische und soziokulturelle Aspekte keine Gegensätze zu bedeuten brauchen, sondern einander ergänzen können.

Das Interview macht deutlich, was notwendig ist, um eine Katastrophe zu verarbeiten: Es bedarf vieler Gespräche mit vertrauenswürdigen Personen sowie einer intensiven Auseinandersetzung mit dem Ereignis. Darüber hinaus ist eine Weltanschauung hilfreich, die dazu beiträgt, das Geschehene zu verstehen und ihm einen Sinn abzugewinnen. Das sind in dem Fall die katholische Religion, das Walsertum sowie eine ausgeprägte lokale Identität.

2   Großmutter, Mutter und Schwester verloren

Ein anderes Bild ergibt sich, wenn wir uns nun Karoline Hussein zuwenden, die ihre Großmutter, Mutter und Schwester durch die Lawine verloren hat. Die kollektiven Identifikationsmuster, welche für Franz Lorenz eine so große Bedeutung haben, spielen bei ihr eine geringere oder gar keine Rolle, weswegen es in vergleichender Perspektive interessant ist zu erfahren, wie sie mit der Katastrophe umgegangen ist.

Als sie vom Unglück erfahren habe, sei sie in der Arbeit gewesen, und zunächst habe sie das Gefühl gehabt, als stünde sie vor dem Nichts: „Galtür, mein Heimatort, das war für mich der Mond, ich habe da nichts mehr, keine Wurzeln, nichts mehr". [663] Das ist ein ausdrucksstarkes Bild, denn der Mond steht für eine Gegend,

---

661 Ebd.; ähnlich argumentieren z.B. Keupp u.a. 1999.
662 Vgl. auch Hernegger 1978; ders. 1982.
663 Karoline Hussein, I, S. 48.

die bar jeglicher Kultur und menschlicher Pflege ist. Das Haus war zerstört, all das, wodurch man sich von den Unbilden der Natur abgrenzen kann, gab es nicht mehr. Das ist das Fatale an Katastrophen: Wird der Mensch von ihr erfasst, steht er unter Umständen vollkommen nackt und wehrlos da.

Daher war Frau Husseins erster Impuls, Galtür zu verlassen, doch habe sie dem Ort erst später den Rücken gekehrt, am Ende der Wintersaison, weil die Leute ihr unisono geraten hätten, zunächst da zu bleiben und weiterzuarbeiten – wahrscheinlich, um ihr eine gewisse Struktur und Ordnung zu bieten in Anbetracht des Gefühls, wie auf dem Mond und ohne Wurzeln zu sein. Geholfen habe ihr das indes nicht, ganz im Gegenteil, sie habe auf einmal in alltäglichen Situationen Angst vor allem und jedem bekommen. Normalerweise verdränge man ja Ängste, etwa beim Autofahren oder wenn man ins Flugzeug steige, aber da für sie das Unfassbare Wirklichkeit geworden sei, indem die Lawine in ein Gebiet gestürzt sei, das bisher als absolut sicher gegolten habe, habe sie auf einmal ständig

> *„das Gefühl gehabt, mir kann immer alles passieren, bei mir ist die Trefferquote so um Hundert [...]. Beim Autofahren habe ich Angstzustände gekriegt, also bei allen Sachen, die irgendwie nur mit einem Risiko oder mit einer Gefahr zu tun gehabt haben, war ich extrem überfordert".*[664]

In der psychiatrischen Diagnostik nennt man das eine Anpassungsstörung; man wird dadurch zu einem „Fall" mit eigener Klassifikationsnummer,[665] der das „ganz Andere" zu sein scheint, das „Abnorme" und „Fremde", mit dem der „Normalbürger" nichts zu tun haben will und daher eine strikte Grenzlinie zieht – nur um nicht erkennen zu müssen, dass in abgeschwächter Weise auch seine eigene Angelegenheit verhandelt wird. Denn er übersieht die fließenden Übergänge zwischen Gesundheit und Krankheit sowie die Tatsache, dass vor einer derartigen Traumatisierung kaum jemand gefeit ist, weil sie einer inneren Logik folgt. Frau Hussein hat es plastisch beschrieben: Das Unfassbare ist Wirklichkeit geworden, indem die Lawine ins Frühmessgut eingedrungen ist, jenen Ortsteil von Galtür, der seit jeher als sicher galt. *Da ist es mindestens genauso wahrscheinlich*, durch einen Autounfall oder einen Flugzeugabsturz tödlich zu verunglücken. Zwar ist es aus logischer Perspektive wenig realistisch, dass mehrmals hintereinander das Unwahrscheinliche eintritt, aber hier regiert nicht die abstrakte Logik formalen Denkens, sondern das angstgesättigte emotionale Erleben, das den Gesetzen des „Es-gilt-Mir" folgt, wie wir bereits in früheren Kapiteln gesehen haben.

Wie ist es weitergegangen mit Frau Hussein? Hat sie einen Psychiater beehrt oder Trost bei einem Geistlichen gesucht? Nein, denn nach einem halben Jahr hätten sich die Ängste gelegt: „Je mehr ich autogefahren bin, umso mehr habe ich dann wieder gesehen, es passiert doch nichts".[666] Das ist nicht selbstverständlich, manchmal bedürfte es dazu einer intensiven Psychotherapie, doch Frau Hussein hat

---

664 Ebd.
665 Unter F43.2 im ICD-10 zu finden; siehe WHO 1993, S. 170–173.
666 Karoline Hussein, I, S. 48.

es aus eigener Kraft geschafft, einen halbwegs normalen Gemütszustand wiederzuerlangen. Allein sie hat dann das getan, was sie, wie sie mir im Interview mitgeteilt hat, eigentlich gleich hätte tun sollen, nämlich Galtür für einige Zeit den Rücken zu kehren, um Abstand vom Geschehen zu gewinnen. Sie sei daher für ein Jahr gemeinsam mit ihrem damaligen Freund und jetzigen Ehemann nach Klagenfurt gegangen, also weit genug weg vom Paznauntal.

Als das Jahr um war, seien sie wieder zurückgekehrt, und es habe sich die Frage gestellt: „Bauen wir das Haus wieder auf oder bauen wir es nicht wieder auf? Und dann haben wir uns entschieden, es wieder aufzubauen".[667] Da sie durch das Lawinenunglück alle drei Familienmitglieder verloren hat, mit der sie in Galtür zusammenlebte, war diese Entscheidung für mich auf den ersten Blick nicht ganz einsichtig, zumal sie betonte, dass sie sich nicht unbedingt als einen besonders integrierten Teil des Dorflebens gesehen habe. Denn sie sei das ledige Kind ihrer Mutter, ihre Geschwister demnach Stiefgeschwister, von deren Vater ihre Mutter indes längst geschieden gewesen sei, kurzum: „Wir waren jetzt nicht die Vorzeigefamilie, die abgeht, wenn sie nicht mehr da ist. Und dann bleibt man leichter weg, als wenn man total vernetzt ist".[668] – Warum also ist sie dann zurückgekehrt? Eigentlich habe sie nach der Matura studieren wollen, doch da ihre Großmutter das Haus gebaut und Geld benötigt habe, habe sie arbeiten gehen müssen. Der Verlust ihrer nächsten Familienangehörigen sei zwar eine große Tragödie gewesen, aber gleichzeitig habe sie eben diese Familie nicht mehr materiell erhalten müssen, wodurch sie die Möglichkeit bekommen habe, das zu tun, was sie wolle.

Aber das sei auf einmal nicht mehr der Wunsch gewesen zu studieren, sondern selber eine Familie zu gründen, nachdem sie ihre Herkunftsfamilie verloren habe. Mit anderen Worten: Nachdem sie nicht mehr gezwungen war, in Galtür zu leben, konnte sie freiwillig bleiben bzw. zurückkehren. Der Druck, den die Mutter auf sie ausgeübt und der zwangsläufig einen unbewussten Gegendruck erzeugt hatte, war dahin. Dass sie das trotz aller Tragik auch als Befreiung erlebt hat, wird noch verständlicher, wenn man sich Folgendes vor Augen hält:

> *„Meine Mutter war alkoholkrank und schwer depressiv, und meine Großmutter war fast 85, hat Altersleukämie gehabt, und die jüngere Schwester hat ja nicht so richtig ins Leben gefunden".*[669]

Wahrscheinlich ist das Dasein für die wenigsten Menschen ein „Honigschlecken", „jeder hat sein Pinkerl zu tragen", wie der Volksmund weiß, doch die Bürde, an welcher Frau Hussein zu schleppen hatte, war nicht von alltäglicher Art: das Erleben der sehr problematischen Ehe mit dem Stiefvater, die Depressionen sowie die Alkoholabhängigkeit der Mutter und darüber hinaus eine immense Verantwortung, die auf ihr als der Erstgeborenen lastete, um eine (seelisch bzw. körperlich) kranke Familie zu erhalten, wobei sie eigene Bedürfnisse, nämlich studieren zu gehen,

---

667 Ebd., S. 49.
668 Ebd., S. 50.
669 Ebd., S. 52.

vollkommen hintanstellen musste. Das ist nebenbei bemerkt auch ein typisch „weibliches" Schicksal, denn in den patriarchalischen Gesellschaften der westlichen Moderne wird man kaum Männer finden, die sich sosehr aufopfern würden. Euphemistisch bezeichnet man ein solches Verhalten als „selbstlos", nur sollte man nicht vergessen, dass man damit auch sein „Selbst" „los" ist und der Selbst-Entfremdung anheimfällt. Ihr Selbst bzw. ihre Identität hat Karoline Hussein nach der Katastrophe sozusagen wiedergefunden, indem sie freiwillig zurückgekehrt ist und eine eigene Familie gegründet hat. Doch da ihr bisheriger Lebensweg von mannigfachen Belastungen geprägt war, braucht es nicht zu überraschen, dass es sich um eine Identitätssuche mit Hindernissen handelte. Zunächst war da, wie bereits erwähnt, die Belastungsreaktion im Anschluss an die traumatisierende Lawine. Einige Zeit später, im Jahr 2005, habe sie erneut seelische Probleme bekommen, die im Zusammenhang mit der Lawine gestanden seien. Statt einfach weiterzuarbeiten, als wäre nichts geschehen, hätte sie nach der Katastrophe besser eine Auszeit genommen, um zu trauern und sich mit dem tragischen Geschehen auseinanderzusetzen. Dass sie das nicht getan habe, habe sich 2005 gerächt, indem das Trauma wieder an die Oberfläche gekrochen sei.[670] Sie sei daraufhin

> *„zu einer Psychologin [gegangen], und ich habe mit ihr ein, zwei Gespräche gehabt. Das hat mir nicht wirklich geholfen. Ich habe mich dann einfach noch einmal mit dem ganzen Thema auseinandergesetzt: Was will ich eigentlich? Will ich jetzt dableiben? Was will ich noch? Und dann habe ich das durchgearbeitet mit meinem Mann und mit Freunden, im ganzen Umfeld halt, und dann habe ich mich dazu entschlossen, dass wir dableiben.*
> Rieken: *Warum?*
> Hussein: *Ja, weil es da einfach passt mittlerweile. Ich fühle mich wohl und habe Freunde da und Familie, und die Kinder fühlen sich wohl".*[671]

Seelische Probleme sind oftmals mit philosophischen Fragen verknüpft, indem sie zum Beispiel intentionalen, finalen Aspekten nachgehen und das Augenmerk auf den Sinn des Lebens richten. Das tut auch Frau Hussein, indem sie die folgenden, schlicht erscheinenden Fragen stellt: „Was will ich eigentlich? Will ich jetzt dableiben? Was will ich noch?" Dazubleiben oder fortzugehen ist nicht einfach ein organisatorisches Problem, sondern hat mit entscheidenderen Dimensionen zu tun, nämlich damit, wo man seine Wurzeln findet und wie man ein zufriedenstellendes Leben führen kann. Eine Antwort darauf zu geben, war für Frau Hussein deswegen nicht einfach, weil sie mit einer schwierigen Lebensgeschichte zu kämpfen hatte, vor allem, dass sie in einer problematischen Familienkonstellation aufgewachsen ist und ihren eigentlichen Berufswunsch nicht realisieren konnte. Daran wird gleichzeitig deutlich, dass im Bereich des Seelenlebens finale Aspekte allein zu kurz greifen, um den Menschen zu verstehen, weil es dazu auch des kausalanalytischen Blicks bedarf, der die Frage nach dem Woher beantwortet. Das mag für Außenstehende einleuchtend sein, ist es aber im wissenschaftlichen Kontext nicht un-

---

670 Karoline Hussein, II, S. 4.
671 Karoline Hussein, I, S. 50.

bedingt, da dort oftmals nur eine der beiden Sichtweisen im Zentrum der Aufmerksamkeit steht. Während etwa Gottfried Fischer Intentionalität als eigentliche Domäne der Psychotherapiewissenschaft ausmacht,[672] setzt der Mainstream der naturwissenschaftlichen Forschung auf das Postulieren von Hypothesen, die dem einfachen Schema von Kausalursache und Wirkung gehorchen sollen.

Frau Hussein hat sich für das Dableiben entschieden, weil sie sich mittlerweile wohlfühle, Freunde habe und ihre Kinder gern in Galtür seien. Ihr Schwerpunkt liegt demnach auf Integration, und das ist in Anbetracht ihrer desintegrierten Herkunftsfamilie mehr als verständlich. Angesichts der schwierigen Lebensgeschichte braucht es gleichwohl nicht zu überraschen, dass es hin und wieder Situationen gibt, in denen sie an ihre Grenzen kommt. Auf meine Frage, inwieweit das Trauma verarbeitet sei, entwickelt sich der folgende Dialog:

> Hussein: *Also ganz verarbeitet ist es nicht.*
> Rieken: *Nein, das kann man auch nicht.*
> *Hussein: Also es ist so ähm* (Pause), *wie ist es verarbeitet? Also ich kann damit umgehen, ich kann darüber sprechen, ohne in Tränen auszubrechen, also ich kann darüber auch mit den Kindern [reden]; es ist nicht so, dass ich es komplett wegschiebe, nicht wahr, und nicht antaste. Also ich kann gut damit umgehen, aber es gibt immer wieder Situationen, ja, wo das dann schon wieder hoch kommt und wo man es wieder abarbeiten muss und durchgehen muss durch Tränenphasen, das ist immer wieder der Fall.*
> Rieken: *Was sind das für Situationen?*
> Hussein: *Das sind Situationen, wenn's im Winter ganz viel Schnee hat, und es hat einen Schneesturm, die Fensterläden klappern, und es ist zum Beispiel der Jahrestag auch [...]. – Die Zeit heilt nicht die Wunden, aber sie macht es erträglicher, das würde ich schon sagen.*[673]

Man sollte vielleicht erklären, was unter „verarbeiten" zu verstehen ist. Bedingt durch die Machbarkeitsideologie und den Perfektionsglauben des technischen Zeitalters wird mitunter der Eindruck erweckt, als könnten auch im Bereich des menschlichen Seelenlebens diffizile Probleme in kurzer Zeit und zur Gänze behoben werden, so als würde man ein Auto oder einen Fernseher reparieren, indem man „ressourcen-" oder „lösungsorientiert" vorgeht. Das mag für bestimmte Phobien oder aktuelle Konflikte gelten, aber wenn der Mensch aufgrund eines schweren Traumas bis ins Innerste erschüttert ist und es bereits zuvor eine Fülle belastender Situationen gegeben hat, dann ist bereits sehr viel erreicht, wenn man von sich sagen kann, dass man das traumatische Geschehen nicht verdrängen und ins Unbewusste verbannen muss, sondern darüber reden kann, ohne in Tränen auszubrechen.

Letzteres geschieht zwar auch, aber nur in ganz spezifischen Konstellationen, welche getreu der Ähnlichkeitsregel die Erinnerung an das damalige Desaster hervorrufen. Das kann der Jahrestag der Lawine sein, besonders viel Schnee, ein

---

672 Ebd., S. 32.
673 Karoline Hussein, I, S. 51.

Schneesturm, aber auch, wie Frau Hussein im weiteren Verlauf des Interviews sagt, Situationen, in denen ein Abschied fehlt. Der Tod sei zu abrupt gekommen, und insbesondere mit der Großmutter seien „einfach Dinge nicht geklärt oder Worte nicht gesagt" worden.[674]

Diese spezifischen Situationen, in denen sie an die Katastrophe erinnert werde und dann weinen müsse, seien natürlich belastend, sage ich im Anschluss daran und stelle dann die Frage, ob diese so belastend seien, dass ihre persönliche Lebensqualität darunter leide. Nein, das sei auf keinen Fall so, erwidert sie, und „wenn das so wäre, da würde ich einiges tun, keine Ahnung, Therapie machen [...], also ich würde daran arbeiten".[675] Die Frage, inwieweit die Lebensqualität unter den trübseligen Momenten leide, ist gewissermaßen die „psychotherapeutische Gretchenfrage", nämlich die nach seelischer Gesundheit oder Krankheit. Belastende Situationen, die Trauer oder Melancholie hervorrufen, lassen sich kaum vermeiden; Probleme hat schließlich jeder, entscheidend ist nur, ob diese erstens so groß sind, dass sie das Leben zu sehr beeinträchtigen, und zweitens, ob ihnen ausschließlich mit fremder Hilfe beizukommen ist. Sind diese beiden Punkte erfüllt, sollte man eine Psychotherapie machen oder sich anderweitig professionelle Hilfe suchen, in den anderen Fällen erübrigt sie sich. Wer große Probleme hat, diese aber lösen kann, ist auf fremde Unterstützung genauso wenig angewiesen wie derjenige, welcher mit einem bestimmten Problem leben kann, das aber nicht so groß ist, dass es die Lebensqualität deutlich eintrüben würde. Letzteres gilt für Frau Hussein, und sie scheint aufgeschlossen genug zu sein, eine Therapie dann zu machen, wenn sie es für nötig hielte. Die mögliche Stigmatisierung, zum „Vogeldoktor" zu gehen, dürfte sie demnach nicht abschrecken – eher ein Zeichen von Stärke als von Schwäche, da von der Bereitschaft zeugend, den Dingen „mutig" ins Auge zu blicken, statt „feige" zu sein, um zwei Schlüsselbegriffe aus dem letzten Kapitel aufzugreifen.

In direktem Anschluss an ihre Bemerkung zur Psychotherapie sagt Frau Hussein nach einer kurzen Pause: „Was sehr geholfen hat, dass es kollektive Trauer war in ganz Galtür. Das hat sehr geholfen".[676] Diese Bemerkung steht, da dem Vorherigen unmittelbar folgend, im Kontext seelischer Gesundung und ist als eine neue Erfahrung zu verstehen. Denn als Jahre zuvor ihr Großvater gestorben sei, hätten zwar die Familie und die Nachbarn getrauert, doch sei recht bald das normale, alltägliche Leben weitergegangen, was sie damals, als ein Kind, nicht verstanden habe. Nach der Lawine sei demgegenüber „das normale Leben nicht weitergegangen", da sie „ein Einschnitt im ganzen Dorfleben" gewesen sei, „und das hat geholfen, weil [...] das war wie ein Mitgefühl".[677]

Im Gegensatz zum Tod des Großvaters als einem singulären Ereignis war die Lawine ein kollektives Trauma, das gemeinsam betrauert und bewältigt wurde.

---

674 Ebd.
675 Ebd., S. 52.
676 Ebd.
677 Ebd.

Außerdem handelt es sich beim Tod ihrer Familienangehörigen um etwas, das von außen über sie gekommen ist und dadurch mehr Mitgefühl hervorruft als etwa das Leiden an einer alkoholkranken Mutter. Daher ist bereits kurz nach der Lawine das geschehen, was sie in einer späteren Krisensituation zum Dableiben bewogen hat: die Erfahrung, nun stärker integriert zu sein.

Doch nicht nur das Gemeinschaftserleben habe geholfen, die Katastrophe zu verarbeiten, sondern auch der Versuch, dem Geschehen einen möglichen Sinn abzugewinnen. Darüber habe man in der Familie ausführlich gesprochen und sich überlegt,

> *„wenn jetzt meine Großmutter gestorben wäre, und meine Mutter und die Schwester hätten überlebt – das wäre für die anderen zwei sehr, sehr schwer oder nicht zu fassen gewesen, und umgekehrt. Also die waren, die drei waren der innerste Kern der Familie eigentlich, waren am engsten [...]. Irgendwo kann man einen Sinn darin sehen, dass es jetzt genau die drei Frauen getroffen hat“.*[678]

Diese Sicht hat auch mit ihrer religiösen Einstellung zu tun. Sie habe zwar „kein konkretes Gottesverständnis“ und sei „nicht katholisch nach Punkt und Beistrich“, doch habe ihr die Religion dabei geholfen, das Geschehene

> *„einfach zu nehmen, wie es gekommen ist. Ich bin jetzt nicht der Meinung, der Herr wird das geschickt haben, weil man irgendeine Schuld auf sich geladen hat oder keine Ahnung was. Also da hat dann schon die wissenschaftliche Erklärung den Vorrang, aber trotzdem sehe ich auch so irgendwie hineingeschnitten, vermengt [...] einen Sinn, dass es jetzt zum Beispiel die Frauen getroffen hat von unserer Familie – oder es hat mir einfach geholfen, das anzunehmen, sagen wir so“.*[679]

Fassen wir das Bisherige zusammen, dann sind zwei Elemente für die Verarbeitung der Lawine wichtig, zum einen der kollektive Trauerprozess, zum anderen die bewusste Auseinandersetzung mit der Frage nach dem Sinn des Traumas. Während Frau Hussein durch die allgemeine Trauer ein Gefühl stärkerer Integration in der dörflichen Gesellschaft erlebt hat, war der Tod der Kernfamilie zwar ein tragisches Geschehen, aber auch eine Befreiung von einer Belastung, die über das normale Ausmaß hinausgegangen sein dürfte. Allerdings war die Auseinandersetzung mit dem Trauma erschwert, da es neben der kollektiven auch einer individuellen Trauerphase bedurft hätte, die jedoch nicht stattfand, weil Frau Hussein bis zum Ende der Saison weiterarbeitete. Daher kam es einige Jahre später zu einer neuerlichen Krise, die sie dann durch intensive Gespräche im familiären Rahmen und mithilfe von Freunden abfedern konnte. Hilfreich war darüber hinaus die Religion, die zwar im allgemeinen Leben keine überragende Bedeutung für sie hat, aber im Fall der Lawine eine Sinngebung ermöglichte.

Deutlich wird allerdings auch, dass die Bewältigung einer Katastrophe erschwert wird, wenn man bereits zuvor unter Belastungen gelitten hat, die desinteg-

---

678 Ebd.
679 Ebd., S. 52f.

174

rierend wirken. Die Familie hatte in Galtür eher eine Außenseiterposition inne, und Frau Hussein dürfte sich darüber hinaus auch innerhalb der Familie nicht recht wohl gefühlt haben, weil ihre Anwesenheit eher auf Zwang denn auf Freiwilligkeit beruhte, da sie, statt eigenen Bedürfnissen zu folgen, zum finanziellen Erhalt ihrer nächsten Verwandten beitragen musste. Dass der Tod derselben sich zunächst krisenhaft ausgewirkt haben muss, liegt auf der Hand, wenn man ein wenig psychologisch denken kann.

Aber sie ist daran nicht zerbrochen, was sicher mit individuellen Potenzen zu tun hat. Während Franz Lorenz vor allem aus kollektiven Identifikationsmustern schöpft – neben der Religion das Walsertum und eine ausgeprägte lokale Identität – spielen diese für Frau Hussein keine oder nur eine untergeordnete Rolle. Die Religion ist für sie kein allzu zentrales Element, das Walsertum bedeutungslos, und die lokale Identität war bis zur Katastrophe ebenfalls irrelevant aufgrund ihrer Außenseiterposition. Woher stammen ihre Kräfte? Möglicherweise werden sie aus einer gewissen „Omega-Position" heraus gespeist. In der Gruppenpsychotherapie unterscheidet man zwischen verschiedenen Rollen, welche die einzelnen Mitglieder einnehmen. Neben der Alpha-Position (Anführer, Leiter), gibt es die Beta- (Fachmann), Gamma- (Mitglied) und eben Omega-Position, die den Außenseiter mit möglicherweise oppositioneller Einstellung charakterisiert.[680] Frau Hussein wird sich als uneheliches Kind in einem katholischen Bergdorf und aufgrund der schwierigen familiären Verhältnisse in einer gewissen Gegenposition zur Mehrheitsgesellschaft in Galtür gesehen haben. In dem Zusammenhang muss die Tatsache erwähnt werden, dass sie einen Moslem, einen in Galtür arbeiten Ägypter, geheiratet hat. Ein weiterer Anhaltspunkt ist ihre relativ unbefangene Einstellung gegenüber der Psychotherapie, durch die sie sich ebenfalls von der Majorität im Dorf abhebt. Und last but not least markiert der ursprüngliche Wunsch, an die Universität zu gehen, einen gewissen Abstand gegenüber den üblichen Lebensverläufen der Dorfbewohner, zumal ihr vorrangiger Studienwunsch Literaturwissenschaft gewesen wäre, um „in ein Thema [einzutauchen] und sich ganz intensiv damit auseinander zu setzen".[681] Wer sich mit Dichtung beschäftigt, lässt sich nachhaltig von anderen Welten berühren und bekommt fast zwangsläufig einen gewissen Abstand zum Alltag, weswegen dieser mit kritischeren Augen betrachtet werden kann, da Schriftsteller in der Regel ein sensibles Gespür für gesellschaftliche Probleme haben.

Allerdings handelt es sich um keine Omega-Position, die in allem quer zum Mainstream liegt, sondern eher moderat gezeichnet ist, was mit ihrem verständlichen Wunsch nach Integration zusammenhängt. So habe sie ihre Kinder katholisch taufen lassen, weil es in einem Dorf mit 700 Einwohnern wie Galtür unmöglich wäre, nach muslimischen Glauben zu leben, zumal es auch keine Moscheen in näherer oder weiterer Umgebung gebe. In einem katholischen Tiroler Bergdorf wür-

---

680 Schindler 1957; Tschuschke und Anbeh 2008, S. 17.
681 Karoline Hussein, I, S. 53.

den die Kinder marginalisiert werden, der Druck auf sie wäre zu groß (vgl. Kap. IV 6.4).[682]

Der Versuch, das Spannungsfeld zwischen Integration und Omega-Position auszutarieren, dürfte ein lebensstiltypisches Element sein. „Lebensstil" wird hier im individualpsychologischen Sinn verstanden als ein ganzheitlicher Begriff, der eine Einheit bildet, „weil er sich aus den Schwierigkeiten des früheren Lebens und aus dem Streben nach einem Ziel heraus entwickelt hat".[683] Damit ist ein gewisses Spannungsverhältnis intendiert, wobei Spannung auszuhalten bedeutet, dafür einen gewissen Energiebetrag aufwenden zu müssen, der anderweitig fehlt. Das erklärt einerseits die Probleme beim Verarbeiten der Katastrophe, andererseits aber auch gerade die Fähigkeit, nach der Katastrophe einen Neuanfang zu wagen.

3   Nach drei Stunden aus der Lawine befreit

Im Gegensatz zu den beiden vorigen Kapiteln geht es hier nicht um ein Geschehen mit tödlichem Ausgang, sondern um eines mit glücklichem Ende, denn Werner Jehle, von dem nun die Rede ist, wurde nach drei Stunden als Letzter lebend aus der Lawine geborgen. Wie er es erlebt hat, unter den Schneemassen verschüttet zu werden, wurde bereits in Kapitel III 2.2.4 dargelegt und braucht daher an dieser Stelle nicht wiederholt zu werden. Bemerkenswert ist in dem Zusammenhang allerdings die Frage, wodurch es möglich war, aus dem sauerstoffarmen Verlies wieder heile herauszukommen. Als Schilehrer, sagt er, habe er gewusst, dass es mit der Atemluft knapp werden könne, man aber eine Chance zu überleben habe, wenn man bewusstlos werde. Darum habe er hyperventiliert[684] – so rasch habe „noch keiner geatmet, nicht mal ein Hundertmeterläufer"[685] –, und er sei nach kurzer Zeit tatsächlich ohnmächtig geworden. Das Bewusstsein habe er erst wiedererlangt, als er im Notlazarett erwacht sei.

Durch seine Ausbildung als Schilehrer war er bis zu einem gewissen Grad vorbereitet und handelte anscheinend, soweit das in einer solchen Situation überhaupt möglich ist, vernünftig, indem er hyperventilierte. Mit anderen Worten: Er war der Katastrophe nicht blindlings ausgeliefert, sondern konnte einen eigenen Beitrag zum Überleben leisten. Das ist auch deswegen bemerkenswert, weil er infolge des zusammengepressten Schnees völlig bewegungsunfähig gewesen sei, „vergleichbar vielleicht, wenn man am Strand im Sand bis zum Kopf sich eingraben lässt und sagt: So, jetzt bewege mal deinen rechten Finger, rechte Hand, Mittelfinger – da

---

682 Karoline Hussein, II, S. 4.

683 Adler 1978, S. 53; vgl. Rieken 2007c.

684 „Hyperventilation" bedeutet wörtlich ein Zu-Viel an Atmung. Die Atemfrequenz ist höher als erforderlich, und es kommt zu Veränderungen in der chemischen Zusammensetzung des Blutes. Gelegentlich kann Hyperventilation zur Ohnmacht führen (vgl. Norcliffe-Kaufmann, Kaufmann, Hainsworth 2008).

685 Werner Jehle I, S. 60.

geht gar nichts, wie ausgegossen".[686] Obwohl er gewissermaßen lebendig begraben und wie einzementiert war, tat er das Einzige, was in dieser Situation noch als aktive Handlung möglich war, indem er seine Atmung bewusst steuerte.

In den Kategorien der akademischen Psychologie formuliert, zeigte er eine hohe „Selbstwirksamkeit", die als bedeutender Resilienzfaktor gilt.[687] Darunter wird die Annahme verstanden, selbstständig handeln und die Dinge dieser Welt beeinflussen zu können, eine Auffassung, die ebenfalls zentral ist für tiefenpsychologisches Denken, etwa für die Individualpsychologie mit ihrer Vorstellung vom aktiven Streben nach Einfluss und Sicherheit als Kompensation des unbewussten Minderwertigkeitsgefühls.[688] Auch für die psychoanalytischen Konzepte der Ich-Identität[689] oder des Selbst[690] ist eine aktive Haltung des Ichs gegenüber der Welt von hohem Wert, und bereits Freud hat darauf hingewiesen, dass dort, wo „Es" war, „Ich" werden solle.[691]

Als am Tag nach der Lawine eine Luftbrücke installiert werden konnte, wurde Herr Jehle ins Spital von Zams (im Tiroler Oberland) ausgeflogen, wo er einige Wochen verbringen musste. In der ersten Nacht habe er „natürlich ganz schlecht geschlafen im Krankenhaus, die starken Schmerzen, und im Kopf ganz viele Gedanken"; und er sei „noch sehr aufgeregt und aufgewühlt [gewesen], ich brauchte einfach Zeit".[692] Anderentags,

> *„als ich mich zumindest ein wenig ausgeruht hatte, da wusste ich: Jetzt brauche ich die Familie. Ich weiß, ich habe eine gute Familie, die werde ich jetzt mal sprechen und telefonieren, die kommen dann sicher auch mal auf Besuch vorbei, und es wird sicher irgendwie wieder weitergehen. Dann hat man so im Laufe der Zeit alles mehr oder weniger erfragt von Freunden, wer gestorben ist, wieso und wann sie ihn gefunden haben, welche Leute auf welche Art und Weise das Unglück erlebt hatten und so weiter".[693]*

Hilfreich seien aber nicht nur der Zuspruch und die Informationen gewesen, welche er von Verwandten und Freunden bekommen habe, sondern auch das Sprechen über seine eigenen Erlebnisse. Er habe

> *„die Geschichte im Krankenhaus sicher hundertmal erzählt, in aller Ruhe, schön von vorne bis hinten, viel ausführlicher wie hier jetzt, das tat mir eigentlich gut. Und ich weiß, in Galtür hat man, wir Einheimische haben lange über die ganze Sache geredet, dass hat uns viel geholfen".[694]*

---

686 Ebd.

687 Fröhlich-Gildhoff und Rönnau-Böse 2009, S. 29.

688 Adler 2007b.

689 Erikson 1981; Lidz 1974.

690 Kohut 1988.

691 Freud, Bd. 1, 1969, S. 516.

692 Werner Jehle I, S. 56.

693 Ebd.

694 Ebd.

Psychologische Unterstützung, die ihm im Spital angeboten worden sei, habe er abgelehnt, da es ungewohnt gewesen wäre, mit einem fremden Menschen über persönliche Dinge zu reden, und weil er Familie und Freunde gehabt habe, mit denen er alles habe besprechen können. Außerdem sei es sein Anliegen gewesen, das Erlebte selber zu verarbeiten, statt fremde Hilfe in Anspruch zu nehmen.[695] In Zweifelsfragen habe er sich an seine nächsten Angehörigen gewandt, vor allem in Bezug auf eine bestimmte Konfliktsituation, dass er sich nämlich in die ihn betreuende Krankenschwester – seine spätere Frau Karin – verliebt habe. Er habe sich gedacht:

> *„Dass kann jetzt nicht sein, sich jetzt noch ein bisschen irgendwo verlieben – eben weil das mit der Tragödie, das Haus zerstört. Das war aber nicht das Schlimmste, sondern so viel auf einmal, wie soll ich das jetzt sortieren? Wo fange ich da an, wo geht es weiter, wie verhalte ich mich? Ich will ja irgendwo, will ich nach außen hin keinen Fehler machen, weil ich weiß, die Nachbarn, in der anderen Haushälfte beim Nachbarn ist die Tochter verstorben".*[696]

Der moralische Konflikt bestand demnach darin, dass dasselbe Ereignis, welches anderen Menschen Unglück gebracht hat, ihm Glück bringen sollte. Damit zurechtzukommen, habe eine längere Zeit in Anspruch genommen. Nach der Entlassung aus dem Spital, sagt seine Frau, sei es zunächst schwierig gewesen, „er hat wirklich noch ein Jahr gebraucht, bis er alles sortiert hat. Ich war zwar da, aber ich habe dann schon gemerkt, ich muss mich ein bisschen heraushalten".[697]

Moralische Erwägungen zeigen sich auch in anderer Hinsicht. Während seiner Zeit im Spital hätten die Zeitungen unbedingt Interviews mit ihm führen wollen. Er habe das abgelehnt, weil in seiner unmittelbaren Nachbarschaft Personen zu Tode gekommen seien. Man habe ihm eine Million Schilling angeboten, doch er habe sich nicht durch das Leid anderer bereichern wollen. Ein gutes Gewissen sei ihm lieber gewesen als das Geld, und er habe seine Ruhe haben wollen nach all dem, was er durchgemacht habe.[698]

Die „Selbstwirksamkeit" als Ausdruck der Selbstständigkeit oder Ich-Identität zeigt sich in verschiedener Hinsicht. Herr Jehle verzichtete auf psychologische Betreuung, weil er selber bzw. mithilfe seiner Angehörigen die traumatische Situation verarbeiten wollte. Und in Fragen, die ihn überforderten, weil sie in einen moralischen Konflikt führten, hörte er sich den Rat seiner Familie oder den von Freunden an und entschied dann selber, was zu tun ist. Seine entwickelte Moral kann gleichfalls in Beziehung gesetzt werden zu einer aktiven Lebensgestaltung, denn Moral hat mit Verantwortung zu tun, und der Begriff „Verantwortung" bedeutet, „Antworten" geben zu können auf schwierige Fragen – und dazu zu stehen.

Zusammengefasst ist festzuhalten, dass es vor allem die Gespräche mit der Familie und mit Freunden waren, welche geholfen haben, die Katastrophe zu verarbeiten. Doch auch die Religion spielte eine Rolle, und zwar insofern, als er Gott

---

695 Ebd., S. 58.
696 Ebd., S. 56.
697 Karin Jehle, I, S. 56.
698 Werner Jehle, II, S. 4

dafür dankbar sei, lebendig aus der Lawine herausgekommen zu sein.[699] Das Desaster selbst betrachtet er in einem größeren Zusammenhang, genauer als einen Fingerzeig der Natur, um deutlich zu machen, dass sie trotz aller Bemühungen des Menschen, sie zu bannen, ein Eigenleben führe.[700]

Inwieweit hat er die Katastrophe verarbeitet? Nach eigenen Aussagen und denen seiner Frau sehr gut, wobei ein Indiz sein dürfte, dass „die Freude über den Schnee […] viel, viel größer als die Angst vor dem Schnee" sei,[701] was allerdings nicht bedeutet, dass keine Angst mehr vorhanden wäre. Außerdem sei das drängende Bedürfnis, über das Geschehen zu sprechen, längst vergangen, und des Nachts schrecke er, wie es anfänglich der Fall gewesen sei, nicht mehr auf von der Furcht, es würde ihm der Atem genommen.[702] Vielmehr überwiege das Positive: Durch die Rettung aus der Lawine habe das Leben noch einmal für ihn begonnen, er nehme es nun bewusster wahr, habe eine Frau gefunden und eine Familie gründen können.[703]

Indes dürfte sein hohes Moralbewusstsein, von dem zuvor die Rede war, in dem Zusammenhang gleichzeitig ein Problem sein – auch wenn das nun merkwürdig klingen mag –, und zwar insofern, als es mitmenschlichen Empfindungen entspringt. Erinnern wir uns: Herr Jehle war nicht bereit, Interviews zu geben, weil er sich nicht am Unglück anderer bereichern wollte, und aus einem ähnlichen Grund hatte er Skrupel, sich zu verlieben. Das Leiden anderer macht ihm zu schaffen; er bedauert aufrichtig den Tod seiner Nachbarn aus dem Frühmessgut, und er beklagt auch die nicht einheimischen Opfer der Lawine, wie der folgende Interviewauszug deutlich macht:

„Man hat sich ein bisschen interessiert, welche Leute, welche Gäste waren das, und dann habe ich auch schon mal gesehen, was mir dann auch nochmal ein bisschen wehgetan hat oder sehr wehgetan hat, die Kinder, die ich im Skikurs hatte […] (Pause), das war auch schlimm. Und der eine oder andere Gast, wenn man das Bild gesehen hat, er kam einem dann bekannt vor. Es kamen bei uns immer viele Stammgäste, so Familien; durch den Beruf mit dem Skilehrer kennt man ja ganz viele Leute auch. So hat man das natürlich mit den Einheimischen verarbeiten müssen, genauso auch mit den Gästen, aber das hat man immer selber alles machen müssen, da habe ich keine Unterstützung gebraucht, einfach mit mir selber klarmachen müssen, dass die Leute mit dem Unglück das nicht geschafft haben".[704]

Auffällig an dem Text ist die oftmalige Verwendung des Indefinitpronomens „man".[705] Indefinitpronomina sind „unbestimmte Fürwörter", aber eigentlich geht es in dem Interviewauszug doch gar nicht um etwas Unbestimmtes, sondern um etwas ganz Bestimmtes, nämlich um jene Personen, welche in der Lawine umka-

---

699 Ebd., S. 5.
700 Ebd.
701 Werner Jehle, I, S. 61.
702 Ebd.
703 Ebd., S. 60.
704 Ebd., S. 57.
705 Im Text durch Sperrung hervorgehoben.

men und die Herr Jehle kannte. Also schiebt er das Persönliche, genauer die persönliche Betroffenheit, beiseite, weil sie ihm zu nahe ginge. Psychotherapeuten, die dazu tendieren, menschliches Verhalten zu pathologisieren, würden darin möglicherweise eine Dissoziation erblicken, eine Abspaltung unliebsamer Emotionen vom Bewusstsein, ein Defizit in der mentalen Integration. Das hielte ich für ein wenig übertrieben, denn erstens kommt auch das persönliche „Ich" oder „Mir" vor – wenngleich nicht so häufig wie das „Man" –, und zweitens sehe ich die sprachlich erfolgte Distanzierung von persönlicher Betroffenheit vorwiegend aus der prononcierten Mitmenschlichkeit gespeist, das heißt als einen Versuch, aus dem Zu-Viel ein Etwas-Weniger zu machen. Drittens könnte man sich fragen, ob das „Man" ferner kulturell erklärt werden könnte, genauer durch den intensiven Kontakt mit deutschen Touristen. Wenn man sich Interviews mit Deutschen im Fernsehen anhört, fällt einem nämlich die oftmalige Verwendung des Indefinitpronomens „man" auch in persönlichen Erzählungen auf – was, nebenbei bemerkt, möglicherweise gewisse Rückschlüsse auf mentale Strukturen zuließe, die in diesem Volk vorhanden sind.[706]

Dennoch können wir festhalten: Herr Jehle scheint zwar sein Trauma gut verarbeitet zu haben, indes dürfte die Erinnerung an jene Personen, die in der Lawine umgekommen sind und die er kannte, auch heute noch Gefühle der Trauer hervorrufen. Das ist nichts Ungewöhnliches, denn, wie bereits im letzten Kapitel erwähnt, sollte man sich nicht vom mechanistischen Machbarkeitsglauben verführen lassen und meinen, dass Begriffe wie „Resilienz" oder „Ressourcen" psychologische Zauberformeln wären, mit denen sich sämtliche Probleme „lösen" ließen. Das gilt im Übrigen auch für die anderen zwei Interviewpartner, von denen in den beiden vorigen Kapiteln die Rede war. Alle drei Personen dürften die Lawine im Rahmen des Möglichen verarbeitet haben, jeder auf seine Weise, und diese Bemühungen verdienen Achtung. Indes war die Lawine auch ein tragisches Geschehen, und sie lässt eine gewisse Tragik zurück.

---

706 Die deutsche Vorliebe für Reinlichkeitserziehung, Sauberkeit, Ordnung, Pflichterfüllung etc., welche aus psychoanalytischer Sicht analen Strukturen entspricht, ließe sich möglicherweise als eine Form von Entpersönlichung interpretieren, indem man sich an einem „Ideal" orientiert, das durchaus persönliche Opfer verlangt. Denn das Anale ist das Zwanghafte, und das impliziert, emotionale Bedürfnisse zurückzuschreiben, um allgemein verbindlichen Normen zu entsprechen (vgl. zu dem Themenkomplex Dundes 1987; Jerouschek 2005).

VI   Beispiele für andere alpine Katastrophen in Westösterreich

Im Folgenden soll es um zwei weitere Katastrophen aus benachbarten Regionen gehen, die in den Medien großes Aufsehen erregten, aber zeitlich weit auseinanderliegen. Sie wurden aus eben diesen Gründen ausgewählt und weil das methodische Vorgehen ähnlich ist wie in der vorliegenden Untersuchung, sodass eine gewisse Vergleichbarkeit ermöglicht wird.

1   Die Lawine von Blons im Großen Walsertal vom 11. Jänner 1954

Zwischen dem 10. und 12. Jänner 1954 gingen in Vorarlberg insgesamt 57 Lawinen ab und begruben 268 Personen unter sich, von denen 122 nur mehr tot geborgen werden konnten.[707] Besonders hart traf es Blons im Großen Walsertal, wo am 11. Jänner mehrere Lawinen niedergingen und einen Großteil des Ortes dem Erdboden gleichmachten. Von den 367 Personen, die damals in 90 Häusern lebten, wurde fast ein Drittel, nämlich 115, verschüttet; davon starben 47, acht erlagen später ihren Verletzungen, zwei wurden vermisst, und 29 Häuser wurden vollständig zerstört.[708] Demnach kam fast jeder sechste Einwohner ums Leben, jedes dritte Haus war verwüstet. „Es ist, als wären in New York über anderthalb Millionen Menschen in einer unvorstellbaren Katastrophe umgekommen und weitere zwei Millionen verletzt oder auf Lebenszeit verkrüppelt worden", schreibt Joseph Wechsberg, der 1938 von Prag in die USA emigrierte, in seinem 1959 erschienenen Buch über die Katastrophe von Blons.[709]

Inwieweit das Ereignis im Laufe der Jahrzehnte verarbeitet worden ist, lässt sich anhand der vorliegenden Literatur nur erahnen. Wechsbergs Bericht ist zeitlich betrachtet zu nahe an der Katastrophe, um diesbezüglich etwas zu erfahren, während Doblers Monografie trotz ihrer Ausführlichkeit eher deskriptiven, beschreibenden Charakter hat und kaum auf die mentalen bzw. psychischen Folgelasten eingeht. Hans Haid bietet im Kapitel über Blons aus seiner Kulturgeschichte der Lawine im Wesentlichen eine Zusammenstellung von bereits Bekanntem und ist daher für unser Anliegen ebenfalls nicht sonderlich hilfreich.[710] Die Arbeit von Helga Nesensohn-Vallaster, ein im Jahre 2004 erschiener Bericht „aus Sicht

---

707 Dobler 1982, S. 215.
708 Wechsberg 1959, S. 213.
709 Ebd., S. 214.
710 Haid 2007, S. 113–140.

einer Betroffenen" – so der Untertitel – lässt zumindest indirekte Schlüsse zu.[711]
Aufschlussreich ist bereits das Vorwort von Peter Strasser, denn er schreibt, dass
die Autorin im letzten Teil des Buches „auf die Bewältigung der Naturkatastrophe"
eingehe, worunter er einen „Innovationsschub auf verschiedenen Ebenen [versteht]:
Erstmals wurden Hubschrauber zur Rettung eingesetzt, Funkverbindungen aufgebaut und das Radio als stets aktuelles Medium verstärkt herangezogen".[712] Weiters
erwähnt er die zeitgenössischen Lawinenverbauungen und ein „Krisenmanagement
als moderne Bewältigungsstrategie", mit dem die Autorin „schließlich eine Brücke
zur Gegenwart" schlage.[713] Liest man die entsprechende Passage Nesensohn-
Vallasters, so erfährt man, dass „die Entwicklung von Krisenmanagementplänen
als neue Wege der aktiven Sicherheitspolitik" eine viel versprechende Möglichkeit
sei, um „die Bevölkerung schneller und effizienter in Gefahrensituationen zu informieren und zu leiten".[714]

Bemerkenswert ist, was Strasser unter „Bewältigung der Naturkatastrophe"
versteht, nämlich ausschließlich technische Schritte sowie effizientere Informa-
tions- und Leitungsmaßnahmen. Dagegen ist nichts einzuwenden, das ist notwendig und als wichtiger Grundstein der Katastrophenvorsorge und des Katastrophen-
managements zu verstehen. Aber es ist eine einseitige Sicht, weil sie erstens tech-
nizistische Machbarkeit im Stil der wissenschaftlichen Risiko-Diskussion suggeriert[715] und weil zweitens die Innenseite der betroffenen Individuen, die persönliche
Auseinandersetzung mit dem Desaster, außer Acht gelassen wird.

Um diese muss es aber auch gehen, wenn man sich mit der Frage befasst, wie
eine Katastrophe bewältigt werden kann. Um das in Erfahrung zu bringen, machten
im Oktober 2009 Michael Simon, der an der Universität Mainz die Abteilung Kul-
turanthropologie/Volkskunde leitet, und ich gemeinsam eine Feldforschung in
Blons. Es können an dieser Stelle noch keine detaillierten Ergebnisse präsentiert
werden, aber ich kann einige Eindrücke aus meinen Feldforschungsnotizen mitteilen.

Da die Katastrophe zum Zeitpunkt der Interviews 55 Jahre zurücklag, konnten
wir natürlich nur mit Leuten reden, die damals Kinder bzw. relativ jung waren und
das Leben noch vor sich, das heißt eine Zukunftsperspektive hatten – nicht aber mit
den damals bereits alten Menschen, von denen wir nur sporadisch aus den Erzählungen ihrer Kinder etwas erfahren haben. So erwähnte ein Informant, der seine
Schwester durch die Lawine verloren hatte, dass seine Mutter seither nur noch
„wenig gelacht" und „bei vielen Gelegenheiten ihr Bedauern darüber geäußert"
habe, dass ihre einzige Tochter in der Lawine umgekommen sei. Als die Mutter vor
einigen Jahren gestorben sei, sei „ein Stück Düsternis" von der Familie gewi-
chen.[716]

---

711 Nesensohn-Vallaster 2004.
712 Strasser, Peter: Vorwort. In: Ebd., S. 7f., hier S. 8.
713 Ebd.
714 Nesensohn-Vallaster 2004, S. 109.
715 Vgl. Kap. IV 7.1.
716 Diese und die folgenden Informationen stammen aus meinen Feldforschungsnotizen.

Eine andere Informantin, die das Unglück selber nicht erlebt hatte, meinte, dass ihr Mann, der durch die Katastrophe seine Eltern und einen Bruder verloren hatte, traumatisiert worden sei, da er fortwährend Albträume gehabt habe und von den Jahrestreffen am 11. Jänner stets betrunken heimgekehrt sei. Erst nachdem sie ihn bewogen habe, die Erlebnisse der Schreckensnacht aufzuschreiben, hätten sich die Albträume gelegt, und er sei fortan nüchtern von den Gedenkfeiern nach Hause gekommen. Das sei allerdings erst im Jahre 1987 gewesen, 43 Jahre nach der Katastrophe.

Einer weiteren Informantin sind wir mit einer gewissen Scheu begegnet, weil uns mitgeteilt worden war, dass man sie pfleglich behandeln müsse aufgrund ihres schrecklichen Schicksals, habe sie doch ihre beiden Kinder in der Unglücksnacht verloren und das nie verwunden. Wir befragten die Frau daher sehr behutsam, wobei sie dann allerdings von allein sehr ausführlich über die damalige Situation berichtete. Hinsichtlich ihres Zustands war sie sich im Klaren, denn sie meinte bereits zu Beginn des Interviews, dass sie damals einen Psychiater benötigt hätte.

Bereits diese knappen Skizzen machen einen Unterschied zu Galtür deutlich, wo die Einheimischen sich sehr ausführlich mit dem Desaster befasst haben. Das betrifft auch die Art und Weise, wie man öffentlich mit der Lawine umgeht. Das markanteste Zeichen dafür ist in Galtür das Alpinarium, welches als Teil der Schutzmauer ein Museum ist, das in würdiger Weise an die Katastrophe von 1999 und ihre Opfer erinnert. In Blons existiert zwar auch ein „Lawinendokumentationszentrum", aber es ist im Gemeindeamt untergebracht und besteht einzig und allein aus einer Zeitleiste (!), welche den Zeitpunkt der verschiedenen Lawinenabgänge markiert. In dieses Bild passt, dass der Bürgermeister sich im Gespräch mit uns darüber beklagt hat, dass man, wenn man in Vorarlberg den Namen „Blons" höre, stets nur an die Lawine von 1954 denke. Ihm sei demgegenüber an einem positiven Image gelegen, denn der Ort sei die jüngste Gemeinde Vorarlbergs, viele junge Leute würden sich heute dort ansiedeln.

Aus meiner Sicht ist das ein Akt der Verdrängung, zumal Innovationsbereitschaft keinen Widerspruch dazu bilden muss, sich mit der Vergangenheit auseinanderzusetzen. Anscheinend sind es unbewusste Mechanismen, die dafür Sorge tragen, dass man sich heute genauso wenig wie damals mit dem Geschehen auseinandersetzt. Seinerzeit war das noch eher verständlich, denn 1954 war der Zweite Weltkrieg erst neun Jahre vorbei, und man war nicht darauf erpicht, auf die Schreckensjahre zwischen 1939 und 1945 zurückzublicken, sondern nach vorne zu schauen und sich ganz und gar dem Wiederaufbau zu widmen. Diese mentale Struktur wird sich auch auf die Lawine von Blons ausgewirkt haben.

Obwohl die Galtürer traditionellen Werten und der katholischen Religion eine große Bedeutung beimessen, sind sie, was die Aufarbeitung der Katastrophe angeht, sehr modern vorgegangen, denn sie haben die Angelegenheit nicht unter den Teppich gekehrt, sondern haben sich „psychotherapeutisch" verhalten, indem sie sich intensiv und aktiv mit dem Geschehen auseinandergesetzt haben. Man kann den Einwand erheben, dass die Zeit um die Jahrtausendwende eine modernere war als 1954 und dass man in der Gegenwart aufgeschlossener ist. Das ist sicher richtig, aber selbstverständlich ist es trotzdem nicht, wie das nun folgende Beispiel zeigt.

2 Das Hochwasser in Lech am Arlberg vom 22. und 23. August 2005

Zwischen dem 20. und 23. August 2005 führten Starkregenfälle zu Erdrutschen und Überschwemmungen in Österreich, der Schweiz und Teilen Bayerns. Betroffen war auch der Ort Lech am Arlberg, dessen Ortszentrum auf einer Fläche von 4,5 Hektar überschwemmt und überschottert wurde. „40 Gebäude, die meisten Fremdenverkehrsbetriebe, wurden vom Hochwasser und Geschiebetrieb des Zürsbaches direkt betroffen und zum großen Teil schwer beschädigt".[717] Auch wenn keine Personen ums Leben kamen, sei die Katastrophe als Einschnitt erlebt worden, da es seit Menschengedenken kein Hochwasser gegeben habe und dieses vollkommen überraschend gekommen sei, so Insa Gebbeken in ihrer qualitativen Untersuchung über die Auswirkungen desselben aus kulturwissenschaftlicher Sicht, auf die ich mich im Folgenden beziehe.[718] Ähnlich wie in Galtür hat man in Lech Angst vor dem Wasser, während man an Lawinen gewöhnt ist und sich mit ihnen auskennt.

Damit erschöpfen sich allerdings schon die Gemeinsamkeiten, sieht man davon ab, dass beide Orte Walser-Gemeinden sind, genauso übrigens wie Blons. Denn hinsichtlich des mentalen Umgangs mit dem Geschehen tun sich große Unterschiede auf. Es findet keine aktive Erinnerungspolitik vonseiten der Gemeinde statt, weder gibt es Gedenkveranstaltungen am Jahrestag noch ständige Ausstellungen oder Erinnerungsmarken, etwa einen Gedenkstein.[719] Doch auch in den Köpfen der Einheimischen war das Thema recht bald „abgehakt". „Erstaunen ließ mich die Tatsache", so die Autorin der Untersuchung, „dass die meisten Ehepartner angaben, dass sie miteinander überhaupt nicht über das Hochwasser sprechen würden".[720] Und ein Interviewpartner meinte: „Es will niemand mehr was wissen, es ist vorbei. Es ist raus, raus aus den Köpfen. Es wird verdrängt, und das ist auch gut so. Das ist erledigt".[721] Doch haben auch einige Personen der Autorin zu verstehen gegeben, dass bestimmte Situationen unliebsame Erinnerungen erneut an die Oberfläche befördern, etwa wenn ein heftiges Gewitter im Anzug ist, denn „dann kommt das wieder, dann haben die Leute auch Angst", so ein Gewährsmann.[722] Daher fragt sich die Autorin, ob es nicht sein könne, „dass sich in Lech diese Diskrepanz aufgebaut

---

717 Bundesministerium für Land- und Forstwirtschaft, Umwelt und Wasserwirtschaft 2006, S. 106.
718 Gebbeken 2009, S. 63.
719 Ebd., S. 80–82.
720 Ebd., S. 82f.
721 Ebd., S. 82.
722 Ebd., S. 84.

184

hat: Jeder denkt an das Ereignis, aber keiner spricht darüber?"[723] Einer der Gründe, so ihre Vermutung, sei, dass zur Selbstdarstellung Lechs als eines „Urlaubsparadieses" die Erinnerung an das desaströse Hochwasser als ein nicht vereinbarer Kontrapunkt empfunden würde.[724] Wenn das richtig ist, dann handelt es sich um eine oberflächliche Sicht, die dem seelischen Wohlbefinden nicht unbedingt zum Vorteil gereicht. Dass man mit dieser Problematik auch anders umgehen kann, haben die Galtürer deutlich gemacht.

---

723 Ebd., S. 85.
724 Ebd., S. 88.

VII Zusammenfassung

Mit dem Schadensausmaß der Lawine vom 23. Februar 1999 hatte niemand rechnen können, weil sie Bereiche von Galtür erfasste, die seit Jahrhunderten als sicher galten und in der grünen Zone lagen. Neben vielen Verletzten forderte sie 31 Menschenleben, davon 25 Touristen und sechs Einheimische. Nicht nur wegen des Ausmaßes der Katastrophe, sondern auch aufgrund des ungewöhnlich großen Medieninteresses ist Galtür seither ein Synonym für extreme Lawinenereignisse in den Alpen. Sprengte bereits das reale Ausmaß des Desasters den Rahmen des Üblichen, so führte die Berichterstattung in den Medien zu Übertreibungen und Verzeichnungen, die der Sache nicht mehr gerecht wurden. Das hat mehrere Gründe. Zum einen hielt sich Anfang 1999 wegen des bevorstehenden Kosovo-Konflikts eine ungewöhnlich große Anzahl internationaler Journalisten in Europa auf, die sogleich ihr Interesse auf Galtür zentrierte, nachdem die Lawine abgegangen war. Da jedoch aufgrund der schlechten Witterungsbedingungen, und um die Rettungsarbeiten nicht zu stören, keiner von ihnen ins Paznauntal gelassen wurde, machten sich Frustrationen breit, die sich in einer entsprechenden Berichterstattung niederschlugen, bei der massive Schuldvorwürfe erhoben wurden.

Hinzukommt ein generelles Problem, nämlich das in Tiefenstrukturen verwurzelte Bedürfnisse, für Extremereignisse einen Schuldigen auszumachen, um zu einer befriedigenden „Erklärung" zu gelangen. Das hängt mit der egozentrischen Optik zusammen, die immer dann zum Tragen kommt, sofern der Mensch in den Sog regressiver Prozesse gelangt. Mit anderen Worten: Wenn Ängste an die Oberfläche gelangen, wird die Stimme der Vernunft leiser, und es treten alte Interpretationsmuster hervor, die nach dem „Es-gilt-Mir"-Muster vorgehen. In ethnologisch-anthropologischer Hinsicht bedeutet Orientierung nämlich auf einer basalen Ebene, die Dinge, die um einen herum geschehen, auf sich zu beziehen, wodurch alles Geschehen ursächlich mit einem selber verknüpft ist. Daher besteht das traditionelle Erklärungsmuster für Katastrophen in der Abfolge von vorausgehender Schuld bzw. Sünde und daraus resultierender Strafe.

Die negative Berichterstattung wurde darüber hinaus durch ein weiteres Moment angeheizt, das ebenfalls ethnologisch begründbar ist, weil es mit mentalen Tiefenstrukturen zu tun hat. Es waren insbesondere deutsche Medienvertreter, in denen Ressentiments gegenüber den Verhältnissen im Nachbarland an die Oberfläche traten, die darin kumulierten, dass die Österreicher die Gefahr unterschätzt hätten, die Lawinenkommission schlampig gearbeitet und man die Touristen nicht rechtzeitig evakuiert hätte, um weiterhin an ihnen verdienen zu können. Zwar erwiesen sich die Vorwürfe allzumal als haltlos, doch heizten sie die Stimmung in unnötiger Weise an. Auf einer tieferen Ebene haben diese stereotypen Vorurteile mit unbewussten mentalen Strukturen zu tun, genauer mit Überlegenheitsgefühlen auf deutscher Seite, welche als eine Folge unbewusster Minderwertigkeits- und

Neidgefühle gegenüber den Österreichern verstanden werden können, denen man eine höhere Lebensqualität zuschreibt.

Die Negativschlagzeilen in der Presse hatten zur Folge, dass sich die Galtürer ungerecht beurteilt fühlten, hatten sie sich doch um ein verantwortungsvolles Handeln vor der Katastrophe und um rasche Hilfe nach dem Lawinenabgang bemüht, wodurch eine Vielzahl Verschütteter lebend geborgen wurde, noch bevor anderentags die Luftbrücke installiert werden konnte. Die Einheimischen beschlossen daher gemeinsam, keinem Journalisten oder anderen Auswärtigen mehr Interviews zu geben, und sie schotteten sich nach außen ab. Das fiel ihnen nicht allzu schwer, weil die Dorfgemeinschaft als ein kollektives Identifikationsmuster von hohem Wert betrachtet wird. Diese mentale Struktur hatte außerdem zur Folge, dass Psychologen als Mitglieder des externen Rettungsteams sich zwar um die Touristen kümmern konnten, bei den Einheimischen jedoch auf Granit bissen, weil diese es nicht gewohnt sind, mit Fremden über persönliche Probleme zu sprechen und sie außerdem über ein soziales Netz in Form von Familienangehörigen und Freunden verfügen, das ihnen hinreichende Unterstützung auch in Krisensituationen gewährt.

Daraus ergab sich mit Blick auf die Feldforschung ein Problem: Wie soll man mit Leuten reden, die mit Fremden nicht sprechen wollen, zumal es mein primäres Anliegen war, einen Blick unter die Oberfläche zu werfen, um in Erfahrung zu bringen, inwieweit die Katastrophe verarbeitet worden ist? Glücklicherweise fand ich im Bürgermeister, der im Dorf als integere Persönlichkeit gilt, jemanden, der mir Tür und Tor öffnete, nachdem wir bereits auf einer vorangegangen Tagung Vertrauen zueinander gefasst hatten.

Da im Fall einer Katastrophe sehr persönliche Fragen aufgeworfen werden, die unter anderem mit existentiellen und philosophischen Dimensionen zu tun haben, kam eine quantitative Untersuchung nicht infrage, zumal das ihr zugrunde liegende, durch die neuzeitliche Physik geprägte mechanistische Weltbild mit seiner Vorliebe für starre Hypothesenbildung kaum geeignet ist, sich derartig sensiblen Bereichen anzunähern. Ich entschied mich daher für eine Mischung aus narrativem Interview, Leitfaden- und Tiefeninterview, wobei die erhobenen Texte ethnologisch und – in einem nicht dogmatischen Sinn – psychoanalytisch interpretiert wurden, ähnlich wie es bereits in meiner Habilitationsschrift über die Bewältigung von Sturmflutkatastrophen der Fall war. In qualitativen Untersuchungen kann keine numerische Repräsentativität das Ziel sein, sondern ausschließlich eine theoretische, was bedeutet, erstens auf einer eher beschreibenden Ebene typische Kategorien zu entwickeln und zweitens auf einer interpretierenden Ebene sich im Sinn von Goethes Symbolbegriff zu fragen, inwieweit das Besondere auf ein Allgemeines verweist. Es bedarf dazu keineswegs starrer, schematischer Vorgangsweisen, wie man sie mitunter auch in der qualitativen Forschung findet, denn es ist dem Gegenstand durchaus angemessen, sich im Sinn Emil Staigers der „Kunst der Interpretation“ zu bedienen, die keineswegs beliebigen Subjektivismus impliziert, da auch sie den Gesetzen logischen Argumentierens gehorcht. In der Literaturwissenschaft – es geht immerhin um Textinterpretation – und auch in der Ethnopsychoanalyse sind das gängige Verfahren, und das kommt nicht von ungefähr, denn sie sind dem

Gegenstand in seiner Vielschichtigkeit angemessen. Dabei haben die gelegentlich eingefügten Beispiele aus der Dichtung nicht nur illustrierenden Charakter, sondern fungieren auch als Belege, weil Grundprobleme menschlicher Existenz sowie Fragestellungen von zentraler gesellschaftlicher Bedeutung berührt werden, die seit jeher ein wesentliches Anliegen der Poesie sind.

Die Auswertung der Interviews wurde drei Themenbereichen zugeordnet: Chronologie der Ereignisse, Auseinandersetzung mit der Katastrophe, ausführliche Beispiele Betroffener.

Bereits vor der Lawine hatte sich ein Gefühl der Bedrohung ausgebreitet durch die fortwährend sich vermehrende Überfülle an Schnee und durch das Eingesperrt-Sein im Dorf. Ähnlich wie im „Zauberlehrling" von Goethe wurde das, was normalerweise freudig begrüßt wird und das Leben bereichert, durch das Übermaß zu einer existentiellen Bedrohung. Etwas verkehrt sich in sein Gegenteil – ein Phänomen, mit dem sich bereits Sigmund Freud beschäftigte, indem er die Schrift des Altphilologen Carl Abel „Über den Gegensinn der Urworte" auf die Begriffe „Heim" und „heimelig" anwendete und Bezüge zum „Unheimlichen" herstellte. Das Unheimliche ist „jene Art des Schreckhaften, welche auf das Altbekannte, Längstvertraute zurückgeht",[725] was in dem Fall bedeutet, dass der an sich willkommene und wohlbekannte Schnee bedrohliche Ausmaße annahm. Da in Angst besetzten Situationen frühe Erfahrungsmuster an die Oberfläche drängen, wurden aus der Kindheit stammende Ängste reaktiviert, die Gefühle der Unterlegenheit hervorriefen sowie, bezogen auf den Schnee, die zur raschen Wunscherfüllung drängende Allmacht der Gedanken konterkarierten, was ebenfalls verunsichernd wirkte.

Die schlimmsten Ungeheuer gebiert nicht der „Schlaf der Vernunft", wie Francisco de Goya meinte, sondern die Phantasie. Dennoch übertrafen die realen Folgen des Lawinenabgangs das, was man infolge des „unheimlichen" Gefühls der Bedrohung bestenfalls erahnen konnte. Der verwüstete Ortsteil wirkte, als hätte „eine Bombe eingeschlagen", als befände man sich „im Krieg" oder als stünde „der Weltuntergang" unmittelbar bevor. Das Unbegreifliche lässt sich verbal nur schwer vermitteln, man greift daher zum Vergleich und zur bildlichen Sprache. Die Bezugnahme auf den Krieg ist dabei nicht zufällig gewählt, denn er hat mit Elementarkatastrophen gemeinsam, dass alle gesellschaftlichen Abgrenzungssysteme beschädigt und dabei die Menschen in ihrer ganzen Leiblichkeit getroffen werden.

Nachdem die Lawine ins Dorf gestürzt war, wurde sofort vonseiten der Einheimischen auf professionelle Weise Hilfe geleistet, wodurch ein Großteil der Verschütteten lebend gerettet werden konnte. Da Galtür „am Rande der Welt" liegt, ist man häufig auf sich allein gestellt und kann nicht auf externe Hilfe warten. Da außerdem ein Großteil der Bevölkerung in Vereinen wie der Feuerwehr oder der Bergrettung organisiert und man darüber hinaus mit Lawinenunglücken vertraut ist, braucht es nicht zu überraschen, dass in kurzer Zeit rasche und effiziente Hilfe geleistet wurde.

---

725 Freud 1970, Bd. IV: Das Unheimliche, S. 241–274, hier S. 244.

Anhand mehrerer Personen – Bürgermeister, Arzt, Anwohner im betroffenen Gebiet etc. – wurde deutlich gemacht, dass zwar alle das gemeinsame Erleben der Lawine teilen, aber doch jeder, entsprechend seiner Funktion, seines persönlichen Grades an Betroffenheit und seiner individuellen Lebensgeschichte, eine eigene Perspektive auf das Geschehen hat. Am Beispiel der Befreiung Werner Jehles aus der Lawine konnte plastisch dargestellt werden, dass die Erlebnisse der daran beteiligten Personen unterschiedliche Blickwinkel darstellen ähnlich einem Film, der das Geschehen gleichzeitig mit mehreren Kameras aus verschiedenen Perspektiven aufzeichnet.

Die subjektive und anders geartete Wahrnehmung desselben Sachverhaltes erklärt auch ein weiteres Phänomen, auf das die Galtürer mit Recht stolz sind. Sie haben sich zwar gegenüber Auswärtigen abgeschirmt, haben aber umso intensiver im ersten Jahr nach der Lawine untereinander über die Ereignisse gesprochen, und das nach mehrheitlichem Bekunden „in fast jedem Gespräch". Das war als Akt der Psychohygiene notwendig, und gleichzeitig war es möglich, weil jeder eine andere Perspektive auf die Ereignisse hatte, die er in die Unterhaltungen einbringen konnte. Gespräche sind nämlich dann bereichernd und spannend, wenn sie einen selber berühren, weil Vertrautes und Bekanntes enthalten ist, und wenn sich zudem neue Gesichtspunkte eröffnen oder neue Erlebnisse mitgeteilt werden. Demnach haben die Galtürer das getan, was jeder Psychotherapeut mit ihnen täte, nämlich solange über das Trauma zu sprechen, bis die belastenden Emotionen an die Oberfläche getreten und verarbeitet sind. Das entbehrt insofern nicht einer gewissen Ironie, als man mit Angehörigen der „Psy-Berufe", die in Tirol umgangssprachlich als „Vogeldoktor" bezeichnet werden, nicht gern etwas zu tun haben möchte. Aber es relativiert die etwas pauschalen Aussagen von Traumaforschern, wonach 20 bis 40 Prozent all jener, welche belastenden Situationen in Katastrophen ausgesetzt sind, psychologischer Betreuung bedürfen. Wenn ein intaktes soziales Netz vorhanden ist, reicht auch nicht-professionelle Unterstützung der Betroffenen aus. Es wäre sogar verfehlt, diese Personen mithilfe notfallpsychologischer oder psychotraumatologischer Maßnahmen betreuen zu wollen, weil sie dadurch erst zu einem „Fall" gemacht würden. Man geht wohl nicht fehl in der Annahme, dass hinter diesem Impuls neben altruistischen und professionellen Motiven auch ökonomische Interessen stehen.

Bevor man im Ort über die Lawine sprechen konnte, war es allerdings notwendig, dass nach dem Ende der Rettungseinsätze und den aufreibenden Erlebnissen eine Phase der Besinnung und Einkehr folgte. Das geschah, indem das Dorf einige Tage kollektiv trauerte, um die Toten in Ruhe begraben zu können. Erst danach bemühte man sich wieder darum, so etwas wie Normalität einkehren zu lassen.

In den dann folgenden Gesprächen untereinander, aber auch in der Selbstreflexion, wollte man das Geschehen verstehen und verarbeiten. Das ist ein tief liegendes Bedürfnis, welches der Germanist Wilhelm Köller auf treffliche Weise folgendermaßen formuliert hat:

Die radikale Trennung von Subjekt und Objekt in den Naturwissenschaften seit der Frühen Neuzeit ist im alltäglichen Denken kaum nachzuvollziehen, weil sie den Einzelnen und die Gesellschaft überfordert. Mit anderen Worten: Die Auffassung, dass der Mensch ein „Zigeuner am Rande des Universums" sei, „das für seine Musik taub ist und gleichgültig gegen seine Hoffnungen, Leiden oder Verbrechen",[727] ist eine intellektuelle Position, die manche Wissenschaftler befriedigen mag, aber nicht die Mehrheit der Bevölkerung. Denn für diese ist es emotional kaum erträglich, einen radikalen Trennungsstrich zwischen sich und der Umwelt zu ziehen, was sich bereits an dem tief verwurzelten Wunsch aufseiten der Medien gezeigt hat, einen „Schuldigen" für die Lawine ausfindig zu machen. Das hängt, wie bereits erwähnt, mit ethnologischen Gegebenheiten zusammen, nämlich der egozentrischen Perspektive des Es-gilt-Mir, nach der alles Geschehen um uns herum Bedeutung und etwas mit uns zu tun hat. Das erklärt auf einer allgemeinen Ebene magische Vorstellungen, aber auch Schuldgefühle, die regelmäßig aus den Tiefen des Unbewussten auftauchen und, eher geahnt als bewusst, das emotionale Erleben einfärben. Schuldgefühle sind eine unbewusste Zuschreibung von Macht, und diese kompensiert das Gefühl der Kleinheit und des Ausgeliefert-Seins im Fall einer Bedrohung, eine individualpsychologische Sicht, die gut zusammenpasst mit der psychoanalytischen Vorstellung der „Identifikation mit dem Aggressor".

In philosophischer Perspektive spielt dabei die aristotelische Zielursache oder Intentionalität eine Rolle, die zwar im naturwissenschaftlichen Denken obsolet geworden ist, aber im alltäglichen Handeln und Erleben weiterhin eine bedeutende Rolle spielt, indem in individualpsychologischer Auslegung dem Menschen unbewusste Intentionen zugeschrieben und den Dingen aus der Umwelt eine Absicht unterstellt wird. Die Prozesse in der Natur laufen nicht unabhängig von uns ab, denn sie möchten uns etwas mitteilen oder uns warnen. In der traditionellen christlichen Lesart sind Katastrophen eine Strafe oder Ermahnung Gottes, während aus Sicht der antiken Naturphilosophie die vier Elemente Feuer, Wasser, Erde und Luft durch menschliches Fehlverhalten in Unordnung geraten können, weil überall „Abflüsse entströmen", die sich zuweilen mit voller Wucht entladen.

Letzteres klingt zwar absurd und rückwärtsgewandt, in eine moderne Sprache übersetzt hat es jedoch mit ökologischem Denken zu tun, das bei einigen Informanten zur Erklärung der Lawine herangezogen wurde: Das „Gleichgewicht der Natur" ist durch menschliche Einflüsse labil geworden, was sich in zeitweiligen „Entladungen" widerspiegelt, zu denen auch Katastrophen zählen. Wissenschaftliche Unterstützung findet diese Ansicht vor allem in der Gaia-Hypothese des englischen

---

726 Köller 2004, S. 837.
727 Monod 1971, S. 211.

Biophysikers James Lovelock, der die Ansicht vertritt, dass die Erde kein toter Körper ist, weil sich das Leben in Wechselwirkung mit der physikalischen und chemischen Umwelt entwickelt hat.

Die ökologische Perspektive hängt mit mentalen Strukturen zusammen, da die Galtürer sich mehrheitlich nicht nur als Individuen sehen, sondern auch sehr stark mit der Umwelt identifiziert sind, wozu nicht allein die dörflichen Strukturen zählen, sondern auch die geografische Lage und die Natur. Dafür fühlen sie sich für sie verantwortlich und sehen sich umgekehrt auch davon in ihrem Verhalten und Erleben beeinflusst.

Die traditionelle christliche Sicht, das heißt das Straf-Argument, wurde auf einer bewussten Ebene zwar nicht als Erklärung verwendet, dürfte aber unterschwellig eine Rolle spielen, indem in mehreren Interviews explizit darauf Bezug genommen wurde, ohne dass von mir danach gefragt worden wäre. In dem Zusammenhang ist zu bedenken, dass vereinzelt auch vonseiten katholischer Geistlicher das Strafe-Gottes-Argument benutzt wird und dass es darüber hinaus ein Ausdruck der in Tiefenstrukturen verankerten egozentrisch-intentionalen Perspektive ist, nach der sich das Geschehen aus der Umwelt auf uns richtet. Damit kann gleichzeitig ein Bogen geschlagen werden zur ökologischen Sichtweise, denn auf der bewussten Ebene des populären Diskurses sind Naturkatastrophen zwar keine Strafe Gottes mehr für „sündhaftes" Tun, aber ein Ausdruck der „zornigen" Natur über „sündhaftes" Umweltverhalten.

Dass die Religion bei einem derartigen Desaster in einem katholischen Bergdorf generell eine Rolle spielt, liegt auf der Hand. Das Problem der Theodizee – die Frage nach dem menschlichen Leid in Anbetracht der göttlichen Allmacht – führte trotz gelegentlich vorgetragener, anfänglicher Zweifel bei niemandem zum Infragestellen Gottes. Einerseits wurde argumentiert, dass er sich nicht in das natürliche Geschehen einmischt, eine Auffassung, die in Einklang mit modernen theologischen Ansichten die Schöpfung als einen einmaligen Akt betrachtet und nicht als einen Vorgang, in den Gott andauernd eingreifen muss – Letzteres wäre die veraltete okkasionalistische Position. Andererseits hieß es, dass er nach der Katastrophe den Menschen durchaus Hilfe zukommen ließ und vor allem Hilfe zur Selbsthilfe gab, was in Einklang steht mit mentalen Strukturen in Siedlungen „am Rande der Welt", wo es oftmals gar nicht möglich ist, auf externe Unterstützung zu warten. Bemerkenswerterweise steht eine solche Auffassung der protestantischen Sicht, die explizit eine aktive und selbstverantwortliche Auseinandersetzung mit der Welt fordert, näher als der katholischen Perspektive mit ihrer hierarchischen Struktur, dem hohen Stellenwert des Gehorsams und der Unterordnung unter eine absolute Autorität, die ex cathedra unfehlbare Dogmen verkündet.

Wenn es um Fragen des Glaubens geht, ist der so genannte Aberglaube mitunter nicht allzu weit entfernt. Eine detaillierte Analyse des entsprechenden Textes aus Walter Köcks Buch „Sturm über Galtür", das in die Chronologie der Lawinenkatastrophe traditionelle Volkssagen einflechtet, sollte das deutlich machen, auch wenn es sich dabei um ein Phänomen handelt, das nur schwer greifbar ist. Indes dürfte man mit dementsprechenden Überlegungen nicht vollkommen fehlgehen, weil der Schnee als ein zunächst vertrautes und willkommenes Element durch sein Übermaß zu etwas Fremden und Bedrohlichem, das „Heimelige" mithin „unheimlich" wurde – eine Bestätigung des „Gegensinns der Urworte" nach Carl Abel und Sigmund Freud. Und ähnlich verhält es sich mit den Volkssagen, für die es konstitutiv ist, dass in den vertrauten Alltag plötzlich das Fremde, Andere und Bedrohliche einbricht.

Ein weiterer Aspekt des Unheimlichen ist die tief im Verborgenen sitzende „Allmacht der Gedanken", der zufolge dem Schnee eine verführerische Kraft innewohnt, indem er die Gäste ins Tal lockt und für Wohlstand sorgt. Doch wenn sich „die Geister, die man rief", verselbstständigen, kann es sein, dass man darunter begraben wird. Ähnlich wie im Fall des so genannten Aberglaubens handelt es sich dabei um ein allgemeines Phänomen, dessen Verbreitung sich indes kaum quantitativ fassen lässt, mit dem man aber stets dann rechnen sollte, wenn frühe Ängste durch eine Katastrophe reaktiviert werden.

Ähnlich verhält es sich mit der Melancholie, die zwar in der gegenwärtigen psychiatrischen Diagnostik auf extreme Psychopathologie reduziert ist, aber aus einer tiefer schürfenden Perspektive einen Charaktertypus meint, der in Anbetracht des vorhandenen Leids in der Welt sowie der Unvollkommenheit menschlichen Strebens durchaus seine Berechtigung hat und im Fall einer Katastrophe daher bis zu einem gewissen Grad eine normale Einstellung ist. Melancholie kann aber auch mit verdrängter Aggression zu tun haben, und dann wird die Lawine zu einem Symbol für etwas Vertrautes und Unheimliches zugleich, nämlich für innerseelische Aggression. Das Erschrecken über die Katastrophe mit ihrem zerstörerischen Potential kann demnach auch das Erschrecken über sich selbst sein.

Die Aspekte des Unheimlichen und der Melancholie markieren eher untergründige Auswirkungen der Lawine, während Religion und Ökologie hilfreiche Beiträge leisten, um die Lawine zu erklären, ihr einen Sinn abzugewinnen und sie zu verarbeiten. Bei der Bewältigung spielen, wie bereits verschiedentlich erwähnt, auch mentale Einflüsse eine große Rolle. Zunächst gilt das für das Vorhandensein sozialer Strukturen, in erster Linie der Familie und der Dorfgemeinschaft, denn indem man oft und intensiv über das Trauma sprechen konnte, war eine Verarbeitung möglich.

Daneben existieren weitere Aspekte, in denen sich die Spezifik des Ortes offenbart. Seitdem sich die Galtürer in den 1970er Jahren geweigert hatten, am Jamtalgletscher ein Sommerskigebiet zu erschließen, gilt der Ort als das „eigensinnigste Feriendorf Österreichs". In Anbetracht des technisch-ökonomischen Machbarkeitsdenkens und der weitgehenden Bedeutungslosigkeit von Umweltbelangen zu jener Zeit war das keine selbstverständliche Entscheidung, zumal Einkommenszuwachs immer auch bedeutet, sich mithilfe materieller Dinge zu mehr Prestige und Imponiergehabe verführen zu lassen, weil Triebanteile aktiviert werden. Stattdessen entschied man sich für die Beibehaltung einer Zwischensaison, in der man mehr Zeit für sich und die Familie hat. Angesichts der psychischen Probleme, die ein übersteigerter Tourismus zur Folge hat – Stress, Depression, Alkoholismus etc. –, war das eine vernünftige, auf Werten beruhende Entscheidung. Dabei spielt auch eine Rolle, dass der Nachbarort Ischgl mit seinem Massen- und Eventtourismus als Negativbeispiel dient, von dem man sich bewusst abgrenzen möchte.

Ein anderer Aspekt, der die Sonderstellung Galtürs ausmacht, ist darin begründet, dass es sich um eine Walser-Siedlung handelt, die einzige auf Tiroler Boden. Zwar sind nicht alle Bewohner Walser, aber diejenigen, welche sich dieser ethnischen Minderheit zugehörig fühlen, betonen die Selbstständigkeit, Unabhängigkeit und Tüchtigkeit, die sie sich seit jeher zuschreiben, weil sie durch mühsame Arbeit extreme Höhenlagen kultiviert haben, die fernab von herrschaftlichen Einflüssen lagen.

Aus umweltpsychologischer Sicht spielt, damit zusammenhängend, ein weiterer Faktor eine Rolle, nämlich das Reizklima. Es stimuliert den Organismus und härtet ihn ab, weswegen es einen gewissen Anteil an einer aktiven Lebenseinstellung hat. Da das Reizklima zudem mit stärkeren Witterungsveränderungen einhergeht, steht man extremen Wetterlagen gelassener gegenüber und kann auch im Fall einer Katastrophe gelassener reagieren als in weniger exponierten Siedlungslagen.

Die kollektiven Identifikationsmuster, welche in Galtür einen hohen Stellenwert haben, sind eine integrierende Kraft und prägen das örtliche Leben. Bei Meinungsverschiedenheiten und in Diskussionen wird nicht alles ausgesprochen, was man sich denkt. Ähnlich wie beim Massentourismus dient auch in diesem Fall Ischgl als Negativfolie, denn dort soll es lauter zugehen als in Galtür und durchaus verletzend. In Anbetracht dessen, dass Polarisierungen die Lebensqualität einschränken können, sind die für Galtür „leiseren Töne" im Umgang wahrscheinlich die vernünftigere Alternative. Das „Dorfauge", von dem Jeremias Gotthelf sagt, es sei eine „gute Sache", hat indes auch eine Kehrseite, weil es nicht nur integrierend, sondern auch normierend wirkt. Menschen, die von außerhalb kommen, haben es unter Umständen nicht leicht, in die Gemeinschaft aufgenommen zu werden. Und Personen, welche aufgrund ihrer Lebensumstände als Außenseiter gelten, dürfte weniger Toleranz entgegengebracht werden als anderswo. Die Problematik von Integration und Normierung in dörflichen Gemeinschaften ist in der Wissenschaft zwar allseits bekannt und nichts Neues, doch scheint die diesbezügliche Spezifik Galtürs darin begründet zu sein, dass die überwältigende Mehrheit die Vorzüge schätzt und dass selbst jene, welche Kritik äußern, sich nicht nur auf diese zentrieren, sondern auch die positiven Seiten des Gemeinschaftslebens hervorheben.

Nachdem eine Katastrophe überstanden ist, stellt sich die Frage, inwieweit sie mentale Einstellungen verändert hat und als Lebenseinschnitt betrachtet wird. Letzteres hängt zwar vom Grad der Betroffenheit mit ab, doch da die Lawine in der grünen Zone Tod und Verwüstung brachte – womit niemand gerechnet hatte – und gleichzeitig die Kollektiv-Identität eine große Bedeutung hat, war das gesamte Dorf in seinen Grundfesten erschüttert. Daher war es interessant zu erfahren, wie trotz umfangreicher Sicherungssysteme – von den Lawinenschutzbauten am Berg bis zum Alpinarium – die Furcht vor einer weiteren Katastrophe beurteilt wird. Es geht mit anderen Worten um den Stellenwert der Angst. Diese ist in der Wissenschaft kaum ein Thema, weil in dem Zusammenhang ausschließlich mit dem Risiko-Begriff operiert wird, der zu „objektiv richtigen" Aussagen darüber führen soll, was „passieren kann" und was „passieren darf", um zu einem „integralen Risikomanagement" zu gelangen, das „effektiv und effizient" auch die betroffenen Bürger mit einbezieht. Aus dem praktischen Anliegen der Wissenschaft ist das eine verständliche Position, aber sie ist gleichzeitig ein Ausdruck des technisch-quantitativen Machbarkeitsdenkens, das Sorgen und Ängste, welche im Vorbewussten oder Unbewussten verborgen sind, kaum zu berühren vermag. Wenn bereits in der Wissenschaft Verdrängungsarbeit geleistet wird, braucht es nicht zu überraschen, dass auch einige Informanten die Ansicht bekundeten, dass sie überhaupt keine Angst hätten. Allerdings machte eine genauere Analyse der entsprechenden Texte deutlich, dass die Verhältnisse weniger eindeutig sind, als sie zu sein scheinen. Die überwiegende Mehrheit der Interviewpartner war der „exakten" Wissenschaft indes voraus, weil klar bekundet wurde, dass selbstverständlich Ängste vorhanden sind, und das trotz der erfolgten Sicherungs- und Schutzmaßnahmen. Wer in exponierten Regionen siedelt, ist gefährdeter, das war der Haupttenor, und es handelt sich dabei keineswegs um eine fatalistische, sondern um eine realistische Sicht, die Common sense ist auch in anderen, vergleichbaren Siedlungslagen, etwa an den Küsten und auf den Inseln der drei Frieslande.

Ängste können vor allem dann reaktiviert werden, wenn Phänomene auftreten, die typisch sind für die damalige Situation. Das kann übermäßiger Schneefall sein oder der Warnton der Pistenraupen, die in der Katastrophennacht unentwegt im Einsatz waren. Als Ergebnis einer Konditionierung und gemäß der Logik des „analogischen Rationalitätstypus" werden dann Erinnerungen an damals wachgerufen, ähnlich wie es in der Zeit nach dem Zweiten Weltkrieg war, wenn Sirenen zu heulen begannen oder Militärflugzeuge im Tiefflug ihre Übungen absolvierten. Der Vergleich zwischen Naturkatastrophe und Krieg ist, wie bereits erwähnt, nicht zufällig gewählt, weil beiden gemeinsam ist, dass nicht nur leibliche, sondern auch gesellschaftliche Abgrenzungen radikal infrage gestellt werden.

Auch wenn Ängste vorhanden sind, wird im Fall eines Lawinenabganges professionell damit umgegangen, weil er den Einheimischen vertraut ist. Die Lawine baut sich allmählich auf, und man weiß, wie man sich zu verhalten hat. Demgegenüber war das Alpenhochwasser des Jahres 2005 ein ungewohntes Naturgeschehen, das heftige Ängste hervorgerufen hat, weil die Galtürer als Bergbewohner mit der Gewalt von Fließgewässern wenig vertraut sind, im Gegensatz zum Beispiel zu jenen, die an Flüssen und Meeren wohnen.

Neben einer *allgemeinen* Skizzierung des Umgangs mit und den Folgen der Katastrophe sollte anhand dreier persönlicher Schicksale ein wenig ausführlicher dargestellt werden, wie jemand, der in besonderer Weise von dem Geschehen betroffen war, damit umgegangen ist. Die ersten beiden Personen haben Angehörige verloren, die dritte wurde nach mehreren Stunden aus der Lawine befreit und war die letzte Person, die lebend geborgen werden konnte. Wegen der besonderen Bedeutung gemeinschaftlicher Bezüge sollte die Spezifik der Betrachtungsweise, welche sowohl psychische als auch kulturelle Einflüsse berücksichtigt, deutlich machen, dass diese kaum voneinander zu trennen sind und dass Identitätskonzepte, welche sowohl die Rolle der Individualität als auch des Kollektivs berücksichtigen, sinnvoll miteinander verbunden werden können. Die Multiperspektivität des hier erfolgten Zugangs ist deswegen zu betonen, weil in der Regel jede Wissenschaft das Eigene zum Eigentlichen erklärt und daher geneigt ist, in Richtung Dogmatismus zu tendieren, was bereits Paul Feyerabend kritisiert hat.

Die Sinnhaftigkeit des Zugangs zeigt sich unter anderem in der wissenschaftlichen Diskussion des Resilienz-Begriffs, der von psychologischen Wissenschaften *und* Gesellschaftswissenschaften gleichermaßen beansprucht wird.[728] Die drei Interviews machen deutlich, dass einerseits personale Ressourcen wichtig sind (zum Beispiel Selbstwahrnehmung, Selbststeuerung, soziale Kompetenz) und andererseits soziale Ressourcen (stabile Bezugspersonen, Verwandte, Freunde, Nachbarn). Daneben sind kollektive Ressourcen zu nennen, nämlich die katholische Religion, die Dorfgemeinschaft und die Identifikation mit dem Ort, Letzteres teilweise durch die geografische Lage begründet, teilweise ethnisch mit der Walser-Identität. Wenn man sämtliche Interviews betrachtet, wird darüber hinaus deutlich, dass Resilienz im sozial-ökologischen Kontext unter anderem bedeutet, von Krisen zu lernen, das Unerwartete zu erwarten sowie das kulturelle Gedächtnis zu erhalten und zu fördern. Mit Letzterem ist das Wissen um vergangene Katastrophen gemeint sowie die Akzeptanz, dass extreme Siedlungslagen ein höheres Gefährdungspotential aufweisen als weniger exponierte Regionen.

Allerdings sollte der Resilienz-Begriff nicht überstrapaziert werden und zu einer oberflächlichen Sicht verleiten, indem man etwa belastende Umstände, die ihre Quellen in der frühen Kindheit haben, bagatellisiert, oder so tut, als könnte ein geeignetes Risikomanagement gefährdete Regionen „resilient" machen gegen Sorgen und Befürchtungen schlechthin. Das wären übersteigerte Machbarkeitsvorstellungen, die den tragischen Dimensionen der menschlichen Existenz nicht Rechnung tragen. Das zeigt auch eine genauere Interpretation der drei ausführlich interpretierten Interviewtexte.

Dennoch lässt sich sagen, dass die Galtürer mit der Katastrophe wahrscheinlich sinnvoller umgegangen sind, als es anderswo der Fall ist, etwa in Blons im Großen Walsertal oder in Lech am Arlberg, wo anscheinend Verdrängungsmechanismen in einem zu großen Ausmaß vorhanden waren, um eine wirksame Aufarbeitung zu ermöglichen. Dass das in Galtür anders war, macht bereits der Umstand deutlich, dass ich mit offenen Armen empfangen wurde und dass die Gemeinde bereit war, den Druckkostenzuschuss für das Buch zu übernehmen. Bei der Verarbeitung des Desasters haben, das wurde mir unisono mitgeteilt, drei Faktoren geholfen: Familie, Dorfgemeinschaft, katholische Religion. Diese lassen sich natürlich nicht auf die säkularisierten, vorwiegend großstädtischen Gesellschaften der Postmoderne übertragen, doch wenn wir ein wenig abstrahieren, kann möglicherweise Einigkeit darin erzielt werden, dass man, um ein derartiges Desaster zu verkraften, neben wichtigen Bezugspersonen und einem sozialen Netzwerk eine Weltanschauung be-

---

728 Zum Folgenden vgl. Bohle 2008; Frick 2009; Fröhlich-Gildhoff und Rönnau-Böse 2009, S. 28f.

nötigt, die hinreichenden Sinn bietet, *indem sie außer wirkkausalen auch zielkausale Aspekte berücksichtigt und auf diese Weise intentionale Bedürfnisse befriedigt.*

Für eine umfangreiche Katastrophenbewältigung bieten die Naturwissenschaften daher eine zu schmale Basis. Das zeigt bereits der Risiko-Diskurs, indem er die Bedeutung der Angst verdrängt, was durchaus eine innere Logik hat, denn dabei handelt es sich um emotionale Vorgänge und Zustände, denen auf quantitativem Wege in hinreichender Weise kaum beizukommen ist, während Risiko ein äußeres Phänomen ist, das sich scheinbar messen lässt. Zur Katastrophenbewältigung gehören indes nicht nur technizistisch inspirierte Maßnahmen, denn es gilt darüber hinaus, die Innenseite der betroffenen Individuen zu berücksichtigen. In Hinblick auf Lebensqualität und psychische Gesundheit ist eine tief schürfende persönliche Auseinandersetzung mit dem Erlebten unerlässlich.

Verzeichnis der Informantinnen und Informanten

Name	Alter	Datum	Ort des Interviews	Dauer
Mag. Matthias Beitl	41	29.05.2008	Wien	30 Min.
Anton Mattle	45	18.06.2008	Galtür	58 Min.
Maria Pfeifer	86	19.06.2008	Galtür	19 Min.
Georg Juen sen. und Margit Juen	66/59	20.06.2008	Galtür	56 Min.
Benjamin Kathrein	23	20.06.2008	Galtür	32 Min.
Franz Lorenz	82	20.06.2008	Galtür	56 Min.
Karoline Hussein	33	20.06.2008	Galtür	43 Min.
Werner und Karin Jehle	36/33	21.06.2008	Galtür	34 Min.
Karl Gatt	56	22.06.2008	Galtür	34 Min.
Georg Juen jun.	36	22.06.2008	Galtür	29 Min.
Anonym	–	22.06.2008	Galtür	51 Min.
Dr. Walter Köck	85	23.06.2008	Galtür	23 Min.
Louis Maria Attems-Heiligenkreuz	81	24.06.2008	Galtür	10 Min.
Isabell Lorenz	23	24.06.2008	Galtür	21 Min.
Dr. Fritz Treidl	51	24.06.2008	Galtür	28 Min.
Nikolaus Raggl	40	23.06.–28.07.2008	E-Mail	5 Seiten
Ao. Univ.-Prof. Dr. Barbara Juen	49	05.08.2008	Wien	35 Min.

Literatur

Abel, Carl 1884: Über den Gegensinn der Urworte. Leipzig: Friedrich.

Adler, Alfred 1973: Individualpsychologie in der Schule. Vorlesungen für Lehrer und Erzieher. Frankfurt am Main: Fischer [Orig.: 1929].

Adler, Alfred 1978: Lebenskenntnis. Frankfurt am Main: Fischer.

Adler, Alfred 2007a: Persönlichkeit und neurotische Entwicklung. Frühe Schriften (1904–1912). Studienausgabe, Bd. 1. Hg. von Almuth Bruder-Bezzel. Göttingen: Vandenhoeck & Ruprecht.

Adler, Alfred 2007b: Menschenkenntnis. Studienausgabe, Bd. 5. Hg. von Jürg Rüedi. Göttingen: Vandenhoeck & Ruprecht [Orig.: 1927].

Aichelin, Helmut 1976: Dämonenglaube und Exorzismus. Stellungnahmen und Perspektiven. In: Orientierungen und Berichte der Evangelischen Zentralstelle für Weltanschauungsfragen, Nr. 5, September 1976. Internet: <http://www.ekd.de/ezw/dateien/EZWOB5.pdf> (19.04.2009).

Alpenburg, Johann Nepomuk Ritter von 1857: Mythen und Sagen Tirols. Zürich: Meyer und Zeller [Nachdruck Vaduz: Sändig 1990].

Alpinarium Galtür (Hg.) 2004: Die Lawine. Galtür: Alpinarium Galtür / Innsbruck: StudienVerlag.

Amery, Carl 1972: Das Ende der Vorsehung. Die gnadenlosen Folgen des Christentums. Reinbek bei Hamburg: Rowohlt.

Ammann, Walter J. 2004: Die Entwicklung des Risikos infolge Naturgefahren und die Notwendigkeit eines integralen Risikomanagements. In: Gamerith u.a., S. 259–267.

Anderson, Walter 1937: Sintflut. In: HDA, Bd. 8, Sp. 6–11.

Antonovsky, Aaron 1997: Salutogenese. Zur Entmystifizierung der Gesundheit. Tübingen: Deutsche Gesellschaft für Verhaltenstherapie.

Aquilera, Donna C. 2000: Krisenintervention: Grundlagen – Methoden – Anwendung. Bern: Huber.

Arens, Janka, Markus Peick, Meike Srowik 2006: Warum Männer weniger lachen. 100 weitere Alltagsphänomene wissenschaftlich erklärt. 2. Aufl. München: Beck (Beck'sche Reihe, Bd. 1697).

Aristoteles 1995: Physik. In: Philosophische Schriften in sechs Bänden, Bd. 6. Hamburg: Meiner, S. 1–258.

Aristoteles 1999: Metaphysik. 2. Aufl. Reinbek bei Hamburg: Rowohlt.

Bach, Adolf 1960: Deutsche Volkskunde. 3. Aufl. Heidelberg: Quelle & Meyer.

Bacher, Heimo Arndt 2004: Risiko Berg – Beobachtungen des gesellschaftlichen Umgangs mit alpinen Naturgefahren. Diplomarbeit im Fach Geografie, Fakultät für Human- und Sozialwissenschaften der Universität Wien.

Bachmann-Medick, Doris 2009: Spatial Turn. In: Doris Bachmann-Medick (Hg.): Cultural Turns. Neuorientierungen in den Kulturwissenschaften. 3. Aufl. Reinbek bei Hamburg: Rowohlt (Rowohlts Enzyklopädie, Bd. 55675), S. 284–328.

Bächtold-Stäubli, Hanns (Hg.) 1927–1942: Handwörterbuch des deutschen Aberglaubens [= HDA], 10 Bde. Berlin, Leipzig: de Gruyter [Nachdruck Berlin, New York: de Gruyter 1987].

Bammé, Arno u.a. 1983: Maschinen-Menschen – Mensch-Maschinen. Grundrisse einer sozialen Beziehung. Reinbek bei Hamburg: Rowohlt.

Balint, Michael 1999: Angstlust und Regression. 5. Aufl. Stuttgart: Klett-Cotta.

Bareuther, Herbert u.a. (Hg.) 1989: Forschen und Heilen. Auf dem Weg zu einer psycho-analytischen Hochschule. Beiträge aus Anlass des 25-jährigen Bestehens des Sigmund-Freud-Instituts. Frankfurt am Main: Suhrkamp.

Bausinger, Hermann 1958: Strukturen des alltäglichen Erzählens. In: Fabula 1, S. 239–254.

Beck, Ulrich 2007: Risikogesellschaft. Auf dem Weg in eine andere Moderne. Frankfurt am Main: Suhrkamp.

Becker, Horst Dieter, Bernd Domres, Diana von Finck (Hg.) 2001: Katastrophe: Trauma oder Erneuerung? Tübingen: Attempto.

Behringer, Wolfgang 2007: Kulturgeschichte des Klimas. Von der Eiszeit bis zur globalen Erwärmung. München: Beck.

Behringer, Wolfgang, Hartmut Lehmann, Christian Pfister (Hg.): Kulturelle Konsequenzen der „Kleinen Eiszeit". Göttingen: Vandenhoeck & Ruprecht 2005 (Veröffentlichungen des Max-Planck-Instituts für Geschichte, Bd. 212).

Beitl, Matthias 2000: Der 23. Februar '99 kostete viele Menschenleben … Galtür – eine Erinnerung. In: Edelweiss aktuell. Zeitschrift des Österreichischen Alpenvereins, Heft 1, Februar/März, S. 2f.

Beitl, Richard 1982: Im Sagenwald. Neue Sagen aus Vorarlberg. Bregenz: Vorarlberger Literarische Gesellschaft [Erstauflage Feldkirch 1953].

Beitl, Richard 2007: Untersuchungen zur Mythologie des Kindes. Berlin, Univ., unveröffentlichte Habilitationsschrift 1933. Hg. von Bernd Rieken und Michael Simon. Münster u.a.: Waxmann (Mainzer Beiträge zur Kulturanthropologie/Volkskunde. Herausgegeben von der Gesellschaft für Volkskunde in Rheinland-Pfalz e.V., Bd. 1).

Berz, Gerhard 2001: Naturkatastrophen an der Wende zum 21. Jahrhundert: weltweite Trends und Schadenspotentiale. In: Linneweber, Volker (Hg.): Zukünftige Bedrohungen durch (anthropogene) Naturkatastrophen. Bonn: Deutsches Komitee für Katastrophenvorsorge e.V., S. 4–14.

Beste, Ralf u.a. 2005: Wand aus Wasser. In: Der Spiegel, Nr. 1, S. 96ff.

Böhme, Gernot, Hartmut Böhme 2004: Feuer, Wasser, Erde, Luft. Eine Kulturgeschichte der Elemente. München: Beck (Beck'sche Reihe, Bd. 1565).

Böhme, Hartmut 1988: Natur und Subjekt. Frankfurt am Main: Suhrkamp.

Böhme, Hartmut 1996: Die vier Elemente: Feuer, Wasser, Erde, Luft. Im Internet unter: <http://www2.culture.hu-berlin.de/hb/static/archiv/volltexte/pdf/Elemente.pdf> (08.06.2009). Auch in: Christoph Wulf (Hg.): Vom Menschen. Handbuch der historischen Anthropologie. München: Beck, S. 17–46.

Böhme, Hartmut 2000: Anthropologie der vier Elemente. In: Kunst- und Ausstellungshalle der BRD (Hg.): Wasser (anlässlich des internationalen Kongresses, der vom 21.–25. Oktober 1998 im Forum der Kunst- und Ausstellungshalle der BRD stattgefunden hat). Red.: Bernd Busch, Larissa Förster. Köln: Wienand (Schriftenreihe Forum, Bd. 9: Elemente des Naturhaushalts, 1), S. 17–37.

Bohle, Hans-Georg 2008: Leben mit Risiko – *Resilience* als neues Paradigma für die Risikowelten von morgen. In: Felgentreff und Glade, S. 435–441.

Bohle, Hans-Georg, Thomas Glade 2008: Vulnerabilitätskonzepte in Sozial- und Naturwissenschaften. In: Felgentreff und Glade, S. 99–119.

Bonz, Jochen 2008: Subjekte des Tracks. Ethnografie einer postmodernen / anderen Subkultur. Berlin: Kadmos.

Boothe, Brigitte 2004: Der Patient als Erzähler in der Psychotherapie. Gießen: Psychosozial.

Borst, Arno 1990: Barbaren, Ketzer und Artisten. Welten des Mittelalters. 2. Aufl. München, Zürich: Piper.

Bortz, Jürgen 1984: Lehrbuch der empirischen Forschung. Heidelberg: Springer.

Bortz, Jürgen, Nicola Döring 2006: Forschungsmethoden und Evaluation für Human- und Sozialwissenschaftler. 4. Aufl. Heidelberg: Springer.

Brackert, Helmut 1976 (Hg.): Das Nibelungenlied. Mittelhochdeutscher Text und Übertragung, 2 Teile. Frankfurt am Main: Fischer.

Brahms, Albert 1767: Anfangs-Gründe der Deich- und Wasser-Baukunst, oder Gründliche Anweisung, wie man tüchtige haltbare Dämme wider die Gewalt der grössesten See-Fluthen bauen... könne. 2. Aufl. Aurich 1767 [Nachdruck Leer: Schuster 1989; darin auch 2. Teil, 2. Aufl. Aurich 1773].

Brauchle, Gernot u.a. 2000: Notfallpsychologie oder Psychotherapie? Aufgaben und Einsatzkriterien psychologischen Handelns in Großschadensereignissen. In: Psychologie in Österreich 20, 5 [Schwerpunktthema Notfallpsychologie und Psychotraumatologie], S. 260–264.

Brednich, Rolf Wilhelm 1990: Die Spinne in der Yucca-Palme. Sagenhafte Geschichten von heute. München: Beck (Beck'sche Reihe, Bd. 403).

Brednich, Rolf Wilhelm (Hg.) 2001: Grundriss der Volkskunde. Einführung in die Forschungsfelder der Europäischen Ethnologie. 3. Aufl. Berlin: Reimer.

Brednich, Rolf Wilhelm, Annette Schneider, Ute Werner (Hg.) 2001: Natur – Kultur. Volkskundliche Perspektiven auf Mensch und Umwelt. 32. Kongress der Deutschen Gesellschaft für Volkskunde in Halle vom 27.9. bis 1.10. 1999. Münster u.a.: Waxmann.

Brentano Franz 2008: Psychologie vom empirischen Standpunkt. Von der Klassifikation psychischer Phänomene (Sämtliche veröffentlichte Schriften, Abt. 1, Bd. 1). Frankfurt am Main u.a.: Ontos [Orig.: 1874].

Bude, Heinz 2008: Die Kunst der Interpretation. In: Flick, Kardoff, Steinke (Hg.), S. 569–578.

Bützer, Peter 1991: Risiko-Management. Methodik zum Umgang mit Risiken. In: Berichte der St. Gallischen Naturwissenschaftlichen Gesellschaft, 85. Band, S. 185–240.

Bundesministerium für Land- und Forstwirtschaft, Umwelt und Wasserwirtschaft 2006: Hochwasser 2005 – Ereignisdokumentation. Wien: Bundesministerium für Land- und Forstwirtschaft, Umwelt und Wasserwirtschaft. Internet: <http//www.wassernet.at/filemanager/download/18166> (07.01.2010).

Burckhardt, Jacob 1976: Die Kultur der Renaissance in Italien. 10. Aufl. Stuttgart: Kröner.

Burton, Robert 2003: Die Anatomie der Schwermut. Über die Allgegenwart der Melancholie, ihre Ursachen und Symptome sowie die Kunst, es mit ihr auszuhalten. Übersetzt und mit einem Essay von Ulrich Horstmann. Frankfurt am Main: Eichborn (Die Andere Bibliothek, Bd. 228) [Orig. 1. Aufl. 1621, 6. Aufl. 1651].

Cassirer, Ernst 1994: Philosophie der symbolischen Formen, 3 Bde. 9. Aufl. [Bd. 2] bzw. 10. Aufl. [Bde. 1 und 3) Darmstadt: Wissenschaftliche Buchgesellschaft.

Cimarolli, Erwin (Hg.) 1992: Faksimiledruck mit Übertragung vom Galtür Büchlein aus dem Jahre 1774 [Johannes Schueller: Denckwürdige Begebenheiten alda zu Galthüren]. Ischgl: Eigenverlag.

Clausen, Lars, Wolf R. Dombrowsky (Hg.) 1983: Einführung in die Soziologie der Katastrophen. Bonn: SDV.

Clausen, Lars, Elke M. Geenen, Elísio Macamo (Hg.) 2003: Entsetzliche soziale Prozesse. Theorie und Empirie der Katastrophen. Münster: Lit (Konflikte, Krisen und Katastrophen – in sozialer und kultureller Sicht, Bd. 1).

Cube, Felix von 2000: Gefährliche Sicherheit. Lust und Frust des Risikos. 3. Aufl. Stuttgart: Hirzel.

Daston, Lorraine, Peter Galison 2007: Objektivität. Frankfurt am Main: Suhrkamp.

Delumeau, Jean 1985: Angst im Abendland. Die Geschichte kollektiver Ängste im Europa des 14. bis 18. Jahrhunderts, 2 Bde. Reinbek bei Hamburg: Rowohlt.

Devereux, Georges 1992: Angst und Methode in den Verhaltenswissenschaften. 3. Aufl. Frankfurt am Main: Suhrkamp.

Die Welt 1962: Tod und Zerstörung wie in den Bombennächten. Schwieriges Rettungswerk geht weiter. In: Die Welt, Nr. 42, 19.02.1962, S. 6.

Dijksterhuis, E.J. 2002: Die Mechanisierung des Weltbildes. Berlin, Heidelberg, New York: Springer [Orig. Amsterdam: Meulenhoff 1950].

Dobler, Eugen 1982: Leusorg im Großen Walsertal. Die Lawinenkatastrophe 1954. Blons: Eigenverlag.

Drewermann, Eugen 1990: Der tödliche Fortschritt. Von der Zerstörung der Erde und des Menschen im Erbe des Christentums. 6. Aufl. Regensburg: Pustet.

Drigalski, Dörte von 1980: Blumen auf Granit. Eine Irr- und Lehrfahrt durch die deutsche Psychoanalyse. Frankfurt am Main, Berlin, Wien: Ullstein.

Du Maurier, Daphne 1989: Die Vögel. In: Die großen Meistererzählungen. München: Knaur, S. 138–181.

Dundes, Alan 1987: Sie mich auch! Das Hinter-Gründige in der deutschen Psyche. München: dtv.

Eibl-Eibesfeldt, Irenäus 1995: Die Biologie des menschlichen Verhaltens. Grundriss der Humanethologie. 3. Aufl. München, Zürich: Piper.

EKD 2005 → Evangelische Kirche in Deutschland 2005.

Elverfeldt, Kirsten von, Thomas Glade, Richard Dikau 2008: Naturwissenschaftliche Gefahren- und Risikoanalyse. In: Felgentreff und Glade, S. 31–46.

EM 1977ff.: Enzyklopädie des Märchens. Handwörterbuch zur historischen und vergleichenden Erzählforschung. Begründet von Kurt Ranke, hg. von Rolf Wilhelm Brednich u.a. Berlin, New York: de Gruyter.

Emo und Menko von Wittewierum 1991: Kroniek van het klooster Bloemhof te Wittewierum. Inleiding, editie en vertaling: Hubertus Petrus Henricus Jansen, Antheum Janse. Hilversum: Verloren (Middeleeuwse Studies en Bronnen, XX).

Endlicher, Wilfried, Friedrich-Wilhelm Gerstengabe (Hg.) 2007: Der Klimawandel. Einblicke, Rückblicke und Ausblicke. Potsdam: Potsdam-Institut für Klimafolgenforschung e.V.

Engels, Jens Ivo 2003: Vom Subjekt zum Objekt. Naturbild und Naturkatastrophen in der Geschichte der Bundesrepublik Deutschland. In: Groh, Kempe und Mauelshagen, S. 119–142.

Erdheim, Mario 1992: Die gesellschaftliche Produktion von Unbewusstheit. Eine Einführung in den ethnopsychoanalytischen Prozess. 4. Aufl. Frankfurt am Main: Suhrkamp.

Erdheim, Mario 1994: Psychoanalyse und Unbewusstheit in der Kultur. Aufsätze 1980–1987. 3. Aufl. Frankfurt am Main: Suhrkamp.

Erikson, Erik H. 1981: Identität und Lebenszyklus. 7. Aufl. Frankfurt am Main: Suhrkamp (Suhrkamp Taschenbuch Wissenschaft, Bd. 16).

Evangelische Kirche in Deutschland 2005: Stuttgarter Erklärungsbibel mit Apokryphen. Die Heilige Schrift nach der Übersetzung Martin Luthers mit Einführungen und Erklärungen. Stuttgart: Deutsche Bibelgesellschaft 2005.

Fasterding, Michael 2003: Die GAIA-Hypothese von James Lovelock. Eine zusammenfassende Betrachtung. In: Fasterding, Michael (Hg.): Aufbruch der Wissenschaft. Forschung am Aufbruch des dritten Jahrtausends. Gelsenkirchen, Schwelm: Edition Archaea, S. 127–136.

Faust, Volker o.J.: Naturkatastrophen und seelische Folgen. <http://www.psychosoziale-gesundheit.net/pdf/faust_naturkatastrophen.pdf> (06.12.2008).

Fechtner, Kristian 2007: Der Untergang der Titanic und die Religion der Liebe. Universitätsandacht in der Schlosskapelle zu Marburg. In: Volkskunde in Rheinland-Pfalz 22, S. 49–54.

Feest, Christian F. 1998: Beseelte Welten. Die Religionen der Indianer Nordamerikas. Freiburg, Basel, Wien: Herder.

Felgentreff, Carsten, Thomas Glade (Hg.) 2008: Naturrisiken und Sozialkatastrophen. Berlin, Heidelberg: Springer / Spektrum Akademischer Verlag.

Feyerabend, Paul 2003: Wider den Methodenzwang. Frankfurt am Main: Suhrkamp.

Finckh, Ruth 1999: Minor Mundus Homo. Studien zur Mikrokosmos-Idee in der mittelalterlichen Literatur. Göttingen: Vandenhoeck & Ruprecht (Palaestra, Bd. 306).

Fischer, Gottfried 2008: Logik der Psychotherapie. Philosophische Grundlagen der Psychotherapiewissenschaft. Kröning: Asanger.

Fischer, Gottfried, Peter Riedesser 2009: Lehrbuch der Psychotraumatologie. 4. Aufl. München, Basel: Reinhardt (UTB, Bd. 8165).

Fischer, Norbert 2003: Wassersnot und Marschengesellschaft. Zur Geschichte der Deiche in Kehdingen. Stade: Landschaftsverband der ehemaligen Herzogtümer Bremen und Verden (Schriftenreihe des Landschaftsverbandes der ehemaligen Herzogtümer Bremen und Verden, Bd. 19; Geschichte der Deiche an Elbe und Weser, Bd. II).

Fischer, Norbert 2007: Gedächtnislandschaft Nordseeküste: Inszenierungen des maritimen Todes. In: Fischer, Müller-Wusterwitz und Schmidt-Lauber, S. 150–183.

Fischer, Norbert, Susan Müller-Wusterwitz, Brigitta Schmidt-Lauber (Hg.) 2007: Inszenierungen der Küste. Berlin: Reimer (Schriftenreihe der Isa Lohmann-Siems Stiftung, Bd. 1).

Flameling, Inez 2003: Hoogwater – 50 jaar na de watersnoodramp. Den Haag: Ministerie van verkeer en waterstaat.

Flick, Uwe, Ernst von Kardoff, Ines Steinke (Hg.) 2008: Qualitative Forschung. Ein Handbuch. 6. Aufl. Reinbek bei Hamburg: Rowohlt (Rowohlts Enzyklopädie, Bd. 55628).

Fooken, Insa 2006: FAST (Families and Schools Together). Ein Programm zur Stärkung von Kindern an der Schnittstelle zwischen Jugendhilfe, Schule und Familie. In: Bohn, Irina (Hg.): Dokumentation der Fachtagung Resilienz. Was Kinder aus armen Familien stark macht, 13. September 2005 in Frankfurt am Main. ISS-Aktuell 2/2006, S. 47–60. <iss.active-elements.de/fileadmin/.../doku_ft_resilienz_2006_09.pdf> (25.07.2009).

Fooken, Insa, Jürgen Zinnecker (Hg.) 2007: Trauma und Resilienz: Chancen und Risiken lebensgeschichtlicher Bewältigung von belasteten Kindheiten. Weinheim: Juventa.

Freud, Anna 1984: Das Ich und die Abwehrmechanismen. Frankfurt am Main: Fischer (Geist und Psyche, Bd. 42001).

Freud, Sigmund 1969–1975: Studienausgabe. Frankfurt am Main: Fischer.

Freud, Sigmund, Josef Breuer 1895: Studien über Hysterie. Leipzig, Wien: Franz Deuticke.

Frick, Jürg 2009: Ergebnisse der Resilienzforschung und Transfermöglichkeiten für die Selbstentwicklung als Erziehungspersonen. In: Zeitschrift für Individualpsychologie 34, Heft 4, S. 391–409.

Frieling, Reinhard 1999: Katholisch und Evangelisch. Informationen über den Glauben. 8. Aufl. Göttingen: Vandenhoeck & Ruprecht.

Fröhlich-Gildhoff, Klaus, Maike Rönnau-Böse 2009: Resilienz. München, Basel: Reinhardt (UTB Profile, Bd. 2390).

Frömming, Urte Undine 2005: Naturkatastrophen. Kulturelle Deutung und Verarbeitung. Frankfurt am Main, New York: Campus.

Fromm Erich 1983: Die Furcht vor der Freiheit. Frankfurt, Berlin, Wien: Ullstein.

Gamerith, Werner, Paul Messerli, Peter Meusburger, Heinz Wanner (Hg.) 2004: Alpenwelt – Gebirgswelten. Inseln Brücken, Grenzen. Tagungsbericht und wissenschaftliche Abhandlungen (54. Deutscher Geographentag, Bern, 28. September bis 4. Oktober 2003). Heidelberg, Bern: Deutsche Gesellschaft für Geographie.

Gebbeken, Insa 2009: Das Hochwasser 2005 in Lech am Arlberg. Auswirkungen einer Naturkatastrophe in einer österreichischen Gemeinde aus kulturwissenschaftlicher Perspektive. Abschlussarbeit im Fach Volkskunde/Europäische Ethnologie, Ludwig-Maximilians-Universität München.

Gehlen, Arnold 1997: Der Mensch. Seine Natur und seine Stellung in der Welt. 13. Aufl. Wiesbaden: Quelle & Meyer (UTB, Bd. 1995).

Gemeinde Galtür (Hg.): Galtür. Zwischen Romanen, Walsern und Tirolern. Galtür: Gemeinde Galtür.

Genz, Monika 2002: Erlebnis-Bericht der Flut 16./17. Februar 1962. In: M. Flemming: 40 Jahre Sturmflut 62. Hg. vom Verein 900 Jahre Neuenfelde. *Internet*: <http://www.900 jahreneuenfelde.de/> → Publikationen → 40 Jahre Sturmflut 62 → Monika Genz (05.06.2004).

Gerbert, Frank 1995: Die Tiroler sind nicht mehr lustig. In: Focus, Nr. 25. <http://www.focus.de/auto/unterwegs/gesellschaft-die-tiroler-sind-nicht-mehr-lustig_aid_147666.html> (26.07.2009).

Gerndt, Helge 2001: Naturmythen. Traditionales Naturverständnis und modernes Umweltbewusstsein. In: Brednich, Schneider und Werner, S. 57–75.

Giedion, Sigfried 1987: Die Herrschaft der Mechanisierung. Ein Beitrag zur anonymen Geschichte. Frankfurt am Main: Athenäum [Orig.: Oxford: Oxford University Press 1948].

Glaser, Rüdiger 2001: Klimageschichte Mitteleuropas. 1000 Jahre Wetter, Klima, Katastrophen. Darmstadt: Wissenschaftliche Buchgesellschaft.

Gloy, Karen 1995: Das Verständnis der Natur, Bd. I: Die Geschichte des wissenschaftlichen Denkens. München: Beck.

Gloy, Karen 1996: Das Verständnis der Natur, Bd. II: Die Geschichte des ganzheitlichen Denkens. München: Beck.

Gloy, Karen 2000: Das Analogiedenken unter besonderer Berücksichtigung der Psychoanalyse Freuds. In: Gloy und Bachmann, S. 256–297.

Gloy, Karen 2001: Vernunft und das Andere der Vernunft. Freiburg, München: Alber.

Gloy, Karen, Manuel Bachmann (Hg.) 2000: Das Analogiedenken. Vorstöße in ein neues Gebiet der Rationalitätstheorie. Freiburg, München: Alber.

Goethe, Johann Wolfgang von 1989/1994: Autobiographische Schriften I und II. In: Hamburger Ausgabe in 14 Bänden [= HA], Bde. 9 und 10. 12. Aufl. [Bd. 9, 1994] bzw. 9. Aufl. [Bd. 10, 1989] München: Beck.

Goethe, Johann Wolfgang von 1993: Der Zauberlehrling. In: Hamburger Ausgabe in 14 Bänden [= HA], Bd. 1: Gedichte und Epen I. 15. Aufl. München: Beck, S. 276–279.

Goethe, Johann Wolfgang von 1993: Faust. In: Hamburger Ausgabe in 14 Bänden [= HA], Bd. 3: Dramatische Dichtungen I. 15. Aufl. München: Beck.

Goethe, Johann Wolfgang von 1994: Maximen und Reflexionen. In: Hamburger Ausgabe in 14 Bänden [= HA], Bd. 12: Kunst und Literatur. 12. Aufl. München: Beck, S. 365–547.

Göttsch, Silke, Albrecht Lehmann (Hg.) 2001: Methoden der Volkskunde. Positionen, Quellen, Arbeitsweisen der Europäischen Ethnologie. Berlin: Reimer.

Gotthelf, Jeremias 1978: Leiden und Freuden eines Schulmeisters, 2 Teile. Erlenbach-Zürich: Rentsch.

Grillparzer, Franz: Aphorismen (1819). In: Grillparzers sämtliche Werke in zwanzig Bänden. Hg. von August Saurer, Bd. 15. Stuttgart: Cotta 1892.

Groh, Dieter, Michael Kempe, Franz Mauelshagen (Hg.) 2003: Naturkatastrophen. Beiträge zu ihrer Deutung, Wahrnehmung und Darstellung in Text und Bild von der Antike bis ins 20. Jahrhundert. Tübingen: Narr (Literatur und Anthropologie, Bd. 13).

Haeberli, Wilfried, Max Maisch 2007: Klimawandel im Hochgebirge. In: Endlicher und Gerstengabe, S. 98–107.

Haid, Hans 2007: Mythos Lawine. Eine Kulturgeschichte. Innsbruck, Wien, Bozen: Studienverlag.

Hartlieb, Elisabeth 1996: Macht Euch die Erde untertan? Verantwortlichkeit der Kirche für die ökologische Krise. In: Politische Ökologie 48, September/Oktober, S. 41–44.

Hartmann, Andreas 2001: Biologie der Kultur. In: Brednich, Schneider und Werner, S. 21–29.

Hausmann, Clemens 2006: Einführung in die Psychotraumatologie. Wien: Facultas (UTB, Bd. 2829).

HDA 1927–1942: → Bächtold-Stäubli, Hanns (Hg.).

Heigl-Evers, Annelise u.a. 1984: Verarbeitung von Angst unter vitaler Bedrohung. Individuelle und psychosoziale Schutz- und Abwehrmechanismen. In: Rüger, Ulrich (Hg.): Neurotische und reale Angst. Der Beitrag der Psychoanalyse zur Erkennung, Therapie und Bewältigung von Angst in der klinischen Versorgung und im psychosozialen Feld. Göttingen: Vandenhoeck & Ruprecht, S. 272–298.

Heimreich, Anton 1819: Nordfresische Chronik. Zum drittenmale mit den Zugaben des Verfassers und der Fortsetzung seines Sohnes, Heinrich Heimreich, auch einigen andern zur nordfresischen Geschichte gehörigen Nachrichten vermehrt herausgegeben von Dr. N. Falck, 2 Theile. Tondern: Forchammer [Nachdruck Leer: Schuster, 2 Bde. 1982].

Hellbrück, Jürgen, Manfred Fischer 1999: Umweltpsychologie. Ein Lehrbuch. Göttingen u.a.: Hogrefe.

Heller, Martin, Benedikt Erhard (Hg.) 2005: Das Hotel. Die Mauer. Die Zukunft der Natur. Das Buch zur Landesausstellung 05. Tirol, Südtirol, Trentino. Lana (Südtirol): Tappeiner Verlag.

Hellpach, Willy 1953: Kulturpsychologie. Eine Darstellung der seelischen Ursprünge und Antriebe, Gestaltungen und Zerrüttungen, Wandlungen und Wirkungen menschheitlicher Wertordnungen und Güterschöpfungen. Stuttgart: Enke.

Hellpach, Willy 1977: Geopsyche. Die Menschenseele unter dem Einfluss von Wetter und Klima, Boden und Landschaft. 8. Aufl. Stuttgart: Enke.

Hemingway, Ernest 1993: Ein Gebirgsidyll. In: ders.: Männer ohne Frauen. 14 Stories. Reinbek bei Hamburg: Rowohlt, S. 97–102.

Hernegger, Rudolf 1978: Der Mensch auf der Suche nach Identität. Kulturanthropologische Studien über Totemismus, Mythos, Religion. Bonn: Habelt.

Hernegger, Rudolf 1981: Gesellschaft ohne Kollektiv-Identität. München: Leudemann 1982 (Schriftenreihe des Münchner Instituts für Integrierte Studien, Bd. 3).

Hernegger, Rudolf 1982: Psychologische Anthropologie. Von der Vorprogrammierung zur Selbststeuerung. Weinheim, Basel: Beltz.

Heumader, Jörg 2000: Die Katastrophenlawinen von Galtür und Valzur am 23. und 24.2.1999 im Paznauntal/Tirol. In: Interpraevent 2000 – Villach, Internationales Symposion, Tagungspublikation, Bd. 1, S. 397–409.

Hewitt, Kenneth 1997a: Regions of Risk. A geographical introduction to disasters. Harlow: Longman.

Hewitt, Kenneth 1997b: Risk and disasters in mountain lands. In: Messerli, Bruno, Jack D. Ives (Hg.): Mountains of the World: A Global Priority. New York, London: Parthenon.

Heyl, Johann Adolf 1897: Volkssagen, Bräuche und Meinungen aus Tirol. Hg. vom Dachverband für Heimatschutz und Heimatpflege in Tirol. Bozen: Athesia [Orig.: 1897].

Hickethier, Knut 1993: Film- und Fernsehanalyse. Stuttgart, Weimar: Metzler (Sammlung Metzler, Bd. 227).

Hirschfelder, Gunther 2009: Extreme Wetterereignisse und Klimawandel als Perspektive kulturwissenschaftlicher Forschung: In: Österreichische Zeitschrift für Volkskunde 112 (Neue Serie LXIII), S. 5–25.

Hofstetter, Eva Maria 2009: Krisen-PR am Beispiel der Lawinenkatastrophe von Galtür. Diplomarbeit im Fach Publizistik und Kommunikationswissenschaft. Universität Wien.

Horney, Karen 1979: Der neurotische Mensch unserer Zeit. München: Kindler.

Hüwelmeier, Gertrud 1997: Hundert Jahre Sängerkrieg. Ethnographie eines Dorfes in Hessen. Hamburg: Reimer.

Hugger, Paul 2001: Volkskundliche Gemeinde- und Stadtforschung. In: Brednich 2001, S. 291–309.

Huhn, Nikolaus 1999a: Galtür und Ardez. Geschichte einer spannungsreichen Partnerschaft. Innsbruck: Wagner [Diss. phil. Innsbruck 1997].

Huhn, Nikolaus 1999b: Zur Siedlungsgeschichte von Galtür. In: Gemeinde Galtür, S. 16–29.

Huhn, Nikolaus 1999c: Berge, Wasser und Lawinen. In: Gemeinde Galtür, S. 166ff.

Huhn, Nikolaus 1999d: Kirche, Pfarrer und Kollekten. In: Gemeinde Galtür, S. 63–77.

Huhn, Nikolaus, Karl Walser 1999: Galtür und sein Umfeld / Das Dorf … / Die Menschen … In: Gemeinde Galtür (Hg.), S. 10–15.

Hume, David 1993: Eine Untersuchung über den menschlichen Verstand. Hamburg: Meiner.

IPCC 2007: IPCC Fourth Assessment Report Climate Change 2007: Impacts, Adaptation and Vulnerability. Contribution of Working Group II to the Fourth Assessment Report of the Intergovernmental Panel on Climate Change. Hg. von M.L. Parry, O.F. Canziani, J.P. Palutikof, P.J. van der Linden und C.E. Hanson. Cambridge: Cambridge University Press (Im Internet unter http://www.ipcc.ch/ zu finden).

Jakubowski-Tiessen, Manfred 1992: Sturmflut 1717. Die Bewältigung einer Naturkatastrophe in der Frühen Neuzeit. München: Oldenbourg (Ancien régime, Aufklärung und Revolution, Bd. 24).

Jakubowski-Tiessen, Manfred 1997: Mentalität und Landschaft. Über Ängste, Mythen und die Geister des Kapitalismus. In: Fischer, Ludwig (Hg.): Kulturlandschaft Nordseemarschen. Bräist/Bredstedt (Nordfriisk Instituut, Nr. 129), S. 129–143.

Jakubowski-Tiessen, Manfred 2003: Gotteszorn und Meereswüten. Deutungen von Sturmfluten vom 16. bis 19. Jahrhundert. In: Groh, Kempe und Mauelshagen, S. 101–118.

Jakubowski-Tiessen, Manfred, Hartmut Lehmann (Hg.) 2003: Um Himmels Willen. Religion in Krisenzeiten. Göttingen: Vandenhoeck & Ruprecht.

Jankrift, Kay Peter 2003: Brände, Stürme, Hungersnöte. Katastrophen in der mittelalterlichen Lebenswelt. Darmstadt: Wissenschaftliche Buchgesellschaft.

Jeggle, Utz 1984: Zur Geschichte der Feldforschung in der Volkskunde. In: ders. (Hg.): Feldforschung. Qualitative Methoden in der Kulturanalyse. Tübingen: Tübinger Vereinigung für Volkskunde, S. 11–46.

Jerouschek, Günter 2005: „Er aber, sags ihm, er kann mich im Arsch lecken". Psychoanalytische Überlegungen zu einer Beschämungsformel und ihrer Geschichte. Gießen: Psychosozial-Verlag.

Juen, Georg 2000: „D' Lahna kinnt". Ein Bericht über die Lawinenkatastrophe von Galtür. In: Köck 2000, S. 219–224.

Juen, Georg 2008: Die Lawinenkatastrophe vom 23. Feber 1999 und der Wiederaufbau. Manuskript.

Juen, Barbara 2008: Notfallpsychologie in Theorie und Praxis – am Beispiel der Großschadensereignisse in Galtür und am Bergisel. Vortrag gehalten auf der Fachtagung anlässlich der 48. Generalversammlung des Berufsverbandes Österreichischer Psychologinnen und Psychologen zum Thema: Katastrophen und Gewalt. SVE/KIT Team, Rotes Kreuz Tirol & Arbeitsgruppe Notfallpsychologie, Universität Innsbruck. <http://www.sve-psd.at/dl_artikel.html?&cHash=0660e234c3&tx_abdownloads_pi1 [action]=getviewdetailsfordownload&tx_abdownloads_pi1[category_uid]=2&tx_ abdownloads_pi1[cid]=20&tx_abdownloads_pi1[uid]=7 > (06.12.2008).

Kaiser, August 1974: Aggressivität als anthropologisches Phänomen. In: Plack 1974a, S. 43–67.

Kant, Immanuel 2005: Werke in sechs Bänden. Hg. von Wilhelm Weischedel, Bd. II: Kritik der reinen Vernunft. 6. Aufl. Darmstadt: Wissenschaftliche Buchgesellschaft.

Karg, Anton 1926: Sagen aus dem Kaisergebirge. 4. Aufl. Kufstein: Lippott.

Kendrick, Thomas D. 1956: The Lisbon Earthquake. London: Methuen.

Keupp, Heiner u.a. 1999: Identitätskonstruktionen. Das Patchwork der Identitäten in der Spätmoderne. Reinbek bei Hamburg: Rowohlt (Rowohlts Enzyklopädie, Bd. 55634).

Kienholz, Hans 2004: Alpine Naturgefahren und -risiken. – Analyse und Bewertung. In: Gamerith u.a., S. 249–258.

Kleespies, Wolfgang 1998: Vom Sinn der Depression. Selbstwertstörungen im Blickwinkel der Analytischen Psychologie. München, Basel: Reinhardt.

Kleist, Heinrich von o.J. [1972]: Der zerbrochne Krug. In: Sämtliche Werke. Wiesbaden: Löwit, S. 153–222.

Kluge, Friedrich 2002: Etymologisches Wörterbuch der deutschen Sprache. 24. Aufl. Berlin, New York: de Gruyter.

Köck, Walter 1990: Tal aus, Tal ein. 5. Aufl. Galtür: Eigenverlag.

Köck, Walter 1999: Der 23. Februar 1999. In: Gemeinde Galtür, S. 170–175 [großteils auch in: Köck 2000, S. 204–210].

Köck, Walter 2000: Sturm über Galtür im lawinen-, kapellen- und sagenreichen Paznaun. 2. Aufl. Galtür: Eigenverlag.

Köck, Walter 2003: 80 Jahre im Paznaun. Galtür: Eigenverlag.

Köller, Wilhelm 2004: Perspektivität und Sprache. Zur Struktur von Objektivierungsformen in Bildern, im Denken und in der Sprache. Berlin, New York: De Gruyter.

Kohl, Katrin 2007: Metapher. Stuttgart: Metzler (Sammlung Metzler, Bd. 352).

Kohut, Heinz 1988: Die Heilung des Selbst. 3. Aufl. Frankfurt am Main: Suhrkamp (Suhrkamp Taschenbuch Wissenschaft, Bd. 373).

Küsters, Ivonne 2006: Narrative Interviews. Grundlagen und Anwendung. Wiesbaden: Verlag für Sozialwissenschaften.

Kutzschenbach, Gerhard von 1982: Feldforschung als subjektiver Prozess. Ein handlungstheoretischer Beitrag zu seiner Analyse und Systematisierung. Berlin: Reimer.

Lamb, Hubert H. 1989: Klima und Kulturgeschichte. Der Einfluss des Wetters auf den Gang der Geschichte. Reinbek bei Hamburg: Rowohlt (Rowohlts Enzyklopädie, Kulturen und Ideen, Bd. 478).

Lamnek, Siegfried 2005: Qualitative Forschung. Lehrbuch. 4. Aufl. Weinheim, Basel: Beltz.

Lasogga, Frank, Bernd Gasch 2002: Notfallpsychologie. 2. Aufl. Edewecht, Wien: Stumpf und Kossendey.

Lehmann, Albrecht 1978: Erzählen eigener Erlebnisse im Alltag. Tatbestände, Situationen, Funktionen. In: Zeitschrift für Volkskunde 74, S. 198–215.

Lehnartz, Sascha 2010: Wo der Staat in Scherben liegt. In: Die Presse, Nr. 18.647, 04.02.2010, S. 7.

Leicht, Robert 2004: Schuldlos in der Sintflut. In: Die Zeit, Nr. 1, 30.12.2004, S. 1.

Lidz, Theodore 1974: Das menschliche Leben. Die Entwicklung der Persönlichkeit im Lebenszyklus, 2 Bde. Frankfurt am Main: Suhrkamp.

Linden, Michael 1994: Systematische Desensibilisierung. In: Michael Linden, Martin Hautzinger (Hg.): Verhaltenstherapie. Techniken und Einzelverfahren. Berlin, Heidelberg, New York: Springer, S. 307–310.

Linneweber, Volker, Ernst-D. Lantermann 2006: Psychologische Beiträge zur (Natur-)katastrophenforschung. In: Umweltpsychologie 10, S. 4–25.

Lobedantz, Matthias 1634: Ach und Sache Des im Wasser ertrunckenen Marschlandes Nord Strandt. Das ist: Von der übergrossen und grawsamen Wasserfluth / Welche auß verhängnuß Gottes / zu Nacht zwischen den 11. vnd 12. Octobr. dieses Jahrs / in den reichen schönen Marschländern der beyden Fürstenthümben Schleswig vnd Holstein grossen Jammer angerichtet: besonders aber in den Nordstrand eingebrochen / Acker und Wintersaat verderbet Eine Klag Predigt und dann Eine Unterrichts Predigt... Hamburg: Heinrich Werner.

Lorenz, Franz 1999: Die touristische Erschließung / Bewahren statt Erschließen. In: Gemeinde Galtür, S. 178–187.

Lorenz, Konrad 1975: Das so genannte Böse. Zur Naturgeschichte der Aggression. 3. Aufl. München: Deutscher Taschenbuch Verlag.

Lovelock, James 1996: Gaia. Die Erde ist ein Lebewesen. München: Heyne.

Lovelock, James 2008: Gaias Rache. Warum die Erde sich wehrt. Berlin: Ullstein.

Luif, Vera, Gisela Thoma, Brigitte Boothe (Hg.) 2006: Beschreiben – Erschließen – Erläutern. Psychotherapieforschung als qualitative Wissenschaft. Lengerich: Pabst.

Lussi, Kurt 2002: Im Reich der Geister und tanzenden Hexen. Jenseitsvorstellungen, Dämonen und Zauberglaube. Aarau: AT-Verlag.

Malke, Jörg 2009: Auferstanden aus Lawinen. In: Hamburger Abendblatt, 20.02.2009, S. 3.

Martinez, Matthias, Michael Scheffel 1999: Einführung in die Erzähltheorie. München: Beck.

Matzner-Holzer, Gabriele 2005: Verfreundete Nachbarn. Österreich – Deutschland. Ein Verhältnis. 2. Aufl. Wien: Edition Atelier.

Mauelshagen, Franz 2007: Flood Disasters and Political Culture at the German North Sea Coast: A Long-term Historical Perspective. In: Schenk und Engels 2007, S. 133–144.

Mayer, Helmut 1989: Gott und Mechanik. Anmerkung zur Geschichte des Naturbegriffs im 17. Jahrhundert. In: Bundesministerium für Finanzen, Kunstforum Länderbank (Hg.): Barocke Natur. Naturverständnis zwischen Spätbarock und Aufklärung (Katalog zur gleichnamigen Ausstellung im Winterpalais des Prinzen Eugen, Wien, 19.05.–19.06.1989). Korneuburg: Ueberreuter.

Mayring, Philipp 2008: Qualitative Inhaltsanalyse. Grundlagen und Techniken. 10. Aufl. Weinheim, Basel: Beltz.

Mehl, Matthias R., James W. Pennebaker 2000: Vom Wert des Schreibens und Redens über traumatische Erfahrungen. Ein narrativer Weg zu körperlicher und seelischer Gesundheit. In: Perren-Klingler, Gisela (Hg.): Debriefing – Erste Hilfe durch das Wort. Hintergründe und Praxisbeispiele; Bern: Haupt, S. 25–40.

Meier, Dirk 2003: Siedeln und Leben am Rande der Welt. Zwischen Steinzeit und Mittelalter. Darmstadt: Wissenschaftliche Buchgesellschaft.

Meier, Dirk 2005: Land unter! Die Geschichte der Flutkatastrophen. Ostfildern: Thorbecke.

Monod, Jacques 1971: Zufall und Notwendigkeit. Philosophische Fragen der modernen Biologie. München: Piper.

Moser, Heinz 2001: Medienpädagogische Forschung. Das Beispiel der *Teletubbies*. In: Online-Zeitschrift MedienPädagogik. Zeitschrift für Theorie und Praxis der Medienbildung, Heft 01-1: Methodologische Forschungsansätze in der Medienpädagogik. <http://www.medienpaed.com/01-1/moser4.pdf > (09.04.2009).

Mrasek, Volker 2000: Lawinenschutz aus dem Computer. Ein Jahr nach Galtür: Wie Forscher Schneekatastrophen in Zukunft verhindern wollen. In: Berliner Zeitung, Archiv. <http://www.berlinonline.de/berlinerzeitung/archiv/.bin/dump.fcgi/2000/0223/0005/index.html> (25.11.2008).

Müller, Klaus E. 1987: Das magische Universum der Identität. Elementarformen sozialen Verhaltens. Ein ethnologischer Grundriss. Frankfurt am Main, New York: Campus.

Müller-Pozzi, Heinz 2008: Eine Triebtheorie für unsere Zeit. Sexualität und Konflikt in der Psychoanalyse. Bern: Huber.

Nadig, Maya 1992: Die verborgene Kultur der Frau. Ethnopsychoanalytische Gespräche mit Bäuerinnen in Mexiko. Frankfurt am Main: Fischer.

Neissl, Julia, Gabriele Siegert, Rudi Renger (Hg.) 2001: Cash und Content. Populärer Journalismus und mediale Selbstthematisierung als Phänomene eines ökonomisierten Mediensystems. Eine Standortbestimmung am Beispiel ausgewählter österreichischer Medien. München: Reinhard Fischer.

Nesensohn-Vallaster, Helga 2004: Der Lawinenwinter 1954. Der 11. Jänner 1954 aus Sicht einer Betroffenen. Schruns: Heimatschutzverein im Tale Montafon (Montafoner Schriftenreihe, 11).

Nestle, Wilhelm 1978: Die Vorsokratiker. Wiesbaden: Fourier und Fertig.

Niethammer, Lutz (Hg.) 1985: Lebenserfahrung und kollektives Gedächtnis. Die Praxis der „Oral History". Frankfurt am Main: Suhrkamp.

Norcliffe-Kaufmann, Lucy Jane, Horacio Kaufmann, Roger Hainsworth 2008: Enhanced vascular responses to hypocapnia in neurally mediated syncope. In: Annals of Neurology 63, Heft 3, S. 288–294.

Norris, Fran H. u.a. 2002a: 60,000 Disaster Victims Speak: Part I. An Empirical Review of the Empirical Literature, 1981–2001. In: Psychiatry 65, Heft 3, S. 207–239.

Norris, Fran H. u.a. 2002b: 60,000 Disaster Victims Speak: Part II. Summary and Implications of the Disaster Mental Health Research In: Psychiatry 65, Heft 3, S. 240–260.

Norris, Fran H. 2005: Range, Magnitude, and Duration of the Effects of Disasters on Mental Health: Review Update 2005. <http://www.redmh.org/research/general/REDMH_effects.pdf> (05.06.2008).

Patigler, Hannes 2002: Galtür und Ardez. Ein regionalgeographischer Vergleich zweier Gemeinden beiderseits der Silvretta. Innsbruck, Univ., Dipl.-Arbeit.

Peters, Freia 2004: Berg in Ketten. In: Der Tagesspiegel Online. <http://www.tagesspiegel.de/zeitung/Die-Dritte-Seite;art705,2111562 (21.07.2008).

Petzoldt, Leander 1990: Kleines Lexikon der Dämonen und Elementargeister. München: Beck (Beck'sche Reihe, Bd. 427).

Pfister, Christian 1999: Wetternachhersage. 500 Jahre Klimavariationen und Naturkatastrophen (1496–1995). Bern, Stuttgart, Wien: Haupt.

Pfister, Christian 2001: Klimawandel in der Geschichte Europas. Zur Entwicklung und zum Potential der Historischen Klimatologie. In: Österreichische Zeitschrift für Geschichtswissenschaften, 12. Jg., Heft 2, S. 7–43.

Pfister, Christian, Stephanie Summermatter (Hg.) 2004: Katastrophen und ihre Bewältigung. Perspektiven und Positionen. Bern, Stuttgart, Wien: Haupt.

Pfleiderer, Beatrix, Martin Drescher (Hg.) 1986: Fremde – Nähe. Ethnologiestudenten forschen in Hamburg und Oberstrahlbach. Freiburg (Breisgau): Mersch.

Piaget, Jean 1980: Das Weltbild des Kindes. Frankfurt am Main, Berlin, Wien: Ullstein.

Piaget, Jean, Bärbel Inhelder u.a. 1999: Die Entwicklung des räumlichen Denkens beim Kinde. Gesammelte Werke / Jean Piaget, Studienausgabe, Bd. 6. 3. Aufl. Stuttgart: Klett-Cotta.

Pieper, Georg 2005: Hilfe für Opfer von Katastrophen und gezielter Gewalt. Ein Konzept zur psychotraumatologischen Versorgung. Diss. Freiburg i.B. 2005. <http://www.freidok.uni-freiburg.de/volltexte/2914/pdf/Diss_pdf_gesamt.pdf> (27.11.2008).

Plack, Arno (Hg.) 1974a: Der Mythos vom Aggressionstrieb. 2. Aufl. München: List.

Plack, Arno 1974b: Vermeintlich harmlose Formen der Aggression. In: Plack 1974a, S. 203–245.

Plato, Alexander von 1991: Oral History als Erfahrungswissenschaft. Zum Stand der mündlichen Geschichte in Deutschland, in: BIOS. Zeitschrift für Biographieforschung und Oral History 1, S. 97–119.

Platon 2004: Sämtliche Werke, Bd. 2. Lysis, Symposion, Phaidon, Kleitophon, Politeia, Phaidros. Übersetzt von Friedrich Schleiermacher. 32. Aufl. Reinbek bei Hamburg 2004 (Rowohlts Enzyklopädie, Bd. 562).

Pohl, Jürgen 2008: Die Entstehung der geographischen Hazardforschung. In: Felgentreff und Glade, S. 47–62,

Price, Derek J. de Solla 1974: Little science, big science. Von der Studierstube zur Großforschung. Frankfurt am Main: Suhrkamp.

Przyborski, Aglaja, Monika Wohlrab-Sahr 2009: Qualitative Sozialforschung. Ein Arbeitsbuch. 2. Aufl. München: Oldenbourg.

Pye, Michael, Christoph Kleine, Matthias Dech 1997: Ökologie und Religionen. Eine religionswissenschaftliche Darstellung. In: Marburg Journal of Religion, Bd. 2, Nr. 1, S. 1–12. Internet: <http://archiv.ub.uni-marburg.de/mjr/oekologie.html> (11.03.2009).

Psenner, Roland, Reinhard Lackner, Maria Walcher (Hg.) 2008: Ist es der Sindtfluss? Kulturelle Strategien & Reflexionen zur Prävention und Bewältigung von Naturgefahren. Innsbruck: innsbruck university press (alpine space – man & environment, vol. 4; Schriftenreihe Ötztal-Archiv, Bd. 23).

Rattner Josef 1978: Hans Vaihinger und Alfred Adler: Zur Erkenntnistheorie des normalen und neurotischen Denkens. In: Zeitschrift für Individualpsychologie 3, S. 40–47.

Regner, Freihart 2000: „Unbewusste Liebesbeziehung zum Folterer"? Kritik und Alternativen zu einer „Psychodynamik der traumatischen Reaktion". In: Zeitschrift für Politische Psychologie 8, 2000/2001, Nr. 4+1, S. 429–452.

Reichmayr, Johannes 1995: Einführung in die Ethnopsychoanalyse. Geschichte, Theorien und Methoden. Frankfurt am Main: Fischer.

Rickes, Joachim, Volker Ladenthin, Michael Baum (Hg.) 2007: Emil Staiger und *Die Kunst der Interpretation* heute. Bern u.a.: Peter Lang (Publikationen zur Zeitschrift für Germanistik, Bd. 16).

Riecken, Guntram 1991: Die Flutkatastrophe am 11. Oktober 1634. Ursachen, Schäden und Auswirkungen auf die Küstengestalt Nordfrieslands. In: Hinrichs, Boy, Albert Panten, Guntram Riecken: Flutkatastrophe 1634. Natur – Geschichte – Deutung. 2. Aufl. Neumünster: Wachholtz, S. 11–63.

Rieken, Bernd 1996: „Fiktion" bei Vaihinger und Adler. Plädoyer für ein wenig beachtetes Konzept. In: Zeitschrift für Individualpsychologie 21, S. 280–291.

Rieken, Bernd 2000: Wie die Schwaben nach Szulok kamen. Erzählforschung in einem ungarndeutschen Dorf. Frankfurt am Main, New York: Campus (Campus Forschung, Bd. 808). Im Internet verfügbar unter: <http://www.campus.de/sixcms/media.php/274/rieken_schwaben_red.pdf>.

Rieken, Bernd 2003a: Arachne und ihre Schwestern. Eine Motivgeschichte der Spinne von den „Naturvölkermärchen" bis zu den „Urban Legends". Münster u.a.: Waxmann (Internationale Hochschulschriften, Bd. 403).

Rieken, Bernd 2003b: Gegenübertragung als Problem der Feldforschung. In: Alsheimer, Rainer, Michael Simon (Hg.): Körperlichkeit und Kultur 2003: Körperbilder. Dokumentation des 6. Arbeitstreffens des „Netzwerk Gesundheit und Kultur in der volkskundlichen Forschung", Würzburg, 26.–28. März 2003. Bremen: Universität Bremen, Studiengang Kulturwissenschaft 2004, S. 57–69.

Rieken, Bernd 2004: Die Individualpsychologie Alfred Adlers und ihre Bedeutung für die Erzählforschung. In: Fabula. Zeitschrift für Erzählforschung 45, Heft 1, S. 1–32.

Rieken, Bernd 2005: „Nordsee ist Mordsee". Sturmfluten und ihre Bedeutung für die Mentalitätsgeschichte der Friesen. Münster u.a.: Waxmann (Abhandlungen und Vorträge zur Geschichte Ostfrieslands, Bd. 83; Nordfriisk Instituut, Nr. 186).

Rieken, Bernd 2007a: Angst vor dem Meer. Sturmfluten aus Sicht der volkskundlich-historischen Katastrophenforschung. In: Volkskunde in Rheinland-Pfalz 22, S. 23–48.

Rieken, Bernd 2007b: Vom Nutzen volkskundlich-historischer Zugänge für die Katastrophenforschung: New Orleans 2005. In: Hartmann, Andreas, Silke Meyer, Ruth E. Mohrmann (Hg.): Historizität. Vom Umgang mit Geschichte (Hochschultagung „Historizität als Aufgabe und Perspektive" der Deutschen Gesellschaft für Volkskunde vom 21.–23.September 2006 in Münster). Münster u.a.: Waxmann, S. 149–162.

Rieken, Bernd 2007c: Vom Nutzen der Individualpsychologie für das analytische Leben. In: Zeitschrift für Individualpsychologie 32, Heft 1, S. 60–78.

Rieken, Bernd 2008a: Wütendes Wasser, bedrohliche Berge. Naturkatastrophen in der populären Überlieferung am Beispiel südliche Nordseeküste und Hochalpen. In: Psenner u.a. 2008, S. 97–117.

Rieken, Bernd 2008b: Emo van Wittewierum. In: BBKL – Biographisch-Bibliographisches Kirchenlexikon. Hg. von Traugott Bautz. Nordhausen: Bautz, Bd. XXIX, Sp. 575–578. Internet: <http://www.bautz.de/bbkl/e/emo_w.shtml>.

Rieken, Bernd 2008c: Der „blanke Hans" und die Friesen. Sturmfluten und ihre Bedeutung für die Mentalitätsgeschichte. In: Nordfriesisches Jahrbuch 43, S. 115–132.

Rieken, Bernd 2009a: Klimawandel, Kulturerbe und Angst. Volkskundlich-psychologische Zugänge zu einem brisanten Thema. In: Berger Karl C., Margot Schindler, Ingo Schneider (Hg.): Erb.gut? Kulturelles Erbe in Wissenschaft und Gesellschaft. Referate der 25. Österreichischen Volkskundetagung 2007 in Innsbruck, Wien 2009 (= Buchreihe der Österreichischen Zeitschrift für Volkskunde, Neue Serie, Band 23), S. 359–366.

Rieken, Bernd 2009b: Spuk in der Außerlitz. Josef Beitl berichtet in einem Brief an seinen Sohn Richard von einer nächtlichen Begegnung mit Geistern. In: Beitl, Klaus, Peter Strasser (Hg.): Richard Beitl (1900–1982). Wissenschaft – Dichtung – Wirken für die Heimat. Schruns: Heimatschutzverein Montafon (Montafoner Schriftenreihe, Bd. 21), S. 57–71.

Rieken, Bernd 2010a: Wiederentdeckung des teleologischen Denkens? Der anthropogene Klimawandel aus ethnologisch-psychologischer und wissenschaftsgeschichtlicher Perspektive. In: Voss, Martin (Hg.): Der Klimawandel. Sozialwissenschaftliche Perspektiven. Wiesbaden: VS-Verlag für Sozialwissenschaften, S. 301–312.

Rieken, Bernd 2010b: Das Analogiedenken und seine Bedeutung für Medizin und Psychotherapie. In: Curare. Zeitschrift für Medizinethnologie 33 (2010), i.D.

Rieken, Bernd 2010c: Die Lawine von Galtür und der Risiko-Diskurs. In: Jahrbuch für europäische Sicherheitspolitik 2010, S. 99–104.

Ritter, Joachim, Karlfried Gründer, Gottfried Gabriel (Hg.) 1971–2007: Historisches Wörterbuch der Philosophie, 13 Bde. Darmstadt: Wissenschaftliche Buchgesellschaft.

Röd, Wolfgang 1984: Geschichte der Philosophie, Bd. 8: Die Philosophie der Neuzeit 2. Von Newton bis Hobbes. München: Beck.

Röhrich, Lutz 2001: Erzählforschung. In: Brednich 2001, S. 515–542.

Röllig, Wolfgang 2007: Sintflut. In: EM, Bd. 12, Sp. 724–730.

Rohr, Christian 2007: Extreme Naturereignisse im Ostalpenraum. Naturerfahrung im Spätmittelalter und am Beginn der Neuzeit. Köln, Weimar, Wien: Böhlau (Umwelthistorische Forschungen, Bd. 4).

Rothschuh, Karl Ed. 1978: Konzepte der Medizin in Vergangenheit und Gegenwart. Stuttgart: Hippokrates.

Safranski, Rüdiger 2001: Wie böse ist Mephisto? In: Festspiel-Dialoge der Salzburger Festspiele. <www.festspielfreunde.at/deutsch/dialoge2001/13_Safranski.pdf> (03.08.2009).

Scagnet, Ernst 2003: Sicher wie Sand. Vom Umgang der Holländer mit der Angst, mit dem steigenden Meeresspiegel und mit der Erinnerung an die große Flut von 1953. In: Neue Zürcher Zeitung, 11.01.2003 (NZZ Online, Archiv).

Schenk, Annemie 2001: Interethnische Forschung. In: Brednich 2001, S. 363–390.

Schenk, Gerrit Jasper, Jens Ivo Engels (Hg.) 2007: Historical Disaster Research. Concepts, Methods and Case Studies / Historische Katastrophenforschung. Begriffe, Konzepte und Fallbeispiele. Historical Social Research / Historische Sozialforschung, Vol. 32, 3.

Schindler, Raoul 1957: Grundprinzipien der Psychodynamik in der Gruppe. In: Psyche 11, S. 308–314.

Schmidt, Andreas 1999: „Wolken krachen, Berge zittern, und die ganze Erde weint". Zur kulturellen Vermittlung von Naturkatastrophen in Deutschland 1755 bis 1855. Münster u.a.: Waxmann.

Schmidt, Andreas 2007: Die Macht der Natur. Naturkatastrophen in populären Medien des 18. und 19. Jahrhunderts. In: Volkskunde in Rheinland-Pfalz 22, S. 5–22.

Schmidt-Lauber, Brigitte 2001: Das qualitative Interview oder: Die Kunst des Reden-Lassens. In Göttsch und Lehmann, S. 165–186.

Schmitz-Emans, Monika o.J.: Metapher. In: Basislexikon Literaturwissenschaft. <http://www.ruhr-uni-bochum.de/komparatistik/basislexikon/texte/metapher/> (01.03.2008).

Schneider, Ingo 1992: Geschichten über AIDS. Zum Verhältnis von Sage und Wirklichkeit. In: Österreichische Zeitschrift für Volkskunde, Bd. XLVI/95, S. 1–27.

Schnitzler, Arthur 1979a: Das weite Land. In: Das dramatische Werk, Bd. 6. Frankfurt am Main: Fischer, S. 7–110.

Schnitzler, Arthur 1979b: Im Spiel der Sommerlüfte. In: Das dramatische Werk, Bd. 8. Frankfurt am Main: Fischer, S. 243–302.

Schönberger, Alwin 1994: Alm-Rausch. Die Alltagstragödie hinter der Freizeitmaschinerie. Mit einem Prolog von Felix Mitterer. Wien: Ueberreuter.

Schönherr, Thomas 2001: Medienarbeit im Katastrophenfall Galtür. <http://www.staedte bund.at/de/oestb/archiv/service/schoenherr_oegz0110.html> (06.12.2008).

Schrutka-Rechtenstamm, Adelheid 1995: Einflüsse des Fremdenverkehrs auf die Alltags-kultur im Alpenraum. In: Cantauw, Christiane (Hg.): Arbeit, Freizeit, Reisen. Die fei-nen Unterschiede im Alltag. 3. Arbeitstagung der DGV-Kommission Tourismusfor-schung vom 23. bis zum 25. März 1994. Münster, New York: Waxmann (Beiträge zur Volkskultur in Nordwestdeutschland, Bd. 88), S. 151–160.

Schütte, Herbert 1962: Das Verhängnis kam in Minuten. So sah es gestern in Wilhelms-burg aus. In: Die Welt, Nr. 42, 19.02.1962, S. 7.

Schulze, Gerhard 1996: Die Erlebnisgesellschaft. Kultursoziologie der Gegenwart. 6. Aufl. Frankfurt am Main, New York: Campus.

Searle, John R. 2006: Geist. Eine Einführung. Frankfurt am Main: Suhrkamp.

Seidenspinner, Wolfgang 1991: Sagen als Gedächtnis des Volkes? Archäologisches Denkmal, ätiologische Sage, kommunikatives Erinnern. In: Bönisch-Brednich, Brigit-te, Rolf W. Brednich, Helge Gerndt (Hg.): Erinnern und Vergessen. Göttingen: Volker Schmerse (Vorträge des 27. Deutschen Volkskundekongresses 1989), S. 525–534.

Simon, Michael 2007: Die „Jahrtausendflut" 2002 – ethnografische Anmerkungen aus dem Müglitztal. In: Volkskunde in Rheinland-Pfalz 22, S. 55–77.

Sonnabend, Holger 2003: Wahrnehmung von Naturkatastrophen in der Antike: Das Kam-panien-Erdbeben von 62 n. Chr. und der Ausbruch des Vesuv 79 n. Chr. In: Groh, Kempe, Mauelshagen, S. 37–44.

Spaemann, Robert, Reinhard Löw 1996: Die Frage Wozu? Geschichte und Wiederentde-ckung des teleologischen Denkens. München: Piper.

Staiger, Emil 1963: Die Kunst der Interpretation. Studien zur deutschen Literaturgeschich-te. 4. Aufl. Zürich: Atlantis.

Stehr, Johannes 1998: Sagenhafter Alltag. Über die private Aneignung herrschender Mo-ral. Frankfurt am Main, New York: Campus.

Steinhardt, Judith 2007: Krisenmanagement, Schichtenzugehörigkeit und Seuchentod. Die Cholera in Mainz. In: Volkskunde in Rheinland-Pfalz 22, S. 78–112.

Sterr, Horst 2007: Folgen des Klimawandels für Ozeane und Küsten. In: Endlicher und Gerstengabe, S. 86–97.

Stiftung Haus der Geschichte der Bundesrepublik Deutschland (Hg.) 2005: Verfreundete Nachbarn. Deutschland – Österreich. Begleitbuch zur Ausstellung in Bonn, Leipzig, Wien 2005–2006. Bielefeld: Kerber.

Tölle, Rainer 1994: Psychiatrie. 10. Aufl. Berlin u.a.: Springer.

Thomas von Aquin 2000: Sancti Thomae de Aquino Sententia libri Metaphysicae. In: Corpus Thomisticum S. Thomae de Aquino Opera Omnia. Recognovit ac instruxit En-rique Alarcón electronico Pampilonae ad Universitatis Studiorum Navarrensis aedes A.D. MM. <http://www.corpusthomisticum.org/cmp0104.html> (13.06.2008).

Truffaut, François 1989: Mr. Hitchcock, wie haben Sie das gemacht? 13. Aufl. München: Heyne.

Tschuschke, Volker, Tamara Anbeh 2008: Ambulante Gruppenpsychotherapie. Stuttgart: Schattauer 2008.

Vaihinger Hans 1911: Die Philosophie des Als Ob. System der theoretischen, praktischen und religiösen Fiktionen auf Grund eines idealistischen Positivismus. Berlin: Reuther & Reichard.

Vinnai, Gerhard 1982: Die akademische Psychologie als Veranstaltung zur Zerstörung psychologischer Reflexionsfähigkeit. In: Jahrbuch für Lehrer, Bd. 7. Internet: <http://www.vinnai.de/akademische_psychologie.html> (14.04.2010).

Vinnai, Gerhard 1993: Die Austreibung der Kritik aus der Wissenschaft: Psychologie im Universitätsbetrieb. Frankfurt am Main u.a.: Campus; als Internetquelle publiziert am 29.09.2005 unter <http://psydok.sulb.uni-saarland.de/volltexte/2005/547/> (05.08.2009).

Vogt, Eveline 1999: … Als die Galtürer noch „Gsii-Berger" waren. Der Galtürer Dialekt im Wandel der Zeit. In: Gemeinde Galtür, S. 48–51.

Volkmann, Stefan 2005: Luthers Lehre vom verborgenen Gott. In: Mühling, Markus, Martin Wendte (Hg.): Entzogenheit in Gott. Utrecht 2005 (Ars Disputandi Supplement Series 2), S. 39–43. Internet: <http://adss.library.uu.nl/publish/articles/000034/bookpart.pdf>.

Voss, Martin 2006: Symbolische Formen. Grundlagen und Elemente einer Soziologie der Katastrophe. Bielefeld: Transcript.

Vyse, Stuart A. 1999: Die Psychologie des Aberglaubens. Schwarze Kater und Maskottchen. Basel: Birkhäuser.

Wagner, Wolf 1992: Uni-Angst und Uni-Bluff. Wie studieren und sich nicht verlieren. 3. Auflage Hamburg: Rotbuch (Rotbuch Taschenbuch 65).

Waibel, Max 2003: Unterwegs zu den Walsern in der Schweiz, in Italien, Frankreich, Liechtenstein, Vorarlberg und dem Tirol. Frauenfeld, Stuttgart, Wien: Huber.

Walter, François 2010: Katastrophen. Eine Kulturgeschichte vom 16. bis ins 21. Jahrhundert. Stuttgart: Reclam.

Watzlawick, Paul, Janet H. Beavin, Don D. Jackson 1985: Menschliche Kommunikation. Formen, Störungen, Paradoxien. 7. Aufl. Bern, Stuttgart, Wien: Huber.

Weber, Max 1984: Die protestantische Ethik I. Eine Aufsatzsammlung. 7. Aufl. Gütersloh: Gütersloher Verlagshaus Mohn (Gütersloher Taschenbücher Siebenstern, Bd. 53).

Weber, Stefan 1999: Wie journalistische Wirklichkeiten entstehen. Salzburg: Kuratorium für Journalistenausbildung (Schriftenreihe Journalistik des Kuratoriums für Journalistenausbildung, Bd. 15).

Wechsberg, Joseph 1959: Blons. Geschichte einer Katastrophe. Hamburg: Wolfgang Krüger Verlag.

Weindl, Georg 1999: Sehnsucht nach Normalität. Wie sich Galtür nach dem Lawinenunglück auf den neuen Winter vorbereitet. In: Die Zeit, Nr. 49, S. 80.

Weiner, Bernard 2009: Motivationspsychologie. 3. Aufl. Weinheim: Beltz.

Weinstein, N. D. 1980. Unrealistic optimism about future life events. In: Journal of Personality and Social Psychology 39, S. 806–820.

Weinstein, N.D. 1984: Why it won't happen to me. In: Health Psychology 3, S. 431–457.

Weiser-Aall, Lily 1937: Volkskunde und Psychologie. Eine Einführung. Berlin, Leipzig: de Gruyter.

Welter-Enderlin, Rosmarie, Bruno Hildenbrand (Hg.) 2008: Resilienz – Gedeihen trotz widriger Umstände. Heidelberg: Carl Auer.

Weltgesundheitsorganisation (Hg.) 1993: Internationale Klassifikation psychischer Störungen. ICD-10 Kap. V (F). 2. Aufl. Bern u.a.: Huber.

Werlen, Benno 2000: Sozialgeographie. Eine Einführung. Bern, Stuttgart, Wien: Haupt (UTB, Bd. 1911).

Wernet, Andreas 2009: Einführung in die Interpretationstechnik der Objektiven Hermeneutik. 3. Aufl. Wiesbaden: VS Verlag für Sozialwissenschaften.

WHO → Weltgesundheitsorganisation.

Zentralanstalt für Meteorologie und Geodynamik 2008: Jahrbuch 1999, Unwetterübersicht. ZAMG → Klima → Jahrbuch → Jahrbuch 1999 → Anhänge zum Jahrbuch → Unwetterübersicht 1999. <http://www.zamg.ac.at/fix/klima/jb1999/index.html> (02.12.2008).

Zinsli, Paul 2002: Walser Volkstum. In der Schweiz, in Vorarlberg, Liechtenstein und Italien. 7. Aufl. Chur: Bündner Monatsblatt.

Zwick, Michael M., Ortwin Renn 2008: Risikokonzepte jenseits von Eintrittswahrscheinlichkeit und Schadenserwartung. In: Felgentreff und Glade, S. 77–97.

Bernd Rieken

„NORDSEE IST MORDSEE"

Sturmfluten und ihre Bedeutung für die Mentalitätsgeschichte der Friesen

2005, 456 Seiten, br., 29,90 €
ISBN 978-3-8309-1499-0

An den Flachküsten der südlichen Nordsee zu siedeln, war schon immer ein gefährliches Unterfangen. Seit der letzten Eiszeit steigt der Meeresspiegel unaufhörlich, und die vorherrschenden Winde aus Nordwest treiben bei schweren Stürmen die „Mordsee" in die Höhe. Die Angst vor verheerenden Sturmfluten ist daher ein bestimmendes Merkmal der friesischen Mentalitätsgeschichte und als Struktur von langer Dauer in der populären Überlieferung nachweisbar. Die Arbeit ist historisch angelegt, doch geht es nicht in erster Linie um eine präzise Darlegung dessen, was geschehen ist, sondern darum, anschaulich zu machen, wie die Friesen Sturmfluten bewältigt und erklärt haben. Dazu wird auf mentalitätsgeschichtliche und psychologische Ansätze Bezug genommen.

》Die Arbeit Riekens ist ein wichtiger Beitrag zur sozialhistorischen und sozialpsychologischen Diskussion der Geschichte der friesischen Marschlanden. Sie erlaubt die Einordnung von Befunden aus dem überlieferten dokumentarischen Material, z.B. zur Weihnachtsflut von 1717. [...] Rieken weist eine massenhafte Traumatisierung nach, und sie trat [...] im November 2006 wieder zum Vorschein kamen. Bernd Rieken ist es gelungen, seine Thesen so zu formulieren, dass sie auch einem breiten Publikum zugänglich sind. Gerade die Bezüge zur Gegenwart machen sie aktuell.《

Rolf Uphoff in: Niedersächsisches Jahrbuch
für Landesgeschichte. Band 79. 2007.